U0875493

铁路职工岗位培训教材

货 运 值 班 员

铁路职工岗位培训教材编审委员会

中国铁道出版社有限公司

2020 年·北 京

内 容 简 介

本书按照货运值班员国家职业标准和职业技能培训规范编写。全书分为两部分：基本知识和职业技能。基本知识部分主要内容包括：职业道德及铁路基础知识；货运安全信息系统及安全检测设备；货运作业组织；集装箱运输；货场管理；危险货物运输；鲜活货物运输；货物装载加固；超限、超重货物运输；铁路货物运价；货运事故处理；国际铁路货物联运和水陆货物联运等。职业技能部分包括了货运值班员的技能要求，分为中级工、高级工和技师部分。

本书铁对铁路职工岗位培训、职业技能鉴定进行编写，是各单位组织职工进行各级各类岗位培训、技能鉴定的必备用书，对各类职业学校师生也有重要的参考价值。

图书在版编目（CIP）数据

货运值班员／铁路职工岗位培训教材编审委员会编．—北京：中国铁道出版社，2011.7（2020.9 重印）
铁路职工岗位培训教材
ISBN 978-7-113-13748-9

Ⅰ.①货… Ⅱ.①铁… Ⅲ.①铁路运输：货物运输－车站作业－岗位培训－教材 Ⅳ.①U294.2

中国版本图书馆 CIP 数据核字（2011）第 239160 号

书　　名：铁路职工岗位培训教材
货运值班员

作　　者：铁路职工岗位培训教材编审委员会

责任编辑：杨　哲　聂宏伟　　电话：（010）51873024
助理编辑：王佳琦
封面设计：薛小卉
责任校对：焦桂荣
责任印制：高春晓

出版发行：中国铁道出版社有限公司（100054，北京市西城区右安门西街 8 号）
网　　址：http：//www.tdpress.com
印　　刷：三河市宏盛印务有限公司
版　　次：2011 年 7 月第 1 版　2020 年 9 月第 5 次印刷
开　　本：787 mm×1 092 mm　1/16　印张：20　字数：472 千
印　　数：15 001～16 000 册
书　　号：ISBN 978-7-113-13748-9
定　　价：48.00 元

版权所有　侵权必究

凡购买铁道版的图书，如有缺页、倒页、脱页者，请与本社读者服务部联系调换。
电　　话：市电（010）51873174，路电（021）73174（发行部）
打击盗版举报电话：（010）63549461

铁路职工岗位培训教材
编 审 委 员 会

主 任 委 员：彭开宙

副主任委员：何华武

委　　　员：（按姓氏笔画排序）

王保国　王　培　田京芬　申瑞源

刘卫国　刘朝英　庄　河　张志农

张重天　陈伯施　郑建东　赵春雷

郭玉华　康高亮　程先东

前　　言

党的十六大以来，铁路事业蓬勃发展，大规模铁路建设全面展开，技术装备现代化实现重大跨越，尤其在高原铁路、机车车辆装备、客运专线、既有线提速和重载运输技术方面达到了世界先进水平。铁路职工队伍素质得到了相应提高，但距离铁路现代化发展的要求还有一定差距，铁路人才队伍建设和职工教育培训工作任重道远。

教材是劳动者终身教育和职业生涯发展的重要学习工具，教材建设是职业教育培训工作的重要组成部分，是提高教育培训质量的关键。加快铁路职工岗位培训教材建设，已成为加强和改进铁路职工教育培训工作的当务之急。为适应铁路现代化发展对技能人才队伍建设的需要，加快铁路职工岗位培训教材建设，铁道部决定按照铁道行业特有职业（工种）国家职业标准，结合铁路现代化发展的实际，组织开发铁路职工岗位培训教材。

本套教材由铁道部劳动和卫生司、运输局共同牵头组织，相关铁路局分工负责，集中各业务部门的专家和优秀工程技术人员编写及审定，多方合作，共同完成，涵盖了铁路运输（车务、客运、货运、装卸）、机务、车辆、工务、电务部门的77个铁路特有职业。教材坚持继承与创新相结合，充分体现了近几年来铁路新技术、新设备的大量运用及其发展趋势，特别是动车组系列教材填补了教材建设的空白，为动车组司机和机械师等铁路新职业员工提供了岗位培训教材；教材坚持科学性与规范性，依据铁道行业国家职业标准中的基本要求和工作要求编写，力争准确体现国家职业标准和有关作业标准、安全操作等规章、规范的要求；教材坚持实用可行的原则，重点突出实作技能、应急处理和新技术、新设备、新规章、新工艺等四新知识，对职业技能部分按照技能等级分层编写，便于现场职工的培训与自学。

本套教材适用于工人新职、转职(岗)、晋升的岗位资格性培训，也适用于各类岗位适应性培训，同时为职业技能鉴定提供参考。

《货运值班员》一书由成都铁路局负责主编，主编人员：李忠荣，参加编写人员：徐月成、关雅梅，主要审定人员：温克学、马树峰、刘金龙、李爱兰、吴建新。本书在编写、审定过程中得到了有关单位的大力支持，在此一并表示感谢。

铁路职工岗位培训教材编审委员会

2009 年 8 月

目 录

基本知识

职业技能(分级部分)

职业技能(通用部分)

基本知识

第一章 职业道德及铁路基础知识

第一节 职业道德

一、铁路职工职业道德的基本内容

1. 社会道德

社会道德属于人类社会的一种特殊的意识形态。它是在一定社会范围内调整人与人之间以及个人与社会之间的行为准则和规范的总和。所谓道德,它是依靠内心信念、传统习惯和社会舆论的力量,以正义和非正义、公正和偏私、诚实和虚伪、权利和义务等道德观念来评价每个人的行为,从而调整人与人之间,以及个人与社会之间的关系。

道德的真正含义是以善、恶为标准来约束人们行为的规范。它规定着人们应该做什么和不应该做什么。每个人按照一定的准则来支配和约束自己,道德就形成了强大的舆论导向,以此来干预生活,规范人们的行为,调节各种社会关系,具体含义包括以下几个方面:

(1)道德是依靠人们内心信念、社会舆论和传统习惯等力量起作用的。道德在实施时,不是靠强制手段,而是借助内心信念来实现的。社会舆论的压力和指责只是外在“裁判”,良心的谴责才是内在的“法庭”。

(2)道德也是评价人的行为的标准。它总是通过善与恶等道德观念作出评价、褒贬,至于善恶的标准不是由国家、团体制定或规定出来的,而是处于同一社会环境中的人们在长期生产过程中,逐渐积累形成的共同的要求,愿望和理想,它表现在人们视听言行之上,深藏于品格、习性、意向之中。

(3)道德更是人自身的一种情感、意识,而且还包含着个人品质。个人品质与个人的道德行为有着密切的联系,反映了一个人多方面的素质和修养,是一个人在社会实践基础上对社会和人生的理解。个人品质是道德行为的重要内在依据,而个人的道德行为又是个人品质的外在表现。

2. 职业道德

职业道德是同人们的职业活动紧密联系的,具有自身职业特点的道德原则和行为规范的总和。职业道德萌芽于原始社会末期。生产力的发展引起了社会分工,出现了各行各业的职业活动,而每一种职业都分别承担着一定的社会职能,人们在从事各种职业的活动中,为了保证各种职业活动的正常进行,制定了各种规章制度、道德规范和行为准则。以此形成了职业道德的基本概念,其含义包括两个方面:

(1)每个行业都有各自的道德准则、所以说行业的道德就是职业道德,从商者应守“商德”,从医者应守“医德”,从师者应守“师德”等。所谓职业道德,就是指从事一定职业的人们在其特定的职业活动过程中应遵循的处理人和人、人和社会之间利益关系的特殊行为规范,以及与之相适应的观念、情操和品质。

(2)职业道德的特定内涵是在和各种专业工作紧密联系并通过专业领域表现出来的,是在专业范围内的特殊道德要求,一方面它体现了一般社会道德对于职业活动的基本要求,另一方面,又带有鲜明的行业特色。例如:热爱本职、忠于职守、为人民服务等是各行各业道德的基本规范。但每一种具体职业,又都有它独特的不同于其他职业道德的内涵。

3. 铁路职业道德与铁路职工行业规范

铁路职业道德是通过一系列职业道德基本规范来制约每个铁路从业人员的职业行为,调节铁路与社会、铁路内部集体与个人之间、个人与个人之间的道德关系。所谓铁路职业道德规范,就是明文规定的铁路各职业行业的道德准绳或道德要求,也可以说铁路职业道德就是铁路部门一系列道德规范的体系。

铁路职业道德体系是多层次的,但"人民铁路为人民"是铁路职业道德的基本原则或总的道德要求,也是规范体系中根本性的最高行为规范。铁路内部各部门之间必须遵循这一原则,制定出适应各工种岗位的职业道德规范,从"人民铁路"这个整体概念出发,更好地为人民服务。

铁路职工行业规范是铁路员工在职业活动中应该共同遵循的最基本的职业行为准则,是铁路行业鲜明特色的充分体现。各部门各工种应明确具体的制定出行业规范的内容,在实际工作中约束每一名员工,提高每一名员工的道德素质,推动铁路事业的发展。

铁路职工道德行业规范的主要要求是遵章守纪、保证安全,这是铁路职工首先必须遵守的道德规范,它要求全体职工严守规程,严格纪律,确保铁路运输安全生产,具体要求:一是遵章,即自觉遵守铁路的各项规章制度;二是守纪,即要求职工严格自律,不许有违反各部门、各工种、各岗位的职业纪律的行为发生。

二、货运人员职业道德的基本内容

1. 货运人员职业道德与基本规范

铁路运输在国民经济中占有重要的地位。铁路货运战线上的广大职工养成良好的职业道德习惯,对铁路事业的迅速发展,促进全路两个文明建设起着重要的作用。货运部门的工作性质决定了其职业道德规范,对于他们的工作对象,对于铁路企业的形象,对于全社会精神文明建设都有着重要的意义。

货运职工职业道德的基本原则是与铁路货运工作的特点紧密相连的,它同样以"人民铁路为人民"为根本原则。全体货运职工生产服务过程中应当体现全心全意地为货主服务,为货物负责,对货主、对社会高度负责的道德要求。

货运部门的职业道德规范很多,在其体系中,诚心地对待货主是核心内容,也是货运职工在长期的运输生产经营活动中形成的职业行为准则。"诚心相待"是货运职工对服务对象的态度和情感,也是在工作岗位上确立自己与货主服务与被服务关系的观念。在职业行为上以诚恳之心对待货主,并以端庄的仪表、文明的语言、娴熟的技能,周全的服务达到全心全意、无私奉献的职业道德境界。

货运部门与客运部门职工一样,是服务工作的窗口。个人在这窗口中表露出的喜怒哀乐代表的是货运职工的精神面貌,如何良好地体现出"人民铁路为人民"的宗旨,就要求货运职工必须胸怀全局、克己奉公，时刻勇于承担重大责任，把货主的利益放在首位。

2. 货运人员职业道德的修养与基本要求

职业道德修养，是指每个货运职工为了培养良好的职业道德品质，针对货运职工的服务理念和要求，所进行的自我锻炼，自我约束，自我改造，自我陶冶，自我要求，自我教育的过程。职业道德修养的培养不是一朝一夕能够完成的，需要正确的指导，教育的灌输，加上受教育者的不断自我完善。

职业道德修养的内容很广泛，根据不同岗位，不同工种，有其不同的要求，但主要的有：职业理想、职业态度、职业技能、职业责任、职业纪律、职业良知、职业荣誉等，同时还包含着文明礼貌、着装举止、语言艺术等方面。职业道德修养是一定的道德观念、道德情感、道德意识在自我意识中的统一，也是在履行职业义务过程中形成的道德责任感和自我评价能力。

铁路企业的服务宗旨是全心全意为人民服务，对货运职工而言货主就是服务的对象，要自觉维护货主的利益。货运人员职业道德的基本要求就是尽职尽责地为货主服务。尽职尽责是对本职事业热爱的体现，它内含着踏踏实实、任劳任怨，不计个人名利得失，为货主负责的道德风范，它又是职业责任、职业纪律、职业义务的集中体现，它要求货运工作者要具备强烈的责任心和使命感，因此尽职尽责的道德要求是货运道德起码的准则。

尊客爱货、安全完整的运输货物，这就要求货运职工在工作中对待货主要热情诚恳，它也是“人民铁路为人民”这一宗旨在货运窗口的具体体现。热情诚恳包含着对本职工作的热爱，对货主的理解、关心和周到的服务。在工作中，货运职工必须具备廉洁奉公的道德准则，不拿、摸、索、要，尽最大的努力保护好运输物资，当货物遭受侵害时，尽全力减少货主的损失，通过我们的优质服务，能够“安全、迅速、经济、便利”地把货物送达目的地。

三、货装职工守则

1. 认真执行党和国家的路线、方针、政策，遵守法纪，弘扬正气，提高思想素质，崇尚社会公德。

2. 爱岗敬业，恪尽职守。以主人翁姿态积极参与经营管理，增强市场营销意识，安全、迅速、经济、便利地组织货物运输。

3. 讲究职业道德，廉洁奉公。不徇私情，不以权以车谋私，不刁难货主，不敲诈勒索，不贪污受贿，不盗窃货物。

4. 着装规范，佩戴标志，仪容端庄，举止文明，保持个人良好形象。

5. 尊客爱货，主动热情，耐心周到，虚心听取货主意见，积极为货主排忧解难，提供优质服务。

6. 严格遵守规章制度和劳动纪律，杜绝违章违纪行为，消除隐患，确保货物和运输安全。

7. 顾全大局，服从领导，听从指挥，团结互助，加强联劳协作。

8. 勤奋学习，钻研业务，不断提高理论水平和实际操作技能。

第二节 铁路货车

铁路货车是运送货物的交通工具，必须保持数量充足和质量良好的车辆投入运营，这样才能满足不断增长的货物运输任务的需要。

一、铁路货车按用途分类

铁路上运输的货物种类很多，性质不同，在运输过程中的要求也不一样。根据运输的需要，铁路投入的货车按类型分为棚车、敞车、平车、罐车、冷藏车等。货车按其用途分为通用货车、专用货车两大类。

1. 通用货车

(1)敞车。车体设有固定的墙板，侧面设有车门可装运不怕湿的货物，如装货后苫盖货车篷布，也可装运怕湿损的货物。

(2)棚车。车体具有顶棚、车墙及门窗，用于装贵重、怕日晒和怕潮湿的货物。有的车内安装火炉的烟囱座及床托等装置，必要时可运送人员和牛马等牲畜。

(3)平车(包括集平两用车)。平车车体为一平板或设有活动的矮侧墙板和端侧墙板，装运货物必要时可将端侧板放下，主要装运钢轨、汽车、拖拉机、军用物资及长大、笨重货物等。

2. 专用货车

专供运送某些货物的车辆，包括下列几种：

(1)罐车。车体为一圆罐筒，专门用于装载液体状态的货物。也有少数装载粉状货物。罐车的卸货装置分为上卸式、下卸式两种。轻油罐车、酸碱类罐车采用上卸式；粘油类罐车采用下卸式(液化气罐车、酸碱类罐车，为企业自备车)。

(2)冷藏车。冷藏车又称保温车。车体夹层装有隔热材料，车内有冷却和加温装置，使车内能保持一定温度，车体外部涂以银灰色，对阳光起反射作用，减少热量传入车内。专供装运易腐货物，如鲜鱼、肉类、水果、蔬菜及冻结的易腐货物。

(3)长大货物车。长大货物车是铁路运输中使用的一种特殊平车，主要装运各种长、大、重型货物。一般载重 90 t 以上，长度在 17 m 以上。根据车底板的形式可分为凹型平车、长大平车、落下孔车、双支承平车、两节平车、钳夹车等。

(4)集装箱专用平车。

(5)家畜车。

(6)活鱼车。

(7)水泥车。

(8)散装粮食车。

(9)小汽车专用平车。

二、车辆的基本构造

铁路上的车辆种类虽然很多，但它们的构造基本上是相似的，每一辆车都是由车体、车底架、走行部、车钩及缓冲装置和制动装置五个部分组成。

1. 车体

铁路货车车体，是车辆装载货物的部分，货车车体按其结构的外形分为棚车、敞车、罐车、平车及特种用途车等。

2. 车底架

车底架是车体的基础。它承受车体和所装货物的重量，并通过上、下心盘将重量传给走行部。在列车运行时,它还承受机车牵引力和列车运行中所产生的各种冲击力及其他外力。

车底架(图1-1),由中梁、枕梁、横梁、端梁、侧梁及地板横梁等组成。

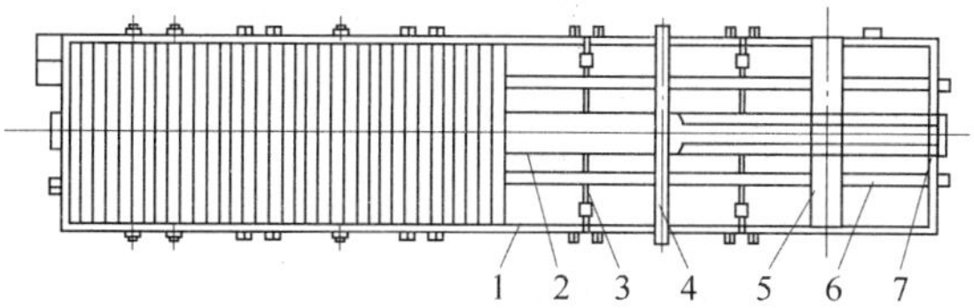

图1-1 货车车底架

1—侧梁;2—中梁;3—地板横梁;4—横梁;5—枕梁;6—补助梁;7—端梁

3. 走行部

走行部的作用是引导车轮沿轨道运行,并把车辆的全部重量传给钢轨。在四轴车上,四组轮对分成两部分,每两组轮对分别和侧架、摇枕、弹簧减振装置、轴油润装置组成一个转向架。每个转向架通过摇枕上的下心盘、中心销和车底架上的上心盘相连。转向架相对于车体底架能自由转动,这样便于车辆顺利地通过曲线。

下心盘和装在摇枕上的上心盘相对,车体重量集中于心盘传递到摇枕,再顺序传给枕簧、侧架、车轴、车轮,直到钢轨。反之车辆在运行中,来自钢轨的冲击力也按与上述相反顺序传递到车体和货物。

车辆的下旁承装在摇枕两端的旁承盒内,上、下旁承之间空隙叫做旁承游间。旁承的作用是当车辆通过曲线时,车体向内倾斜时上下旁承相接触,限制车体过分倾斜和摇动,实现运行的平稳。

4. 车钩及缓冲装置

车钩及缓冲装置,包括车钩和缓冲器两部分,安装在车底架中梁的两端。它不仅能使车辆和车辆、车辆和机车间相互连挂,而且承受着机车的牵引力和列车运行及调车中的各种冲击力,所以它具有连接、牵引、缓冲三种作用。

车钩及缓冲装置如图1-2所示,由钩头、钩身、钩尾三个部分组成。在钩尾上装有钩尾框。框内装有缓冲器,缓冲器两侧装有从板,它和车底架上的从板座相贴合。

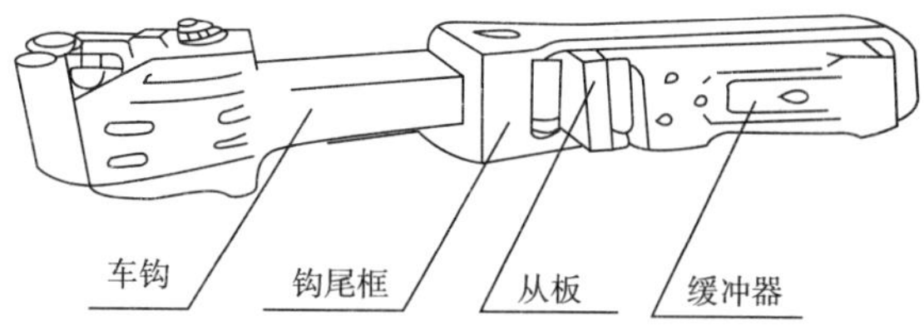

图1-2 车钩及缓冲装置

缓冲器的作用于是缓和两辆车连挂时或列车运行中因速度增减而产生的冲击力,提高列车运行的平稳性,延长车辆的使用寿命,保证所装货物的安全。

5. 制动装置

制动装置是用外力迫使运行中的机车车辆减速或停车的一种设备,是车辆的主要组成部分之一。它不仅是列车运行安全的重要保证,也是提高列车重量和运行速度的前提条件。因此,制动装置的好坏,直接影响着铁路的运输能力。

车辆上的制动装置由制动机和基础装置两部分组成。我国铁路车辆上一般都同时装有空气制动机和手制动机。

(1)空气制动机。空气制动机的设备,一部分安装在机车上,一部分安装在车辆上。安装车辆上的设备主要有以下几种。

制动主管及折角塞门:安置在车底架下面,贯通各车的全长,是传送压缩空气的管路。在每辆车制动主管两端装有折角塞门,以便在摘挂车辆时关闭或开通压缩空气通路。在制动主管的中部连接有制动支管。

截断塞门:安装在制动支管上,用以开通或遮断制动支管的压缩空气通路,它平时总是在开放位置,只有当车辆的所装货物按规定应停止制动机作用时,或当车辆制动机发生故障,才将它关闭,以便停止该制动机作用或对制动机进行检修。通常把关闭截断塞门、停止制动机作用的车辆叫"关门车"。

空重车调整装置:因车辆空重状态的重量相差较大,如果空重车使用同样制动,空车就嫌太大,容易损坏车辆,因此车辆上装有制动机空重调整装置,它包括空重车转换手把,空重车转换塞门和降压风缸。

另外空气制动机还有离心集尘器、三通阀及副风缸和制动缸等设备。

(2)人力制动机。在每车辆的一端,装有人力制动机,可用人力使单节车辆或车组停车或减速。

(3)基础制动装置。基础制动装置是利用杠杆原理,将空气制动机或手制动机产生的力量,扩大适当倍数,再向各个闸瓦传递力的装置。它由拉杆、闸瓦组成。

三、车辆标记

为了表示车辆的类型和特征,满足使用、检修和统计的需要,每一辆铁路车辆应具有规定的各种标记。铁路货车的标记包括以下几项。

1. 路徽:凡铁道部所属车辆上,一律涂打人民铁路路徽和产权牌。

2. 车号:包括型号及号码。型号有基本型号和辅助型号两种。基本型号代表车辆种类,用汉语拼音表示,如 P、N、C、G 等,见表 1-1。

辅助型号:同一种车辆,因有不同的构造形式,所以采用辅助型号来区别,写在基本型号的右下角表示,如 P_{62}、P_{61}、C_{64}、N_{16}、N_{17}等。

号码为车辆的顺序号码,按车种和标记载重量来编号,每一辆车均有自己的号码。

表 1-1　货车基本型号表

车　种	代　码	车　种	代　码	车　种	代　码
棚车	P	集装箱车	X	水泥车	U
敞车	C	矿石车	K	粮食车	L
平车	N	长大货物车	D	特种车	T
罐车	G	毒品车	W		
冷藏车	B	家畜车	J		

3. 制造厂名标牌:标明制造该车的厂名及制造年、月。

4. 定检修理标记:包括厂修、段修、辅修(制动检查)和滑动轴瓦的轴箱检查标记等。标明检修时间和单位,以便明确检修责任。

段、厂修标记：横线上为段修标记，横线下为厂修标记，左侧为下次检修年、月，右侧为本次检修年、月及检修单位简称。

例：$\dfrac{\text{10. 10—09. 10 哈齐}}{\text{12. 10—07. 10 齐厂}}$

4. 26	10. 26 哈齐

段修标记中表示在 2009 年 10 月由哈尔滨铁路局齐齐哈尔车辆段施行段修，应在 2010 年 10 月进行下一次段修。

厂修标记中表示在 2007 年 10 月由齐齐哈尔车辆厂施行厂修，应在 2012 年 10 月进行下一次厂修。

辅修和轴检标记：右上格为本次检修日期及检修单位简称，左上格为下次检修日期，下边空格是留给下次检修后填写的。货车的辅修、轴检标记涂打在厂、段修标记的下方。现在滚动轴承的货车无轴检标记。有的货车取消了辅修，在辅修标记位置涂打“取消辅修”字样。

5. 自重：即车辆本身的重量，以 t 为单位。

6. 载重：即车辆的装载重量（简称标重），以 t 为单位。

7. 容积：表示货车（平车除外）可供装载货物的容量，以立方米（m^3）为单位，取一位小数。并在括号内列（长 × 宽 × 高）尺寸，以米（m）为单位，保留一位小数；平车以长宽标记（长 × 宽）代替容积标记；罐车在容积标记下涂打容量计表的标记，标明容量计算表示的号码。

8. 换长：为编组列车时统计工作和行车指挥人员掌握运行的需要，规定货车长度 11 m 为标准，为一辆，换算成车辆的辆数，简称换长。

9. 其他标记：

（1）车辆定位标记：分别表示车辆的第一位端和第二位端，如图 1-3 所示。

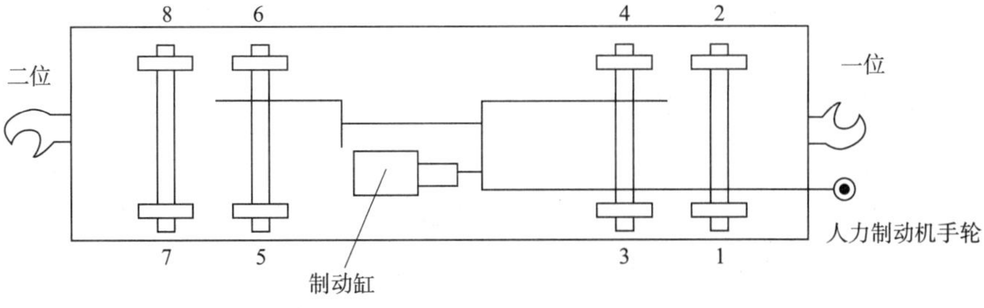

图 1-3　车辆定位示意图

车辆以制动缸活塞杆推出方向（即人力制动机一端）为第一位，另一端为第二位。

车辆的车轴、车轮、轴箱、车钩、转向架和其他零件的位置都是由第一位端数起，左右对称的从左向右，左为单数，右为双数，顺次数到第二位车端。

棚车车门按人力制动机位置分为1门(与制动机同侧)、2门,相应车窗分为1、3、5、7号窗(上部车窗为×号上窗),对侧为2、4、6、8号窗。敞车同样分为1、2号侧门(或中门),底开门(小门)对应分为1、3、5、7、9、11号小门,对侧为2、4、6、8、10、12号小门(凡拍发电报及编制记录需说明车辆方向和车体各部件位置以及车内货物装载位置时,均应按定位图说明)。

(2)特殊标记。根据货车构造及设备的特征,在车辆上还涂打各种特殊标记。

(人):表示具有车窗、床托等可以运送人员的棚车。

(MC):表示可以用于国际联运的车辆。

(古):表示车内具有拴马环或其他拴马装置,可以装运马匹的货车。

(卷):表示在侧梁端部装有卷扬机挂钩的车辆。

:表示禁止通过机械化驼峰的车辆。

集中载重标记:载重≥60 t的平车、长大货物车和需要标明集中载重的车辆,应有集中载重标记,标明车辆中部一定尺寸内的允许载重量。

装运危险货物的罐车罐体中部四周涂有300 mm的颜色带。

第三节　安全作业常识

为了保证铁路运输任务的完成,任何有关行车运输的人员必须树立安全第一的思想,严格执行有效的规章制度和作业标准。

一、人身安全的一般要求

1. 铁路货运职工在岗位上执行职务时,必须穿着规定的服装,佩戴易于识别的证章。

2. 铁路货运有关人员,于接班前须充分休息,以保证工作中精力集中,要根据工作需要正确着用防护用品,并且不准饮酒上岗和擅离工作岗位,如有违犯,立即停止其工作。

3. 铁路货运职工,必须在自己的职务范围内,以对国家和人民财产及自己的人身安全极度负责的态度,保证安全生产。

二、行车作业人身安全通用标准

1. 班前禁止饮酒,班中按规定着装,佩带防护用品。

2. 顺线路走时,应走两线路中间,并注意邻线机车、车辆和货物装载状态。严禁在道心、枕木上行走,不准脚踏钢轨面、道岔拉杆、尖轨等。

3. 横越线路时,应一站、二看、三通过,注意左右机车、车辆的动态及脚下有无障碍物。

4. 横越停有机车、车辆的线路时,先确认机车、车辆暂不移动,然后在机车、车辆较远处通过。严禁在运行中的机车、车辆前面抢越。

5. 必须横越列车、车列时,应先确认列车、车列暂不移动,然后由通过台或两车钩上越过,勿碰开钩销,要注意邻线有无机车、车辆运行,严禁钻车。

6. 不准在钢轨上、车底下、枕木上、道心里坐卧或站立。

7. 严禁扒乘机车、车辆，以车代步。

三、手推调车的规定

在货物装卸时，由于某种原因需要手推调车作业，必须遵守《铁路技术管理规程》的有关规定，下列情况禁止手推调车作业：

(1)超过2.5‰坡道的线路上（确需手推调车时，须经铁路局批准）。

(2)遇暴风雨雪车辆有溜走可能或夜间无照明时。

(3)接发列车时，能进入接发列车进路的线路上无隔开设备或脱轨器。

(4)装有爆炸品、压缩气体、液化气体的车辆。

(5)电气化区段，接触网未停电的线路上，棚车、敞车类的车辆。

四、装卸车作业人身安全注意事项

1. 装卸作业前安设防护信号。

2. 开关车门时，应用拉门绳，迎面禁止站人，防止车门脱落和货物倒塌，溜下砸伤。

3. 电气化区段，装卸作业时，必须在指定线路上的安全区域内停电进行。

第四节　铁路货运发展概况及展望

一、铁路重载

1. 重载铁路

铁路重载始于20世纪20年代，至今已经在世界上很多国家广泛采用，特别是对于幅员辽阔的大陆国家，具有更重要的现实意义。所谓重载铁路，是指年运量为2 000万t的铁路、单元或组合列车达到或超过5 000 t、车辆中车轴轴重为25 t，具备以上条件之二者，可视为重载。我国东部平原地区的国家Ⅰ级干线都可以视为重载铁路（我国规定，Ⅰ级干线年运量不少于2 000万t）。

2. 我国重载线路

以大秦铁路为标志的中国铁路重载运输创造的奇迹，赢得了世界同行的广泛赞誉。作为我国新建的第一条双线电气化重载运煤专线，大秦铁路于1992年年底全线通车，2002年运量达到1亿t设计能力。2008年，大秦铁路实现煤炭运量3.4亿t，2010年运量超过4亿t，是原设计能力的4倍。

如今，大秦铁路是世界上年运量最多的铁路，突破了单条铁路年运量2亿t的世界重载铁路理论极限。科学论证表明，年运量由设计能力1亿t提高到4亿t，与新建一条重载线路相比，可以节约2/3的投资，节约2.4万亩土地。

目前，我国京广、京沪、京哈、陇海等繁忙铁路干线在列车速度大幅提升、密度大幅增加的同时，已普遍开行5 000～6 500 t重载货物列车。这种客货共线运行，速度、密度、重载三者并举的运输组织模式，是世界铁路运输的一项重大创举，也是中国铁路赢得世界铁路同行赞叹的一大特点。

我国主要有四条晋煤外运通道(山西南北各两条),即山西大同—河北秦皇岛,山西朔州—河北黄骅港,山西(支线比较多)—河北邯郸—山东济南—山东青岛,山西(支线铁路连接)—河南焦作—山东日照。

3. 货车载重标准

“安全、准确、快速、方便、舒适”已成为货主和旅客对铁路运输的共同要求,而机车车辆及相关制造业在对国外先进技术和装备的引进、消化、吸收和再创新的同时,不断提升设计与制造水平,使这几年铁路的发展速度比较快。自 1997 年以来,铁路先后经历的六次大提速,都是在对既有线路的改造基础之上达到的,其规模和力度之大在世界上也少有。从 2006 年起,新造通用货车载重标准已从 60 t 提高到 70 t,运煤专用货车载重 80 t,并研制开发了载重 100 t 的钢铁矿石专用货车,基本完成了我国铁路货车的升级换代。

4. 重载列车类型

重载列车运输方式可以分为三种。

(1)单元式重载列车。它起源于美国,是由装车地到卸车地固定机车车辆,固定发站和到站、固定运行线、运输单一品种货物的列车,在装、卸站间往返循环运行,中途不拆散,不进行改编作业。这种列车只占用铁路正线和到发线,不占用调车设备。中途不进行其他作业,单元列车车辆固定编挂,固定回空,而且两端车站运卸设备必须配套,形成矿区—港口(电厂)的一条龙运输组织。

(2)整列式重载列车。整列式重载列车是由单机或多机牵引,机车挂于列车头部,在站线有效长度为 1 050 m 的铁路线上开行的货物列车。这种列车采用普通列车的作业组织方法,与普通货物列车完全一样,只是牵引重量达到 5 000 t 以上。

(3)组合式重载列车。这种列车是把两列符合运行图规定的重量和长度、开往同一方向的单个列车首尾相接连城一列,占用一条运行线,运行到前方某一车站再分解作业的重载列车。组合式列车在车底的组合与分解以及调度指挥等作业上也有一些与普通货物列车不同之处,因此需要制订相关的规章与办法。

开行重载列车需要大功率的内燃机车或电力机车,提高轴重,改善线路结构,生产自重轻、容量大、载重大的货车,采用新型轨道基础以及行车调度指挥和运营管理自动化等措施。

二、多式联运

1. 国际多式联运

国际多式联运是一种以实现货物整体运输的最优化效益为目标的联运组织形式。它通常以集装箱为运输单元,将不同的运输方式有机组合在一起,构成连续的、综合性的一体化货物运输。通过一次托运、一次计费、一份单证、一次保险,由各运输区段的承运人共同完成货物的全程运输,即将货物的全程运输作为一个完整的,单一运输过程来安排。它最早应用于北美、欧洲和远东地区的货物运输,随后逐步在全球实行。国际多式联运很大程度上不同于传统的单一运输方式。根据 1980 年《联合国国际货物多式联运公约》以及 1997 年我国交通部和铁道部共同颁布的《国际集装箱多式联运管理规则》的定义,国际多式联运是指“按照多式联运合同,以至少两种不同的运输方式,由多式联运经营人将货物从一国境内接管货物的地点运至另一国境内指定地点交付的货物运输”。

2. 我国铁路联运

铁路和地方水路以及铁路和公路等干、支线联运，是在许多沿线、沿海、沿河城镇，以铁路车站或港口码头为中心，组织许多地区性的联运线，既为车站、港口集散货物，又通过代办中转业务、办理送货到家、上门取货、电话受托等联运服务形式，方便货主。

我国铁路联运主要以集装箱为主，铁路集装箱运输是现代化铁路货物运输发展的方向。由于集装箱运输具有易于机械装卸，安全可靠，方便火车、汽车、轮船交接转运的特点，深受用户欢迎，在我国也已初具规模。随着我国国民经济飞速发展，国际贸易不断扩大，国内外对集装箱运输需求越来越大。铁路集装箱运输这几年虽然发展较快，但仍不能满足国民经济发展的需要。因此要求建立完整的物流体系并大力推进铁路参与集装箱多式联运，使铁路集装箱的发展能够适应市场经济的发展速度。

三、铁路物流运输

铁路发展现代物流是满足社会经济发展、实现铁路产业升级和可持续发展的重要途径。在全国现代物流业快速发展的时间里，我国铁路货运也在加快改革步伐，探索发展现代物流，并已取得显著成效。

1. 我国铁路物流的发展状况

2003 年以来，铁路陆续推行了一系列货运改革和发展现代物流的新举措，包括组建三个专业运输公司，实施大客户战略，推行“两整合、一建设”，试点“集中受理，优化装车”，实施“路企直通运输”，规划建设铁路物流中心等，并取得了一系列显著的成果。

(1)实施铁路挖潜提效，推进运营组织改革。

针对铁路运输能力紧张的局面，在新增运力有限的情况下，按照“生产规模化、经营集约化、服务物流化”的理念，铁路实施内涵扩大再生产，不断向优化运输组织和推进货运组织改革要能力、要效率，走出了一条挖潜提效的成功之路。

(2)优化物流节点布局，构建铁路物流网络。

2002 年以来，铁道部规划了 18 个大型集装箱中心站，以此推进铁路集装箱运输与现代物流的发展。2007 年初铁道部将全国 18 个集装箱中心站修编为综合物流中心，重点经营集装箱、特货、行包和部分整车业务。目前，上海、昆明等铁路物流中心已建成并运营，大连、郑州、重庆、青岛、成都等铁路物流中心也陆续建成并逐步投入运营。

(3)培育物流市场主体，拓展现代物流服务。

铁路发展现代物流，必须加速传统运输企业向现代物流企业转型，扶持和培育一批市场化程度高、网络覆盖面广、竞争能力强的物流服务供应商，为客户提供功能齐全、快捷准时的现代物流服务。受经营范围、地理区域等因素所限，传统的铁路运输企业显然难以实现这一目标。

(4)丰富货运物流产品，打造铁路客户关系。

物流产品是铁路物流服务的核心。近年来，随着客户对传统货运需求不断向专业化、快捷化和多样化方向转变，铁路以大面积提速调图为契机，在原有货运产品的基础上扩充产品种类，逐步形成了组合优化的货运产品体系。

(5)加快先进技术应用,提高信息服务水平。

信息技术的广泛应用是现代物流区别于传统物流的主要标志之一。信息服务不仅是现代物流的一项基本功能,也是整合其他物流服务功能的基本技术手段。铁路发展现代物流,也必须开发应用现代信息技术并努力提高技术装备水平。近几年来,铁路在信息化建设和应用方面做了大量艰苦细致的工作。在货运站段推广应用货运营销及生产管理系统,实现了部、局、站段及部分客户的计算机联网,为简化货运计划办理手续、提高货运计划审批效率、适应货运市场需求提供了技术支持。开发了货运大客户信息系统,目前大客户的所有月计划、日请求车提报以及参考运价、运输条件查询全部经由互联网进行,统一结算系统已开始运行,极大方便了大客户。铁路和海关共同开发了口岸信息平台系统,实现了铁路与海关间的联网互通、进口货物信息的电子传送和内容共享等功能,通关效率大大提高,适应了物流国际化发展的需求。

2. 我国铁路物流现存的主要问题

我国铁路物流实践虽然取得了一定成绩,但目前还存在许多问题,如设施能力不足、信息技术落后、货运生产仍然比较粗放,社会物流需求得不到完全满足等。

3. 铁路发展现代物流系统的必要性

交通运输作为国民经济发展的基础行业现在已逐渐转变为物流系统,这已在越来越多的国家得到了承认和高度重视。我国铁路在国家综合运输体系的重要作用决定了其向现代物流发展的必然性。我国正处于国家综合物流运输结构面临重大转型的关键时刻,铁路运输积极融入社会现代物流体系中,充分发挥铁路的比较优势和实现运输链条各环节的紧密衔接,才能更好地为经济社会持续快速发展提供高质量的物流运输服务。

继第六次大提速和部分客运专线投入运营使铁路运输能力初步缓解之后,近年铁路改革与发展的步伐明显加快,未来几年对铁路基础设施建设的投入将极大地改善铁路运输现状。2012 年铁路客货分线基本完成后,铁路运输能力有望得到大幅释放,这将从根本上改变客货混跑导致运能紧张的现状,并可快速扩充我国铁路运能、提升技术装备水平,使铁路运输基本具备全面发展现代物流的条件。

为此,铁路部门正积极推行铁路货运向现代物流改革,不少铁路运输企业如中铁集装箱、中铁特货、中铁快运等公司也在尝试铁路物流服务,但从总体发展水平上看,铁路与公路、水运、民航相比发展现代物流的进程差距较大。与经济社会发展和市场需求相比,铁路物流发展中还存在许多不容忽视的问题:

(1)货运产品不满足市场需求,市场占有率不高。

(2)货运节点发展物流合力不足,分工不合理。

(3)基于现代物流理念的运输组织方式开发不力。

(4)铁路资源优势发挥欠缺,整合力度不足。

(5)物流企业竞争能力不强。

4. 铁路发展现代物流系统的紧迫性

为谋求更大发展空间,铁路目前存在的诸多问题使其必须向现代物流转型才能得以解决,而当前铁路系统内外的发展形势促使铁路必须尽快实现转型。

(1)国家综合运输结构的转型为铁路现代物流的发展提供了难得的契机;

(2)国内物流市场的激烈竞争使铁路现代物流的发展面临着严峻的形势;

(3)铁路货运改革的大力推进给铁路现代物流的发展准备了较好的基础。

由此可见,铁路现在正处于发展现代物流的大好时机,但同时也正处于市场竞争最为激烈的时期,铁路必须充分利用自身优势及政策、环境优势,改革现有作业方式及服务观念,提供全方位的现代物流服务,占据优势市场的同时尽量扩大市场份额,从而在未来的市场上占据更多的主动优势。

5. 铁路发展物流的市场定位

随着我国加入WTO和国民经济快速发展,市场需求更加多元化,国内外物流市场竞争日益激烈。近年来我国铁路实施了大规模路网建设,客货分线逐步实现,运输能力开始得到释放,为铁路物流企业的发展带来了巨大的机遇和空间。铁路物流企业要在激烈的市场竞争中处于不败之地应具备较强的综合能力,而企业的综合能力不仅体现在产品服务上和地域优势上,更体现在市场的营销能力和服务品质上。因此,铁路物流企业应立足于自身熟悉和精通的物流领域,开展广泛的市场调查和客户行为分析,根据客户的物流需求为其设计物流服务。以客户为中心,以物流资源链为服务手段,以市场占有率和建立客户忠诚度为导向,制定和开展有针对性的市场营销策略,实现规模化、个性化物流服务,提高物流综合服务水平,构筑自身的核心竞争力,从而与客户建立长期的、双赢的合作关系,成为客户物流供应链中具有独特核心能力的一环。

(1)从货物种类来看,铁路物流的目标市场将主要集中于快速消费品、图书、家电产品、建材产品、电子产品等日常生活用品和高附加值货物,即为“白货市场”,为其提供集装箱运输服务、流通加工服务、仓储服务、金融服务等现代物流理念下的物流服务,进而改善铁路货物运输结构,提升铁路在整个运输物流体系中的地位和作用。

(2)从客户结构来看,铁路物流主要为生产制造企业、加工企业、零售企业等上下游生产贸易提供集仓储、运输、配送等一体化物流服务,与公路货运枢纽、港口、机场等交通节点合作提供多式联运服务,与物流配送企业、传统运输仓储企业、代理企业联盟合作开展门到门全程物流服务。

(3)从服务范围来看,铁路物流在有条件的地区如沿海、沿港以及内陆的口岸地区可以积极开展国际物流服务,并提供海铁联运、国际运输、综合报关、金融服务等国际物流综合性服务;在内陆地区铁路将借助先进的铁路现代物流中心发展成为区域内重要的物流集散地。

总之,铁路物流市场主要定位于高附加值货物,为大型生产制造企业、加工企业等提供国际国内物流服务,并通过与其他运输方式的联合运输实现铁路现代物流从两根钢轨到“门到门”服务的根本性转变。

?

1. 货装职工守则的内容是如何规定的?

2. 货车按用途分为哪几类?

3. 货车由哪几部分组成？
4. 车辆定检标记的含义如何？
5. 车辆的定位标记是如何规定的？
6. 车辆上的特殊标记有哪些？其表示的含义如何？
7. 行车作业人身安全通用标准的规定是什么？
8. 手推调车作业应遵守哪些规定？
9. 禁止手推调车作业的情况有哪些？
10. 重载列车有哪几种运输方式？
11. 铁路发展现代物流系统的必要性有哪些？

第二章　货运安全信息系统及安全检测设备

安全计量检测设备是对运用铁路运输的货物装载进行科学计量及安全检测监控、确保行车安全的重要设施。货运计量安全检测设备配置目标是卡住源头,网络监控。建立全路货运安全检测监控系统是利用安全计量检测设备,实现全路检测数据的联网,实时检测和监控货车超载、偏载、偏重、超限及危险品等运输情况,实现铁道部、铁路局和车务段(站)对货物运输装载质量的动态检测监控和报警车的处理结果反馈。

第一节　货运计量安全检测监控系统

一、货车超偏载检测子系统

1. 超偏载监控网络系统

超偏载监控网络系统包括通道、电源、检测站超偏载设备、车站监测信息平台、路局监控信息平台、铁道部监控信息平台等。

车站监测信息平台主要功能有如下几项:

(1)对检测设备操作间传输的信息实时进行存储、处理、显示、打印、预警以及数据统计。

(2)对通过检测设备的列车按规定的标准报文格式进行存储或打印,包括序号、日期、时间、检测设备站名、方向、机车和货车类型、辆数、速度。

(3)打印班、日的累计工作报告,调阅某一检测设备某一时段的通过车报文、自检信息等。

(4)实时反映检测设备及通道的工作状态和故障状态。

(5)自检功能。

(6)完成 TMIS 确报等货运信息的集成与匹配。

铁路局监控信息平台主要功能包括以下几项:

(1)监控管辖货检站检测报警处理状况。

(2)监控管辖货运站装车报警核实状况。

铁道部监控信息平台主要功能包括以下几项:

(1)监控各货检站检测报警处理状况。

(2)监控各局货运站装车报警核实状况。

2. 超偏载车辆的判定

(1)超偏载状态包括 3 个方面。

超载状态,单位 t。

纵向偏载状态,单位 t。

横向偏载状态，单位 mm。

超偏载预警主要内容包括时间、车速、站名、方向、列车编组、车位、车型、车号、超载、纵偏、横偏。

(2)货车超偏载分为严重、一般两级，具体分级标准见表 2-1。

表 2-1　货车超偏载分级表

项目＼分级	严　重	一　般
超载	大于货车容许载重量 10 t	大于货车容许载重量 5 t
偏载	货物总重心投影距车辆纵中心线距离大于 150 mm	货物总重心投影距车辆纵中心线距离大于100 mm
偏重	货车两转向架承受重量之差大于 15 t	货车两转向架承受重量之差大于 10 t

以上的具体分级标准仅作为是否需要换装整理的依据。

3. 超偏载车辆的处理

(1)根据超偏载检测装置检测结果，对严重的超偏载货车，应通知货检和列检人员联合检查，车辆技术状态正常不危及行车安全的，要作出记录，重点监控运行；危及行车安全的，须立即扣车，换装整理后，方能挂运。对一般的超偏载货车，可不换装整理。

(2)车站对未扣车处理的严重、一般超偏载车辆，应记录车种、车号、发到站、货物品名、发收货人等，并将上述信息及时通知发到站，电报通知下一编组站。同时在 24 h 内，将信息上报铁路局货运主管部门，并反馈到铁路局计量主管部门。

(3)严重超偏载货车换装整理作业流程。

①车站货检人员应根据检测结果，核对现车无误后，对危及行车安全的，及时打印超偏载甩车通知卡(一式三份，调度、货检、列检各一份)，并向车站行车调度部门报告。

②车站行车调度部门接到货检人员报告后，值班人员应在超偏载甩车通知卡上签字，安排甩车，并送入指定地点。

③车站对甩下的货车重新过衡或进行偏载、偏重复核，确认超载、偏载、偏重后，按规定换装整理和拍发电报。

④车站对卸载货车重新过衡复磅，确认货物重量不超过货车容许载重量后，方可编入列车继续运行。

⑤车站将严重超偏载货车的超偏载检测单和轨道衡复磅单，一并随运输票据寄送到站，到站应按规定处理，并按月将有关超偏载统计资料寄送主管铁路局和责任铁路局。

4. 责任划分

(1)由于人为因素，造成超偏载货车漏检，而被下一车站检出时，应列漏检车站责任；发生行车事故的，除按规定划责外，同时追究漏检车站责任。

(2)超偏载检测装置发生事故或故障期间，如发生由于超载、偏载或偏重引起的行车事故，要按规定程序调查原因，查明责任，依据《铁路行车事故处理规则》列相关部门和人员责任。

(3)超偏载检测装置及网络信息系统由于装置质量、维修保养不当及违规操作等原因，造成停机或影响正常使用均为装置事故或故障。装置事故分为大事故、一般事故两类。

①责任连续停机时间超过 48 h，为大事故；

②责任连续停机时间超过 24 h,小于 48 h,为一般事故。

未构成事故的均为装置故障。

(4)凡因超偏载检测装置发生事故或故障造成后果,按下列划责:

①经分析认定确系超偏载检测装置质量原因,由使用单位根据合同,要求生产厂家进行赔偿。

②由于维修保养不当,追究养护维修单位责任。

③由于网络信息系统原因,列系统维护单位责任。

④因检衡原因,列检定部门责任。因校准原因,列校准部门责任。

⑤由于车站违规操作或未及时申请检衡等原因,列车站和铁路局相关部门责任。

⑥由于违规施工原因,列施工单位责任。

⑦无法判明责任等原因,由铁路局组织有关专家分析认定。

(5)发生一般事故由车站处理,大事故由铁路局处理。

(6)事故实行报告制度,发生大事故报铁道部,一般事故报铁路局。报告内容包括车站、事故地点、概况、等级,以电报形式上报。

二、轨道衡检测子系统

轨道衡是铁路货运计量安全检测系统的重要组成部分,是防止货车超载的主要安全检测设备。

轨道衡监控网络系统包括通道、电源、货运站轨道衡设备、车站监测信息平台、路局监控信息平台、铁道部监控信息平台等。

1. 车站监测信息平台主要功能

(1)对轨道衡设备检测传输的信息实时进行存储、处理、显示、打印、预警以及数据统计。

(2)对通过轨道衡设备的货车按规定的标准报文格式进行存储或打印,内容包括序号、日期、时间、轨道衡设备站名、方向、机车和货车类型、辆数、速度。

(3)打印班、日的累计工作报告,调阅某一轨道衡设备某一时段的通过车报文、自检信息等。

(4)实时反映轨道衡设备及通道的工作状态和故障状态。

2. 铁路局监控信息平台主要功能

(1)监控管辖货运站过衡检测状况。

(2)监控管辖货运站过衡报警核实状况。

3. 铁道部监控信息平台主要功能

(1)监控各大货运站过衡检测状况。

(2)监控各局货运站过衡报警核实状况。

第二节　货车超限及装载状态监控系统

一、超限检测系统检测功能

超限检测系统通过安装在龙门架上的两个二维激光扫描传感器组成扫描断面,实时对通过列车的横断面轮廓进行测量，可以检测得到通过车辆及货物的断面轮廓尺寸，进而判断货物超限与否，以及超限的尺寸、部位、等级等。该系统可用于正线、长大隧道、特大框架桥入口前、到达场或出发场，避免由于超限引起的安全事故的发生，如图 2-1 所示。

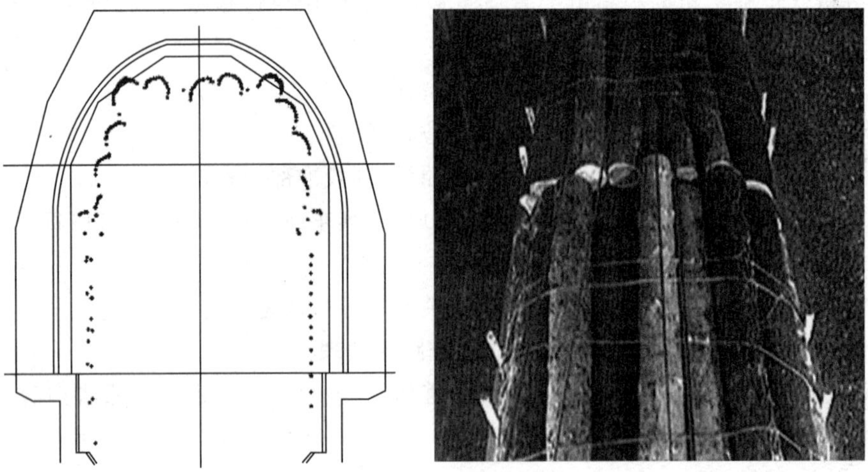

图 2-1　木材超限实例

二、超限检测系统术语

超限车辆：装载货物后，整体尺寸轮廓超出机车车辆限界要求的车辆，称为超限车辆。

门架：横跨铁路线路，用来作为传感器安装基础的建筑物。

测量断面：测点处，与线路前进方向垂直的理论平面，定义为测量断面。

测量坐标 X 轴方向：测量断面内，两钢轨顶点连线的延长线，定义为测量坐标 X 轴方向。

测量坐标 Y 轴方向：测量断面内，垂直于 X 轴方向且通过线路中心线的方向，定义为测量坐标 Y 轴方向。

三、超限指标

根据《铁路超限超重货物运输规则》，定义各超限指标如下：

1. 最大轮廓超限级别

最大轮廓超限级别分为三级：一级超限、二级超限、超级超限。

一级超限：自轨面起高度在 1 250 mm 及其以上超限但未超出一级超限限界者；

二级超限：超出一级超限限界而未超出二级超限限界者，以及自轨面起高度在 150 mm 至未满 1 250mm 间超限但未超出二级超限限界者；

超级超限：超出二级超限限界者。

2. 最大轮廓超限幅值

最大轮廓超限幅值指超限点的 X 坐标或者 Y 坐标超过机车车辆限界对应点的幅值，例如，40 就表示超出机车车辆限界 40 mm，现在的超限以 X 轴方向超限居多，Y 轴方向超限只有在超限点 Y 坐标大于机车车辆限界的最高点 4 800 mm 才发生。

3. 最大轮廓超限位置

最大轮廓超限位置指的是最大超限点在最大轮廓扫描断面里的位置，一共有 8 个部位，分是前端、左上、左中、左下、右上、右中、右下、后端，如果该位为 1，就表示该部位有超限点，例如，01001000 就表示左上右上部位超限。

上部超限：Y 坐标大于 3 600 mm 的超限部位属于上部超限。

中部超限：Y 坐标在 1 250 mm 至 3 600 mm 之间的超限部位属于中部超限。

下部超限：Y 坐标 150 mm 至未满 1 250 mm 之间的超限部位属于下部超限。

4. 最大超限断面位置

最大超限断面位置表示最大超限断面从本车厢扫描开始计数，第几帧被扫描到，能反映出最大超限断面在车厢里的位置。例如，最大超限断面位置为 57，车厢扫描次数为 124，则表示最大超限断面位置基本在本辆车厢中间位置。

5. 超限次数

超限次数：表示本辆车共有几个断面超限。

6. 车厢扫描次数

超限扫描次数：表示本辆车一共扫描了多少次。

四、超限车辆处理

超限车辆根据报警区别为一级黄色、二级橙色、超级红色，并且对报警车辆进行上、下、左、右四个方向拍照，在车辆限界轮廓图中显示报警部位及超限幅值。监控人员发现超限车辆报警时，应及时通知货检值班员，由货检值班员组织人员进行现场检查确认，对货物装载确认超限的车辆，应扣车进行处理。对因盖阀张开、绳索甩动、加固材料翘起及押运人等原因造成的超限，及时进行整理。

五、视频监控

现场安装的摄像头，从上、下、左、右四个方位对通过安全门装置的车辆进行实时拍摄，并保留图像数据。通过监控管理平台，实现对到达、出发、通过列车的门、窗、盖、阀关闭、货物装载加固以及篷布苫盖等情况的实时监控，确保对问题车的及时处理。

第三节 货检站安全集中监控系统

“货检站安全集中监控系统”作为铁路货运检查工作的一个综合性安全管理系统，它通过对超偏载检测系统、轨道衡检测系统、货车超限及装载状态监控系统（俗称安全门）、现车、预确报系统、车号、TPDS、手持机系统、站场监控等与货运相关的系统进行集成，采用先进的计算机网络技术及信息处理与集成技术，整合各应用系统，形成一个功能强大的信息平台，提供货检站作业综合、动态、全方位、立体化的监控管理支持平台，形成货运检查体系及计算机手持终端直接联网到作业岗点的科技化管理。

一、系统架构

采用“WEB + 手持终端”的系统架构，为货检值班员、货检员提供信息服务。其中，WEB模块的主要用户是值班员，其主要功能是实时监控安全设备检测结果、制订工作计划、标注工作重点、接收现场反馈信息、指导货检员的工作。手持模块的主要用户是货检员，主要功能是自动接收一组与货检工作直接相关的计划信息（包括车次、到发时间、股道、车辆装货信息、重点车信息等），提示检查重点，及时反馈检查结果。手持模块与B/S模块共同配合，完成货检工作的存档过程，使货检工作透明、可查。其架构图如图2-2所示。

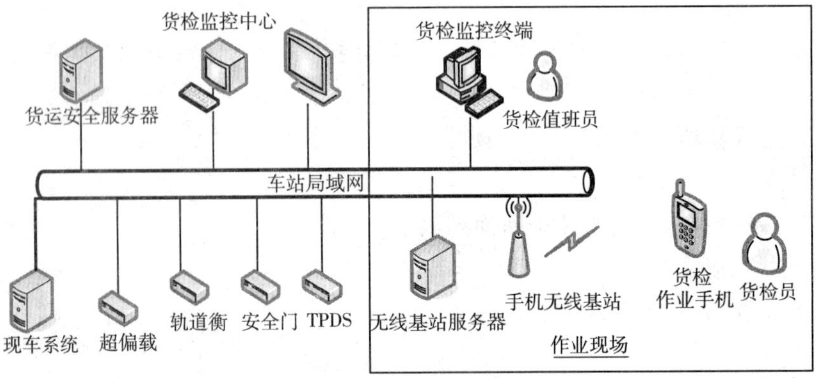

图2-2 系统架构示意图

二、系统功能

货检站安全集中监控系统的主要功能包括阶段计划、重点车标注、综合预警、货检作业信息综合管理、拍发电报、手持机系统、统计报表、用户管理等，其作业流程如图2-3所示，主要功能见表2-2。

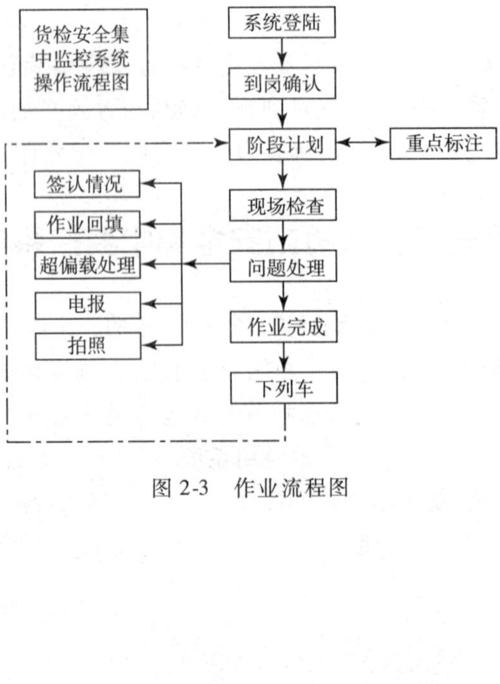

图2-3 作业流程图

表 2-2 功 能 表

功能类别	子 功 能	功能类别	子 功 能
阶段计划	三小时阶段计划	拍发电报	自动拍发电报
	手动添加阶段计划	手持机系统	自动接收作业计划
	作业实时预报		作业结果反馈
	计划安排	统计报表	在列整理统计表
重点车标注	重点车标注		扣车整理统计表
综合预警	综合预警集中模式		拍发电报统计表
	综合预警对比模式		补封车统计表
货检作业	作业结果反馈		报警车统计表
	危险品登记		

1. 阶段计划功能

提供从现车系统实时自动接入阶段到发计划及人工录入阶段计划两种操作方式,货检值班员根据阶段计划标注重点车,生成货检作业计划,并自动传送到货检员监控终端,如图 2-4 所示。

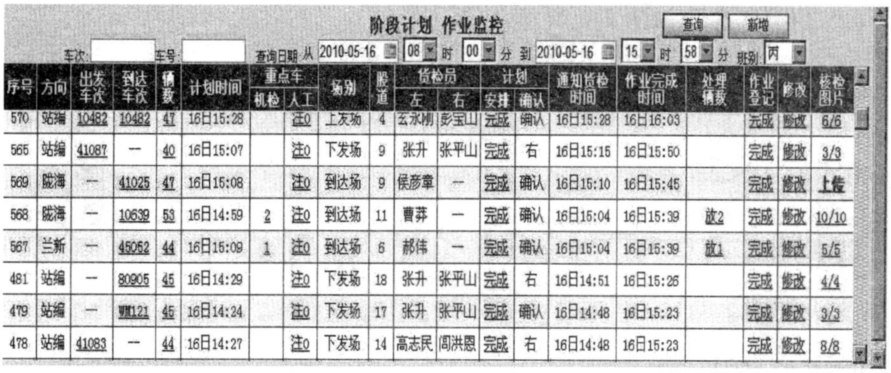

图 2-4 阶段计划界面

2. 行车预告及货检作业计划语音提示

通过 TDCS 调监系统接入或人工录入列车到达预告信息,系统自动对列车到达和货检作业信息进行声光提示,直到货检员确认。

3. 重点车标注

提供将检测设备报警车辆自动标注成重点车辆和手工标注重点车两种标注方式;对没有自动匹配确报的车辆允许人工二次匹配;提供"重点车预报单"便于货检员重点检查。

4. 检测设备预警信息集中监控

将超偏载、轨道衡、超限及安全门状态、TPDS 系统实时检测信息进行集成和自动关联,在一个界面集中展示。通过不同颜色区分显示各系统的报警级别,同时提供语音报警功能。

设备检测信息可以有两种显示模式:分窗口显示和同一窗口集中显示。在集中监控窗口还可以显示集成的视频信息。

5. 货检作业信息综合管理子系统

(1)自动下达货检作业计划。货检值班员根据列车到达预告信息,安排生成作业计划并自动传输给货检员,自动给出语音提示,直至货检员接收确认,作业计划下达完毕。

(2)货检作业结果反馈。货检员作业完毕后,回填货检作业情况反馈,确认检车完毕。

(3)对问题车相关信息实现站内追踪。系统根据问题车登记信息,对车辆运行动态及作业处理信息进行实时跟踪。

(4)作业日志自动统计。按照《铁路货运检查管理规则》要求,实现各种台账信息的统计、查询、报表生成、打印。结合机检信息和货检作业信息,自动生成各类统计报表。

(5)自动分析。按要求对各类信息进行工作量、作业情况等不同角度的分析,并提供自动分析自设定工具。

(6)电报自动拍发功能。货检值班员根据货检员的检车结果或超偏载等报警情况,选择适合的电报模板,自动生成电报,并提供对电报进行保存、打印、查询等功能。

6. 手持机子系统

在车站建立无线局域网(图 2-5),货检员使用手持机自动接收作业计划,及时掌握到达车辆货物装载情况、报警情况及重点关注车辆。按照要求对首车、尾车及问题车辆进行拍照。货检作业完毕,货检员通过手持机反馈检查结果及照片,并上传反馈给货检作业管理系统,自动通知货检值班员作业完成,如图 2-6 所示。

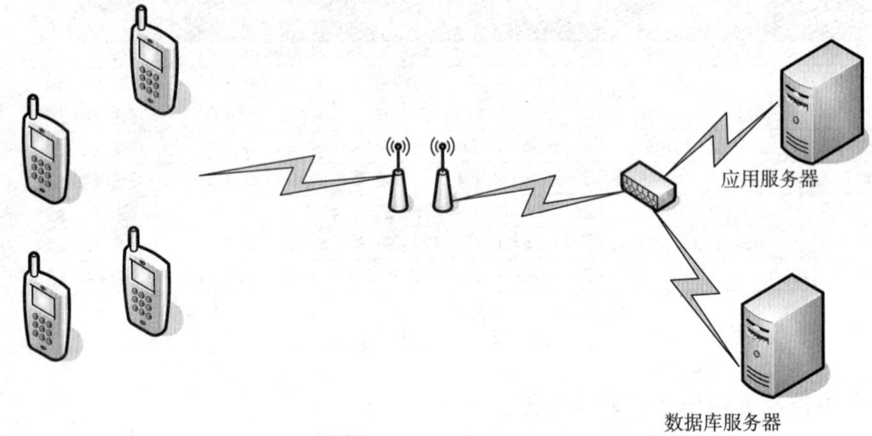

图 2-5　无线网络系统图

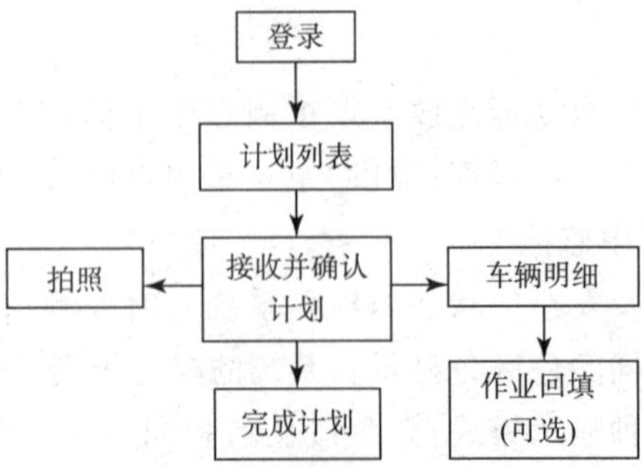

(a)

图　2-6

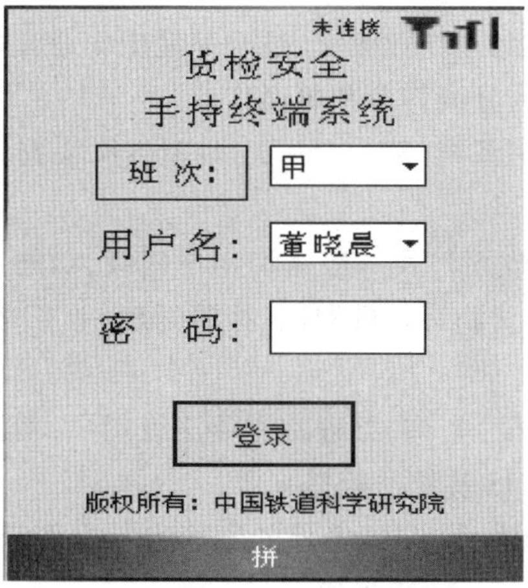

(b)

(c)

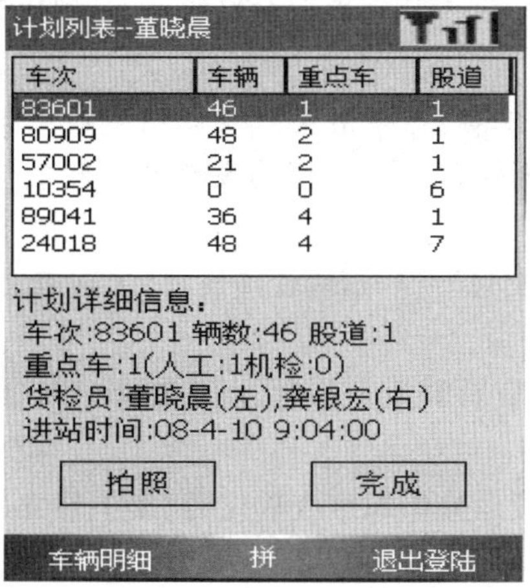

(d)

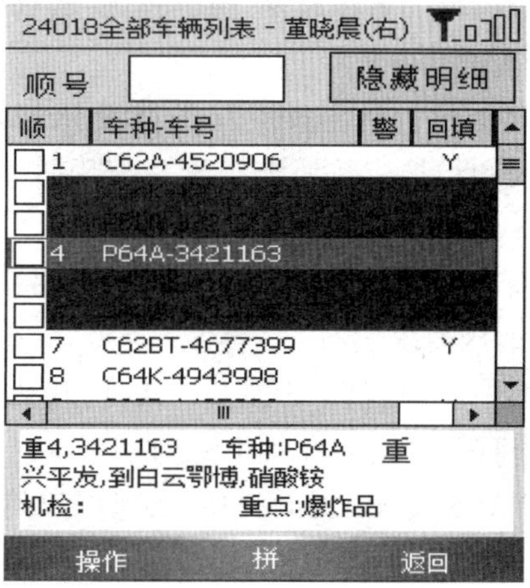

(e)

图 2-6　手持机子系统作业流程及操作界面

7. 用户管理

系统管理员根据实际情况，对用户进行管理，可进行用户的增加、删除、修改，给对用户的操作权限进行授权。

第四节　危险货物运输安全监控系统

一、危险货物运输安全监控系统

危险货物运输安全监控系统是以全路危险货物办理站为基础，采用先进的计算机网络技术及信息处理与集成技术，对危险货物运输办理的源头信息采集和对不同岗位作业特点的危险货物办理过程进行信息化审核；对危险货物运输过程进行全面跟踪和监控管理；对各类相关规章、文电、基础数据和台账等内容，实现信息化、网络化管理。最终达到危险货物受理、承运、装车、在途、卸车、交付等全过程安全监控，实现危险货物运输的三级管理、三级监控，确保危险货物运输安全。

危险品运输分为危险品发送作业流程、危险品到达作业流程、危险品途中作业流程。

危险货物运输安全监控系统办理站级系统分为分岗作业和单岗作业。

1. TWIS包括路局级应用系统和办理站级应用系统，路局、站段、办理站应根据岗位职责和用户权限分别设专人运用和统一维护。

2. 路局级应用系统设路局、站段、办理站级管理用户及一般查询用户四级，功能主要侧重利用办理站级系统基础数据，实现管理区域内危险货物运输的跟踪、报警处理、业务查询、分类统计、安全分析等。

3. 办理站级应用系统设路局查询、办理站(站段)查询、办理站作业三级用户，功能主要侧重于作业源头卡控、流程签认和互控把关等，是TWIS基础的数据来源。

4. TWIS运行维护管理按照统一性、规范性、及时性、归口管理的原则进行专业管理、集中维护、统一发布、分级负责、分层落实，逐级考核。

(1)统一性。系统软件、编码规则、数据传输格式、专用字典等全路统一，基础数据字典与货票系统基础字典统一。

(2)规范性。对作业流程进行设计，其功能架构、规则格式以及专用字典严禁随意改动，其修改和维护应按照维护管理权限规定，依据铁道部主管部门发布和批转的规章文电执行。

(3)及时性。TWIS的修改和维护严格按《铁路危险货物运输管理规则》等规章文电执行，并按规定时限要求发布。

(4)归口管理。TWIS涉及的软件、代码、数据资料和生产信息，由主管部门归口管理、严格按权限使用，禁止擅自公开、公布。

5. TWIS通过软件加密技术实现授权使用。货运处组织审查确定后，集中建立软件使用台账，统一管理、监控软件使用情况。

6. 铁路局TWIS的信息库利用专用设备保存，联机存储两年，非联机存储不少于10年。

7. 未经铁路局管理组批准，任何部门不得擅自向其他系统提供信息，也不得利用该系统的软件、数据等从事其他活动

8. 安装TWIS的用户应严格按照铁路危险货物运输安全监控系统操作规定操作。

9. 各级用户系统中的电子信息、打印的纸质信息以及向其他用户传送的电子信息三者必须保持一致。各级用户对信息的准确性、完整性负责。

10. 发生异常情况时，车站操作人员应及时通知本级维护人员实施维护。若本级维护人员无法处置，站段TWIS管理维护组分别向局货运、信息部门及时上报，协调解决。

11. 危险货物作业站点是TWIS的信息源点，应按照《铁路危险货物运输管理规则》等规章要求，填制各种登记簿。TWIS的原始数据包括以下几项：

(1)全路统一的危险货物专用基础数据，如办理资质和办理站(专用线)规定、危险货物铁路危险品名表、自备货车、押运员、办理人员、全路事故应急救援数据等。

(2)基层站段提供的原始数据，包括受理审核数据、基础台账、站段自身基础信息等。

(3)运输过程中产生的生产数据，如发送、途中、到达签认单数据等。

(4)其他相关数据。

二、系统使用

登录危险货物运输安全监控系统后，可看到主界面有最新公告新闻、基础数据升级、最新规章文电、最新的规章文电列表、滚动显示、常见业务问题、事故案例分析、系统部署组件等几个标签。在主页面上显示受理审核、承运装车、内勤复核、运单生成、货检作业、货运调度、作业签认查询等标签如图 2-7 所示。

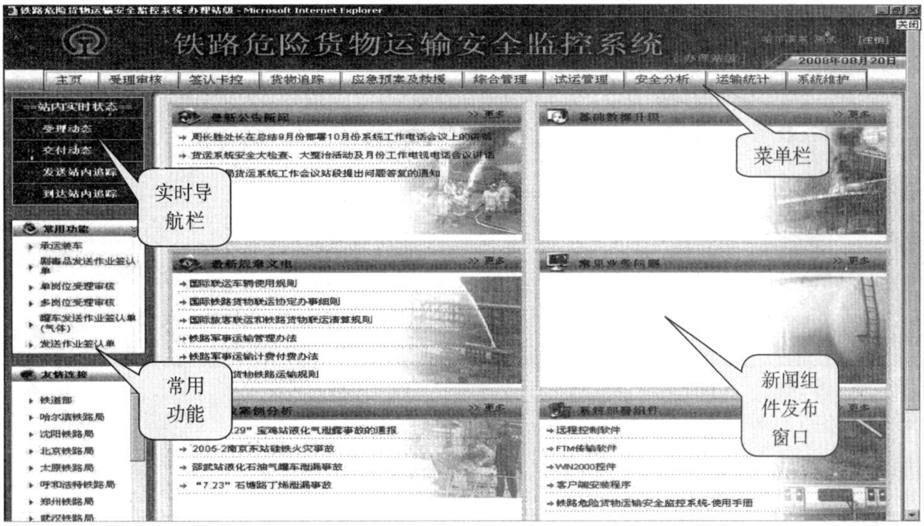

图 2-7　危险货物运输安全监控系统界面

点击菜单栏相应的标签即可按照作业岗位权限进行信息录入和相关信息查询，如图 2-8 所示。

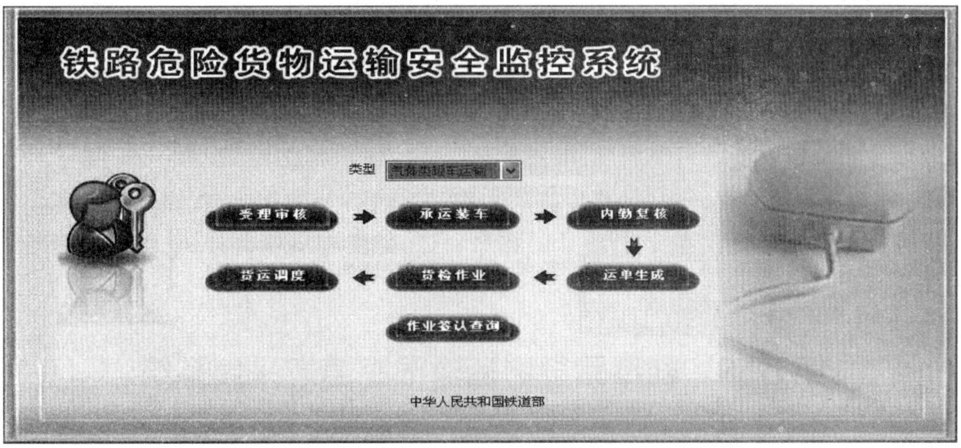

图 2-8　作业选择界面

例如，选择危险货物运输类型，点击货检作业标签，界面显示如图 2-9 所示。

操作方法：在货运检查页面点击“货运检查”，输入检查人员姓名和时间，作业人员所检查项填写完成后，审核数据通过后提交。选择“待办全部完成”可以将同批受理的多车一次通过

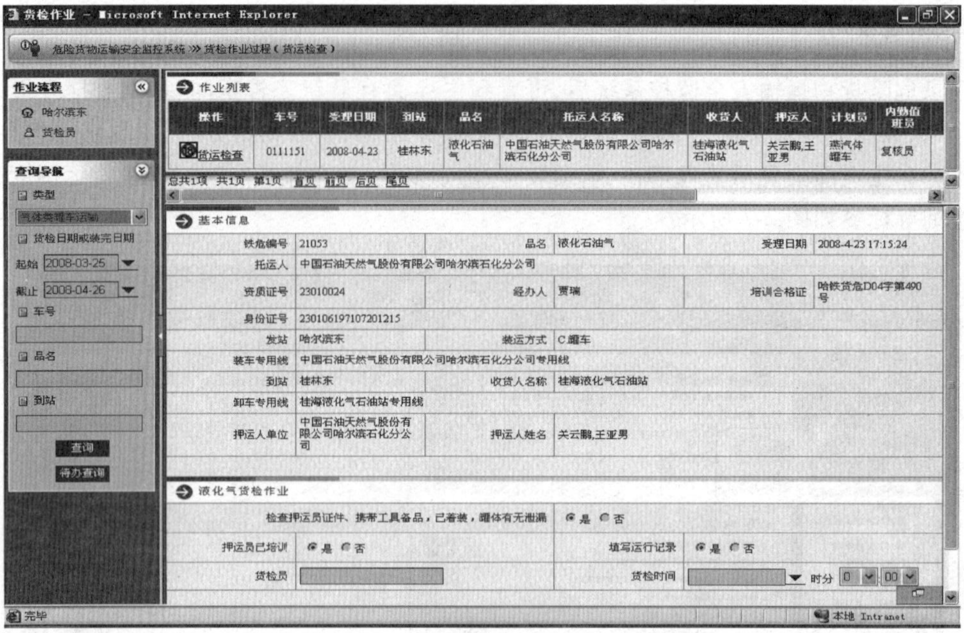

图 2-9　货检作业界面

审核,如图 2-10 所示。

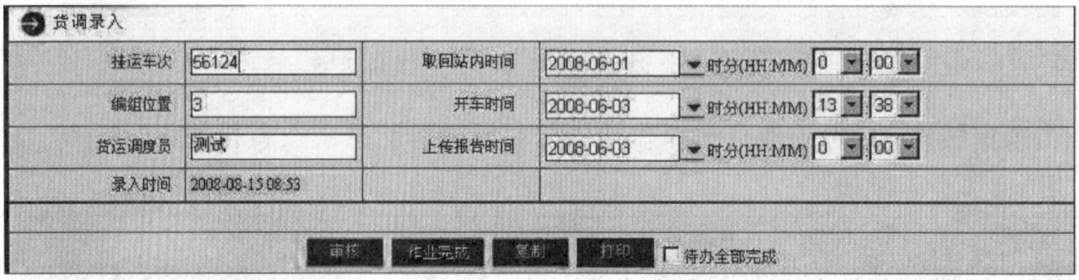

图 2-10　货运检查录入界面

作业人员所有检查项填写完成后,审核数据通过后作业完成。

《铁路危险货物运输管理规则》指定签认的物品需进行分岗作业,按照气体类罐车运输的作业流程进行作业,而其他不需进行签认的物品,只需做受理审核部分,其作业流程与气体罐车运输作业流程一致。

第五节　剧毒品货物运输跟踪信息采集系统

剧毒品货物运输跟踪管理系统从用户角度划分为基层跟踪信息采集部分、铁道部建立剧毒品数据库,车站、路局、铁道部三级信息应用部分。

信息采集部分基于微机设计,数据存储采用 ACCESS 桌面数据库,数据上报采用专门开发的传输软件。信息应用部分基于 C/S 模式设计,包含服务器和客户机两个组成部分。

剧毒品跟踪软件由五部分组成:车站剧毒品运输信息采集软件,剧毒品运输信息报告软件，路局级剧毒品运输管理信息应用软件，铁道部剧毒品信息报告处理软件，铁道部剧毒品信息应用软件。

一、信息采集系统

在 Windows 开始菜单顺序选择程序→剧毒品货物运输跟踪管理系统(车站使用)→剧毒品货物运输跟踪信息采集系统(车站使用)，即启动了剧毒品货物运输跟踪信息系统，如图2-11所示。

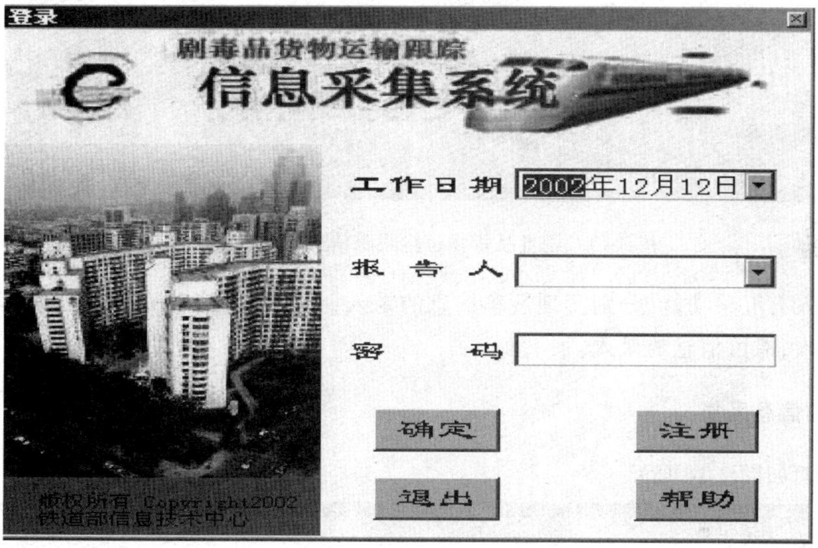

图 2-11　剧毒品货物运输管理信息系统界面

注册用户。

在登录界面要求输入报告人姓名和密码，第一次登录时，用户要用鼠标单击注册按钮进行注册。注册窗口如图 2-12 所示。

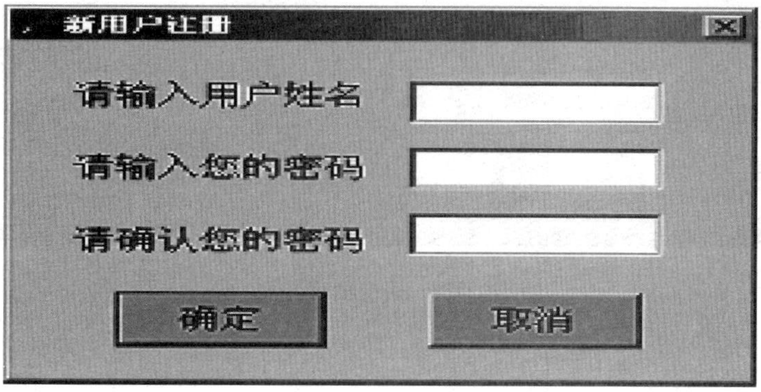

图 2-12　用户注册界面

输入用户名，然后输入密码并确认(要确保两次输入的密码相同)，单击确定按钮，即完成了用户注册。

在登录界面密码输入区输入用户注册时的密码，用鼠标点击确定按钮进入系统，如图 2-13 所示。

图 2-13　剧毒品货物运输跟踪信息系统操作界面

信息录入有五项功能，分别实现装车信息的录入，到达交付信息的录入，通过信息的录入，换装信息录入，滞留信息的录入。

二、通过信息采集

用户界面如图 2-14 所示。

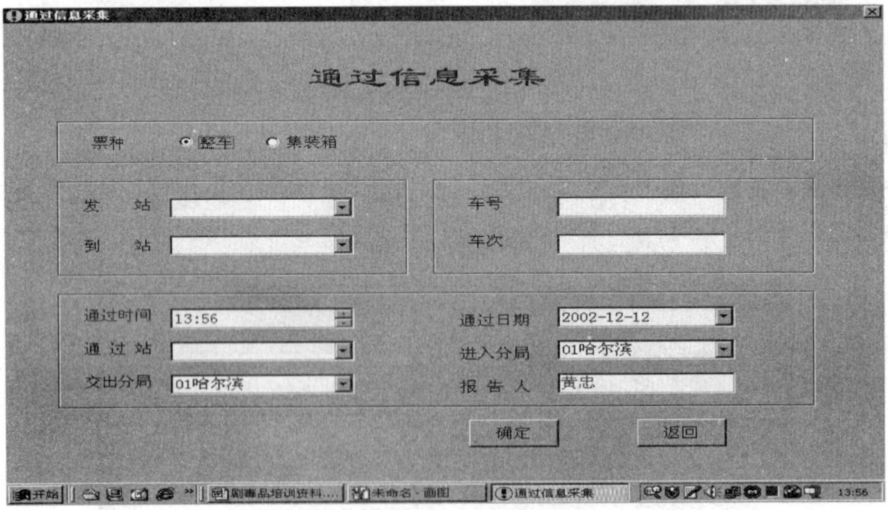

图 2-14　用户使用界面

1. 票种

分整车和集装箱，用鼠标选择。

2. 发站和到站

可在菜单中选择车站的输入方式（输入方式分为拼音码、电报码），默认输入方式为拼音码，根据输入方式输入车站代码，回车后系统自动填入站名，若填入站名不是所需站名，可用下光标键选择或用鼠标打开下拉菜单进行选择。

3. 车次

输入挂运车次。

4. 车号

输入 7 位车号。

5. 通过时间

键盘输入,24 小时格式。

6. 通过日期

输入方式与制票日期方式相同。

7. 通过站

通过站站名。

输入完毕后,点击确定按钮,系统提示"确认输入无误吗?"。选"是"按钮保存数据,选"否"按钮不保存数据并返回输入界面。数据保存并上报后不能再修改,只能作废。

换装信息采集、滞留信息采集与通过信息采集作业流程一致。

三、其他规定

剧毒品运输实行三级计算机跟踪管理。

1. 铁路剧毒品运输计算机跟踪管理系指以危险货物办理站为基础,在铁道部、铁路局和车站,根据不同层次管理要求建立的信息管理系统。

2. 跟踪管理工作由铁道部负责方案规划和监督指导,铁路局负责方案实施和日常管理,铁路信息技术部门负责软件维护、更新、完善等技术支持,保证系统正常运转。

3. 办理剧毒品运输的车站须与剧毒品计算机跟踪管理系统联网运行。需具备原始信息及时发送和接收能力,要求配备相应的传输、通讯、打印等信息跟踪管理设备。

4. 装车站要将剧毒品货票所载信息,及时生成《剧毒品运输管理信息登记表》,实时报告剧毒品运输跟踪管理系统。内容包括剧毒品车的车号(集装箱箱型、箱号及所装车号)、发到站、《托运人资质证书》编号、品名及编号、件数、重量和承运、装车日期等。

5. 挂有剧毒品车辆的列车,应在"运统 1"记事栏中注明"D"字样,并将剧毒品车辆的车种车号、发到站、货物品名、挂运日期、挂运车次等信息及时报告给铁路局行车确报系统和剧毒品运输跟踪管理系统。

6. 剧毒品到站后和卸车交付完毕后,立即将车种车号(集装箱箱型、箱号及所装车号)、发到站、《托运人资质证书》编号、托运人、收货人、品名及编号、件数、重量、到达日期、到达车次、交付日期等信息上网报告剧毒品运输跟踪管理系统,并在 2 h 内通知发站。

第六节　货运事故处理系统

"铁路货运事故处理系统"涉及铁道部、铁路局、站(段)三级运输事故处理业务,是《铁路信息化总体规划》中《中国铁路保价运输管理系统(RIMS)信息化专项规划》的重要组成部分。

事故处理系统提供了保价管理、文档管理、事故处理、无法交付货物和无标记事故货物处理、统计月报、台账管理、规章及应急预案查询、数据交换、数据共享、系统管理等功能。

使用者输入代码及密码进行登录操作，系统按照代码查询到相应的用户名，验证代码和密码的正确性，并按照该用户使用权限展示功能菜单，进入系统应用，登录界面如图 2-15 所示。

图 2-15　货运事故处理系统登录界面

一、基本功能

1. 保价管理实现保价货物运输报告、货物保价费率管理和铁路委托代办货物保价运输管理功能。

2. 文档处理。通过接收电子文档或人工输入方式进行事故处理文档管理，提供数据交换、存储、查询、删除、打印、作废和归卷功能，并能进行有效控制。事故处理文档包括普通记录、铁路传真电报、货运事故速报、货运草记录、货运记录、商务记录、货运事故查复书、局间行文、查询答复书、事故货物鉴定书、赔偿要求书、赔偿审批报告、货运事故赔款通知书、保价货运事故定责通知书、货运事故报告表、事故照片、扫描文档、无法交付货物通知书、无标记（无法交付）货物处理书和无标记（无法交付）事故货物处理批复。

3. 事故处理。按业务逻辑关系归类，实现登记簿、案卷信息和文档信息分层管理。登记簿名称的使用遵循《铁路货运事故处理规则》和铁道行业标准《铁路货运事故处理作业》的规定。在标准名称归类之下，支持用户自定义登记簿名称，需提供登记簿名称的维护功能。

提供站车交接登记簿、普通记录登记簿、其他查询文档（查复书、电报、货运记录）登记簿管理功能，通过制作或接收基本文档建立新文卷，具备提示归卷的功能。

4. 无法交付货物和无标记事故货物处理。实现无法交付货物和无标记事故货物（简称两无货物）登记簿、案卷信息和文档信息分层管理，按业务逻辑关系归类。

通过制作或接收基本文档建立案卷，并提供对案卷的数据交换、查询、补录信息、打印、提卷、并卷、转移案卷、撤销关联、作废案卷和统计分析功能；提供生成两无货物月报的功能，提供上传、接收、查询和输出的功能。

5. 统计月报。根据业务数据生成货运事故统计报告和货运保价运输报告；在数据源点提供人工补录功能，其他单位可根据数据源点的数据分级汇总；提供上传、接收、查询和输出的功能，并进行有效性控制。

以货运事故统计报告和货运保价运输报告为基础，生成规定格式的统计分析表，并提供用户自定义条件的统计分析功能。

进行特殊品类的统计分析，生成特殊品类运输及事故赔偿月报（粮食报表），提供上传、接收、查询、输出的功能，数据与货运事故统计报告保持一致。

6. 台账管理。提供保价及货运事故处理相关的其他台账信息的登记和管理功能。

7. 规章及应急预案查询。提供保价及货运事故处理相关规章及应急预案查询功能。

8. 数据交换功能。按业务逻辑实现对保价及货运事故处理文档、案卷和报表的上报、接收功能；实现局内和跨局数据转发，进行分级数据交换。数据交换遵循统一的数据交换协议，能够生成和接收传输回执，提供监控手段。

9. 数据共享。"保价及货运事故处理系统"使用的站名、品名、专用线及其相关字典应与铁道统一维护的基础字典保持一致，统一维护、集中发布。

10. 系统管理。提供按单位级别和岗位职责设置相对应功能权限的功能。

提供专用字典维护、打印格式维护、数据备份和恢复、日志管理功能。

11. 电子证章。提供事故处理专用电子证章的制作、管理和使用功能，对事故处理过程中查询的电子文档加盖电子证章，满足在铁路内部流通的电子文档作为事故处理依据的要求。本项功能为可选功能，电子证章的制作和管理设置在铁路局。

二、应用要求

1. 货运事故处理系统中自动生成的收、发文登记簿是发送和接收文档、案卷的凭证，是划分货运事故责任的重要依据，任何单位和个人不得修改和删除。

2. 货运事故处理系统发生软、硬件故障，无法正常使用时，应启用纸质文档处理货运事故，修复后将纸质文档补录补传。

事故资料送查单位涉及货运事故处理部门以外的单位或部门时，应将纸质资料送相关单位或部门。

3. 各单位进行数据备份每月应不少于一次，事故资料结案后应打印保存（照片图像资料可不打印），各类登记簿、台账、报表定期打印保存。货运事故处理系统中的动态数据自结案的次年 1 月 1 日起保存三年。

三、责任划分

1. 各单位应确保货运事故处理系统信息传输及时、准确、完整。由于管理失误或操作不当，影响货运事故处理的，要承担相应的责任。

2. 发生货运事故除按《铁路货运事故处理规则》附件二划分责任外，有下列情况时，由货运部门负责：

(1)电子文档与纸质文档内容不一致的,由录制单位承担事故责任及赔款。

(2)录制的文档信息与传输他站的内容不一致时,由录制单位分摊事故赔款的50%。

(3)案卷传输所附资料不全,接收车站提出后未及时补传,由迟延补传单位分摊事故赔款的20%。

(4)工作日内未开机,造成他站文档不能正常传输的,由收文单位分摊事故赔款的20%。

(5)文档录制单位未向有关单位传输的或传输不成功且在规定时间内未启用纸质文档送查的,由录制单位分摊事故赔款的10%。

(6)文档、案卷到达后,未在规定时间内答复的,由接收单位分摊事故赔款的10%。

第七节　货运安全检测设备

一、超偏载检测装置

超偏载检测装置是铁路货运计量安全检测系统的重要组成部分,是防止货车超载、偏载、偏重的主要安全检测设备。

1. 超偏载检测装置由22根专用枕及连接装置、12个重力传感器、8个剪力传感器组成3个测量区,由数据采集仪、通道和计算机组成。

2. 超偏载检测装置应符合《铁路货车超偏载检测装置技术条件》的规定。

二、轨 道 衡

轨道衡是称量铁路货车载重的衡器,是保证铁路运输安全的重要设备。轨道衡分静态轨道衡、动态轨道衡和轻型轨道衡三种。

1. 静态轨道衡是用于称重静止状态货车载重的轨道衡,由于操作复杂、效率低、不宜安装在列车出入频繁的线路上。

2. 动态轨道衡是用于称量运动中货车载重的轨道衡,承重台有单台面、双台面和三台面三种,计量方式有整车计量、转向架计量和轴计量三种。电子式动态轨道衡由承重台、称重传感器、称重显示器、微型计算机和打印机等组成。称量时,列车以规定的速度匀速通过承重台,轨道开关自动判别机车和货车,利用支撑承重台的传感器,将货车载重转换成电信号并经放大器放大,然后由转换器变换成数字信号输入计算机,处理后即可显示出货车载重的多种数据,并可打印记录。电子动态轨道衡具有操作方便、效率高的特点。动态轨道衡又分断轨和不断轨两种完全不同的形式。

3. 轻型轨道衡是一种用于小型矿车、电瓶车、配料车和轻型铁路车辆等装货时称重的衡器,通常适用于600~1 000 mm轨距车辆的称重,量程范围多在10~30 t,在铁路运输中较少使用,如图2-16所示。

三、汽 车 衡

汽车衡是铁路运输货物重量的计量称重衡器,也是保证铁路运输安全的重要设备。汽车衡分机械和电子两种,按秤台分为单台面、双台面和三台面汽车衡。

图 2-16　轻型轨道衡

机械汽车衡又称为地磅，是早期制造使用的一种衡器，它的缺点是需要人工操作、人为误差大、结构复杂、称重量小、稳定性差、维护成本高且不能实现自动化。

电子汽车衡是新一代计量称重衡器，配有智能化称重显示仪表，与计算机、打印机连接组成称重管理系统，具有操作维护容易、称重精度高、反应速度快、稳定性好、可靠性高、抗干扰能力强的特点，如图 2-17 所示。

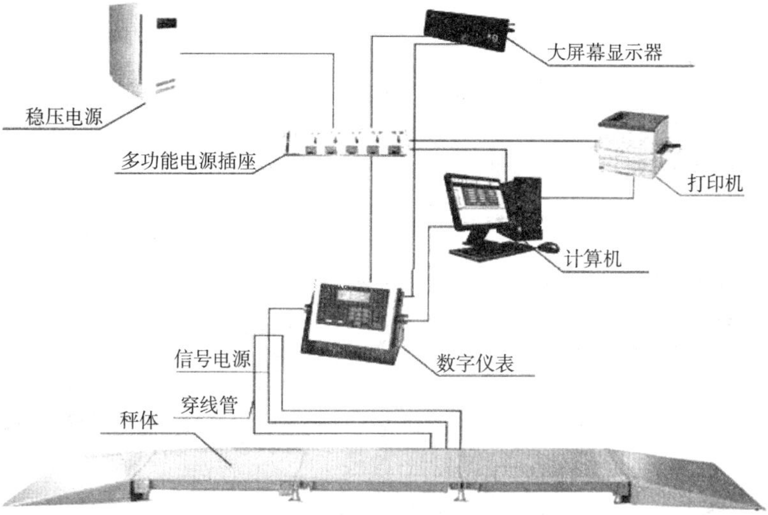

图 2-17　数字式汽车衡管理系统的组成

四、轮重测定仪

1. 轮重测定仪是一种对铁路货车轮重测定的仪器，测定仪可以预先组装，提高装配精度，并且具有体积小、重量轻，操作方便，降低劳动强度的特点。新型轮重测定仪安全载荷可达 16 t。按重量读数显示方式分为仪表式和数显式两种，称重原理基本相同。数字式轮重测定仪可实现单车数据存储和打印功能，适合铁路中、小站和专用线作为主要或辅助检测仪器来控制装车点车辆的装载量，可检测出在水平线路上停放的车辆超、偏载。其缺点是必须将八个车轮全部检测才能得到重量数据，测定时间长、程序复杂、效率低，通常需要两人或多人操作，且检测作业时需要进行安全防护。

2. 数显式轮重测定仪由机械和微电脑组成，机械部分包括一个手压泵、两个千斤顶以及支承座、拉杆、弹簧、滑块组合、顶块、定位块、调整母、顶母和连接油管如图 2-18 所示。

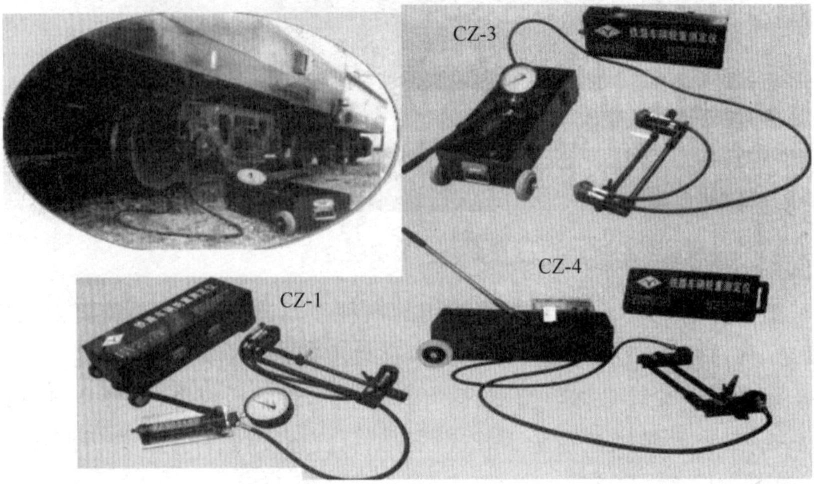

图 2-18　仪表和数显式轮重测定仪

五、装载机电子秤

1. 装载机电子秤是对装载散料进行称量的一种计量设备，可用于车辆装载计量、限载计量、土方计量，如图 2-19 所示。装载机电子秤与装载机的机械控制部分集成为一体，在装载机行进中实现称重。

图 2-19　装载机电子秤原理、结构特征

2. 装载机电子秤由两个压力传感器、一个接近开关及车载仪表组成，可动态计量，也可静态计量。称重仪表可打印日期、时间，显示去皮、调零、存储重量数据和信息等。称重时不影响

正常装载工作。实现装载过程中对货物的自动准确计量，对于加强装载作业管理，防止超载和欠载，提高装卸作业效率和效益，保证铁路运输的安全性有着显著的作用。

3. 装载机电子秤是根据分别安装在装载机动臂油缸进油和回油油路上的两个压力传感器，对装载机动臂举升过程中油缸压力变化进行测定，并对速度进行调整，在车载仪表中的中央处理器自动进行计算，从而得出重量数据，并在仪表屏幕显示得出的重量。

4. 装载机车在翻斗提升过程中，压力传感器将信号传输给计算机，进行数据转换处理；当机车铲货后，大臂立即收回于始点位置，装载机电子秤即刻显示货物的重量；当机车翻斗卸货时，屏幕显示出累计重量；当翻斗下降于始点时，屏幕显示出货物的总累计重量。

第八节　设备使用要求

一、设备配置要求

1. 办理 10 吨及其以下集装箱的车站，应配置 30 t 汽车衡或相适应的衡器。

2. 办理 20 英尺及其以上大型集装箱的车站，应配置 80 t 汽车衡或相适应的衡器。

3. 年运量在 50 万 t 以上的车站，应配置轨道衡或超偏载检测装置。

4. 货检站配置超偏载、超限检测、危险品检测和货车装载状态检测监控等综合安全检测监控设施。

5. 发送液化气体和年运量 30 万 t 以上的铁路专用线（专用铁路），必须配置轨道衡，其他的应配置相应的衡器。

6. 办理危险品的铁路车站、铁路专用线（专用铁路），应配置危险品检测和防爆装置。

二、设备使用要求

1. 电子汽车衡使用要求

（1）汽车衡安装后，必须经铁路局计量主管部门检定，检定合格后发给检定合格证方可使用。汽车衡使用期间必须按检定规程定期检定。

（2）仪表开机应经过 15 min 预热。下班或长时间停止使用必须切断电源，不能在仪表通电的状态下插拔传感器插头。

（3）车辆驶入秤台时，车速应低于 5 km/h，缓慢刹车，车停稳后计量。车辆进入秤台应直线行驶，并尽可能停留在秤台中心位置。

（4）仪表读数必须在重量单位稳定时进行。

（5）下列情况不得进行计量称重：

①过衡车辆载荷超过衡器最大称量。

②叉车类短轴距车辆重量接近衡器最大称量。

③室外安装的汽车衡未安设防风、防雨设施，遇狂风、暴雨影响秤重准确性。

④称重车辆未停留在有效称重范围。

⑤称重台面上有异物或有人员。

（6）汽车衡日常维护应注意事项：

①秤台四周间隙不得卡有异物。

②经常检查限位间隙是否合理、限位螺栓与秤体不应碰撞接触。

③连接件每半年进行一次保养,支承头部涂上黄油。

④经常清扫秤台台面,保持清洁。定期涂刷表面油漆。

⑤禁止在秤台上进行电弧焊作业。特殊情况下必须进行时,应注意信号电缆与仪表连接必须断开,电弧焊的地线必须设置在被焊部位附近,并牢固接触在秤体上,不可使传感器成为电弧焊回路的一部分。

(7)经常检查各接线是否松动、折断、接地线是否牢靠。

(8)要保持接线盒内干燥清洁。

2. 装载机电子秤使用要求

(1)装载机电子秤在使用时应做预热,提升动臂 5 ~ 10 次,使油压及传感器预热到正常工作温度。

(2)操作中,翻斗提升时,首先应控制动臂的操纵杆放在极后位置,即翻斗处于最后端。

(3)动臂系统应进行严格润滑,减少动臂的摩擦系数。

(4)选择较平坦的地面进行称重。

(5)提升动臂的过程应将速度控制均匀。

(6)装载机停止行驶的情况下置零较好。

(7)称重过程避免装载机行驶,如需行驶,应控制车速在 10 km/h 左右。

(8)如配备多个翻斗时,称重时必须校正所使用的翻斗。

(9)电子秤开机前先启动装载机,电子秤关闭后再关闭装载机电源。

(10)清洗时避免水流入仪表,避免损坏。

3. 轮重测定仪使用要求

(1)将其左、右支承座置于钢轨上,左右支承座的顶块分别与车轮踏面左、右两侧接触,滑块组合的尺片置于车轮一侧的轨面上放平。

(2)使左右支承座的定位块紧靠车轮外侧。

(3)锁紧拉杆、顶杆,使左右支承座与车轮卡紧成一体。

(4)将滑块组合调整到右支承座一侧,尺片置于轮轨结合面一侧。

(5)锁紧泄油阀,慢慢给高压油泵加压,油缸中的活塞移动,反向顶起车轮。

(6)当滑块组合上的尺片从车轮下迅速通过时,停止加压,微电脑记录数据并储存(仪表式轮重测定仪读数据并记录)。

(7)将滑块组合复位。

(8)缓缓打开泄油阀。

(9)按顺序松开顶母、调整母。

(10)将使左右支承座抽出放在另一个车轮下,重复上述操作,依次测量完每个车轮。

(11)通过对货车八个轮的分别测重,加减计算即可得到车辆的总重及超、偏载情况。

4. 轮重测定仪维护及注意事项

(1)仪器应轻拿轻放,不可随意拆卸。

(2)测量时发现单轮重量超过标定最大测量值 13 t 时要停止加压,防止油缸活塞崩出。

(3)卸载时应缓慢打开泄油阀。

(4)不得测量停留在弯道或坡道上连接在一起的车辆。

(5)液压油不足时应按所在区域所适用的油品补充。

(6)长时间不使用时应关闭电源。

三、设备技术要求

(一)铁路货车超偏载检测装置技术条件

本技术条件依据《铁路货车超偏载检测装置》、《铁路货车超偏载检测装置检定规程》、《自动轨道衡》、《电子衡器通用技术条件》、《动态称量轨道衡检定规程》、《称重传感器》、《称重传感器检定规程》、《铁路货物装载加固规则》等有关条款制定。

铁路区间及站场线路安装的超偏载检测装置均应符合本技术条件。

1. 总体技术性能

《铁路专用计量器具新产品技术认证管理办法》规定,铁路货车超偏载检测装置作为铁路专用量具,实行铁路专用量具新产品技术认证制度。必须通过铁道部主管部门组织的技术认证后方可在线路上安装使用。

其产品结构应采用不断轨钢结构或混凝土结构框架形式。总体技术性能须满足以下要求。

(1)称量性能稳定、使用安全可靠。安装使用后不得对行车安全造成任何隐患。

(2)称重准确度。列车在 40 km/h 及以下速度称量时,称重准确度应小于或等于 0.5% ;在 40 ~60 km/h 速度范围内称量时应小于或等于 1% 。

前后转向架偏重差变动范围。列车在 40 km/h 及以下速度称量时应小于或等于 400 kg;在 40 ~60 km/h 速度范围内称量时应小于或等于 800 kg。

前后转向架偏重差平均值与理论偏重差之差的绝对值应小于或等于 500 kg。

设偏转向架偏载率平均值与理论偏载率之差的绝对值应小于或等于 5% 。

68 t 或 76 t 车中未设偏检衡车整车初始偏载率平均值的绝对值应小于或等于 5% 。

(3)称重范围:18 ~120 t。

(4)自动判别机车车辆通过及确定通过速度;实现车种、车型、车号、机车车号及配属段的自动识别功能。

(5)系统能够对传感器、通道、采集卡等部件的状态参数进行自检并实时上传。

能够自动累计传感器承受冲击次数,并对传感器剩余寿命预警。

当一组传感器的某一只损坏时,系统应能自动解除另一只传感器的信号,并将故障状态及时通知铁路局超偏载检测设备维修部门。

(6)自动检测通过车辆的总重、载重、前后偏重及左右偏载,并进行数据储存、阶段统计、超偏载车辆报警及打印和实时上传数据。

(7)测点到检测数据集中器的有线传输通道带宽不低于 2 Mbit/s。

(8)满足双向计量检测的要求。

(9)安装防雷装置,控制室内应采取屏蔽措施以防电磁干扰。能在电气化牵引区段正常工作。

(10)无轨道电路盲区,钢轨与轨枕间、相邻轨枕之间必须采取可靠的绝缘措施。

(11)具有双路供电和 8 h UPS 电源。

(12)称重软件应通过铁道部主管部门组织的测试并出具报告后方可使用。测试报告应包括性能测试和安全评估等项内容。

应采用机械、电子印封装置和其他措施对影响测量结果的参数加以保护。

(13)适应环境温度、湿度条件见表 2-3。

表 2-3 适应的环境温度与湿度

	室外设备	室内设备
环境气温	-45 ℃ ~ +60 ℃	0 ℃ ~ +50 ℃
环境湿度	≤95%	≤85%

当产品使用环境条件超出产品规定条件时,应采取局部调温措施。

2. 主要部件性能指标

(1)传感器

①符合《称重传感器》和《称重传感器检定规程》要求。

②有强抗震动、抗冲击能力和良好的互换性。

③安装传感器后保证钢轨和轨枕有扣压力的刚性连接。传感器耐受冲击次数应不小于 1.5×10^7。

④在钢轨轨腰上钻孔安装剪力传感器时,不得影响钢轨的强度和刚度。

(2)承载结构

①采用施工现场拼装方式。

②牢固、可靠、稳定、安装方便。

③有与普通线路等同的承载力、强度、刚度。

④有可靠的接地装置和防腐、防锈性能。

(3)数据采集系统

①数据采集仪保证正常连续工作和采样精度。

②传感器各通道之间互不影响,有较强的抗干扰性能。

③采用性能可靠的工业控制计算机。

④提供网络通信接口,实现与局域网、车站监控系统和货运计量安全检测监控系统的连接。

⑤在交流电源 AC 220 V(-20% ~ +15%)、50 Hz 条件下稳定工作。

3. 安装技术要求

(1)安装位置。

①设备应安装在货车集中出入的直线上,线路坡度不超过 2‰,轨面横向水平高差小于 2 mm,检测区前后应有 100 m 及以上直线段。

②检测区距道岔应大于 50 m。

③安装地点应避开电气化分相点、高压输电线、短梁、短隧、道口及易产生洪水、塌方、冻胀等地点。

④碎石道床。

(2)安装区段线路要求

①应采用50 kg/m或60 kg/m钢轨的无缝线路,检测区无钢轨接头和伤损。

②应采用新钢轨,使用旧轨时其垂直磨耗小于5 mm,侧磨小于6 mm。

③应采用Ⅲ型或Ⅲ型改进型混凝土轨枕,轨枕无失效。

④应采用Ⅰ级道砟,道床饱满清洁、道床两侧排水良好、无路基病害。

⑤安装位置及其前后线路应保证有良好的轨道平顺性、等同的轨道结构强度、刚度和承载力。

⑥安装时禁止在钢轨上焊接。

4. 控制室

(1)有可靠的220 V电源和接地装置,接地电阻应小于4 Ω。

(2)有防尘、防雨、防暑、通风和防盗、防鼠等功能。

(3)有保温、隔热功能,其温度应在0 ℃ ~ +50 ℃之间,在寒冷地区仪表柜应能自动调温。

(4)控制室与检测数据集中器间应采用性能可靠的有线传输方式。

(5)控制室内控制仪表与室外设备的连线应采用有护管暗埋方式,裸露部分有防破损和鼠噬的护套。

(6)控制室使用面积不得小于3 m×5 m,地面应进行防潮处理。

5. 检测信息管理

(1)检测信息要实现共享。

(2)检测数据集中器应采用Windows操作系统,以满足数据上传需要。

(3)检测信息重量以千克(kg)或吨(t)为单位(以吨为单位小数点后保留两位有效数据),前后偏重差及变动范围以千克(kg)为单位,左右偏载以货物重心偏移量表示,以毫米(mm)为单位。

(4)检测信息应采用加密格式保存。保存、发送检测信息的内容包括列车车次、机车车号及配属段、检测时间(年月日时分秒,除年度为4位数外均取两位)、总重、载重、车辆序号、车型、车号、车速、超载、前后偏重、左右偏载、检测站名称等。

车站检测信息服务器保存发送的信息除上述内容外,还应增加检测站名、发到站、货物品名、超偏载处理情况等内容。

(二)铁路站场用轨道衡技术条件

本技术条件依据国家质量监督检验检疫总局颁布的国家标准《自动轨道衡》、《电子衡器通用技术条件》以及《动态称量轨道衡检定规程》有关条款制定。

站场用轨道衡既是强制检定的贸易结算用计量器具,又是保证铁路运输安全的重要设备。考虑到铁路站场的特殊环境及要求,站场用轨道衡除须符合国家有关标准要求外,还应符合本技术条件。

1. 站场用轨道衡的技术要求

站场用轨道衡应称量性能稳定、使用安全可靠。安装使用后对行车安全不得造成任何隐患。根据轨道衡的技术发展现状,应选用经过型式评价取得生产许可证的有基础轨道衡。

(1)轨道衡称量速度范围:5 ~ 35 km/h。

(2)不断轨轨道衡非计量时通过速度不限;断轨轨道衡通过速度不得超过35 km/h。

(3)称重范围:18 ~ 120 t(100 t以上数据仅作为运输安全检测数据,不作为贸易结算的依据）。

（4）能自动检测运行中的车辆总重、载重。

（5）自动判别机车车辆通过及确定通过速度。

（6）实现车种、车型、车号自动识别功能。

（7）能自动识别机车。

（8）采用性能可靠的工业控制计算机。

（9）系统能够对传感器、通道、采集卡等部件的状态参数进行自检并实时上传；能够自动累计传感器承受冲击次数，并对传感器剩余寿命预警。当一组传感器的某一只损坏时，系统应能自动解除另一只传感器的信号，并将故障状态及时通知铁路局轨道衡维修部门。

（10）能进行数据储存、阶段统计和超载车辆报警及打印和实时上传数据。

（11）测点到车站检测信息服务器有线传输通道带宽不低于 2 Mbit/s。

（12）应能进行双向计量检测。

（13）提供网络通信接口，以实现与局域网、车站监控系统和货运计量安全监控系统的连接。

（14）具有可靠的防雷措施。

（15）适用电源条件：AC 220 V（ －20% ～ ＋15% ）、50 Hz 交流电源。

（16）适应的环境温度、湿度的条件见表 2-4。

表 2-4 适应环境的温度与湿度

	室外设备	室内设备
环境温度	－45 ℃ ～ ＋60 ℃	16 ℃ ～ ＋30 ℃（有人值守） 0 ℃ ～ ＋40 ℃（无人值守）
相对湿度	≤95%	≤85%

当产品使用环境条件超出产品规定条件时，应采取局部调温措施。

（17）轨道衡的准确度应达到《动态称量轨道衡检定规程》（JJG 234—1990）的检定要求。

（18）为保证轨道衡的稳定性，整个称量区和两端引轨区采用整体道床，混凝土基础厚度不小于 0. 8 m，并深入到冻土层以下。

（19）称量液态货物时，应采用整车计量的具有独立称量台面（断轨）双台面或三台面轨道衡。同时要具备现场临时建标条件。

2. 站场用轨道衡设置位置

（1）应设在站场货车集中出入的线路上。

（2）设在交通、供电、通信、供水、施工检修方便及便于维护的位置，并考虑经济合理性。

（3）设在平直线路地段中部，称量区两端引轨区应不小于 25 m，称量区两端引轨区外的直线段不小于 50 m。在此区段内无道岔。

（4）应避开长大坡道线路，线路坡度应小于 2‰，轨面横向水平高差小于 2 mm。

（5）应避开不利的地理位置，如桥梁、道口、立交处等。防止传感器和控制设备遭雷击、洪水、塌方、冻害等自然灾害的破坏，如无法避开应采取有效的防护措施。

（6）避开电气化区段分相点。

3. 站场用轨道衡控制室要求

(1)应具有良好的防尘、防盗措施。

(2)铺设设备地线及防雷地线。

(3)提供可靠电源和 8 h UPS 电源(双台面或三台面轨道衡控制室应具有 380 V 交流电源)。

(4)应有良好的排水及通风条件。

(5)有人值守轨道衡控制室应面对轨道衡,瞭望条件良好,使用面积不小于 40 m^2。无人值守轨道衡控制室使用面积不小于 4 m×4 m。

4. 检测信息管理

(1)检测信息要实现共享。

(2)站场用轨道衡控制室工控机应采用 Windows 操作系统,以满足数据上传需要。

(3)检测信息重量以千克(kg)或吨(t)为单位(以吨为单位小数点后保留两位有效数据)。

(4)检测信息应采用加密格式保存。保存、发送检测信息的内容包括检测时间(年月日时分秒,除年度为 4 位数外均取两位)、总重、载重、车辆序号、车型、车号、车速、超载、检测站名称等。

车站检测信息服务器保存发送的信息除上述内容外,还应增加车站站名、列车到达方向、发到站、货物品名、超载处理情况等内容。

(三)货运计量安全检测监控系统联网暂行技术条件

计算机网络设备技术要求

1. 网络通道和网络设备。

(1)建立车站内各测点设备(厂家数据集中器,以下简称数据集中器)与车站计算机房内货运计量安全检测监控系统服务器(以下简称车站服务器)的连接通道,网络连接采用专线方式,必须保证通道的质量和带宽,不得采用微波等无线方式,有图像数据传输要求的货检站、重点货物装车站的通道需提供 2 Mbit/s 以上的传输速率,其他车站的传输速率不得低于 128 Kbit/s。

车站货运计量安全检测监控系统配置的监控终端与车站服务器连通。

(2)车站、铁路局、铁道部间利用 TMIS&OA 通道和网络设备相连,需提供 2 Mbit/s 以上的传输速率。

(3)铁道部/铁路局货运计量安全检测监控系统主机设备以及货运安全管理客户机接入铁道部/铁路局机关局域网。

(4)轨道衡计量站/分站管理客户机接入铁道部/铁路局机关局域网。

2. 计算机设备。

在铁道部、铁路局、车站配置必要的计算机设备,作为超偏载、轨道衡、危险货物等货运计量安全检测监控系统各级公用的服务器,今后系统扩充时,不再重复购置。铁道部、铁路局、车站各级货运计量安全检测监控系统服务器要求预装操作系统和 Oracle 数据库。

(1)车站货运计量安全检测监控系统服务器(1 套)。

根据车站性质的不同,提出以下几种配置方案。在安装超偏载检测装置的货检站采用双机和 SAS 磁盘阵列系统作为车站服务器,其他车站均采用单机系统微机服务器作为车站服务器,放置在车站计算机房内。

配置方案一:安装超偏载检测装置的货检站双机服务器技术指标见表 2-5。

表 2-5　双机服务器技术指标

名　称		主要技术指标和数量
微机服务器（1 套）	处理器 *	≥ 2 × Intel Xeon 双核处理器,主频≥2.0 GHz
	处理器缓存 *	≥4 MB 二级缓存
	内存 *	≥4 GB ,可扩充到 16 GB
	机内硬盘 *	≥2 ×73 GB 热插拔硬盘,可扩充到 6 块硬盘,转速≥10 000 r/min
	网卡 *	≥ 2 ×100/1 000 M 以太网卡
	RAID *	RAID 控制器,≥ 256 MB 缓存,支持 RAID 0、1、5
	光驱	DVD-ROM
	性能接口要求	≥2USB 口;≥1 串口
	电源和风扇	冗余热插拔电源;冗余热插拔风扇
	预装操作系统	Windows 2003 企业版,支持群集
SAS 磁盘阵列柜	硬盘 *	不少于 5 块 SAS 热插拔硬盘,转速≥10 000 r/min,裸容量 1.5 TB 以上
	主机接口	配置 SAS 主机接口数目≥4
	缓存 *	磁盘阵列配置双控制器,每控制器缓存≥512 MB
	RAID 级别 *	支持 RAID 0,1,0 +1,5
	电源和风扇	冗余热插拔电源;冗余热插拔风扇
机柜及套件（须提供原厂设备）	机柜	42U 标准服务器机柜
	主控台终端	15 英寸液晶显示器,含机架式鼠标、键盘
	主控台终端切换器	提供 8 个 USB/PS2 接口及以上

配置方案二:对于一般货运站,用户可以根据车站货运计量安全检测监控系统数据量的大小和今后系统的发展规划,选配不同档次、不同配置的服务器。

机架式服务器,服务器基本技术指标见表 2-6。

表 2-6　机架式服务器技术指标

类　别	主 要 技 术 指 标
CPU	≥1 × Intel Xeon 双核处理器,主频≥2.0 GHz
处理器缓存	≥4M 二级缓存
内存	1 GB,可扩充到 16 GB
硬盘	≥2 块 SAS 热插拔硬盘,可扩展至 6 块,转速≥10 000 r/min,裸容量 500 GB 以上
RAID	RAID 控制器,≥ 256 MB 缓存,支持 RAID 0、1、0 +1、5
网卡	10 M/100 M/1 000 M 以太网卡
光驱	DVD-ROM
操作系统	Windows 2000/2003 Server
显示器	15 英寸液晶显示器

塔式服务器,服务器基本技术指标见表 2-7。

表 2-7 塔式服务器技术指标

类 别	主 要 技 术 指 标
CPU	1×Intel Xeon 处理器,主频≥1.86 GHz
处理器缓存	≥2 MB 二级缓存
内存	1 GB ECC DDR-2 内存,可扩充到 4 GB
硬盘	≥2 块 SCSI 硬盘,转速≥10 000 r/min,裸容量 300 GB 以上
RAID	RAID 控制器
网卡	10 M/100 M/1 000 M 以太网卡
光驱	DVD-ROM
操作系统	Windows 2000/2003 Server
显示器	15 英寸液晶显示器

车站机房要提供充足的不间断电源容量,保证服务器 7×24 h 不间断供电的要求。

(2)车站监控微机和打印机。每个监测点的生产岗位和管理岗位应配置监控微机和打印机至少 1 套。基本技术指标见表 2-8。

表 2-8 微机和打印机技术指标

项 目	类 别	技 术 要 求
监控微机	CPU	主频≥3.0 GHz,支持酷睿技术
	内存	≥512 MB
	硬盘	≥80 GB
	网卡	1 个 10 M/100 M/1 000 M 网卡
	光驱	DVD-ROM
	操作系统	Windows XP Professional
	显示器	17 英寸液晶显示器
打印机		行式打印机

(3)铁路局货运计量安全检测监控系统微机服务器(1 套)。

在铁路局配置货运计量安全检测监控系统服务器,采用机架式双机和光纤磁盘阵列系统。安装货运计量和安全检测设备总数在 40 台以上、且车站总数在 30 个以上的铁路局采用铁路局 1 类服务器的配置方案;安装货运计量和安全检测设备总数在 40 台以下、且车站总数在 30 个以下的铁路局采用铁路局 2 类服务器的配置方案。

铁路局 1 类服务器配置的基本技术指标见表 2-9。

铁路局 2 类服务器配置的基本技术指标见表 2-10。

铁路局机房要提供充足的不间断电源容量,保证服务器 7×24 h 不间断供电的要求。

(4)铁道部货运计量安全检测监控系统服务器双机集群系统:1 套。

在铁道部配置货运计量安全检测监控系统服务器,采用机架式双机和光纤磁盘阵列系统,基本技术指标见表 2-11。

表 2-9　铁路局 1 类服务器配置基本技术指标

	类　别	主要技术要求和数量
微机服务器(1套)	CPU	4 × Intel XEON MP，主频≥3.0 GHz,EM64T
	处理器缓存	≥2 × 1 M 二级缓存
	内存	≥8 GB,可扩充至 32 GB
	硬盘	≥2 块 73 GB 热插拔 SAS 硬盘,,可扩展到≥5 块
	RAID	SAS RAID 控制器,≥ 256 M 缓存,支持 RAID 0、1、0 + 1、5
	网卡	≥ 2 × 100/1 000 M 以太网卡,支持负载均衡功能
	光纤通道卡	≥2 个 2 GB 光纤通道卡
	电源和风扇	热插拔冗余电源,热插拔冗余风扇
	光驱	DVD-ROM
	预装操作系统	(1)预装 Windows 2003 Server 企业版,支持群集、动态分区;(2)提供双机热备软件及必须的硬件和系统管理工具
光纤磁盘阵列柜(1 个)	硬盘	14 × 146 GB 光纤硬盘,转速≥10 000 r/min
	主机接口	配置 FC 主机接口数目≥4
	缓存	磁盘阵列配置双控制器,缓存≥2GB
	RAID 级别	支持 RAID 0,1,0 + 1,5
	电源和风扇	冗余热插拔电源,冗余热插拔风扇
	管理软件	包含基于阵列的管理软件,数据通道管理软件,支持故障切换和负载均衡
光纤交换机(1台),可扩充 2 台	端口数	单台光纤交换机提供≥8 个光纤接口,可扩展 16 口
	端口速率	≥4 Gbit/s
机柜及套件(须提供原厂设备)	机柜	42U 标准服务器机柜
	主控台终端	15 英寸液晶显示器,含机架式鼠标、键盘
	主控台终端切换器	提供 8 个以上 USB/PS2 接口

表 2-10　铁路局 2 类服务器配置基本技术指标

	类　别	主要技术要求和数量
微机服务器(1套)	CPU	4 × Intel XEON MP,主频≥3.0 GHz,EM64T
	处理器缓存	≥2 × 1 MB 二级缓存
	内存	≥4 GB,可扩充至 16 GB
	硬盘	≥2 块 73 GB 热插拔 SAS 硬盘,可扩展到≥5 块
	RAID	SAS RAID 控制器,≥ 256 MB 缓存,支持 RAID 0、1、0 + 1、5
	网卡	≥ 2 × 100/1 000 M 以太网卡,支持负载均衡功能
	光纤通道卡	≥2 个 2 GB 光纤通道卡
	电源和风扇	热插拔冗余电源,热插拔冗余风扇
	光驱	DVD-ROM
	预装操作系统	(1)预装 Windows 2003 Server 企业版,支持群集、动态分区;(2)提供双机热备软件及必须的硬件和系统管理工具

续上表

类　别		主要技术要求和数量
光纤磁盘阵列柜(1个)	硬盘	10×146 GB 光纤硬盘,转速≥10 000 r/min
	主机接口	配置 FC 主机接口数目≥4
	缓存	磁盘阵列配置双控制器,缓存≥2 GB
	RAID 级别	支持 RAID 0,1,0+1,5
	电源和风扇	冗余热插拔电源,冗余热插拔风扇
	管理软件	包含基于阵列的管理软件,数据通道管理软件,支持故障切换和负载均衡
光纤交换机(1台),可扩充2台	端口数	单台光纤交换机提供≥8个光纤接口,可扩展16口
	端口速率	≥4 Gbit/s
机柜及套件(须提供原厂设备)	机柜	42U 标准服务器机柜
	主控台终端	15英寸液晶显示器,含机架式鼠标、键盘
	主控台终端切换器	提供8个以上 USB/PS2 接口

表 2-11　系统服务器基本技术指标

	类　别	主要技术要求和数量
微机服务器(1套)	CPU	4×Intel XEON MP,主频≥3.0 GHz,EM64T
	处理器缓存	≥2×1 MB 二级缓存
	内存	≥12 GB,可扩充至48 GB
	硬盘	≥4块73 GB 热插拔 SAS 硬盘,可扩展到≥5块,转速≥10 000 r/min
	RAID	SAS RAID 控制器,≥256 MB 缓存,支持 RAID 0、1、5
	网卡	≥2×100/1 000 M 以太网卡,支持负载均衡功能
	光纤通道卡	≥2个2 GB 光纤通道卡
	电源和风扇	热插拔冗余电源,热插拔冗余风扇
	光驱	DVD-ROM
	预装操作系统	(1)预装 Windows 2003 Server 企业版,支持群集、动态分区;(2)提供双机热备软件及必须的硬件和系统管理工具
光纤磁盘阵列柜(1个)	硬盘	≥10×300 GB 光纤硬盘,转速≥10 000 r/min
	主机接口	配置 FC 主机接口数目≥4
	缓存	磁盘阵列配置双控制器,缓存≥4 GB
	RAID 级别	支持 RAID 0、1、0+1、5
	电源和风扇	热插拔冗余电源,热插拔冗余风扇
	管理软件	包含基于阵列的管理软件,数据通道管理软件,支持故障切换和负载均衡
光纤交换机(2台)	端口数	单台光纤交换机提供≥8个光纤接口,可扩展16口
	端口速率	≥4 Gbit/s
磁带机(1个)		单驱动器,自动装载,≥8盘磁带,原始容量≥400 GB/盒,提供备份软件
机柜及套件(须提供原厂设备)	机柜	42U 标准服务器机柜
	主控台终端	15英寸液晶显示器,含机架式鼠标、键盘
	主控台终端切换器	提供8个以上 USB/PS2 接口

铁道部机房要提供充足的不间断电源容量,保证服务器 7×24 h 不间断供电的要求。

(5)铁道部/铁路局货运计量安全检测监控系统以及轨道衡计量站/分站管理微机和打印机等应充分利用既有办公设备。基本技术指标见表 2-12。

表 2-12　微机和打印机技术指标

项　　目	类　别	技术要求
监控微机	CPU	主频≥3.0 GHz,支持酷睿技术
	内存	≥512 MB
	硬盘	≥80 GB
	网卡	1 个 10/100/1 000 M 以太网卡
	光驱	DVD-ROM
	操作系统	Windows XP Professional
	显示器	17 英寸液晶显示器
打印机		激光打印机

第九节　危险货物应急处理设备

一、正压式空气呼吸机

1. 用途和常用型号

(1)用途。正压式空气呼吸机是一种自给开放式空气呼吸机,可用于在浓烟、毒气、蒸气和缺氧等各种环境下安全有效地进行灭火、抢险救灾和救护等工作。

(2)常用型号:RHZK—6.8/30(R—个人装备;H—呼吸器;Z—正压式;K—空气;6.8—气瓶容积 L;30—气瓶工作压力 MPa;报警压力 4~6 MPa)。

2. 结构部件及工作原理

(1)全面罩。面罩内设有与口鼻相贴的小口鼻罩,头罩采用收紧带与快速夹子相连,拉紧收紧带使佩带者脸部与面罩双层密封环相结合,保证使用者安全可靠地使用。

(2)供气阀和旁通机构。供气阀内设有开启和呼吸控制开关。供气阀外有气源手动关闭开关,开关杆向下按一下,听到“啪”的一声即为关。

(3)高压管路、压力表及残气报警系统。当报警器发出连续声响,此时气瓶气源可供佩带者使用 5~8 min,使用人员应尽快撤离现场。

(4)背托部分。作用是支承固定气瓶和减压器。

(5)减压阀。将高压气体减压成 0.7 MPa 恒定输出压力后向供气阀供气。

(6)气瓶和气瓶阀。气瓶的额定储气压力是 30 MPa。

3. 使用方法

(1)将空气呼吸器气瓶瓶底向上背在肩上。

(2)调节肩带调节带到背负舒适为宜。

(3)腰带系紧程度以舒适和背托不摆动为宜。

(4)把下巴放入面罩,由下向上拉上头网罩,将网罩两边的收紧带拉紧,使全面罩双层密封紧贴面部。

(5)把气瓶打开深吸一口气将供气阀门打开,呼吸几次感觉舒适后关闭,可以进行作业。

4. 使用、保管应注意事项

(1)使用中应使气瓶阀处于完全打开状态。

(2)必须经常查看气瓶气源压力表,一旦出现高压表指针快速下降或发现不能排除的漏气时,应立即撤离现场。

(3)使用中感觉呼吸阻力增大,呼吸困难出现头晕等不适现象时,以及其他不明原因时应急时撤离现场。

(4)使用中听到残气报警器报警哨声后,应尽快撤离现场。

(5)气瓶在使用或充气等过程,要轻拿轻放,切勿强烈碰撞。高压压缩空气突然释放非常危险,要小心存放。如发现纤维断裂损坏或明显划痕,不应充装。

(6)应存放在低温、干燥、通风的环境中,避免阳光直射,避免存放在潮湿和有毒气体的环境里,远离高温环境。

(7)使用前,打开气瓶阀开关,观察压力表,要求气瓶内空气压力为28~30 MPa,如压力不足应到专业充气站充至规定压力。

(8)打开气瓶阀开关,观察压力表的读数,稍后关闭,5 min内表示压力下降不大于4 MPa,表示系统气密良好。此过程中供气阀开关应处于关闭状态。

(9)报警器系统有故障需维修时,应由专业人员进行修理,不要碰击高压管系统接头顶端,以防堵塞管路。

(10)使用前应经过专业培训,合格后方可佩带使用,使用过程中必须确保气瓶阀处于安全打开状态。

二、过滤式防毒面具

1. 用途和防护范围

(1)用于危险场所呼吸保护。

(2)对有毒气体和蒸汽、有毒颗粒及放射性粒子、细菌有良好的过滤性。

(3)防护范围:丙酮;醇类;苯胺类;二硫化碳;四氯化碳;氯仿;溴甲烷;氯化苯;氯甲烷;氯气;硝基烷;苯。

(4)不防毒烟、毒雾。

2. 使用方法

(1)根据有害气体的种类,选择相适应的滤毒罐。

(2)防毒面具使用前应检查全套面具致密性。在毒区内戴面具时,先停止呼吸,闭上眼睛,戴上后,深吹一口气,然后睁开眼睛正常呼吸。然后,用手或橡皮塞堵上滤毒罐的进气孔,深吸气,若很致密,防护可靠,松开进气孔正常呼吸。如不致密,应立即撤出毒区调整佩戴或更换。

(3)在毒区外佩戴面具,也应经过致密试验动作后,再进入毒区。

三、消防防化服

1. 用途

(1)适用于有酸碱类化学物品的事故现场。

(2)在特殊情况下须与空气呼吸器和防毒面具配套使用。

2. 使用方法

(1)先撑开服装的颈口、胸襟,两脚伸进裤子内,将裤子提至腰部,再将两臂伸进两袖,并将内袖口套环套在手腕上。

(2)将上衣护胸布折叠后,拉过胸襟布将护胸布盖严,然后将前胸大白扣扣牢。

(3)戴好消防面具后再将头罩罩在头上,并将颈扣带的大白扣扣上。

(4)最后戴上手套,将内袖压在手套里。

3. 使用、保管注意事项

(1)防化服不得与火焰及熔化物直接接触。

(2)使用前必须认真检查服装有无破损,如有破损,严禁使用。

(3)使用时,必须注意头罩与面具的紧密配合,颈扣带、胸部的大白扣必须扣紧,保证颈部、胸部气密。腰带必须束紧,以减少运动时的“风箱效应”。

(4)每次使用后,根据脏污情况用肥皂水或0.5% ~1%的碳酸钠水溶液洗涤,然后用清水冲洗,放在阴凉通风处,晾干后包装。

(5)折叠时,将头罩开口向上铺于地面,折回头罩、颈口带及两袖及两袖,再向纵折,左右重合,两靴尖朝外一侧,将手套放在中部,靴底相对卷成一卷,横向放入防化服包装袋内。

(6)防化服在保存期间严禁受热及阳光照射,不许接触活性化学物质及各种油类。

(7)产品在符合标准规定的保管条件下,保持期为5年。

四、有毒气体探测仪

1. 有毒气体探测仪用途

检测空气中的氧气、可燃气、一氧化碳、硫化氢等多种有毒、有害气体的浓度。

2. 有毒气体探测仪使用

(1)屏幕同时显示四种气体检测浓度,自动背景光,自动调零与校准,具有连续检测和声、光报警等功能。

(2)显示说明:氧气正常值为20.9%,小于18.5%为缺氧环境,大于21.5%存在爆炸危险;一氧化碳大于35 ppm;硫化氢大于35 ppm;可燃气体大于50%,检测仪开始报警。

3. 使用注意事项

(1)潜在爆炸空气中氧气含量不得超过20.9%。

(2)电池按生产厂商要求进行更换。

(3)第一次充电时间:12 h;普通充电时间:2 ~3 h。

(4)为达到最佳充电量,电池需要完全充满并放完3次。

(5)充电应在每个工作日后进行,充电前先关闭检测器并插入充电适配器。

(6)严禁违章操作,禁止非工作性质的气体探测和使用,否则会损坏内部传感器或传感器失灵。

(7)特殊情况下,应配合空气呼吸机或防毒面具共同使用。

?

1. 计量安全检测设备包括哪两大类?
2. 简述根据超偏载检测装置测量的严重超偏载货车换装整理作业流程。
3. 简述根据货车超限及装载状态监控系统发现超限车辆的处理流程。
4. 铁路剧毒品运输计算机跟踪管理系统实行哪三级踪管理?
5. 事故处理系统提供了哪些功能?
6. 过滤式防毒面具应怎样使用?
7. 消防防化服应怎样使用?

第三章　货运作业组织

第一节　货物运输的基本条件

为安全、迅速、经济、便利地运送货物，铁路部门规定了货物运输的最基本条件和办理种别。

一、货物运输种类及办理条件

根据货物的数量、性质、重量、形状及货车装载等条件，铁路货物运输的种类划分为整车、零担和集装箱三种。

整车适用于运输大宗货物，零担适用于运输小批量的零星货物，集装箱适用于运输精密、贵重、易损的货物。托运人按照货物重量、性质、形状等特点加以选择，以便合理使用铁路运输工具来安全、经济、迅速、便利地运输货物。在签订货物运输合同时，托运人与承运人要按照有关规定和所运送货物的特点，合理地选择运输种类。

(1)整车货物运输：一批货物的重量、体积或形状需要以一辆以上货车运输的，应按整车托运。

(2)零担货物运输：不够整车运输条件的，按零担托运。

一件货物体积最小不得小于 0.02 m^3(一件重量在 10 kg 以上的除外)，每批不得超过 300 件。目前铁路只办理零担货物的拼车、拼箱运输业务，并在铁道部公布的办理站间办理。

(3)不够整车运输条件，符合集装箱运输的，可以按集装箱托运。

二、按“一批”办理的条件

1. 一批的概念

一批是铁路运输货物和计算运输费用的一个单位，是指使用一张货物运单和一份货票，按照同一运输条件运输的货物。所以按一批托运的货物，必须托运人、收货人、发站、到站和装卸地点相同(整车分卸货物除外)。

(1)整车货物每车为一批。跨装、爬装及使用游车的货物，每一车组为一批。

(2)零担货物以每张货物运单为一批。

(3)集装箱运输的货物，以每张货物运单为一批。每批必须是同一箱型，至少一箱，最多不得超过铁路一辆货车所能装运的箱数。

2. 不得按一批托运的条件

(1)易腐货物与非易腐货物。易腐货物在运输过程中需要冷藏、保温或加温，以防腐烂变质，而非易腐货物则不需要采取这些措施，两类货物按一批装运是不经济的。如苹果与百货商品不得按一批办理托运。

(2)危险货物与非危险货物(另有规定者除外)。因为危险货物在承运、装卸、运输和保管等一系列作业中需要特殊的防护措施,而非危险货物则无此要求,所以不能按一批运输。

(3)根据货物的性质不能混装运输的货物。有些货物性质特殊,如装在同一辆货车内运输,虽不至于发生危险情况,但是货物质量会发生变化。如液体与怕湿货物、食品与污秽品、气味不同易发生串味的货物等。

(4)按保价运输的货物与不按保价运输的货物。因为涉及到承运人与保险公司之间赔偿责任和赔偿金额的确定问题,所以不能作为一批托运。

(5)投保运输险货物与未投保运输险货物。因为此类货物如发生损失时,由于赔偿标准不同,无法正确处理赔偿。

(6)运输条件不同的货物。

三、准、米轨直通运输

准、米轨间直通运输是指使用一张运单和一份运输票据,跨及准轨与米轨铁路,将货物从发站直接运至到站。这样做可减少托运人在不同轨距换装地点提货、搬运和重新办理托运手续,同时也加快了货物运输速度。

我国目前开办营业的铁路线路的轨距,除了绝大部分是标准轨(轨距 1 435 mm)以外,在昆明铁路局内还有部分米轨(轨距 1 000 mm)的线路。

(1)由于米轨线路上冷藏车、罐车等专用货车不足和换装、装卸起重设备能力的限制,规定了不办理直通运输的货物有:鲜活货物及需要冷藏、保温或加温运输的货物;罐装运输的货物;每件重量超过 5 t(特别商定者除外)、长度超过 16 m 或体积超过米轨装载限界的货物。

(2)准、米轨的货车标重和容积不相同,为了不虚糜货车载重力或容积,并且尽可能保持一个运输单位的完整性,必须对一批货物的重量或体积加以限制。具体规定为:重质货物重量为 30 t,50 t,60 t(不适用货车增载的规定);轻浮货物体积为 60 m^3,90 m^3,115 m^3。

四、国家铁路、地方铁路间直通运输

国家铁路与地方铁路由于管理体制不同,收费标准不同,实行一票直通运输时,必须按《国家铁路与地方铁路货物直通运输规则》办理,实行分段计费,一次核收的办法。

五、联合运输

铁路与其他运输工具或我国铁路与国外铁路共同参加,以一份运输单据完成货物的全程服务,这种运输组织方式称为联合运输。

1. 铁路与水路货物联运。铁路与水路货物联合运输简称为水陆联运。水陆联运综合了铁路与水路的优势,可以以最短径路,最快速度,最低运输价格将货物运抵目的地。我国铁路与内河、沿海的港口都已经开展了这项联运服务。

2. 国际铁路货物联运。国际铁路货物联运是指参加联运协定(或公约)的国家之间,办理货物运输时,使用一份联运国统一票据,由联运国铁路作为统一承运人,将货物由一国铁路始运站运抵另一国铁路终到站的全过程运输。

六、站界内搬运和途中装卸

1. 按整车运输的货物,托运人要求在站界内搬运或途中装卸时(包括在不办理货运营业的车站装卸),经月度要车计划核准后,可在铁路局自局管内办理。但危险货物不得办理站界内搬运或途中装卸。

2. 途中装卸的货物,可根据托运人的要求,以途中装卸的后方或前方办理货运业务的车站作为发站或到站,其运价里程,装车一律按后方站,卸车一律按前方站计算。

七、整车分卸

为了充分利用货车的载重力,方便托运人,铁路对限按整车办理的货物数量不足一车时,可按托运人要求将同一径路上两个或三个到站进行站内卸车的货物,装在同一货车内,作为一批整车货物运输,这种在途中不同到站分卸货物的运输方式称为整车分卸。

八、快速货物运输

为加速货物运输,提高货物运输质量,适应市场经济的需要,铁路开办了快运货物运输(简称快运),在全路的主要干线上开行了快运货物列车。

1. 托运人按快运办理的货物应在"铁路货物运输服务订单"和"计划表"内用红色戳记或红笔注明"快运"字样,经批准后,向车站托运货物。同时须提出快运货物运单,车站填写快运货票,即在货物运单、货票及票据封套上均应注明红色"快运"二字或红框红字的快运标记。

2. 快速货物运输分类:

快速货物运输分为托运人要求按快运办理和必须按快运办理两种。

(1)托运人要求按快运办理的货物。托运人按整车、集装箱、零担运输的货物,除不宜按快运办理的煤、焦炭、矿石、矿建等品类的货物外,托运人都可以要求铁路按快运办理,经发送铁路局同意并切实做好快运安排,货物即可按快运货物运输。

(2)必须按快运办理的货物。

①发站是《快运货物运输办法》中规定的车站。

②到站是深圳北。

③办理的货物是整车鲜活货物。

3. 货运"五定"班列运输

(1)为了适应市场经济发展的需要,向社会提供优质服务,铁路开展了货运"五定"班列运输。货运五定班列(简称班列)是指铁路开行的发到站间直通、运行线和车次全程不变、发到日期和时间固定、实行以列、组、车或箱为单位报价包干办法,即定点、定线、定车次、定时、定价的货物列车。

(2)班列按其运输内容分为集装箱货物班列(简称集装箱班列)、鲜活货物班列(简称鲜活班列)、普通货物班列(简称普通班列)。

九、货物运到期限

1. 货物运到期限的计算

铁路运输货物,应在规定运到的期限内运至到站。货物运到期限从承运人承运货物的次日起，按下列规定计算。

（1）货物发送期间为1日。

（2）货物运输期间：每250运价公里或其未满为1日；按快运办理的整车货物每500运价公里或其未满为1日。

（3）特殊作业时间。

①需要中途加冰的货物，每加冰一次，另加1日。

②整车分卸货物，每增加一个分卸站，另加1日。

③准、米轨间直通运输的整车货物，另加1日。

货物实际运到日数的计算：起算时间从承运人承运货物的次日（指定装车日期的，为指定装车日的次日）起算。终止时间，到站由承运人组织卸车的货物，到卸车完了时止；由收货人组织卸车的货物，到货车调到卸车地点或货车交接地点时止。

"五定"班列货物的运到期限，按列车开行天数（始发日和终到日不足24 h的均按1日计算）加2日计算。运到期限自该班列的始发日开始计算。技术站等与班列发、到站间接续时间不得超过24 h。

货物运到期限，起码天数为3日。

2. 运到逾期违约金

货物实际运到日数超过规定的运到期限时，铁路应按所收运费的百分比向收货人支付违约金。具体计算方法如下：

（1）运到期限在10日以内者，可从表3-1中查出应付违约金的百分比。

（2）运到期限在11日以上者，可从表3-2中查出支付违约金的百分比。

表3-1　运到逾期违约金（10日以内）

<table>
<tr><th>逾期总日数
违约金
运到期限</th><th>1日</th><th>2日</th><th>3日</th><th>4日</th><th>5日</th><th>6日以上</th></tr>
<tr><td>3日</td><td>15%</td><td colspan="5">20%</td></tr>
<tr><td>4日</td><td>10%</td><td>15%</td><td colspan="4">20%</td></tr>
<tr><td>5日</td><td>10%</td><td>15%</td><td colspan="4">20%</td></tr>
<tr><td>6日</td><td>10%</td><td>15%</td><td>15%</td><td colspan="3">20%</td></tr>
<tr><td>7日</td><td>10%</td><td>10%</td><td>15%</td><td colspan="3">20%</td></tr>
<tr><td>8日</td><td>10%</td><td>10%</td><td>15%</td><td>15%</td><td colspan="2">20%</td></tr>
<tr><td>9日</td><td>10%</td><td>10%</td><td>15%</td><td>15%</td><td colspan="2">20%</td></tr>
<tr><td>10日</td><td>5%</td><td>10%</td><td>10%</td><td>15%</td><td>15%</td><td>20%</td></tr>
</table>

表3-2　运到逾期违约金（11日以上）

逾期总日数占运到期限天数	违　约　金
不超过1/10时	为运费的5%
超过1/10，但不超过3/10时	为运费的10%
超过3/10，但不超过5/10时	为运费的15%
超过5/10	为运费的20%

(3)快运货物运到逾期除按表 3-3 规定退还快运费外,货物运输期间按每 250 运价公里或其未满 1 日计算运到期限仍超过时,还应向收货人按上述规定支付违约金。快运货物中途变更到站时,已核收的货物快运费不退还。

表 3-3　快运费退还

发到站间运输里程	超过运到期限天数	退还货物快运费数
1 801 km 以上	1 日 2 日 3 日以上	30% 60% 100%
1 201 ~ 1 800 km	1 日 2 日以上	50% 100%
1 200 km 以下	1 日以上	100%

3. 不支付运到逾期违约金的货物

(1)超限、限速运行和免费运输的货物以及货物全部灭失,铁路不支付违约金。

(2)从铁路发出催领通知的次日起(不能实行催领通知或会同收货人卸车的货物为卸车的次日起),如收货人于 2 日内未将货物领出,即失去要求铁路支付违约金的权利。

收货人组织卸车的货物,自铁路将货车送到卸车地点的次日起,两日内未卸完时承运人不再承担支付货物逾期违约金。

4. 滞留时间的扣除

货物在运输过程中,影响运到期限的因素很多,其中许多因素非铁路责任。因此要从实际运到日数中扣除。

(1)因不可抗力的原因引起的。

(2)由于托运人责任致使货物在途中发生换装、整理所产生的。

(3)因托运人或收货人要求运输变更所产生的。

(4)运输活动物,由于途中上水所产生的。

(5)其他非承运人责任发生的。

由于上述原因致使货物发生滞留时,发生滞留的车站应在货物运单"承运人记载事项"栏内注明滞留时间和原因。到站应将各种情况所发生的滞留时间加总,加总后不足 1 日的尾数进整为 1 日。

第二节　铁路货物运输合同

《中华人民共和国经济合同法》和《中华人民共和国铁路法》都明确指出货物运输合同是明确承运方与托运方之间权利、义务关系的协议。据此,铁路运输企业为适应市场经济的发展和提高货物运输服务质量、规范铁路货物运输服务收费行为,在制定货物运输计划时,按照国家发展和改革委员会和铁道部联合发电要求,实行铁路货物运输服务订单制,作为运输合同的组成部分。在实施货物运输时,还应按批向铁路车站递交货物运单,组成完整的货物运输合同。

一、铁路货物运输合同的定义

铁路货物运输合同是铁路承运人将货物从起运地点以铁路运输的方式,运输到约定地点,托运人或者收货人支付运输费用的合同。按《铁路货物运输合同实施细则》的规定，托运人利用铁路运输货物，应与承运人签订货物运输合同。

二、铁路货物运输合同的主要内容

合同的内容是规定合同各方当事人的权利义务或责任。按年度、半年度、季度或月度签订的货物运输合同，应载明下列基本内容：

(1)托运人和收货人的名称。

(2)承运人的名称。

(3)托运货物的名称、数量、重量。

(4)托运货物的包装要求。

(5)起运地点。

(6)到达地点。

(7)运输方式。

(8)托运人的义务。

(9)承运人的义务。

(10)违约责任。

(11)双方约定的其他事项。

三、托运人应承担的义务和享有的权利

1. 应承担的义务

(1)按照合同约定的时间、地点和各项要求将托运的货物交给承运人。

(2)对货物作准确说明。

(3)按国家规定的标准或双方约定的标准对货物进行包装。

(4)承担规定的运输费用。

2. 享有的权利

(1)要求承运人在指定的地点，在规定的期限内将货物交给指定的收货人。

(2)货物在运输过程中发生灭失、毁损时有权要求赔偿。

四、承运人应承担的义务和享有的权利

1. 应承担的义务

(1)运送义务。承运人应按合同约定将货物运到合同约定的目的地。

(2)通知义务。货物运到指定地点后，应及时通知收货人领货。

(3)保管义务。从收到托运人的货物时起至交给收货人时止，承运人应对货物妥善保管。

2. 享有的权利

(1)由于托运人或收货人的责任，给铁路运输企业造成财产损失，承运人有权要求托运人或收货人赔偿。

(2)处理权。货物运到指定地点后，收货人不明或拒绝领取的，承运人应请求托运人在规定的期限内就货物的处理提出处理意见。托运人在规定期限内未提出处理意见或处理意见在

实际上不可能执行时，承运人可按规定处理。

(3)留置权。承运人在收到运费和其他费用之前。可对货物行使留置权。

五、收货人应承担的义务和享有权利

1. 应承担的义务

(1)及时领取货物，并在规定的免费暂存期限内将货物搬出车站。

(2)对托运人在车站未缴或少缴以及在运送中所发生的运输费用，包括由于托运人的责任所发生的垫款，及时在到站向承运人缴清。

2. 享有的权利

(1)对运输过程中发生的货物灭失或毁损，收货人有权要求赔偿。

(2)在提货时，应按照约定的期限检验货物。检验期限没有约定或约定不明的，应当在合理的期限内检验。

六、铁路货物运输服务订单

1. 托运人与承运人在按季度、半年度或更长期限签订整车大宗物资运输合同时，还必须提出铁路货物运输服务订单，见格式 3-1。

格式 3-1

铁路货物运输服务订单(整车)

______年______月份

<table>
<tr><td rowspan="2">报表时间:________年________月________日
要求运输时间:_________日至_________日
受理号码:______________________________</td><td>发站</td><td>名称　　　　　　略号</td></tr>
<tr><td>发货单位盖章</td><td>省/部名称________　代号__________
发货单位名称______　代号__________
地址______________　电话__________</td></tr>
</table>

<table>
<tr><td rowspan="3">顺号</td><td colspan="3">到局：　代码：</td><td colspan="4">收 货 单 位</td><td colspan="2">货物</td><td colspan="2">车种代号</td><td rowspan="3">车数</td><td rowspan="3">特征代号</td><td rowspan="3">换装港</td><td rowspan="3">终到港</td><td rowspan="3">报价
(元/吨)
(元/车)</td><td rowspan="3">备注</td></tr>
<tr><td rowspan="2">到站</td><td rowspan="2">到站电报略号</td><td rowspan="2">专用线名称</td><td colspan="2">省/部</td><td rowspan="2">名称</td><td rowspan="2">代号</td><td colspan="2">品名</td><td rowspan="2">吨数</td><td rowspan="2"></td></tr>
<tr><td>名称</td><td>代号</td><td>名称</td><td>代号</td></tr>
<tr><td></td><td></td><td></td><td></td><td></td><td></td><td></td><td></td><td></td><td></td><td></td><td></td><td></td><td></td><td></td><td></td><td></td><td></td></tr>
<tr><td></td><td></td><td></td><td></td><td></td><td></td><td></td><td></td><td></td><td></td><td></td><td></td><td></td><td></td><td></td><td></td><td></td><td></td></tr>
<tr><td></td><td></td><td></td><td></td><td></td><td></td><td></td><td></td><td></td><td></td><td></td><td></td><td></td><td></td><td></td><td></td><td></td><td></td></tr>
<tr><td colspan="10">供托运人自愿选择的服务项目(由托运人填写，需要的项目打√)
□1. 发送综合服务　□5. 清运、消纳垃圾
□2. 到达综合服务　□6. 代购、代加工装载加固材料
□3. 仓储保管　□7. 代对货物进行包装
□4. 篷布服务　□8. 代办一关三检手续</td><td colspan="5">说明或其他要求事项

□保价运输</td><td colspan="3">承运人签章

年　月　日</td></tr>
</table>

说明：1. 涉及承运人与托运人、收货人的责任和权利，按《铁路货物运输规程》办理。

2. 实施货物运输，托运人还应递交货物运单，承运人应按报价核收费用，装卸等需发生后确定的费用，应先列出费用，项目金额按实际发生核收。

3. 用户发现有超出国家发改委、铁道部、省级物价部门公告的铁路货运价格及收费项目、标准收费的行为和强制服务、强行收费的行为，有权举报。

举报电话：物价部门　　　　　　　　　　铁路部门

2. 铁路货物运输服务订单在铁路运输企业办理货物运输和运输服务时使用，是铁路货物

运输合同的组成部分，分为整车货物运输和零担、集装箱、班列运输两种。凡经铁路运输的整车货物，托运人必须提出订单，零担、集装箱货物订单由车站提出。托运人可根据自己的运输需求，以订单的形式，随时向铁路计算机网点提出要车要求。

3. 按月度（包括计划外）签订的其他整车货物可用铁路货物运输服务订单作为运输合同，经双方在合同上签认后，合同即告成立。在交运货物时还必须向承运人递交货物运单（格式3-2），作为运输合同的组成部分。

格式 3-2

货物运单

货物指定于　月　日搬入
货位：
计划号码或运输号码：
运到期限　日

××铁　路　局
货　物　运　单
托运人→发站→到站→收货人　　货票第　　号

承运人/托运人装车
承运人/托运人施封

托运人填写					承运人填写				
发站		到站（局）			车种车号			货车标重	
到站所属省（市）自治区					施封号码				
托运人	名称				经由	铁路货车篷布号码			
	住址		电话			集装箱号码			
收货人	名称				运价里程				
	住址		电话						
货物名称	件数	包装	货物价格	托运人确定重量（kg）	承运人确定重量（kg）	计费重量	运价号	运价率	运费
合计									
托运人记载事项：					承运人记载事项：				

注：本单不作为收款凭证，托运人签约须知见背面。规格：350 mm×185 mm	托运人盖章或签字　年　月　日	到站交付日期戳	发站承运日期戳

领货凭证

车种及车号
货票第　号
运到期限　　日

发站		
到站		
托运人		
收货人		
货物名称	件数	重量
托运人盖章或签字		
发站承运日期戳		

注：收货人领货须知见背面。

4. 零担、集装箱运输的货物，使用货物运单作为运输合同（够整车装运的集装箱除外），当承运人在货物运单上加盖车站承运日期戳后，合同即告成立。

七、铁路货运大客户运输服务

1. 铁路货运大客户的概念

大客户是指在社会经济发展中具有重要影响、在铁路运输中具有大宗稳定货源和运量，按规定程序与铁路签署长期战略合作协议的企业。大客户服务实行全路统一服务内容、统一服务标准、统一发展条件、统一信息技术服务平台。

2. 铁路大客户服务对象

(1)经国家行政主管机关登记注册,符合国家产业政策,具有良好的市场信誉,是向铁路支付运费的独立法人主体。

(2)遵守国家的法律法规以及铁路有关规章制度,能按照铁路运输集中统一指挥的原则配合铁路做好货运组织工作,愿与铁路建立长期战略合作伙伴关系。

(3)具有均衡、稳定的铁路货源,每年铁路货物发送量100万t以上或运输付费5 000万元以上。

(4)所涉及的装车点应具备铁路信息网络接入条件和整列装车作业条件。

3. 日常运输组织

(1)铁路局调度部门通过中国铁路商务网接收大客户提报的日请求车和通知大客户日承认车信息,通过铁路内部运货五系统将大客户的日请求车和承认车信息下达装车站并同时上报铁道部。

(2)铁路局调度部门要严格按大客户月度运输计划和旬运输方案组织装车,确保月度运量计划兑现。

(3)装车站要加强与大客户的日常沟通协调,落实货源,优化大客户装车作业组织,提高运输效率,确保按日装车计划兑现。

(4)因铁路原因造成欠装的,要创造条件给予补装。因客户原因造成欠装的,视运力情况而定,运力条件允许的要给予支持。铁路局记录欠装具体原因,每月汇总后报铁道部运输局。

(5)遇客观原因造成限装时,铁路优先安排大客户的国家重点运输。

第三节　货物的托运、受理和承运

一、托　　运

托运人向铁路提出运输货物要求,并提交货物运单,即为托运。

1. 货物运单

货物运单是承运人与托运人之间,为运输货物签订的一种运输合同。它是明确托运人、承运人、收货人在货物运输过程中的权利、义务和责任的原始依据,是承运人承运货物、填制货票和核收运费的依据,也是货运全过程的运送单据,还是编制记录、备查或处理事故赔偿的凭证。它既是收货人领取货物所需凭证的一部分,也是托运人与承运人或承运人与承运人之间、承运人与收货人之间进行货物移交的凭证。

货物运单是托运人和承运人签订的货物运输合同,具有法律效力。所以托运人对其在货物运单和物品清单内所填记事项的真实性应负完全责任,匿报、错报货物品名、重量时还应按照规定支付违约金。

2. 托运

托运人向承运人交运货物时,应向车站按批提出货物运单一份。对使用机械冷藏车运输货物,同一到站、同一收货人可以数批合提一份运单。整车分卸货物,除提出基本货物运单一份外，对每一分卸站应另增加分卸货物运单两份（分卸站、收货人各一份）。

遇以下三种情况，托运人在提交运单的同时，还须提出物品清单（格式 3-3）一式三份。

（1）一批托运的品名过多，不能在运单内逐一填记时。

（2）搬家货物。

（3）同一包装内有两种以上货物。

格式 3-3

物 品 清 单

发站 ________　　　　　　　　　　　　　　　　　　　　　　　　　　　货票第 ______ 号

货件编号	包装	详细内容			件数或尺寸	重量	价格
		物品名称	材质	新旧程度			

托运人盖章或签字________年　月　日

注意事项

1. 个人托运的物品（如搬家货物、行李），分为保价运输和不保价运输两种，由托运人选定。发生货损、货差时，保价运输的，按保价运输有关规定赔偿；不保价运输的，每重 10 kg（不满 10 kg 按 10 kg 计算），最多赔偿人民币 30 元，实际损失低于这个标准的，按货物实际损失的价格赔偿。

2. 本清单由托运人填写，一式三份，记载必须真实、正确。

3. “物品名称”栏要详细填写，如衣服应记明外衣、衬衣、男式、女式、童装等；“材质”栏应写明棉、毛、呢、绒、化纤等；“件数”栏如系衣料应注明尺寸。“价格”栏只供按保价运输托运时填写。

4. 个人物品内不得夹带下列物品：

（1）金、银、钻石、珠宝、首饰、古玩、文物字画、手表、照相机。

（2）有价证券、货币、各种票证。

（3）危险货物。

规格：270 mm×185 mm

二、受　　理

铁路接受托运人提出的货物运单，经车站审查符合运输要求，在货物运单上签证货物搬入日期或装车日期后，即为受理。

对于抢险救灾物资，直接用于农业生产的物资、鲜活货物、文艺演出用品、搬家货物以及其他需要急运的物资，应优先运输。

1. 车站对托运人提出的货物运单必须认真地逐项审查。

（1）整车货物有无批准计划号码。

（2）对到站、到局和到站所属省、市、自治区各栏内容应相互核对，三者必须相符。

（3）确认到站的营业办理限制（包括临时停、限装）。到站营业办理范围可查看《货物运价里程表》中“营业办理限制”栏，（营业办理限制的符号说明见表 3-4）。

表 3-4　营业办理限制符号说明

符　　号	说　　明
△货	站内及专用线均不办理货运营业
○专	仅办理专用线、专用铁路整车发到
○路	仅办理整车路用货物发到

续上表

符　　号	说　　明
牲	不办理活牲畜到达
湿	站内不办理怕湿货物发到
散	站内不办理散堆装货物发到
蜂	站内不办理蜜蜂发到
危	站内办理危险货物运输，具体办理内容另查《铁路危险货物运输办理站（专用线、专用铁路）办理规定》

注：以上符号中，货和专是对车站货运营业范围的总体描述，适用于零担、集装箱和整车。

（4）到站如果仅办理专用线货物发到时，运单内应记明在××专用线卸车。对途中装卸的货物，应记明途中装卸车的地点。

（5）托运人、收货人名称、住址、邮政编码和电话号码是否填写清楚、完整。收货人住址，除收货人为新华书店，并冠有省、市、自治区、地区或县（市）名称的，以及由于特殊原因托运人要求在货物运单上不填收货人住址，并在运单"托运人记载事项"栏内注明原因时，可免填外，均应详细填写。

（6）对危险货物、鲜活货物或使用集装箱运输的货物，还应用红色墨水书写或加盖红色戳记标明货物的性质。件重超过 500 kg 的笨重货物要注明每件重量并核对其是否超过到站的卸车能力。

凡一件货物重量超过 500 kg，且到站无起重能力的，发站必须联系到站，经同意后，可按到站同意使用的车种装运。货物运单上注明在专用线卸车的笨重货物，必须符合《铁路专用线专用铁路名称表》公布的重量限制。

（7）需要有证明文件才能运输的货物，其证明文件是否齐全有效。

（8）对个人托运的物品，其物品清单内容是否具体。特别注意不得夹带有贵重物品（金、银、钻石、珠宝、首饰、古玩、文物字画、手表、照相机、有价证券、货币和各种票证）和危险货物。

（9）托运易腐货物或"短寿命"放射性货物时，是否记明容许运输期限。

（10）危险货物和超限、超重、超长货物还应按照有关规定的各项要求进行审查。

（11）整车货物的重量、体积、长度、性质与托运人在运单中注明要求使用的车种车吨是否符合。

（12）受理保价运输货物时，应检查货物运单"托运人记载事项"栏是否已注明"保价运输"事项（对一批办理的个人物品不能只办理其中一部分物品的保价运输），运单或物品清单内托运人填记的货物价格是否清楚齐全，必要时可要求托运人提出确定价格的有关依据予以核实，发现保价金额不符或涂改时，要求托运人更换货物运单或物品清单。

（13）规定须派押运人的货物，是否注明押运人姓名及证件号码，去边境地区的押运人有无边境通行证。

（14）各国驻华使、领馆公用或个人用品、我国外交用品的托运是否符合"特定运输条件"

的规定。

(15)认真审核货物运单与领货凭证是否一致。

(16)托运人是否在运单上签章。有涂改时,是否已盖章证明。

2. 证明文件和单据

(1)需凭证明文件运输的货物

根据中央、省(市)、自治区法令,需凭证明文件运输的货物,托运人应将证明文件与货物运单同时提出,并在货物运单托运人记载事项栏内注明文件名称和号码。车站在证明文件背面注明托运数量,并加盖车站日期戳。除按规定须留发站存查外,退还托运人,托运人对其提出的证明文件的真实性应负责任。

对需凭证明文件运输的货物(物资运输限制、检疫规定、爆炸品和枪支管理、蜜蜂等),托运人未按规定提出证明文件,车站应拒绝受理。

(2)代递文件和单据

对办理海关、检疫手续及其他特殊情况的证明文件以及有关该批货物数量、质量、规格的单据,可牢固地附在货物运单上,并在运单托运人记载事项栏内记明名称和页数,委托承运人代递至到站交给收货人。

承运人对托运人委托代递的证明文件和单据,在代递过程中要注意保管。遇有遗失时,到站应编制普通记录,予以证明。

三、货物的搬入和验收

在车站公共装卸场所装车的货物,托运人应按车站指定的日期,凭铁路受理的货物运单,将货物和所需要的货车装备物品或加固材料一起搬入车站。

对搬入货场的货物,车站要检查货物品名与运单记载是否相符;运输包装和标志是否符合规定;按件数承运的货物应对照运单点清件数;集装箱货物要核对货签是否齐全、正确。对个人托运的行李、搬家货物要按照物品清单进行核对,并抽查是否按照规定在包装内放入标记(货签)。

1. 货物的包装

托运人托运货物,应根据货物的性质、重量、运输种类、运输距离、气候以及货车装载等条件,使用符合运输要求、便于装卸作业和保证货物安全的运输包装。有国家包装标准或部包装标准(行业包装标准)的,按国家包装标准或部标准(行业标准)进行包装。铁道部规定的包装标准现有《铁路危险货物包装表》、《铁路零担货物运输包装管理办法》。

没有统一规定包装标准的,车站应会同托运人研究制定货物运输包装暂行标准,共同执行。对于需要试运的货物运输包装,除另定者外,车站可与托运人商定条件组织试运。货物的运输包装不符合要求时,应由托运人改善后承运。

货物状态有缺陷,但不致影响货物安全,可以由托运人在货物运单内注明后承运。

2. 货物的重量

货物的重量包括货物包装重量。集装化用具、自备集装箱和加固材料、加固装置的重量。

(1)整车货物和使用集装箱运输的货物重量由托运人确定。

(2)托运人托运标准重量、标记重量的货物应在运单内注明每件货物重量。托运人托运有过秤清单的货物，其清单内容应有货物名称、件数、货物重量，过秤人盖章或签字的内容，并加盖单位戳记，在运单内注明有过秤清单字样，交车站一份存查。

(3)托运人确定重量的整车货物、集装箱货物，铁路应进行抽查，抽检后承运人确定重量超过托运人确定重量(扣除国家规定的衡器公差)时，应向托运人或收货人补收运费和核收过秤费。

3. 货物的件数

铁路运输货物按件数和重量承运，但下列货物按整车运输时，只按重量承运，不计件数。

(1)散堆装货物。

(2)成件货物规格相同(规格在三种以内的视作规格相同)，一批数量超过 2 000 件；规格不同，一批数量超过 1 600 件。

有些货物价值较高，无论规格是否相同，按一批托运时，每件重量在 10 kg 以上，只要托运人能按件数点交给车站的，铁路都应按件数和重量承运。

货物应稳固、整齐地堆码。堆放在场地上的货物，距钢轨头部外侧不少于 1.5 m，站台上堆放的货物距站台边缘不少于 1 m。

4. 货物的押运

活动物、需要浇水运输的鲜活植物、生火加温运输的货物、挂运的机车和轨道起重机以及特殊规定应派押运人的货物，托运人必须派人押运。押运人数，除特定者外，每批不应超过 2 人。托运人要求增派押运人或对上述以外的货物，要求派人押运时，须经承运人承认。

(1)苫盖篷布的敞车，不得派人押运。

(2)押运员应了解所押运货物的特性，应按规定穿着印有红色“押运”字样的黄色马甲，不符合安全规定的不得押运。

(3)严禁在货车上搭建押运棚(房)等临时性设施。特殊情况下必须搭建时，应经铁路局审查批准，确保安全牢固。

(4)严禁押运人员在运输途中随意搬动货物和降低货物装载加固质量，严禁押运人员在货物顶部或在电气化区段货车顶部行走、坐卧，保证人身安全和货物安全。

(5)军事物资押运按有关规定办理。

四、承　　运

零担、集装箱运输的货物，由发站接收完毕，整车货物装车完毕，发站在货物运单上加盖车站日期戳时起，即为承运。

1. 承运标志着运输合同成立，从承运时起铁路对货物的运送承担义务和责任，因此对货物包装、标记和标志、货物重量和件数、货物的押运、货票各联的用途和运输费用的核收都作了明确规定。

2. 填制货票：

(1)货票(格式 3-4)必须使用计算机和铁道部统一制票软件计算运输费用。零担、集装箱货物是先制票后装车，整车货物是先装车后制票或平行作业。货票金额不得涂改，打印错误时按作废处理。作废的货票要加盖“作废”戳记，按顺号装订上报路局，不得废弃。

格式 3-4

××铁 路 局

货 票

计划号码或运输号码　　丁联

货物运到期限　　日　　运输凭证:发站→到站存查　　A00001

发站		到站(局)		车种车号		货车标重		承运人/托运人 装车
托运人	名称			施封号码				承运人/托运人 施封
	住址		电话	铁路货车篷布号码				
收货人	名称			集装箱号码				
	住址		电话	经由		运价里程		

货物名称	件数	包装	货物质量(kg)		计费重量	运价号	运价率	现付		
			托运人确定	承运人确定				费别	金额	
								运费		
								装费		
								取送车费		
								过秤费		
合计										
记事								合计		

卸货时间　月　日　时 催领通知方法: 催领通知时间　月　日　时 到站收费的收据号码 规格:270 mm×185 mm	收货人盖章或签字	到站交付日期戳 经办人盖章	发站承运日期戳 经办人盖章

(2)货票是国家批准的专业发票,属有价证券,是铁路运输企业核算运输收入的原始凭证,各联任何单位不得增减。货票一式四联。甲联为发站存查联;乙联为报告联,由发站按日按号码装订,定期上报发局;丙联为承运及收款凭证,交托运人凭以报销;丁联为运输凭证,随货物递交到站存查。

(3)车站在承运货物时,车站在承运货物填制货票时,应将货票号码填写在领货凭证相应栏内。同时向托运人结清运输费用,并应将领货凭证及货票丙联交给托运人。托运人应将领货凭证及时交给收货人,凭此向到站联系领取货物。

(4)托运人应在发站承运货物当日支付费用。对18点以后承运的货物,车站应在货票承运日期戳记下注明"翌"字,其运输费用,可以在次日支付。由于临时发生抢险、救灾、防疫等情况,在发站支付确有困难,经发送铁路局同意,可以后付或由收货人在到站支付。

第四节　货物的装车和卸车

一、装卸车作业的责任范围

在车站公共装卸场所以内由承运人负责;在其他场所,均由托运人或收货人负责。但罐车运输的货物、冻结易腐货物、未装容器的活动物、蜜蜂、鱼苗、一件重量超过 1 t 的放射性同位素，以及用人力装卸带有动力的机械和车辆，均由托运人或收货人负责组织装车或卸车。

其他货物由于性质特殊，经托运人或收货人要求，并经承运人同意，也可由托运人或收货人组织装车或卸车。

二、合理使用车辆

合理使用车辆的原则是车种要配合货种，车吨要配合货吨。因此铁路拨配车辆必须做到以下几点：

(1)承运人应按照运输合同约定的车种拨配适当的车辆。承运人如无适当车辆拨配时，在征得托运人同意、保证货物安全、货车完整和装卸作业方便的条件下可以代用。以长大货物车、冷藏车代替其他车辆及改变罐车使用范围时，应经铁道部承认；其他车辆代替棚车时，应经铁路局承认。同时车辆代用必须符合“货车使用限制表”(表 3-5)的规定。

表 3-5　货车使用限制表

编号	车种 / 限制条件 / 货物名称	棚车	敞车	底开门车	有端侧板平车	无端侧板平车	有端板无侧板平车	铁底板平车	共用车	备注
1	散装的煤、灰、焦炭、砂、石、土、矿石、砖	×				×	×	×	×	无端侧板平车或有端侧板(渡板)无侧板平车(共用车除外)，在使用围挡并安有支柱时，可装运煤、灰、砂、石、土、砖
2	金属块			×		×	×	×	×	无端侧板平车或有端侧板(渡板)无侧板平车(共用车除外)，在使用围挡并有支柱时，可装运散装的金属块
3	空铁桶				×	×	×	×	×	应加固并外罩绳网
4	木材				×	×	×	×	×	原木不得使用棚车装运
5	集装箱	×		×				×		1 吨集装箱可装棚车
6	超长货物	×	×	×				×		
7	超限货物	×		×				×		
8	钢轨	×		×				×		
9	组成的机动车辆	×	×	×				×		组成的摩托车、手扶拖拉机及小型车辆可使用棚车，在到站有起重能力时，可使用敞车

注：×——不准使用的车种。

(2)对保密物资、涉外物资、精密仪器、展览品能用棚车装运的，必须使用棚车装运，不得用其他货车代用。

(3)装车前，装车单位应对车厢的完整和清洁状态进行检查。对状态不良的车辆应采取措施，如采取措施后仍不能保证安全时，则不能使用。

(4)装运活鱼、家畜、家禽时，不得使用无窗棚车，装运牛、马、驴、骡大牲畜时，不得使用铁底棚车，以防牲畜打滑，偏向车辆一端，造成偏重而导致行车事故。装往深圳北站的活牛必须使用棚车。

(5)装运危险货物时,除《铁路危险货物品名表》中特别规定者外,应使用棚车或毒品专用车;爆炸品、硝酸铵、氯酸钠、氯酸钾、黄磷和钢桶包装的一级易燃液体应选用车况良好的 P_{64}、P_{64A}、P_{64AK}、P_{64AT}、P_{64GK}、P_{64GT} 等竹底棚车或木底棚车装运。

(6)以大吨位货车代用小吨位车时,应经铁路局承认并将承认命令号码填入货票内。

三、装车作业

装车作业是铁路货物运输工作的一个重要环节。装车质量直接影响到货物安全、货物运送速度、车辆周转时间以及列车运行安全。因此,铁路组织装车的货物,承运人应做好装车前、中、后的三检工作,装车时严格按照《铁路装卸作业安全技术管理规则》有关规定办理。

1. 装车前"三检"是检查货物运单;检查待装货物;检查配空车辆。其重点工作是认真检查货车的车体(包括透光检查)、车门、车窗、盖阀是否完整良好,有无扣修通知、色票、货车洗刷回送标签或通行限制,车内是否干净,是否被毒物污染。装载粮食、医药品、食盐、鲜活货物、饮食品、烟草制品以及有押运人押运的货物时,还应检查车内有无恶臭异味。要认真核对待装货物品名、件数,检查标志、标签和货物状态。对集装箱还应检查箱内装载情况,检查箱体、箱号和封印。

装车站禁止使用技术状态不良(尤其是车地板、车门、车窗等技术状况不良)的货车。严格禁止棚车、敞车中门部件缺失和敞车下侧门搭扣缺失,以及车门存在脱落隐患的货车进入提速区段。

2. 装车时,必须核对运单、货票、实际货物,保证"三统一"。要认真监装,做到不错装、不漏装、巧装满载,防止偏载、偏重、超载、集重、亏吨、倒塌、坠落和超限。对易磨损货件应采取防磨措施,怕湿和易燃货物应采取防湿或防火措施。

对以敞、平车装载的需要加固货物,有定型方案的,严格按方案装车;无定型方案的,车站应制定装载加固方案,并按审批权限报批,按批准方案装车。装载散堆装货物,顶面应平整。对自轮运转的货物、无包装的机械货物,车站应要求托运人将货物的活动部位予以固定,以防止脱落或侵入限界。

装车时严格控制钢材等货物的装车温度,正确使用装载加固材料(装置),合理操作,杜绝因使用操作不当损伤材料、影响使用效果。

货车上的丁字铁(绳栓)或支柱槽、铁地板长大货物车上焊接的加固部件(装置)以及在装载加固方案中明确的其他部件(装置)为加固货物时的拴结点。严禁以车钩、提钩杆、蘑菇头等作拴结点。

3. 装车后"三检"是检查重车;检查运单;检查货位。其重点工作是认真检查车门、车窗、盖、阀关闭及拧固和装载加固情况;检查货车上的残货和杂物,特别是车体外部、车钩、手闸台等部位的残货、杂物及悬挂物是否清理干净,挂车前货运员应进一步检查、确认和处理。需要填制货车装载清单及标画示意图的,应按规定填制。需要施封的货车,按规定施封,并用粗铁线将车门上部门鼻拧紧。需要插放货车表示牌的货车应按规定插放。对装载货物的敞车,要检查车门插销、底开门搭扣和篷布苫盖、捆绑情况。装载超限、超长、集重货物,应按装载加固定型方案或批准的装载加固方案检查装载加固情况。对超限货物,还应对照铁路局批示文电,核对装车后的尺寸。

四、货车和集装箱的施封

施封是为了划分铁路与托运人或铁路内部各部门对货物运输的完整应负的责任。

1. 凡使用棚车、冷藏车、罐车运输的货物，应由组织装车单位负责施封。但派有押运人，需要通风运输的货物以及组织装车单位认为不需要施封的货物，可以不施封。

2. 使用集装箱运输的货物，由托运人负责施封。

五、货车篷布的苫盖

1. 使用前的质量检查

布体完整，无破损，眼圈完好，标记、号码完整清晰。绳索齐全、完整、无接头、插接牢固，与篷布连接正确。

2. 苫盖要求

(1)货物装载高度超过端侧墙 1 m 以上或有押运人乘坐的敞车不得苫盖篷布。

(2)篷布、篷布绳网不得作为货物加固材料使用。

(3)需要加固的货物必须在苫盖篷布前捆绑加固完毕。

(4)货车绳拴上无残留的旧绳头、铁线等废弃物。

(5)货物装载高度低于车辆端侧墙时，可安置篷布支架，支架突出部位与篷布接触处应采取防磨措施。

(6)苫盖易于损坏篷布的货物时，在篷布与货物之间应采取防磨或防护措施。

3. 苫盖方法

(1)正面(腰绳向外)纵向苫盖。货车两侧篷布下垂高度应一致。货车人力制动机一端篷布下垂遮盖端墙部分高度 300 ~ 500 mm，另一端下垂遮盖端墙部分高度 600 mm 左右。

(2)每车苫盖一张篷布。车辆较短时，篷布多余部分可折叠在中部相邻两腰绳处的篷布下方，折叠部分两腰绳对角拉紧拴固。

(3)篷布包角

将篷布角绳拉紧，使篷布角向内侧展开成三角形，布角两面压平后折向货车端墙，在车辆两端严密包角，使压绳压住包角。

4. 捆绑方法

(1)篷布绳应拴结在货车绳拴上，不得捆绑在其他部位。

(2)货车两端篷布角绳沿货车端墙交叉后分别拴结在车辆端部的两绳拴上。角绳经货车人力制动机闸台时，应从其上方通过；经闸杆、提钩杆时，应从其内侧穿过。

(3)货车两端篷布中间的两根端绳分别垂直向下拉紧拴结在车辆端部的两绳拴上，经提钩杆时，也应从其内侧穿过。

(4)篷布每端的压绳应压住篷布包角拉紧，使篷布紧贴在车辆端墙上，分别捆绑在车辆侧部的第一个绳拴上，不得拴结在牵引钩上。

(5)腰绳应直拉拴结在车侧绳拴上。弹力绳弹力部分的拉伸长度不小于 200 mm。根据装载货物的具体情况确定。车辆中间有绳拴的，中间的腰绳捆绑在车辆中间的绳拴上；车辆中间无绳拴的，篷布中间的腰绳分别捆绑在靠近车辆中间的绳拴上。其他腰绳，从车辆两端开始，朝向车辆中部，顺序捆绑在相应绳拴上。弹力棒不紧靠眼圈时，应将弹力绳从中间收起，并将中间多余绳索折叠打两个死结后余尾用绳卡或麻线绑5圈与自身绳杆捆紧。

(6)篷布绳拴接采用蝴蝶套结法或回头花结法，拴接后的绳头，应绕在自身绳杆上，至少打两个死结。绳头余尾长度不得超过300 mm，不短于100 mm。

(7)篷布绳、篷布绳网系绳余尾均须使用绳卡进行加固。使用时，将拴结后的绳尾拉紧贴在自身绳杆上，绳卡头印有标记面及齿面朝向外侧，离绳尾部50 mm处，将锁绳绕过绳尾和绳杆后从锁绳插槽底部向上穿出，并沿锁绳插槽方向拉紧，将卡绳端锁紧齿与压块上的齿啮合，此时，绳卡进入锁紧工作状态。打开时，沿插槽反方向用力拉锁绳，绳头沿断裂槽处破坏，绳卡即可打开。

(8)除篷布自带绳索和篷布绳网外，不得使用其他绳索捆绑篷布。

5. 苫盖后检查

(1)篷布苫盖平坦，货物不外露，两端包角密贴，两侧线条流畅。各部位不超限。

(2)绳索拴结、捆绑位置正确，绳结牢固，无松弛脱落，捆绑在绳拴上的绳索呈蝶翅形结，绳头余尾长度100～300 mm。

(3)货车人力制动机一端篷布下垂遮盖端板部分长度300～500 mm。货车人力制动机闸盘外露，不影响人力制动机及提钩杆使用。另一端的下垂高度600 mm左右，篷布过长时可超过此限制，但不得影响压绳使用。

(4)车辆两侧篷布下垂高度一致。

(5)篷布(包括篷布绳网)苫盖完毕后，装车单位对车辆两侧(包括篷布号码)、两端篷布苫盖状态各拍照一张，留存3个月。

六、货车篷布绳网的苫盖

1. 货车篷布绳网是篷布的防护用网，用于对货车苫盖篷布的防护，防止运输途中篷布掀起或脱落。

2. 篷布绳网由托运人自备，自愿选择符合技术条件要求的产品，限一次使用。

3. 苫盖篷布的敞车必须在装车站加盖篷布绳网。凡未按规定使用篷布绳网的，一律不得挂运。

4. 苫盖篷布绳网时，网要盖正，网眼完全张开，与篷布密贴。先从车辆两侧拴结，使篷布绳网完全盖住篷布，最后拴结车辆两端的拴结点。篷布绳网与货车的捆绑按照篷布与货车的捆绑要求办理，同时将捆绑后的绳索余尾使用一次性塑料锁扣锁死。

5. 使用篷布绳网的车辆，发站要在运单“承运人记载事项”栏内注明“已用货车篷布绳网”，并在货票记事栏内转记。

七、卸车作业

卸车是整个运输过程的重要环节之一，是到站工作组织的关键。正确及时地组织卸车作业，能够缩短货车周转时间，提高货车使用效率，保证排空任务和装车的空车来源。因此，由铁路组织卸车的货物，承运人应做好卸车前、中、后的“三检”工作，卸车时严格按照《铁路装卸作业安全技术管理规则》及有关规定进行卸车作业。

1. 卸车前“三检”就是检查货位，检查运输票据，检查待卸车辆。其工作重点是检查车辆、篷布苫盖、货物装载状态有无异状，施封是否完好。

2. 卸车时，必须核对运单、货票、实际货物，保证“三统一”。要认真监卸，根据货物运单清点件数，核对标记，检查货物状态。对集装箱货物应检查箱体，核对箱号和封印。对苫盖篷布的货车，按规定开启篷布绳卡，撤除篷布绳网和篷布，严禁割砍篷布绳索。合理使用货位，按规定堆码货物。发现货物有异状，要及时按章处理。

卸车后“三检”，就是检查运输票据，检查卸下的货物，检查卸空后的车辆。其工作重点是应将车辆清扫干净，关好车门、车窗、阀盖；检查货车上的残货和杂物，特别是车体外部、车钩、手闸台等部位的残货、杂物及悬挂物是否清理干净，挂车前货运员应进一步检查、确认和处理。检查卸车后货物安全距离，清理线路，将篷布按规定折叠整齐，送到指定地点存放。对托运人自备的货车装备物品和加固材料，应妥善保管。

对需要洗刷除污的车辆，根据调度命令填制“特殊货车及运送用具回送单”，并在货车两车门内外明显处粘贴“铁路货车洗刷回送标签”各一张，向指定车站回送。未经洗刷除污的货车严禁使用或排空。

第五节　货物的途中作业

一、货物的交接和检查

为保证行车安全和货物安全，明确各自责任，对运输中的货物（车）和运输票据要进行交接和检查，并按规定处理。

货运交接检查的内容包括列车中货物装载、加固状态，车辆篷布苫盖状态，施封及门、窗、盖、阀关闭情况，超限货物的各部尺寸和装载方法，确认押运人员的人数和是否随车押运，货车票据完整情况。但罐车和集装箱封印、苫盖货物篷布的顶部、集装箱顶部、敞车装载的不超出端侧板货物的装载状态，在途中不交接检查，如接方发现有异状，由发现站拍发电报。

整车货物变更到站时，处理站应对该车的装载加固情况进行检查，对施封货车应检查封印是否完好、站名、号码是否与票据相符。

货物运单、封套上的到站、车号、封印号码各栏，不得任意涂改。在装车站（含分卸站）、换装站、变更处理站因作业需要或填写错误时，应按规定更改。

运输途中发生票据丢失时，丢失单位或处理站应编制普通记录继运到站，并及时拍发电报向有关站查询，全列车票据丢失时，还应于当日上报主管铁路局。被查询站接电后，均应于48 h内电复或继续查询。发站接到查询电报后，48 h 内应按货票内容拍发电报，并将货票抄件寄送到站处理。

货物在运输途中，由于货物本身、车辆技术状态或自然灾害等原因发生货车滞留，在站滞留时间达到 48 h 应拍发电报，通知发到站；必要时，应抄送有关铁路局。

装车站按施封办理的货车，途中不得改为不施封办理。

二、货物的换装整理

在运输中发现货车偏载、超载、货物撒漏，以及因车辆技术状态不良，经车辆部门扣留，不能继续运行，由发现站（或铁路局指定站）及时换装整理，并在货票（丁联）记事栏记明有关事项。

换装整理的时间一般不应超过2日，如2日内未换装整理完毕，应由换装站以电报通知到站，以便收货人查询。编组站、区段站对扣留的换装整理车，应进行登记，并按月汇总报主管铁路局，同时通知有关铁路局。

货物换装整理所需的加固材料，由车站购置，以成本列支并保证满足使用需要。

费用负担：

(1)铁路责任的货物整理费，由整理站（局）列销；换装费由原装车站（局）负担。

(2)由于行车事故或调车冲撞发生的换装费由责任单位负担。

(3)因车辆技术状态不良发生的换装，属车辆部门责任，换装费由发生局负担。

需要向责任单位清算的换装费，由换装站将记录连同有关费用的单据，按月汇总报主管铁路局，在发生换装的次月内向责任局（或责任单位）清算，但每一责任局发生款额累计不足1 000元的不清算。

三、运输阻碍的处理

因不可抗力（如风灾、水灾、山体滑坡、地震等）的原因致使行车中断，货物运输发生阻碍时，铁路局对已承运的货物，可指示绕路运输，所需装卸费用，由装卸作业的铁路局负担。因货物性质特殊（如活动物、易腐货物、危险货物等）绕路运输或卸下再装，能造成货物损失时，车站应联系托运人或收货人请其在要求的时间内提出处理办法。超过要求时间未接到答复或因等候答复将使货物造成损失时，比照无法交付货物处理，所得剩余货款（缴纳装卸、保管、运输、清扫、洗刷除污费后）通知托运人领取。

四、货物运输合同的变更和解除

由于托运人或收货人的特殊原因，货物承运后，托运人可以向承运人提出变更或解除运输合同的要求。

在承运人将货物交付收货人之前，托运人可以要求承运人终止运输、返还货物、变更到达地或者将货物交给其他收货人，但应当赔偿承运人因此受到的损失。

1. 货物运输合同的变更

经承运人同意，可以按批向货物所在的中途站或到站提出变更到站、变更收货人。

对于下列情况，铁路不办理变更：

(1)违反国家法律、行政法规、物资流向、运输限制和蜜蜂的变更。

(2)变更后的货物运到期限大于容许运输期限。

(3)变更一批货物中的一部分。

(4)第二次变更到站。

货物运输合同在承运前变更办法另行规定。

2. 运输合同的解除

整车货物和大型集装箱在承运后挂运前，零担货物和其他类型的集装箱在承运后装车前，托运人可以向发站提出取消托运，承运人同意，运输合同即告解除。

3. 变更和解除合同的程序

(1)提出领货凭证和“货物运输变更要求书”(格式 3-5)。

(2)提不出领货凭证时,应提出其他有效证明文件,并在“货物运输变更要求书”内注明。

(3)车站在处理变更时,应在货票记事栏内记明变更的根据,改正运输票据、标记(货签)等有关记载事项,并加盖车站日期戳或带有站名的名章。变更到站时,并应电知新到站及其主管铁路局收入检查室和发站。

办理货物运输变更或取消托运,托运人或收货人应按规定支付费用。

格式 3-5

货物运输变更要求书

受理变更顺序号	第　号

提出变更单位名称和住址________印章________　　　　年　月　日

<table>
<tr><td>变更事项</td><td colspan="6"></td></tr>
<tr><td rowspan="5">原票据记载事项</td><td>运单号码</td><td>发站</td><td>到站</td><td>发货人</td><td>收货人</td><td>办理种别</td></tr>
<tr><td></td><td></td><td></td><td></td><td></td><td></td></tr>
<tr><td>车种号码</td><td colspan="2">货物名称</td><td>件数</td><td>重量</td><td>承运日期</td></tr>
<tr><td></td><td colspan="2"></td><td></td><td></td><td></td></tr>
<tr><td>记　事</td><td colspan="5"></td></tr>
<tr><td rowspan="2">承运人记载事项</td><td colspan="4" rowspan="2"></td><td colspan="2">经办人</td></tr>
<tr><td colspan="2"></td></tr>
</table>

规格:185 mm×130 mm

货物运输变更由车站受理,但整车货物变更到站,受理站应报主管铁路局承认,并将命令号码记在运单、货票上。

第六节　货物的到达、交付和搬出

一、催领通知

车站对到达货物应及时发出催领通知,这是铁路履行运输合同应负的责任。

车站发出催领通知应在货票(丁联)内记明通知方法和时间,必要时应再次催领。

承运人组织卸车的货物,到站应不迟于卸车完了的次日内,用电话或书信,向收货人发出催领通知并在货票内注明通知的方法和时间。有条件的车站可采用电报、挂号信、长途电话、登广告等通知方法,收货人也可与到站商定其他通知方法。采用电报等方法或商定的方法通知的,车站应按实际支出向收货人核收催领通知费用。

收货人在到站查询所领取货物时,车站要认真确认是否到达,如果确实未到时,到站应在领货凭证背面加盖车站日期戳证明货物未到。

货物运抵到站,收货人应及时领取。拒绝领取时,应出具书面说明,自拒领之日起,3 日内到站应及时通知托运人和发站,征求处理意见,托运人自接到通知之日起,30 日内提出处理意见答复到站。

收货人拒领又不出具书面证明时，到站编制普通记录证明联系情况，留站存查。

在原到站已卸下的整车货物，收货人拒领时，不再接受变更到站和返回发站的要求，托运人、收货人必须领出、变更收货人或重新办理托运手续（如属于政令限制的货物可凭原运单记载办理，不再另提运输证明）。

从承运人发出催领通知次日起（不能实行催领通知时，从卸车完了的次日起），经过查找，满 30 日（搬家货物满 60 日）仍无人领取的货物或收货人拒领，托运人又未按规定期限提出处理意见的货物，可按无法交付货物处理。对性质不宜长期保管的货物，如鲜活货物、危险货物等，可缩短上述期限。

二、货物暂存期间

承运人组织卸车的货物，收货人应于承运人发出催领通知的次日（不能实行催领通知或会同收货人卸车的货物为卸车的次日）起算，2 日内将货物搬出。超过上述期间未将货物搬出，对其超过的期间核收货物暂存费。

根据各地具体情况，铁路局可以缩短免费暂存期限一天，也可以提高货物暂存费率，但提高部分最高不得超过规定费率的 3 倍，并均报当地人民政府和铁道部备案。车站站长可以适当延长货物免费暂存期间。

三、货物交付

货物的交付是铁路履行运输合同的最后一个程序，到站向货物运单内所记载的收货人交付货物完毕，即视为铁路履行合同的义务已经结束。货物的交付分为票据交付（内勤交付）和货物交付（外勤交付）。

1. 票据交付

凡在铁路货场领取货物必须凭领货凭证。收货人为个人的，还须本人身份证；收货人为单位的，还须有该单位出具所领货物和领货人姓名的证明文件及领货人本人身份证。不能提出领货凭证的，可凭有经济担保能力的企业出具担保书取货。

（1）收货人以领货凭证领取货物时，到站要认真核对货物运单与领货凭证上骑缝戳记是否吻合，审查无误后再行交付。

（2）货物运单或领货凭证上没有发站承运日期戳记时，到站不得办理交付手续，并联系发站处理。

2. 现货交付

（1）到达到站的货物，如已编有记录或发现有事故可疑痕迹，到站必须复查重量和现状。如已构成货运事故，到站在交付货物时，应将货运记录交给收货人。

（2）在站内卸车的货物，办理货物交付时，车站货运员必须在现场向收货人点交货物，并在运单上加盖“货物交讫”戳记。对装备物品和加固材料也应一并点交，同时在卸货簿或卸货卡片中将交付事项作记载。

承运人组织卸车和发站由承运人组织装车到站由收货人组织卸车的货物，在向收货人点交货物或办理交接手续后，即为交付完毕；发站由托运人组织装车，到站由收货人组织卸车的货物，在货车交接地点交接完毕，即为交付完毕。

?

1. 托运人应承担的义务和享有的权利有哪些？

2. 收货人应承担的义务和享有的权利有哪些？

3. 铁路货物运输的种类有哪些？其办理条件是什么？

4. 什么叫一批？按一批办理的条件是什么？

5. 铁路为什么要办理准、米轨直通运输？哪些物资不予办理？

6. 站界内搬运和途中装卸有些什么具体规定？

7. 托运货物时，在什么情况下托运人还须提出物品清单？

8. 什么叫托运？托运的意义是什么？

9. 什么叫承运？承运的意义是什么？

10. 货车装卸作业的范围是怎样规定的？

11. 铁路根据什么拨配车辆？如无适当车辆拨配时，用其他车辆代用，其代用的条件是什么？

12. 在铁路货场领取货物应如何处理？

13. 对收货人拒领的货物应如何处理？

14. 铁路在什么情况下应核收货物暂存费？提高暂存费率和延长或缩短免费暂存期间的权限属于谁？

15. 何谓交付完毕？

16. 货物运输合同变更的范围是如何规定的？

17. 货物运输变更的手续和处理方法是如何规定的？

第四章　集装箱运输

第一节　集装箱运输概述

一、集装箱的定义

集装箱是一种运输设备。《铁路集装箱运输规则》所称的集装箱是指具备下列条件的运输设备：

(1)具有足够的强度，可长期反复使用；

(2)适于多种运输方式运送，途中无需倒装货物；

(3)设有供快速装卸的设施，便于从一种运输方式转移到另一种运输方式；

(4)便于箱内货物装满和卸空；

(5)容积不小于 1 m^3。

集装箱不包括车辆和一般包装。

二、集装箱的分类

集装箱的种类可以根据重量和尺寸、箱主、用途、材质、结构进行划分。

1. 按重量和尺寸分为 1 吨箱、20 英尺箱、40 英尺箱以及经铁道部批准运输的其他重量和尺寸的集装箱。

2. 按箱主可分为铁路箱(承运人提供的集装箱)和自备箱(托运人自有或租用的集装箱)。

3. 按所装货物种类和箱体结构可分为普通货物箱和特种货物箱。普通货物箱包括通用箱和专用箱，专用箱包括封闭式通风箱、敞顶箱、台架箱和平台箱等；特种货物箱包括保温箱、罐式箱、干散货箱和按货物命名的集装箱等。

4. 按是否符合国家和铁道行业标准分为：标准箱和非标箱。

三、集装箱的标记代号及主要技术参数

1. 我国集装箱的标记代号

(1)箱主代号。它是集装箱所属部门的代号，由四个大写拉丁字母表示。为区别其他设备，规定第四位字母为“U”。例如，TBJU 为铁道部的集装箱，COSU 表示中国远洋运输公司的集装箱，RZDU 表示俄铁集装箱，KZTU 表示哈铁集装箱。

(2)箱号。箱号又称为集装箱的顺序号。国际标准箱的箱号由 6 位阿拉伯数字组成，如实有数字不足 6 位时，应在实有数字前用“0”补齐，如“059791”；箱主代号和箱号之间至少留一个字体的间隔。

(3)核对数字。它是用来检查箱主代号与箱号是否一致的数字,用一位阿拉伯数字表示,与箱号之间有一个字体的间隙或者在核对数字上加一个框。

国际标准规定,箱主代号、箱号和核对数字布置成单行横排标记。

(4)国家或地区代号。国家或地区代号表示集装箱的国籍,使用两个字母标记。例如,CN 表示中国、US 表示美国、KR 表示韩国、JP 表示日本、HK 表示中国香港。

(5)其他标记。在集装箱上还标有集装箱总重、自重和容积、制造厂名及出厂日期、检修厂名及检修日期等标记。

所有标记采用不同于箱体的颜色进行涂刷。我国铁路集装箱采用白漆涂刷。1 t 自备集装箱腰部涂刷宽度 150 mm 的白色环带,5 t 以上自备集装箱腰部涂刷宽度 200 mm 的白色环带,危险品自备集装箱涂刷黄色环带,以区别于铁路箱。

另外,我国铁路运输的 20 英尺以上的集装箱应有集装箱检验单位徽记、国际集装箱安全公约(CSC)安全合格牌照、国际铁路联盟认证标记,其中国际集装箱安全公约安全合格牌照上应标有维修检验日期或有连续检验计划标记,且箱体标明的集装箱号码应与牌照一致。

2. 集装箱的主要技术参数

随着国际集装箱运输的发展,国际标准化集装箱技术委员会于 1973 年正式颁布了集装箱国际标准,并经修订后形成现行的国际集装箱标准。

为适应集装箱运输发展的需要,我国也制定了集装箱规格尺寸和额定质量的国家标准和铁道行业标准有关技术参数,见表 4-1、表 4-2。

表 4-1 集装箱外部尺寸和额定质量(GB/T 1413—2008)

集装箱型号	长度 L		宽度 W		高度 H		额定质量(总质量)	
	mm	英尺 - 英寸	mm	英尺	mm	英尺 - 英寸	kg	磅
1EEE	13 716	45′	2 438	8′	2 896	9′6″	30 480	67 200
1EE					2 591	8′6″		
1AAA	12 192	40′	2 438	8′	2 896	9′6″	30 480	67 200
1AA					2 591	8′6″		
1A					2 438	8′		
1AX					<2 438	<8′		
1BBB	9 125	29′11″1/4	2 438	8′	2 896	9′6″	30 480	67 200
1BB					2 591	8′6″		
1B					2 438	8′		
1BX					<2 438	<8′		
1CC	6 058	19′10″1/2	2 438	8′	2 591	8′6″	30 480	67 200
1C					2 438	8′		
1CX					<2 438			
1D	2 991	9′9″3/4	2 438	8′	2 438	8′	10 160	22 400
1DX					<2 438	<8′		

表 4-2　铁路集装箱有关技术参数

箱　型	箱　类	箱主代号	起止箱号	截止箱号	自　重(t)	箱体标记最大允许总重(t)
20 英尺	通用集装箱	TBJ	300011	301710	2.24	30.48
			350001	361914	2.24	30.48
			361915	362414	1.86	30.48
			362415	362748	2.24	30.48
			370001	390000	2.24	30.48
			400001	400500	2.98	30.48
			400501	400800	2.18	30.48
			400801	401187	2.13	30.48
			402708	403907	2.18	30.48
			403908	404231	2.21	30.48
			404232	404431	2.23	30.48
			404432	404731	2.52	30.48
			404732	405231	2.41	30.48
			405232	405931	2.18	30.48
			510001	575000	2.21	24.00
			580000	629999	2.24	30.48
			900001	900002	——	30.48
		TBF	950000	950019	2.70	20.00
			950020	950039	2.72	24.00
			950040	950231	2.42	24.00
	弧形罐式集装箱	TBG	500000	500001	6.30	30.48
			500052	501999	6.30	30.48
	干散货集装箱	TBB	500000	511149	3.10	30.48
	散装水泥罐式集装箱	TBG	540001	543050	4.95	30.48
	水煤浆罐式集装箱	TBG	520001	520100	4.25	30.48
	折叠式台架集装箱	TBP	200001	210000	2.50	30.00
	框架罐式集装箱	TBG	510001	511000	4.64	30.48
			530000	530049	4.40	30.48
			530050	530199	4.00	30.48
			530200	530699	4.40	30.48
			550000	550099	5.50	30.48
25 英尺	板架式汽车集装箱	TBP	000087	000088	4.30	28.30
			100000	100831	4.30	28.30
			101000	101999	4.30	28.30

续上表

箱　型	箱　类	箱主代号	起止箱号	截止箱号	自　重(t)	箱体标记最大允许总重(t)
40 英尺	通用集装箱	TBJ	300003	300005	3.88	30.48
			700000	700119	3.79	30.48
			710000	7159999	3.88	30.48
45 英尺	冷藏集装箱	TBL	920001	920500	7.18	30.48
50 英尺	双层汽车集装箱	TBQ	800000	801599	10.53	30.48
			801600	801899	11.61	30.48
	板架式汽车集装箱	TBQ	200000	200399	10.90	60.00

3. 集装箱的换算方法

为了便于统计集装箱的吞吐量、集装箱码头的通过能力以及机械的装卸效率，国际上通常将一个 20 英尺长度的集装箱称之为一个标准箱，其换算方法如下：

40 英尺集装箱 = 2TEU

20 英尺集装箱 = 1TEU

第二节　集装箱的运输条件

一、基本条件

1. 集装箱办理站（包括办理集装箱的专用铁路、铁路专用线）是全国营业铁路办理集装箱运输业务的车站。集装箱办理站名在《货物运价里程表》中公布。集装箱限在集装箱办理站间办理运输。

(1) 标记总重超过 24 t 的 20 英尺通用集装箱的总重规定如下：

①在 40 英尺集装箱办理站间运输，装运适箱货物时，最大总重可达到 30 t。

②在有"★"限制的 20 英尺集装箱办理站发到的，最大总重为 18.5 t。

③在其他 20 英尺集装箱办理站发到时，最大总重为 24 t。

(2) 未经铁道部批准，散堆装货物不得使用通用集装箱装运。

(3) 50 英尺双层汽车箱回空时，可装运通用集装箱适箱货物。

(4) 编号为 TBJU 510001 ~ TBJU 575000 的 20 英尺铁路集装箱（标记总量 24 t）禁止用于双层运输。

(5) 经铁路运输的自备箱定检周期不低于铁路箱标准。

2. 集装箱所装货物应适合集装箱运输的要求：

(1) 所装货物不得腐蚀、损坏箱体。未经铁道部批准，散堆装货物不得使用通用集装箱装运。

(2) 性质互抵的货物不得混装于同一箱内。

(3) 易于污染箱体的货物不得使用铁路通用集装箱装运。

(4) 在一定季节和区域内不易腐烂的易腐货物，经承运人确定，可使用通用集装箱装运。

3. 集装箱内单件货物的重量超过 100 kg 时，应在运单“托运人记载事项”栏内分别注明实际重量。在专用铁路、铁路专用线卸车的集装箱，应在运单“托运人记载事项”栏内记明“在×××专用铁路（铁路专用线）卸车”。

4. 集装箱施封由托运人负责。通用集装箱重箱必须施封，施封时左右箱门锁舌和把手须入座，在右侧箱门把手锁件施封孔施封一枚，用 10 号镀锌铁线将箱门把手锁件拧固并剪断余尾。其他类型集装箱的施封方法另行规定。

托运的空集装箱可不施封，托运人须关紧箱门并用 10 号镀锌铁线拧固。

托运人施封后，应在运单上逐箱填记集装箱箱号和相应的施封号码。运单内填记不下时，可另附清单。已填记的箱号和施封号码不得随意更改；必须更改时，托运人须在更改处盖章证明。

5. 集装箱军事运输按有关规定办理。

二、集装箱“一批”办理的条件

托运人托运集装箱应按批提出运单。集装箱装运多种品名的货物不能在运单内逐一填记时，托运人应按箱提出物品清单一式三份。加盖车站日期戳后，一份由发站存查；一份随同运送票据递交到站；一份退还托运人。

1. 每批必须是标记总重相同的同一箱型，最多不得超过一辆铁路货车所能装运的箱数。

2. 铁路箱和自备箱不得按一批办理。

第三节 集装箱的运输组织

一、托运与受理

1. 运单的填记

托运人应如实填记运单。箱内所装货物的品名、件数、重量及使用的箱型、箱号、封印号等应与运单（物品清单）记载的内容相符。

托运的集装箱不得匿报货物品名，货物中不得夹带危险货物、易腐货物、货币、有价证券以及其他政令限制运输的物品。

2. 空箱的拨配

托运人持经车站货运室受理货运员核准的货物运单，向发送货运员领取空箱。车站应根据批准的集装箱运输计划及时向托运人拨配箱体状态良好的集装箱。在空箱数量不足的情况下，配箱工作应贯彻抢险救灾、贵重、易碎、怕湿货物优先，门到门运输优先，纳入方案去向的优先，简化包装货物优先的“四优先”原则，以及急运的学生课本、报刊杂志、邮政包裹和搬家货物，优先拨配空箱，托运人在使用前必须检查箱体状态，发现箱体状态不良时，承运人应给予更换。

3. 装箱和掏箱

（1）集装箱的装箱由托运人负责。托运人在装箱前必须检查箱体状态，发现箱体状态不良时，应要求更换。

装箱时应充分利用箱内容积，码放稳固，装载均匀，不超载、不集重、不偏重、不偏载、不撞砸箱体。要采取防止货物移动、滚动或开门时倒塌的措施,确保箱内货物和集装箱运输安全。

(2)集装箱的掏箱由收货人负责。铁路箱掏空后,收货人应清扫干净,将箱门关闭良好,撤除货签及无关标记,有污染的须除污洗刷。车站对交回的铁路箱空箱应进行检查,发现未清扫或未洗刷的,应在收货人清扫或洗刷干净后接收,或以收货人责任委托清扫人员清扫洗刷。

4. 集装箱承运

应逐箱检查的内容有箱体状态是否良好;箱门是否关好,施封是否有效;运单上填记箱号和施封号码与实际是否一致、有效等内容。如发现有以上问题,由托运人按规定改正后再行检查接收。

对托运人确定的货物重量和品名应进行抽查。发现集装箱总重超过其标记总重或限制总重时,在托运人减载后方可收箱。

需要开箱检查时,应通知托运人在场,待检查、验收、符合要求方能收箱,发站在货物运单上加盖站名日期戳,即为承运。

二、集装箱的组织原则

1. 集装箱运输应按“合理集结、多装直达、均衡运输、减少回空”的原则组织,以开行班列为发展方向。铁路局和公司要不断优化运输组织方案,提高班列开行质量,加快集装箱周转。

2. 集装箱运输实行全路集中统一调度指挥,集装箱调度纳入全路运输生产调度系统。各级集装箱调度根据铁道部下达的月度集装箱装车计划审批和下达月度装箱计划,按计划组织装箱,调整集装箱保有量和箱流去向,组织实施集装箱班列运输方案,掌握集装箱扣修和修竣情况,全面、准确掌握集装箱专用平车动态,及时处理发生的问题。

3. 集装箱运输实行优先审批计划、优先配车、优先挂运、优先排空箱的政策,统计报表单独统计。

三、集装箱的装车作业

1. 装载要求

(1)1 t 集装箱仅限使用棚车装运时,靠近车门集装箱的箱门应朝里码放,要防止倒塌,保证到站从两侧车门都便于卸车。

(2)20 英尺、40 英尺集装箱的装载规定:端部有门的 20 英尺集装箱使用平车装运时,箱门应朝向相邻集装箱。使用普通平车装运集装箱时,应按规定装载加固。使用敞车装运重集装箱时,应采取措施,防止偏载。

(3)集装箱不得与笨重货物、散装货物装入一辆货车内。使用集装箱专用平车装运时,20 英尺集装箱箱门应朝向相邻集装箱。

20 英尺、40 英尺集装箱使用普通平车装运时,应进行加固。

进入青藏线格拉段(不含格尔木站)的重集装箱禁止使用敞车装运,空集装箱(板架式集装箱除外)禁止使用集装箱专用车装运(安装全自动旋转锁和 F-TR 型锁的专用车除外)。

2. 装车作业

(1)使用敞车装车时,装前应检查车底板有无残留物,以防损坏箱体。使用集装箱平车装车时,应检查翻板蘑菇头的位置是否正确。

(2)装车时应逐箱核对箱号、施封号码与运单记载是否一致,核对集装箱到站与该车去向是否一致。

(3)一车内各箱货物的重量差距较大时,要防止重量较重的箱都装在一端,防止造成车辆偏重影响货物运送安全。

(4)装车工组装车时负责检查箱体外状,发现破损及时报告装车货运员。

(5)集装箱装卸和搬运时稳起轻放,防止冲撞。20 英尺以上集装箱应使用集装箱专用吊具装卸。

四、集装箱的卸车作业

1. 安排卸车计划时,应将不同类的集装箱卸于相应的货区中,以便下一环节作业,防止错中转,误交付。

2. 卸车时核对箱号、封号与运单记载是否一致,检查施封状态是否良好,检查箱体外状是否破损。

3. 卸车工组在卸车时应检查箱体外状,发现破损及时报告卸车货运员,当即清点箱内货物并编制货运记录。

4. 注明卸车完了时间,以便计算集装箱停时;填记到发登记簿或箱号卡片,以对集装箱进行箱号管理。

五、暂存期限

1. 到达的集装箱,应于承运人发出催领通知的次日起算,2 日内领取集装箱货物,并于领取的当日内将箱内货物掏完或将集装箱搬出。集装箱货物(含空自备箱)在车站存放超过上述免费暂存期限,应按规定核收货物暂存费。

2. 托运人或收货人使用铁路箱超过下列期限,自超出之日起核收集装箱延期使用费:

(1)站内装箱时,应于承运人指定的进货日期当日装完。站内掏箱时,应于领取的当日内掏完。

(2)到达的集装箱应于承运人发出催领通知的次日起算,2 日内领取集装箱。

(3)集装箱门到门运输重去空回或空去重回时,应于领取的次日送回;重去重回时应于领取的 3 日内送回。

六、交　付

到站应在车站货场(托运人要求在专用线卸车的在专用线)向运单内记载的收货人交付集装箱。集装箱的掏箱由收货人负责。铁路箱掏空后,收货人应清扫干净,将箱门关闭良好,撤除货签及无关标记,有污染的须除污洗刷。车站对交回的铁路箱空箱应进行检查,发现未清扫或未洗刷的,应在收货人清扫或洗刷干净后接收,或以收货人责任委托清扫人员清扫洗刷。

交付时收货人应按运单填记的箱号、封号与现箱核对,检查施封状态和箱体外状。如发现有问题,应立即向货运员提出,当场检查,明确责任。如收货人在交付当时没有提出异议,接收了集装箱,即表明交付完毕,运输合同随即解除。

收货人领取自备箱时,自备箱与货物应一并领取。

第四节　集装箱门到门运输

自从集装箱运输出现以来，相继出现了集装箱快运直达列车、国内集装箱联运、国际集装箱多式联运（实行“一次托运，包干计费，一票到底，全程负责”）等方式，它们基本上都是以“门到门”运输为基本形式。

一、集装箱“门到门”运输的概念

集装箱“门到门”运输，就是从发货人的工厂、仓库或生产基地开始装箱、装车，通过铁路、公路、水运和航空等不同运输方式，直接运送到收货人的工厂、仓库或生产基地卸车、卸箱的一种运输。形象地讲，就是“取货上门、送货到家”。

二、集装箱“门到门”运输优越性

1. 保证货物安全、减少货物搬捣次数。
2. 有利于节约包装材料和费用。
3. 提高装卸效率，加速车辆货物周转。
4. 简化货运手续、方便客户。
5. 避免货场堵塞，保证货物畅通。

三、“门到门”运输的组织形式

1. 按联运方式划分

（1）铁路专用线之间的“门到门”运输。货物运送方式为：

专用线—铁路—专用线。

（2）铁路、公路联运集装箱“门到门”运输。货物运送方式为：

托运人—公路—铁路—公路—收货人。

（3）铁路、公路、水路联运集装箱“门到门”运输。货物运送方式为：

托运人—公路—铁路—水运—铁路—公路—收货人。

2. 按承运单位划分

（1）地方运输单位专业车队实行统一承包，开展接取送达业务。

（2）企业单位自办“门到门”运输，由企业单位自有汽车办理集装箱的接取送达作业。

（3）车站办理接取送达业务，由铁路自备汽车办理集装箱的接取送达作业。

四、“门到门”运输制度

为保证“门到门”运输业务的正常开展，从实际出发制定了必要的制度。使各有关单位相互协作，共同完成“门到门”运输业务。

铁路车站：要实行“三优先”即优先配箱、优先批运、优先装车。

物资单位：要实行“三集中”即集中货源、集中仓库、集中去向。

运输公司：要实行“三固定”即固定车队、固定车辆、固定人员。

五、"门到门"运输作业方法

随着"门到门"运输的发展，其作业方法也在不断改进，实际运用的方法主要有以下几种：

(1)重去空回：由物资单位或汽运公司将到达重箱从车站送到收货人仓库，卸货后，再将空箱送回车站。

(2)空去重回：由物资单位或汽运公司将空箱从车站送到发货人仓库，装箱后，再将重箱送回车站。

(3)重去重回：由物资单位或汽运公司将到达重箱从车站送到仓库卸货后，当即装上发送的货物，再将重箱送回车站。

(4)空重三角循环运输：由汽运公司将到达重箱由车站送到甲地收货人仓库卸货后，再将空箱送到乙地发货人仓库装入发送的货物，然后将重箱送回车站。

以上几种作业方法中，"重去重回"和"空重循环"是水平较高的作业方法。

第五节　集装化运输

一、定　　义

凡使用集装用具或自货包装、捆扎等方法，将散装、小件包装、不易使用装卸机械作业的货物，按规定集装成特定的单元后运往到站，皆称为集装化运输。

二、集装化用具

在集装化运输中，用以集装货物的箱、盘、笼、袋、夹、绳等称为集装用具。主要集装用具有集装盘、集装笼、集装桶、集装袋、集装网、集装捆、集装架、预垫绳等。

集装用具应符合以下基本条件：

(1)有足够的刚度和强度；

(2)能充分利用货车容积和载重力；

(3)有利于货场码放，能够保证货物、人身、行车安全，不损坏车辆；

(4)具有机械作业需要的起吊装置或叉孔；

(5)循环使用的用具能够拆解、折叠、套装、便于回送。

三、集装化运输的基本条件

1. 集装化运输的货物，以集装后组成的特定单元(盘、架、袋、网、捆等)为一件。每件集装货件的体积应不小于 0.5 m^3 或重量不小于 500 kg。

2. 棚车装运的集装化货物，每件重量不得超过 1 t，长度不得超过 1.5 m，体积不得超过 2 m^3。到站限制为叉车配属站。

3. 敞车装运的集装化货物，每件重量不超过到站最大起重能力(征得到站同意时除外)。

4. 集装化货物应捆绑牢固，表面平整，适合多层码放；码放要整齐、严密，并按规定有包装储运标志。以绳索、预垫等方式运输竹、木等货物时，必须满足卸车时机械作业的要求。

5. 集装化货物与非集装化货物不能一批运输，一批运输的多种集装化货物，按零担运输时，应采用同一集装用具。

四、集装化运输组织

1. 集装化货源组织

凡适合于集装并通过集装之后能够取得经济效益的货物都是集装化货源。对托运人要求集装化的应给予满足；对托运人未要求集装化的，铁路货运部门应想办法动员物资单位集装化运输；对尚未集装化运输但向车站提出集装化要求的，必要时应派员前往联系，协商研究解决。

凡盖有“集装化运输”戳记的月度订单，优先批准、优先安排、优先装运。

2. 托运

(1)托运人要求运输整车集装化货物时，应在月度订单中注明“集装化”字样。

(2)托运人托运集装化货物，应在运单“托运人记载事项”栏内注明集装化字样；运单“件数”栏内应填写集装后的件数；“包装”栏内填写集装用具名称。

(3)发站受理集装化货物时，应在运单右角上加盖“××站集装化运输”戳记。

(4)车站不得将批准的集装化运输计划以非集装化运输。

3. 承运和交付

车站对集装化货物，按集装化的件数承运。承运时只检查集装化的件数和货件外部状态。到站交付时，也按集装化后的件数和货件外部状态交付。如收货人提出内部货物发生损坏、丢失，除能证明属于铁路责任外，均由托运人负责。

4. 集装用具的回送

集装化货物运抵到站后，对企业自备的集装用具，应一并交给收货人。对需要回送的集装用具，收货人凭特价运输证明书办理回送，车站应优先运输。回送时，在车站征得用具所有人同意后，可将回送的集装用具出租利用。对到站回送的铁路集装用具，应填写“特殊货车及运送用具回送清单”办理回送。

5. 集装化运输工作考核指标

(1)集装化运输比重。

(2)整车集装化运输比重。

(3)零担集装化运输比重。

铁路可集装的货物是指钢铁、水泥、木材、化肥及农药、粮食、棉花、盐、日用工业品、化工原料及其制品、工业机械、农业具、农副土特产品、零担及其他类货物。

?

1. 集装箱按箱主及所装货物种类和箱体结构是如何分类的？

2. 下列符号分别表示什么含义？

   TBJU 001234 3

3. 集装箱按一批托运有什么规定？

4. 确定下列货物能否用通用集装箱装运？

运动服　挂面　盐　废钢铁　苹果　地板块　柴油

5. 集装箱装车时除装车作业的一般要求外，还要注意哪些问题？

6. 装入集装箱内的货物应如何装载确保货物安全？

7. 承运时货运员收箱应检查哪些内容？

8. 某托运人托运铁路 20 英尺箱 3 个、自备 20 英尺箱 3 个，问应按几批托运？为什么？

9. 站内到达集装箱，承运人于 10 月 11 日发出催领通知，收货人于 10 月 15 日领取，问交付时应向收货人核收几日集装箱延期使用费？

10. 铁路箱掏箱后收货人应做好哪些工作？

11. "门到门"运输的作业方法有哪几种？

12. 集装化运输的基本条件是什么？

第五章　货场管理

第一节　货场管理概述

一、货　　场

货场是铁路车站办理货物承运、保管、装卸和交付作业的场所，也是铁路货运产品的营销窗口，并以铁路承运人资格代表铁路运输企业参与市场经营，履行铁路运输企业赋予的权利和义务。

为满足货物运输的需求，安全、方便、快捷地运送货物，货场应严格执行规章制度，加强安全基础工作，完成运输生产经营任务，不断提高管理水平。

二、货场分类

1. 按办理货物品类分综合性货场和专业性货场。

(1)综合性货场指办理整车、零担、集装箱运输和货车洗刷作业的货场。

(2)专业性货场指专门办理单项运输种类或单一货物品类的货场。如整车货场、零担货场、危险品货场、粗杂品货场、集装箱货场等。

2. 综合性货场根据年办理货运量分为大、中、小型货场。

(1)大型货场的年办理货运量在100万t以上。

(2)中型货场的年办理货运量在30万t以上且不满100万t。

(3)小型货场的年办理货运量不满30万t。

三、货场管理的基本要求

车站应用现代化管理方法和新技术、新设备管理货场，不断提高工作质量和服务质量。货场要努力创优，不断改进装备设施，提高现代化管理水平；保证安全、文明、整洁、畅通；做到"服务文明化，管理科学化，作业标准化"，不断提高运输集装化和装卸机械化水平。

货场内应建立适应货主办理运输手续的作业流程，加强各环节的内部衔接，实行一个窗口办理、一次收取费用、一张支票结算。开办货运信息服务项目，利用电话、电传、计算机等现代化手段，为货主提供进货、到货、运费等信息咨询。

车站应根据货运设备、装卸机具和办理货物种类等情况合理划分货区、装卸、运转部门的关系，明确分工，密切配合。

四、货场管理的主要内容

1. 货场计划管理。

2. 货场作业管理。

3. 货场设备管理。

4. 货场安全管理。

5. 专用线管理。

第二节 货场设备管理

一、货运设备分类

货运设备是指在车站或货车上直接用于货物装卸、运送、保管作业以及其他为办理货运业务服务的设备。

1. 基本设备

(1)货场用地。

(2)线路(指装卸货物用的线路或为货运服务的线路,如货场内的调车线、牵出线、加冰线、货车洗刷线、轨道衡线、换装线、危险品货车停留线等)。

(3)货物仓库及雨棚。

(4)各种货物站台、低货位、高架线、各种滑坡仓、漏斗仓等。

(5)货场照明设备。

(6)直接为货运职工和货主服务的房舍,如货运营业室、货运员办公室、门卫室、工人值班室、休息室、工具室、表格库等。

(7)货场硬面、道路、道口、货场围墙。

(8)上水管路及排水设备。

(9)消防及保安设备。

(10)电力及通信、信号设备。

(11)通风采暖设备。

(12)货场内港池、码头。

(13)货场清扫设备。

2. 货运用具及衡器

货运用具及衡器包括台秤、地中衡、电子秤、轨道衡。

3. 特种用途设备

(1)货车洗刷、除污、污水处理设备。

(2)加温冷却设备(包括加冰台、加冰机械、制冰设备、贮冰库等)。

(3)危险货物专用设备。如经常办理危险货物的车站,应建有具备通风、洗刷、避雷、报警等安全设施的专门仓库。

(4)牲畜专用设备(包括饮水栓)。

(5)军用装卸设备。

(6)罐车装卸设备。

(7)篷布及维修设备。

4. 集装箱及其他集装用具。

5. 各种装卸机械。

6. 用于维修、制造、鉴定货运用具的有关设备。

7. 监测设备

(1)工业闭路电视。

(2)辐射仪。

(3)其他监测设备,如轮重监测仪等。

8. 用于货运作业的电子计算机等。

二、货运设备编号

1. 货场编号

只有一个货场时,即以站名命名;有两个以上货场时,以车站为中心按方位命名,如东货场、南货场。

2. 货场线路的编号

一般以车站线路为基准向外顺序编号,如货1、货2;如果划分货区的货场,可按作业性质顺序编号,如整1、整2、整3等。

3. 货物站台的编号

以邻近线路名称命名,如货1站台,整2站台。当一股线路上有两座以上站台时,应按线路号顺序编排如货5一号站台、货5二号站台等。

4. 货物仓库及雨棚的编号

按顺序以数字编号,如1号库、2号库。也可冠以用途按顺序编号,如到达1库、到达2库或危1库、危2库、危3库等。

5. 货位的编号

一般用3位数字,以单双号区别一侧。

三、货运设备管理

为了加强货运设备管理,车站要设专职或兼职人员管理货运设备,建立设备台账,逐项登记入册。

车站要充分利用货运设备,发挥设备的效能。凡属货场范围的土地、设备,未经铁路局批准,其他单位不得占用。

车站应积极应用电子计算机技术,提高货运、装卸管理水平和工作效率。

车站(车务段)应有专人负责货场内电子计算机的管理工作。管理人员应熟悉货场使用的各种计算机的性能、构造,能够排除计算机常见故障。

四、场库设备

1. 仓库、雨棚、雨搭

(1)仓库是为存放怕受自然条件影响的货物、危险货物和贵重货物而修建在普通站台的封闭式建筑物。

(2)雨棚是为避免货物受自然条件影响而修建在普通站台上的带有顶棚的建筑物。雨棚主要用于存放怕湿、怕晒货物。在多雨雪地区,作业量大的货物可根据需要采用跨线雨棚。

(3)雨搭是仓库、雨棚的辅助防雨设备。为避免货物在装卸和搬运作业时受到湿损,雨搭一般应伸至站台边缘。多雨地区且作业繁忙的,装卸线一侧雨搭可伸至线路中心线以远;搬运站台一侧的雨搭一般应伸至站台边缘 3 m 为宜。

2. 货物站台

货物站台是为便于装卸车作业,存放不受自然条件影响的货物而修建的建筑物。货物站台按其结构及高度可分为普通站台和高站台两种。

(1)普通站台是指站台面距轨面高度 1.1 m 的站台,即与普通货车底板高度接近。普通货物站台是用来存放不怕风雨及阳光等自然条件影响的货物。

普通货物站台按其与装卸线的配置形式可分为侧式货物站台和尽端式站台。

(2)高站台。凡站台面距轨面的高度大于 1.1 m 的站台,统称为高站台。

高站台分为平顶式、滑坡式和跨线漏斗式三种。

3. 堆放场

堆放场是主要用来装卸并短期存放煤炭、砂石、木材等散堆装货物、长大笨重货物的场所。

堆放场按其装卸线的水平位置分为平货位和低货位两种。

(1)平货位堆放场即一般的堆放场。地面用块石、沥青或混凝土筑成,地面与路基相平。

(2)低货位堆放场。货物堆放场的地面低于线路路肩的,称为低货位堆放场,即低货位。低货位适用于散堆装货物的卸车作业。

五、装卸机械

装卸作业是货物运输过程的重要组成部分。装卸作业的机械化是完成装卸作业的重要手段。

1. 装卸机械分类

根据技术特征和使用特点可分为间歇作业的装卸机械和连续作业的装卸机械两类。

(1)间歇作业的装卸机械常见的有手推车、叉式车、铲车、门式起重机、轨道起重机、桥式起重机、轮胎起重机、履带式起重机、汽车起重机等。

(2)连续作业的装卸机械常见的有斗式联合卸煤机、螺旋卸煤机、装砂机、皮带运输机等。

2. 包装成件货物的装卸机械

包装成件货物品种繁多,货物价值一般较高,对装卸搬运的质量要求也较高。而且这些货物的装卸作业一般在仓库、雨棚、货物站台及棚车内进行。根据这些特点,广泛采用叉式车作为装卸包装成件货物的机械。

3. 长大笨重货物装卸机械

长大笨重货物一般每件货物重量、体积比较大,因而要求装卸机械应坚固、稳定、起重能力大。目前货场采用的长大笨重货物装卸机械一般有门式起重机、桥式起重机等;运量较小的货场,则采用轮胎式起重机、汽车式起重机等。

4. 散堆装货物装卸机械

散堆装货物运输,在铁路总运量中占有很大比重。在专用线、专用铁路内的散堆装货物的装卸,大量采用漏斗仓、滑坡仓。部分车站,砂、石一般采用装砂机,煤炭采用各式卸煤机。

六、货区、货位管理

1. 货区管理

为了提高货场作业能力和货场管理水平,在货运量较大的货场内,可以根据运输种别、作业量和作业性质的不同,将一条或若干条装卸作业线及相关的货运设备合并在一起划分为若干作业区进行管理。

划分货区,主要考虑下列因素。

(1)在综合性货场,由于不同货物品类的运输,对货运设备有不同的要求,因此,可划分为包装成件货区、长大笨重货区、集装箱货区、散堆装货区、危险货物货区等。

(2)在专业性货场,可根据货运作业程序和性质划分货区。如零担货场应按普零、笨零各集中在一个货区;在运量较大的零担货场又可分为普零到达货区、普零发送货区。

做好货区的组织和管理工作对提高货场作业能力和管理水平有十分重要意义。车站应设专人负责货区的管理及货运组织工作。在货区内,根据运量、作业性质和设备状况,可实行货运员包线、包库责任制。

2. 货位管理

货位是暂时存放待装、卸后待搬货物的地方。

整车货位,它的大小原则上以容纳一车货物的面积为准,一般为货车面积的 1.2 ~ 1.25 倍。划分货位时,应考虑其用途。在同一条线路上,装车和卸车货位如何排列应结合以下几个因素考虑。

(1)是否有利于卸后车辆的利用,提高双重作业比重。

(2)是否有利于货物的搬进搬出,进出货作业互不干扰。

(3)是否有利于调车作业,组织按运输方案成组挂线装车,减少取送车调车作业钩数。

对货位的掌握和管理,可用货位示意板,挂牌显示其使用情况。有的车站,在重要货位的表示牌上,注明货物名称、卸货日期、收货人名称等有关内容,使货位使用情况一目了然。

加强货位管理,提高货位使用效率,是货场组织和管理工作好坏的重要内容。考核货位使用效率的主要指标,就是货位周转时间。

第三节　货场管理的基本制度

1. 包区、包库或包线负责制。

货场内的货区、仓库或作业线路,实行货运员包保负责制,做到分工清楚,责任明确,保证安全,完成任务。货运员对负责包保的区、库、线,应做到以下几点:

(1)掌握线路内作业车停留及货位使用情况。

(2)货场内做好监督装卸工作,专用线内做好装卸指导工作,完成装卸车任务。

(3)认真执行规章制度,保证货物安全。

(4)认真填记有关表、簿,编制记录。

2. 货物承运交付检查制。

货物承运和交付是铁路运输运营工作的起点和终点，是铁路运营与托运人、收货人或其代理人，在履行权利和义务时，划清责任的关键环节。因此，在铁路运输中，必须对货物进行认真检查，把好承运、交付关，避免由于办理人的失误而造成损失。

3. 货物堆码、货位管理制。

为了保证货物安全和调车作业安全，便于货物的清点交接，货场内的货物堆码，应符合铁道部颁发的货物堆码标准及有关规定要求。货物堆码要做到稳固整齐。整车货物要定型堆码，保持一定高度；零担货物要分批堆码，标签向外，留有通路；危险货物要按《铁路危险货物运输管理规则》规定隔离存放。线路两侧堆放货物距钢轨头部外侧不得少于 1.5 m，站台上码放的货物距站台边缘不得少于 1 m。

货物堆码制还必须与货位管理制相结合，这样才能保证货物安全和良好的作业秩序。货位管理制要求：整车货物以一车货物占用一个货位为原则；不得一车货物占用两个货位，一车货物不得在线路两侧卸车；除了集中收货统一分配的货物外，不准把不同的货物混卸在一起。要全面掌握货位的运用情况，缩短货位周转时间。对长期积压待搬待装的货物，应与有关部门及时联系，采取措施，及时装出或搬出，加快货位周转，保持货场畅通。

4. 运输票据、货物检查交接制。

交接检查是货运部门工作的基本内容之一。各种运输票据在各作业环节中的传递，应建立登记簿，签字交接。对货物、货车，在承运、装车、卸车、保管、交付以及在中转作业中各作业班组间，都应认真核对，办理签证交接。企业与铁路之间也应按规定办理交接。交接检查制的目的是为了划清双方责任界限，保证货物安全。

5. 站车交接检查制。

为保证行车安全和货物安全，对运输中的货物（车）和运输票据，应进行交接检查，并按规定处理。

交接检查的内容包括列车中货物装载、加固状态；车辆篷布苫盖状态；施封及门、窗、盖、阀关闭情况；货运票据完整情况。

6. 施封锁请领、发放、使用保管制。

车站应建立施封锁的领取、发放、使用和销毁制度，按封印号码进行登记，责任落实到个人。

7. 保价运输管理制。

车站应贯彻《中华人民共和国铁路法》，切实执行《铁路货物保价运输办法》，根据铁路货物保价运输管理办法，建立保价运输管理制。由专人负责组织货运保价工作，完成保价收入任务。

8. 货场清扫分工负责制。

9. 货装分工负责制。

10. 门卫、巡守、消防制。

11. 衡器使用、维修、保管制。

12. 统计分析制。

第四节　车站货运管理细则

为顺利执行日常货运作业计划，正确组织货物运输，落实各项货运规章制度，保证安全生产，明确和协调货场内各种工作关系，车站(车务段)应根据实际情况编制《车站货运管理细则》。

《车站货运管理细则》应包括以下内容：

1. 车站货场概况。

(1)货场的位置，占地面积，作业性质，设计能力，实际运量(标明年度)，大宗货物品类。

(2)各种货运设备、装卸机具、消防设施的数量、分布及能力(包括货场、专用线等平面图)。

(3)货区和货位的数量、面积、分布及分工。

2. 货运、装卸组织管理系统。

(1)组织机构、指挥系统及货装职责分工。

(2)人员配备及分工。

3. 货运计划管理。

(1)整车、集装箱运输计划的编制方法、步骤，计划的受理与审批制度。

(2)装卸车方案和日班计划的编制、审核与执行。

4. 各项基本作业制度。

5. 货场内各种单项管理办法。

单项办法包括安全、防火、设备、规章、文电、业务教育、计算机、篷布、军运、票据、施封用具、上水、货车洗刷除污、专用线、竞赛奖励，以及其他需要单独明确的办法。

6. 岗位责任制。

7. 各项作业基本程序、内容和质量标准。

8. 检查及考核办法。

第五节　专用线(专用铁路)管理

铁路专用线、专用铁路(以下统称专用线)运输是铁路运输的重要组成部分。为加强专用线的管理，搞好路企协作，提高管理水平和工作质量，确保行车和货物安全，加速车辆周转，提高经济效益，依据《中华人民共和国铁路法》、《铁路货物运输规程》，制定了《铁路专用线专用铁路管理办法》。

目前，专用线内完成铁路 70% 以上的装卸作业。因此，组织好专用线、专用铁路的运输工作，有着极其重要的意义。

一、专用线、专用铁路概念

专用线是指由企业或者其他单位管理的与国家铁路或者其他铁路线路接轨的岔线。

专用铁路是指由企业或者其他单位管理，专为本企业或者本单位内部提供运输服务的铁路。

专用线一般由厂矿、企业委托铁路代为修建和养护维修。车辆取送作业由铁路的机车办理。

专用铁路的修建和养护维修以及车辆的取送作业则由厂矿、企业自行负责。车站与厂矿、企业在商定的交接地点办理车辆交接。

二、专用线修建

企业新建专用线的铁路运量，一般不低于每年 30 万 t。

新建铁路时，企业修建专用线，其前期可行性研究报告应报铁道部，接轨方案由铁道部批准。

既有线路上，新建、改扩建专用线，年运量超过 50 万 t 时，其可行性研究报告报铁道部。年运量 50 万 t 以下按铁路局有关规定办理。

铁路主要繁忙干线的车站，新建、改扩建专用线，影响干线、车站、枢纽通过能力或专用线从正线岔出时，报铁道部批准。

三、专用线办理货物品类

专用线办理的货物运输品类，应符合《铁路专用线专用铁路名称表》的规定。需要变更时，要经铁路局批准，由铁道部公布。专用线办理铁路集装箱运输时，须经铁道部批准。专用线产权单位不得发到与本单位生产、经营无关的货物。

四、专用线运输协议

专用线产权单位使用专用线进行铁路运输要与车站签订运输协议。专用线产权单位不得发到与本单位生产、经营无关的货物。

企业租用路产专用线须经铁路局批准，由企业、车站及专用线产权单位三方签订协议，报铁路局备案。

企业专用线产权变更后的铁路运输，须重新签订协议。路产专用线产权变更，要逐级上报，由铁路局批准。

1. 运输协议签订时间

车站与其接轨的专用线产权单位，于每年 12 月底以前，签订下年度专用线运输协议。

2. 运输协议内容

设备状况，交接地点和方法，一次（批）作业车数，装卸作业时间，预确报制度，货车清扫、洗刷、消毒工作，运输生产安全措施及费用清算等。

车站与企业签订运输协议前应征得铁路局同意，站企双方签字盖章后生效，并报铁路局备案。

3. 运输协议变更或解除

铁路与企业间的运输协议，一经确定，不得随意改变。路企一方要求变更或解除已有的协议，应在两个月前提出，由双方协商解决。因变更或解除协议使一方遭受损失的，由责任方负责赔偿。

五、专用线交接

专用线的装卸车工作由企业负责。但铁路专用线货运员应会同企业运输员,在运输协议规定的地点,使用货车调送单按铁路规定办理交接。

1. 交接内容

施封的货车凭封印交接;不施封的货车、棚车、冷藏车凭车门、窗关闭状态交接;敞车、平车、砂石车不苫盖篷布的,凭货物装载状态或规定标记交接;苫盖篷布的,凭篷布现状交接。

2. 专用线内装车的货物,车站发现下列情况之一时,应加以改善,达到标准后接收。

(1)凭封印交接的货车,发现封印脱落、损坏、不符、印文不清或未按施封技术要求进行施封。

(2)凭现状交接的货物,发现货物装载加固状态或所作的标记有异状或有灭失、损坏痕迹。

(3)规定应苫盖篷布的货物而未苫盖、苫盖不严、使用破损篷布或篷布绳索捆绑不牢固。

(4)车门、车窗未关严(需要通风运输的货物除外),车门插销未插牢固。

(5)使用敞车、平车或砂石车装载的货物,违反《铁路货物装载加固规则》的要求。

(6)违反铁路规定的货车使用限制或特定区段装载限制。

六、专用线共用

专用线共用(不含专用铁路)是指在保证专用线产权单位运输需要和专用线既有设备能力富余的前提下,与其吸引范围内的单位,共同使用该专用线办理货物发到业务。

开展专用线共用是为了缓解铁路货场能力不足,保证货场畅通,挖掘专用线潜力,满足国民经济发展需要。

专用线共用应遵守以下规定:

(1)专用线共用应坚持自愿互利、有偿共用和就地、就近、方便货主的原则。

(2)应由共用单位、产权单位、车站三方签订共用协议。

(3)专用线办理共用的货物运输品类和业务范围,原则上不应与其原设计时办理的内容有别。

(4)严格控制专用线办理危险货物,超限、超重、超长和集重货物的共用。

七、基本制度

1. 岗位责任制

车站与专用线产权单位分别对进入专用线工作的铁路调车人员、货运员和企业运输员、装卸工等制定岗位责任制,明确工作内容、分工和责任。

2. 分区、分线、分库使用制

根据设备的特点和作业性质,实行划分货位、线路固定使用及仓库分库管理负责制。

3. 检查交接制

对在专用线内作业的货物、车辆、篷布等,路企双方必须制定检查交接制度,明确内容和责任。铁路和企业双方应正确填写货车调送单,按规定办理交接。

4. 预确报制度

车站与企业应制定预确报制度，双方指定专人负责。车站向企业通报装车计划、到货情况和取送车预确报。企业向车站通知装卸车完了时间。

5. 统计分析制度

各级铁路货运管理部门和人员，要认真编制和填写报表，建立设备和统计台账。

八、安全管理

专用线运输必须坚持“安全生产”的方针，铁路和企业都要制定安全生产制度，严格执行操作规程，配备专职或兼职安全员，形成安全生产联防、联控。

1. 线路两侧建筑物、设备均不得侵入铁路基本建设限界。

2. 专用线应具备良好的通信、照明设备和明显的货位标志及防溜设施，入口门栏上应装设安全防护信号，专人负责，定期检查。

3. 专用线原则上不准手推调车作业，确需手推调车作业时，根据规定制定相应的保证安全措施。装有爆炸品、压缩气体、液化气体的车辆，禁止手推调车。

4. 专用线的货物装载、加固方法、加固材料必须符合《铁路货物装载加固规则》的规定；专用线装运超长、超限货物必须按铁路规定办理。

5. 加强专用线道口的安全管理，未经批准不得擅自设置平交道口；经批准设置的道口，由产权单位负责派人监护和管理。

?

1. 什么是货场？货场如何分类？
2. 货场管理的基本要求？
3. 什么叫货运设备？货运设备主要有哪些？
4. 仓库、雨棚、雨搭的作用是什么？
5. 如何划分货区？
6. 什么叫货位？怎样划分货位？
7. 什么叫专用线？什么叫专用铁路？
8. 专用线运输协议有哪些内容？
9. 专用线交接有哪些内容？
10. 专用线交接时，装车站发现哪些问题应改善达到标准后接收？
11. 专用线共用应遵守哪些规定？

第六章　危险货物运输

第一节　危险货物的分类及性质

一、危险货物定义

在铁路运输中，凡具有爆炸、易燃、毒害、感染、腐蚀、放射性等特性，在运输、装卸和储存保管过程中，容易造成人身伤亡和财产毁损而需要特别防护的货物，均属危险货物。

二、危险货物的分类

危险货物按其主要危险性和运输要求划分为九大类。

第 1 类　爆炸品

第 1.1 项　有整体爆炸危险的物质和物品。

第 1.2 项　有迸射危险，但无整体爆炸危险的物质和物品。

第 1.3 项　有燃烧危险并有局部爆炸危险或局部迸射危险或两种危险都有，但无整体爆炸危险的物质和物品。

第 1.4 项　不呈现重大危险的物质和物品。

第 1.5 项　有整体爆炸危险的非常不敏感物质。

第 1.6 项　无整体爆炸危险的极端不敏感物品。

第 2 类　气体

第 2.1 项　易燃气体。

第 2.2 项　非易燃无毒气体。

第 2.3 项　毒性气体。

第 3 类　易燃液体

第 3.1 项　一级易燃液体。

第 3.2 项　二级易燃液体。

第 4 类　易燃固体，易于自燃的物质，遇水放出易燃气体的物质

第 4.1 项　易燃固体。

第 4.2 项　易于自燃的物质。

第 4.3 项　遇水放出易燃气体的物质。

第 5 类　氧化性物质和有机过氧化物

第 5.1 项　氧化性物质。

第 5.2 项　有机过氧化物。

第 6 类　毒性物质和感染性物质

第 6.1 项　毒性物质。

第 6.2 项　感染性物质。

第 7 类　放射性物质

第 8 类　腐蚀性物质

第 8.1 项　酸性腐蚀性物质。

第 8.2 项　碱性腐蚀性物质。

第 8.3 项　其他腐蚀性物质。

第 9 类　杂项危险物质和物品

第 9.1 项　危害环境的物质。

第 9.2 项　高温物质。

第 9.3 项　经过基因修改的微生物或组织，不属于感染性物质，但可以非正常地天然繁殖结果的方式改变动物、植物或微生物物质。

三、各类危险货物的主要特性、装卸保管及撒漏处理

（一）第 1 类　爆炸品

1. 特性

本类物质和物品系指受到高热、摩擦、撞击、震动或其他外界作用，能迅速发生剧烈化学反应，瞬间产生大量气体和热量，形成巨大的压力，发生爆炸，对周围环境造成破坏的物质和物品。

本类货物包括爆炸性物质、爆炸性物品以及为产生爆炸或烟火实际效果而制造的爆炸性物质和物品中未提及的物质和物品。但过分敏感或反应性很强以至可能产生自发反应的爆炸性物质禁止运输。

2. 装卸、保管及撒漏处理

（1）装卸作业时，开关车门、车窗不得使用铁撬棍、铁钩等铁质工具，必须使用时，应采取防火花涂层等防护措施。装卸搬运时，不准穿铁钉鞋，使用铁轮、铁铲头推车和叉车，应有防火花措施。禁止使用可能发生火花的机具设备。照明应使用防爆灯具。作业时应轻拿轻放，不得摔碰、撞击、拖拉、翻滚。第 1.1 项和 1.2 项爆炸品的装载和堆码高度不得超过 1.8 m，其他各项超过 1.8 m 的，须经铁路局批准。车、库内不得残留酸、碱、油脂等物质。发现跌落破损的货件不得装车，应另行放置，妥善处理。

（2）爆炸品必须存放于专库内，库房应有避雷装置、防爆灯及低压防爆开关。仓库应由专人负责保管。库内应保持清洁，并隔绝热源与火源，在温度 40 ℃以上时，要采取通风和降温措施。爆炸品的堆垛间及堆垛与库墙间应有 0.5 m 以上的间隔，要避免日光直晒。

（3）对撒漏的爆炸品应及时用水润湿，撒以松软物后轻轻收集，并通知公安和消防人员处理。禁止将收集的撒漏物品装入原包装件中。

（二）第 2 类　气体

1. 特性

本类气体系指符合下述两种情况之一的物质。

（1）在 50 ℃时，蒸气压大于 300 kPa 的物质。

(2)在 20 ℃及 101.3 kPa 标准压力下完全是气态的物质。

本类包括压缩气体、液化气体、溶解气体、冷冻液化气体、气体与其他类别物质蒸气的混合物、充有气体的物品和烟雾剂。

2. 装卸、保管及撒漏处理

(1)装卸作业时,应使用抬架或搬运车,防止撞击、拖拉、摔落、滚动。防止气瓶安全帽脱落及损坏瓶嘴。装卸机械工具应有防止产生火花的措施。

气瓶装车时应平卧横放。装卸搬运时,气瓶阀不要对准人身。装卸搬运工具、工作服及手套不得沾有油脂;装卸有毒气体时,应配备防护用品,必要时使用供氧或防毒面具。

(2)应存放于阴凉通风场所,防止日晒、油污,隔绝热源与火种,当库内温度超过 40 ℃时,应采取通风降温措施。

气瓶平卧放置时,堆垛不得超过 5 层,瓶头朝向同一方,瓶身要填塞妥实,防止滚动,立放时要放置稳固,防止倒塌。

(3)阀门松动漏气应立即拧紧,如无法关闭时,可将气瓶浸入冷水或石灰水中(氨气瓶只能浸入水中);液化气体容器破裂时,应将裂口部位朝上。

气瓶着火时,应向钢瓶浇洒大量冷水或将气瓶投入水中使之冷却,同时将周围气瓶和可燃物搬离现场。

(三)第 3 类　易燃液体

1. 特性

易燃液体系指闭杯闪点不高于 60.5 ℃或开杯闪点不高于 65.6 ℃的液体或液体混合物,或在液体及悬浮液中含有固体的液体。

2. 装卸、保管及撒漏处理

(1)装卸前应先通风,开关车门、车窗时不要使用铁制工具猛力敲打,必须使用时应采取防止产生火花的防护措施。作业人员不准穿铁钉鞋。装卸搬运中,不能撞击、摩擦、拖拉、翻滚。装卸机具应有防止产生火花的措施。装载钢桶包装的易燃液体,要采取防磨措施,不得倒放或卧放。

(2)存放于阴凉通风场所,避免日晒,隔绝热源和火种。堆放要稳固,严禁倒置。库内温度超过 40 ℃时,应采取通风降温措施。容器受热膨胀时,应浇洒冷水冷却,必要时应移至安全通风处放气处理。

(3)容器渗漏时,应及时移至安全通风处更换包装。渗出的液体用干砂土等物覆盖后扫除干净。

灭火时,一般不宜用水,对比重大于水或溶于水的易燃液体,可用雾状水或开花水灭火,但应注意避免液体被冲散而扩大着火范围。扑救有毒性液体的火灾,应戴防毒面具或站在上风处。发现中毒人员,应立即移至空气流通处,并送医诊治。

(四)第 4 类　易燃固体,易于自燃的物质,遇水放出易燃气体的物质

1. 特性

(1)易燃固体。在运输环境和条件下容易燃烧或由于摩擦可能引燃或助燃的固体;可能发生强烈反应的自反应物质;不充分稀释可能发生爆炸的固体退敏爆炸品。这些物质燃点低,对热、撞击、摩擦均较敏感,易被外部火源点燃,燃烧迅速,并可散发出有毒烟雾或气体。

(2)易于自燃的物质。发火物质和自燃物质。这些物质自燃点低，在空气中易于发生氧化反应，放出热量，而自行燃烧。

(3)遇水放出易燃气体的物质。与水接触或受潮可能放出易燃气体，这种气体与空气混合能够形成爆炸性混合物。这种混合物极易被引燃，所产生的冲击波和火焰可能对人和环境造成危害。

2. 装卸、保管及撒漏处理

(1)作业时不得摔碰、撞击、拖拉、翻滚容器，防止容器破损。特别注意勿使黄磷脱水，引起自燃。装卸搬运机具，应有防止产生火花的措施。雨雪天气无防雨设备时，不能装卸遇湿易燃物品。

(2)应存放于阴凉、通风、干燥场所，防止日晒，隔绝热源和火种，与酸类、氧化剂必须隔离存放。严禁露天存放遇水易燃物品。

(3)对撒漏的物品，应谨慎收集妥善处理。撒漏的黄磷应立即浸入水中，硝化纤维应用水润湿；金属钠、钾应浸入煤油或液体石蜡中；电石、保险粉等遇水易燃物品撒漏，收集后进行安全处理，不得并入原货件中。

对一些金属粉末、金属有机化合物、氨基化合物和遇水易燃物品着火时，禁用水和二氧化碳灭火剂。扑救浸油的棉、毛、麻类制品火灾时，要注意防止复燃。灭火时，应有防毒措施。

(五)第5类　氧化性物质和有机过氧化物

1. 特性

具有强氧化性，易引起燃烧、爆炸。

(1)氧化性物质。其本身不一定可燃，但通常因放出氧或发生氧化反应可能或促使其他物质燃烧的物质。

(2)有机过氧化物。分子组成中含有过氧基(—O—O—)的有机物质，属热不稳定物质，可能发生放热、自加速分解等。可能发生爆炸性分解；迅速燃烧；对碰撞或摩擦敏感；与其他物质起危险反应；损害眼睛。有些有机过氧化物在运输时必须加入稳定剂。对在常温下会自行加速分解的有机过氧化物，必须控温运输。

2. 装卸、保管及撒漏处理

(1)装车前，车内应打扫干净，保持干燥，不得残留有酸类和粉状可燃物。卸车前，应先通风后作业。装卸搬运中不能摔碰、拖拉、翻滚、摩擦和剧烈震动。搬运工具上不得残留或沾有杂质。托盘和手推车尽量专用，装卸机具应有防止产生火花的防护装置。

(2)本类物品应存放于阴凉通风场所，防止日晒、受潮，远离酸类和可燃物，特别要远离硫磺、硝化棉、金属粉等还原性物质。亚硝酸盐类与其他氧化性物质应分库或隔离存放。堆垛不宜过高过大，注意通风散热。库内货位应保持清洁，对搬出后的货位应清扫干净。

(3)氧化剂撒漏时，应扫除干净，再用水冲洗，收集的撒漏物品，不得倒入原货件内。

过氧化钠等着火时，不能用水扑救；其他氧化性物质用水灭火时，要防止水溶液流至易燃、易爆物品处。

(六)第6类　毒性物质和感染性物质

1. 特性

(1)毒性物质在吞食、吸入或与皮肤接触后可能损害人体健康、造成严重损伤甚至死亡。

(2)感染性物质是指含有病原体的物质,包括生物制品、诊断样品、基因突变的微生物、生物体和其他媒介,如病毒蛋白等。

2. 装卸、保管及撒漏处理

(1)装卸车前应先行通风。装卸搬运时严禁肩扛、背负,要轻拿轻放,不得撞击、摔碰、翻滚,防止包装破损。装卸易燃毒害品时,机具应有防止发生火花的措施。作业时必须穿戴防护用品,严防皮肤破损处接触毒物。作业完毕及时清洁身体后方可进食或吸烟。

(2)应存放在阴凉、通风、干燥的库内,不得露天存放。与酸类应隔离存放,严禁与食品同库存放,必须加强管理,严防丢失和发生误交付。

(3)固态毒品撒漏时,应谨慎收集处理,如氰化钠可用漂白粉或次氯酸钠处理;液态毒品渗漏时,可先用砂土、锯末等物吸收,妥善处理。被毒性物质污染的机具、车辆及仓库地面,应进行洗刷除污。

发生火灾时,对遇水能发生危险反应的毒性物质(如金属铊、锑粉、铍粉、磷化锌、磷化铝、氰化汞、氰化铅、四氰基乙烯等)不得用水灭火。

处理撒漏毒性物质和扑救毒性物质火灾时,必须穿戴防护服、口罩、手套或防护面具,施救人员要站在上风处。发现头晕、恶心、呕吐等现象,要立即转移至空气新鲜处。

(七)第7类　放射性物质

1. 特性

单个放射性核素大于或等于《铁路危险货物运输管理规则》附录7中A1、A2相应限值或放射性核素混合物大于《铁路危险货物运输管理规则》附录8相应限制的属放射性物质。此类物质能自发地不断地放出α、β、γ射线或中子流,具有不同的穿透能力,过量的射线照射对人体细胞有杀伤作用。有些放射性物质还具有易燃、易爆、腐蚀和毒害等危险性。

2. 装卸、保管及撒漏处理

(1)装卸车前应先行通风,严禁肩扛、背负、撞击、翻滚。作业时间应按《铁路危险货物运输管理规则》中表7的要求控制。堆码时应将辐射水平低的放射性包装件放在辐射水平高的包装件周围。在搬运Ⅲ级放射性包装件时,应在搬运机械的适当位置上安放屏蔽物或穿防护围裙,以减少人员受照剂量。

装卸、搬运放射性矿石、矿砂时,作业场所应喷水防止飞尘,作业人员应穿戴工作服、工作鞋、戴口罩和手套,作业完毕应全身清洗。

(2)放射性物质的存放必须专库专用,仓库应通风良好、干燥、地面平坦,应有专人管理,按规定码放。

遇到燃烧、爆炸可能危及放射性物质安全时,应迅速转移至安全处,并派专人看管。

(3)运输中包装件破裂,内容物撒漏时,应立即向有关部门报告。由安全防护人员测量并划出安全区域,悬挂明显标志。

当人体受污染时,应在防护人员指导下迅速除污。若人员受到过量照射时,应立即送医救治。放射性矿石、矿砂的包装件破损时不得运输。

(八)第8类　腐蚀性物质

1. 特性

腐蚀性物质系指与完好皮肤组织接触不超过4 h,在14天的观察期中发现引起皮肤全厚度损毁,或在 55 ℃时,对 S235JR + CR 型或类似型号钢或无覆盖层铝的表面均匀年腐蚀率超过 6.25 mm/年的物质。

本类物质可通过化学作用使生物组织接触时造成严重损伤,在渗透时会严重损害甚至毁坏其他货物和运载工具。有些腐蚀性物质挥发出的蒸气能刺激眼睛、黏膜,吸入后会中毒;有些腐蚀性物质受热或遇水会形成有毒烟雾;有些无机酸性腐蚀性物质具有较强氧化性,接触可燃物易引起燃烧;有些有机腐蚀性物质具有易燃性。

2. 装卸、保管及撒漏处理

(1)作业前应穿戴耐腐蚀的防护用品,对易散发有毒蒸气或烟雾的腐蚀性物质,必须通风作业,并使用防毒面具。货物堆码必须平稳牢固,严禁肩扛、背负、撞击、拖拉、翻滚。装车前卸车后必须清扫车辆,不得留有稻草、木屑、煤炭、油脂、纸屑、碎布等可燃物。

(2)应存放在清洁、通风、阴凉、干燥场所,防止日晒、雨淋。堆码应整齐稳固,不得与可燃物,氧化剂等混存。

(3)发现液体酸性腐蚀性物质撒漏应及时撒上干砂土,清除干净后,再用水冲洗污染处;大量酸液溢漏时,可用石灰水中和。

着火时,不可用柱状水,以防腐蚀液体飞溅伤人;对遇水能剧烈反应及引起燃烧、爆炸或放出有毒气体的腐蚀性物质,禁用水灭火。

(九)第 9 类　杂项危险物质和物品

本类物质和物品系指危险货物第 1 类至第 8 类未包括的物质和物品。主要包括:

(1)危害环境的物质。

(2)高温物质(如运输或要求运输的物质液态温度达到或超过 100 ℃,或固态温度达到或超过 240 ℃)。

(3)经过基因修改的微生物或组织,不属于感染性物质,但可以非正常地天然繁殖结果的方式改变动物、植物或微生物物质。

四、危险货物编号

危险货物的类项号是判定属于普通货物与危险货物的主要标志之一,是办理承运手续、配放、确定运输条件的主要依据,一旦发生事故,它还是判定货物性质,采取相应施救方法的依据。

1. 危险货物编号(铁危),由五位阿拉伯数字及英文大写字母组成。

如:过氧化钾　51003　5　1　003

第五类　第一项　顺序号

2. 第一位数字表示该危险货物的类别。

3. 第二位数字表示该危险货物的项别。

4. 第三、四、五位数字表示该危险货物品名的顺序号。

5. 铁危编号后的英文大写字母(如 A、B、C 等)表示同一品名编号具有不同运输条件的危险货物。

如"51031A 氯酸钾"与"51031B 氯酸钾溶液"。

6. 对性质基本相同,运输条件、消防方法和急救措施相同的危险货物可使用同一编号。

7. 后三位数字500以内(不含500)为一级,501以上为二级。

8. 一、二、七、九类不分级;三类按项分级;四、五、六、八类按品名顺序号分级。

第二节 办理站和专用线(专用铁路)办理规定

一、办理站的类型

危险货物办理站是指站内、专用线、专用铁路办理危险货物发送、到达业务的车站。按类型分为5种。

1. 专办站:指主要办理危险货物运输的车站。
2. 兼办站:指主要办理普通货物运输,兼办危险货物运输的车站。
3. 集装箱办理站:指在站内办理危险货物集装箱运输的车站。
4. 专用线接轨站:指仅在接轨的专用线、专用铁路办理危险货物作业的车站。
5. 综合办理站:指前四项中两项以上的车站。

二、《铁路危险货物运输办理站(专用线、专用铁路)办理规定》的主要内容

凡是具有承运人、托运人资质的单位在办理危险货物运输时,按《铁路危险货物运输办理站(专用线、专用铁路)办理规定》执行。

《铁路危险货物运输办理站(专用线、专用铁路)办理规定》的主要内容:

(1)危险货物办理站名表,规定站内办理危险货物的发到品类。

(2)危险货物集装箱办理站名表,规定站内办理危险货物集装箱发到站名及允许的箱型。

(3)剧毒品办理站名表,规定剧毒品发到的品名、发到站及专用线、运输方式。

(4)专用线、专用铁路办理规定一览表,规定铁路罐车、集装箱(罐)、整车装运危险货物发到的品名;与车站衔接的专用线、专用铁路产权单位名称、共用单位名称;轨道衡计量以及集装箱(罐)作业条件(起重能力、起重设备类型)等。

三、危险货物运输办理站(专用线、专用铁路)管理

1. 凡在《铁路危险货物运输办理站(专用线、专用铁路)办理规定》中未列载的办理站(专用线、专用铁路)不得办理危险货物运输。批准办理危险货物运输的办理站(专用线、专用铁路)只准办理列载的危险货物,如需增加或修改有关内容,由铁路局报铁道部批准。

2. 新建、改建的铁路危险货物运输项目立项前,须由铁道部认定的专业技术机构做运输安全综合分析,并提出研究报告。

新建危险货物专用线的储存、装卸等设施与铁路正线及车站(含货场)的安全距离须符合《铁路运输安全保护条例》第十七条有关规定。对安全距离不符合要求的既有专用线,原则上不再办理增加品名、共用单位等有关业务。

新建气体类危险货物装车作业的专用线(专用铁路),需具备专用线(专用铁路)与接轨站之间的网络通道和相应的视频监控设备。

3. 新增危险货物办理站按《铁路危险货物运输管理规则》及《铁路危险货物承运人资质许可办法》办理。

4. 在专用线(专用铁路)办理危险货物运输时,托运人、收货人须与接轨站签订《专用线(专用铁路)运输协议》和《危险货物运输安全协议》。

5. 危险货物总发到年运量5万t以下的,原则上不再增加专用线开办危险货物发到业务。

6. 专用线原则上不进行危险货物运输共用。危险货物到达确需共用时,年到达量须在3万t以上,并由产权单位、共用单位、车站三方签订《危险货物专用线共用协议》,经运输安全综合分析达到安全要求。

《危险货物运输安全协议》、《危险货物专用线共用协议》每年签订一次,首次签订协议以《铁路危险货物运输办理站(专用线、专用铁路)办理规定》公布为生效期。

7. 专用线(专用铁路)应与设计时办理危险货物运输内容一致,装运和接卸危险货物运输品类,要有专门的仓库、雨棚、栈桥、鹤管、输送管线、储罐等附属设施和安全防护设备,达不到上述要求的(如无上述仓库、雨棚等,或无栈桥采用罐车、汽车对装对卸方式等),不得办理危险货物运输。

8. 办理危险货物的办理站、专用线(专用铁路)每三年须由铁道部认定的专业技术机构进行运输安全综合分析。

9. 新增办理站、专用线(专用铁路)和共用单位,以及新增品名时,须由铁路局提交申请报告及铁道部认定的专业技术机构出具的《运输安全综合分析报告》、国家安监部门认定机构出具的《专用线及其附属设施安全评价报告》等。铁路局对报告中提出影响铁路危险货物运输安全的问题,必须督促整改,并在申请报告中予以明确。

对于已进行运输安全综合分析,分析报告在有效期内的,仅需对新增内容作专项分析。

开展危险货物安全技术综合分析的意义如下:

(1)加强铁路危险货物运输管理。

(2)确保铁路运输安全。

(3)规范铁路危险货物运输安全综合分析工作。

(4)加强危险货物技术咨询工作管理。

10. 危险货物办理站应建立危险货物运输有关技术档案,具体掌握危险货物的运量、品类、理化特性、包装、运输方式、装卸作业设备、计量方法、消防设施等情况。适时掌握企业危险货物运输发展动态,相应调整管理措施和内容。

第三节 托运、受理和承运

一、托运和承运

1. 运输限制

(1)危险货物仅办理整车和10t及以上集装箱运输。

(2)禁止运输国家禁止生产的危险物品。

(3)禁止运输《铁路危险货物运输管理规则》未确定运输条件的过度敏感或能自发反应而

引起危险的物品。

(4)对易发生爆炸性分解反应或需控温运输等危险性大的货物,须由铁道部确定运输条件。

(5)凡性质不稳定或由于聚合、分解在运输中能引起剧烈反应的危险货物,托运人应采用加入稳定剂或抑制剂等方法,保证运输安全。

2. 运单填写要求

(1)托运人托运危险货物时,应在货物运单“货物名称”栏内填写“危险货物品名索引表”内列载品名或别名相对应的信息化品名和铁危编号,在运单的右上角用红色戳记标明类项名称,并在货物运单“托运人记载事项”栏内填写《托运人资质证书》、经办人身份证和《铁路危险货物运输业务培训合格证》号码。

(2)对派有押运员的还需填写押运员姓名、身份证号码和《铁路危险货物运输业务培训合格证》号码,气体危险货物还须填写《液化气体铁路罐车押运员证》号码。

(3)托运爆炸品时,托运人还须出具到达地县级人民政府公安部门批准的《民用爆炸物品运输许可证》,托运烟花爆竹时须出具《烟花爆竹道路运输许可证》,并注明许可证名称和号码,并在运单右上角用红色戳记标明“爆炸品”或“烟花爆竹”字样。

(4)危险货物运单包装栏须按《铁路危险货物运输管理规则》、《铁路危险货物包装表》的规定填写相应的外包装和内包装名称。

3. 受理、承运危险货物时,必须符合的规定

(1)《托运人资质证书》、经办人身份证和《铁路危险货物运输业务培训合格证》与运单记载一致。

(2)运单记载的品名、类项、编号等内容与《铁路危险货物品名表》规定相统一,并核查《铁路危险货物品名表》第12栏内有无特殊规定。

(3)发到站、办理品名、运输方式与《铁路危险货物运输办理站(专用线、专用铁路)办理规定》相统一。

(4)货物品名、重量、件数与运单记载相统一。

(5)具有危险货物运输包装检测合格证明。

(6)运单右上角用红色戳记标明编组隔离、禁止溜放或限速连挂等警示标记。

(7)国内运输危险货物禁止代理。

(8)其他有关规定。

二、危险货物包装

危险货物包装是指以保障运输、储存安全为主要目的,根据危险货物性质、特点,按国家有关法规、标准,专门设计制造的包装物、容器和采取的防护技术。

1. 包装的分类

(1)危险货物包装根据其内装物的危险程度划分为三种包装类别。

Ⅰ类包装——盛装具有较大危险性的货物,包装强度要求高。

Ⅱ类包装——盛装具有中等危险性的货物,包装强度要求较高。

Ⅲ类包装——盛装具有较小危险性的货物,包装强度要求一般。

(2)有特殊要求的另按国家有关规定办理。

2. 包装的要求

(1)危险货物的运输包装和内包装应按《铁路危险货物品名表》及《铁路危险货物包装表》的规定确定,同时还须符合下列要求:

①包装材料材质、规格和包装结构应与所装危险货物性质和重量相适应。包装材料不得与所装物产生危险反应或削弱包装强度。

②充装液态货物的包装容器内至少留有5%的余量(罐车及罐式集装箱装运的液体危险货物应符合《铁路危险货物运输管理规则》第十五章的有关规定)。

③液态危险货物要做到气密封口。对须装有通气孔的容器,其设计和安装应能防止货物流出和杂质、水分进入。其他危险货物的包装应做到严密不漏。

④包装应坚固完好,能抗御运输、储存和装卸过程中正常的冲击、振动和挤压,并便于装卸和搬运。

⑤包装的衬垫物不得与所装货物发生反应而降低安全性,应能防止内装物移动和起到减震及吸收作用。

⑥包装表面应保持清洁,不得粘附所装物质和其他有害物质。

⑦包装不得重复使用(特殊包装规定的除外,如钢瓶等)。

(2)危险货物包装应取得国家规定的包装物、容器生产许可证及检验合格证。

(3)铁路运输时,应根据铁路运输特点、状况、条件,由符合国家规定且铁道部认定的包装检测机构进行包装性能试验。试验要求、方法、合格标准,须符合《铁路危险货物运输包装性能试验规定》和《铁路危险货物运输包装性能试验要求和合格标准》。

(4)钢瓶应符合《气瓶安全监察规程》规定;放射性物质包装应按照《放射性物质安全运输规程》(GB 11806—2004)的要求进行设计和试验。

(5)采用集装化运输的危险货物,使用的集装器具必须有足够的强度,能够经受堆码和多次搬运,并便于机械装卸。

三、危险货物标志

1. 货物包装上应牢固、清晰地标明《危险货物包装标志》(见《铁路危险货物运输管理规则》附录3)和《包装储运图示标志》(见《铁路危险货物运输管理规则》附录4)中相应的包装标志和储运标志。

2. 进出口危险货物在国内段运输时必须粘贴或拴挂、喷涂相应的中文危险货物包装标志和储运标志。

四、危险货物新品名运输

"危险货物品名索引表"中未列载的品名办理运输时须进行性质鉴定,属于危险货物时,按危险货物新品名试运要求办理运输。

1. 试运办法

托运人提交品名鉴定前,需填写《铁路危险货物运输技术说明书》一式四份。托运人对填写内容和送检样品真实性承担法律责任。送检样品须经铁道部认定的专业技术机构进行鉴定。危险货物新品名试运由铁路局批准。经批准后,发站、铁路局、托运人各留存一份《铁路危险货物运输技术说明书》。

新品名试运须在指定的区段和时间内进行。跨局试运时，由批准单位以电报形式通知有关铁路局。

试运前承运人、托运人双方应签订安全运输协议。

试运时，由托运人在运单“托运人记载事项”栏内注明“比照铁危编号×××新品名试运，批准号×××”字样。试运时间2年。

2. 试运报告

试运结束时，托运人应会同车站将试运结果报主管铁路局。铁路局对试运结果进行研究后，提出试运报告报铁道部。铁道部根据试运报告指定有关部门进行复验，达到要求后正式批准运输。未经批准或超过试运期未上报试运报告的，须停止试运。

五、托运人要求改变包装的处理方法

托运人要求改变包装时应填写《改变运输包装申请表》一式四份。有关试运要求比照《铁路危险货物运输管理规则》新品名规定程序办理。

改变氯酸盐、高氯酸盐、高氯酸、黄磷等包装需经铁道部批准。

六、可按普通货物条件运输的危险货物

1. 符合《铁路危险货物品名表》第12栏特殊规定条件的，可按普通货物条件运输。

危险货物按普通货物条件运输时，经铁路局批准后，可在非危险货物办理站发运。托运人应在货物运单“托运人记载事项”栏内注明“××(铁危编号)，可按普通货物运输”。

按普通货物条件运输的危险货物，限使用棚车运送，其包装标志须符合危险货物的相应规定。

按普通货物运输的，可不办理《托运人资质证书》。

2. 放射性物质按普通货物条件运输的限制

放射性物质的包装件外表面最大辐射水平不超过0.005 mSv/h，包装件外表面放射性污染不超过《铁路危险货物运输管理规则》中表1的最大限值和表2限值的，可按普通货物运输，见表6-1、表6-2。

表6-1　包装件放射性污染最大限值

污　染　表　示	β、γ和低毒性α发射体(Bq/cm^2)	其他α发射体(Bq/cm^2)
包装件外表面或包装件外层辅助包装和运输工具表面	0.4	0.04

表6-2　包装件的放射性活度限值

内容物性质		仪表或制成品		放射性物质包装件限值
		物品限值	包装件限值	
固态	特殊形式	$10^{-2}A_1$	A_1	$10^{-3}A_1$
	其他形式	$10^{-2}A_2$	A_2	$10^{-3}A_2$
液态		$10^{-3}A_2$	$10^{-1}A_2$	$10^{-4}A_2$

续上表

内容物性质		仪表或制成品		放射性物质包装件限值
		物品限值	包装件限值	
气态	氚	$2\times10^{-2}A_2$	$2\times10^{-1}A_2$	$2\times10^{-2}A_2$
	特殊形式	$10^{-3}A_1$	$10^{-2}A_1$	$10^{-3}A_1$
	其他形式	$10^{-3}A_2$	$10^{-2}A_2$	$10_{A}^{-3}{}_{2}$

第四节　装卸车作业及押运管理

一、车辆使用

1. 危险货物限使用棚车装运(《铁路危险货物品名表》第12栏内有特殊规定除外)。装运时,限同一品名,同一铁危编号。

2. 爆炸品、硝酸铵、氯酸钠、氯酸钾、黄磷和钢桶包装的一级易燃液体应选用车况良好的P_{64}、P_{64A}、P_{64AK}、P_{64AT}、P_{64GK}、P_{64GT}等竹底棚车或木底棚车装运,并须对门口处金属磨耗板,端、侧墙的金属部分采用非破坏性措施进行衬垫隔离处理。如使用铁底棚车时,须经铁路局批准。

3. 毒性物质限使用毒品专用车,如毒品专用车不足时,经铁路局批准可使用铁底棚车(剧毒品除外)。

二、装、卸车作业

危险货物装卸作业使用的照明设备及装卸机具必须具有防爆性能,并能防止由于装卸作业摩擦、碰撞产生火花。装卸作业前,应对车辆和仓库进行必要的通风和检查,向装卸工组说明货物品名、性质、作业安全事项并准备好消防器材和安全防护用品。作业时要轻拿轻放,堆码整齐稳固,防止倒塌,严禁倒放、卧装(钢瓶等特殊容器除外)。装卸车作业要求如下。

1. 装车作业

(1)检查车辆。检查车种、车型与规定装运货物相符,查看门窗状态、进行透光检查,确认车辆检修是否过期。

(2)检查货物。检查货物品名、包装、件数与运单填写是否一致,以及货物包装是否符合规定。装载货物(含国际联运换装)不得超过车辆(含集装箱)标记载重量,严禁增载。

(3)装车作业。传达安全注意事项及装载方案,检查消防器材和安全防护用品。

(4)装车后工作。检查堆码及装载状态,查验门窗是否关闭良好,做好施封加锁及装车台账登记工作等。

2. 卸车作业

(1)检查车辆。车辆状态及施封检查,核对票据与现车,确定卸车及堆码方法。

(2)卸车作业。传达安全作业注意事项及卸车方案,检查消防器材和安全防护用品。

(3)卸车后工作。填记卸货登记簿,对受到污染的车辆,及时回送洗刷所洗刷除污。清理车辆残存废弃物交由收货人负责处理。因污染、腐蚀造成车辆损坏的,要按规定索赔。

三、洗刷除污

1. 必须洗刷除污的货车

(1)装过剧毒品的毒品车。

(2)发生撒漏、受到污染(包括有刺激异味)的货车。

(3)回送检修运输危险货物的货车。

2. 回送洗刷及洗刷后的处理

回送洗刷除污的货车,应在"特殊货车及运送用具回送清单上"注明品名及编号,并在货车两车门内外明显处粘贴"铁路货车洗刷回送标签"各一张。

货车经洗刷除污达到要求后应撤除货车洗刷回送标签,并在货车两车门内外明显处粘贴"铁路货车洗刷除污工艺合格证"各一张,并填写《洗刷除污登记表》。

未经洗刷除污的货车严禁使用或排空。

3. 装过放射性物质的货车、篷布及有关用具的检测

装过放射性物质的货车、苫盖的篷布及有关用具,卸车后须由铁路防疫部门对 α、β、γ 发射体的污染水平进行检测,检测结果必须低于《铁路危险货物运输管理规则》规定,否则必须由收货单位彻底洗刷除污,经检测达到要求后方可排空使用。

4. 缺乏有效洗刷除污手段的货车处理

装过性质特殊、缺乏有效洗刷除污手段的货车,洗刷所应通知卸车站,要求收货人提供有效的洗刷除污方法和药物,再次洗刷处理。

四、特殊防护

(1)根据危险货物特殊性质,在调车作业和运输编组隔离、车辆技术检查、整备、检修等技术作业中需采取特殊防护事项,要有明确规定,并须书面通知有关单位和人员。有关运输单据和货车上的特殊防护表示方式见表 6-3。

表 6-3 特殊防护事项表

特殊防护事项	货车上的表示	运输票据上的表示
《铁路危险货物运输管理规则》附件 7 中规定禁止溜放和限速连挂的货车	在货车两侧插挂"禁止溜放"或"限速连挂"的货车表示牌	在运单右上角、票据封套上用红色记明"禁止溜放"或"限速连挂"字样
《铁路危险货物运输管理规则》附件 6 中规定编组需要隔离的货车	①在货车表示牌上要记明三角标记。 ②未限定"禁止溜放"或"限速连挂"的货车可用货车表示牌背面记明三角标记,并插于货车两侧	在运单右上角、票据封套上用红色记明规定的三角标记
《铁路危险货物品名表》第 12 栏中规定停止制动作用的货车	在货车表示牌上记明"停止制动作用"字样	在运单右上角、票据封套上用红色记明"停止制动作用"字样

(2)派有押运员的成组危险货物车辆,要求成组连挂,不得拆解;发站必须在该组车辆每一张运单、货票上注明"成组连挂,不得拆解",并将该组票据单独装入封套(剧毒品除外),封套上注明"成组连挂,不得拆解"。

(3)装运需停止制动作用的货车时，车站应通知车辆部门关闭制动机，到站卸车后，应通知车辆部门恢复制动作用。车站及车辆部门应认真登记，做好记录。

(4)装运危险货物应快装、快卸、快取、快送、优先编组、优先挂运。站内停放危险货物车辆时，要采取安全防护措施，对需要看护的重点危险货物，由车站派员看守并通知铁路公安部门。

五、运输签认制度

爆炸品、硝酸铵、剧毒品(非罐装、有特殊规定67号)、气体类和其他另有规定的危险货物运输实行签认制度。

危险货物运输作业实行签认制度。作业应按规定程序和作业标准进行并签认。要对作业过程内容的完整性、真实性负责，严禁漏签、代签和补签。签认单保存期半年。

落实危险货物运输签认制度的有关要求按《铁路剧毒品运输作业签认单》(《铁路危险货物运输管理规则》格式23)、《铁路危险货物运输作业签认单》(《铁路危险货物运输管理规则》格式24)、《危险货物罐车作业签认单》(《铁路危险货物运输管理规则》格式25)办理。

货检站无改编作业时，由各铁路局结合实际情况确定签认方式。

六、押运规定

1. 运输爆炸品(烟花爆竹除外)、硝酸铵实行全程随货押运。剧毒品、罐车装运气体类(含空车)危险货物实行全程随车押运。装运剧毒品的罐车和罐式集装箱不需押运。其他危险货物需要押运时按有关规定办理。

2. 押运员必须取得《铁路危险货物运输业务培训合格证》。运输气体类的危险货物时，押运员还须取得《液化气体铁路罐车押运员证》。

3. 押运员应了解所押运货物的特性，押运时应携带所需安全、防护、消防、通讯、检测、维护等工具以及生活必需品，应按规定穿着印有红色"押运"字样的黄色马甲，不符合安全规定的不得押运。

4. 押运间仅限于押运员乘坐，不允许闲杂人员随乘，执行押运任务期间严禁吸烟、饮酒及做其他与押运无关的事情。

5. 押运员在押运过程中必须遵守铁路运输的各项安全规定，并对所押运货物的安全负责。

6. 发站要对押运工具、备品、防护用品(表6-4)以及押运间清洁状态等进行严格检查，不符合要求的禁止运输。

表6-4　押运员必备的工具、备品、劳动保护用品

名　　称	数量(个/人)	用　　途
防爆活扳子	1	300×36或根据所押运车型自选，用于安全附件泄漏事故处理
防爆管钳子	1	根据所押运车型选配，用于安全附件泄漏事故处理
防爆克丝钳子	1	根据所押运车型选配，用于安全附件泄漏事故处理
防爆改锥	1	根据所押运车型选配，用于安全附件泄漏事故处理

续上表

名　　称	数量(个/人)	用　　途
直径 100 mm 压力表	1	备用压力表要求是校验合格在有效期内,作为压力表失灵时更换备品
压力表表管	1	作为现车压力表表管备用品
滑管液位计保护罩密封垫及胶带纸	2～3	必备用品
角阀接头紫铜垫片和盲垫	2	必备用品
石棉绳填料及生料带		必备用品
气、液相阀门盲板垫	1	必备用品
防护面具	1	根据押运介质选择
防护手套	1	根据押运介质选择
防护服装	1(套)	根据押运介质选择
防护眼镜	1	根据押运介质选择
罐体 $H—V$ 曲线图	1	本车的充装曲线图复印件
工具专用皮包	1	携带工具和备品
黄色马甲	1(件)	押运全过程中穿着马甲
本人身份证		
培训合格证		
气体罐车押运证		
全程押运签认登记表		
途中突发事故应急预案		
押运员须知		

7. 押运员在途中要严格执行全程押运制度,认真按照“全程押运签认登记表”要求进行签认,严禁擅自离岗、脱岗。

七、押运人数规定

同一托运人、同一到站押运方式、车辆及人数规定:

(1)气体类 6 辆重(空)罐车(含带押运间车辆)以内编为 1 组。1～6 车,押运员不得少于 2 人,7～12 车押运员不得少于 4 人,13～18 车押运员不得少于 6 人。每列编挂不得超过 3 组。每组间的隔离车不得少于 10 辆(原则上需要用普通货物车辆隔离)。装运爆炸品(含烟花爆竹)、硝酸铵、气体类车辆与牵引机车隔离不少于 4 辆。

(2)剧毒品 4 辆(含带押运间车辆)以内编为 1 组,每组 2 人押运;2 组以上押运人数由铁路局确定。

(3)硝酸铵 4 辆以内编为 1 组,每组 2 人押运;2 组以上押运人数由铁路局确定。

(4)爆炸品(烟花爆竹除外)每车 2 人押运。

上述车辆编组隔离除符合本项规定外，还须符合《铁路危险货物运输管理规则》、《铁路车辆编组隔离表》的规定。

派有押运员的车辆，成组挂运时，途中不得拆解。

发站对需要押运的货物按一组运输时，必须是同一托运人、同一到站、同一卸车地点，需要押运的自备罐车成组运输时，必须是同一产权单位的车辆。

八、运输途中缺乘、漏乘处理规定

运输时发现押运员身份与携带证件不符或押运员缺乘、漏乘时应及时甩车，做好记录，并通知发站或到站联系托运人、收货人立即补齐押运员后方可继运。

第五节 保管、配放和交付

一、存放保管规定

1. 危险货物应按其性质和要求存放在指定的仓库、雨棚等场地。遇潮或受阳光照射容易燃烧或产生易燃、易爆、有毒气体的危险货物不得在雨棚、露天存放。存放保管危险货物时，应符合《铁路危险货物配放表》的要求。编号不同的爆炸品不得同库存放。放射性物质需建专用仓库，并与爆炸品仓库保持 20 m 以上的安全距离。

2. 堆放危险货物的仓库、雨棚等场地必须清洁干燥、通风良好，配备充足有效的消防设施。货场应设置明显的安全警示标志，须建立健全值班巡守制度。仓库作业完毕后应及时锁闭，剧毒品须加双锁，做到双人收发、双人保管。进入货场的机动车辆必须安装防火帽（罩）。进出办理站取送危险货物的机动车辆必须具备危险货物道路运输证件，取送爆炸品、剧毒品货物的机动车辆还须持有当地公安部门出具的公路运输通行证。

二、危险货物配放表

1. 进入货场待装和到达卸车的不同品名危险货物，能否放在同一库内保管，应根据《铁路危险货物运输管理规则》附件 2《铁路危险货物配放表》确定。

2. 确定能否同库配放的方法。

（1）根据危险货物的品名查《铁路危险货物品名表》，确定该品名的铁危编号。

（2）依据品名的铁危编号查《铁路危险货物运输管理规则》附件 2《铁路危险货物配放表》确定配放号。

（3）按需同库存放的危险货物品名，画铁路危险货物配放梯形表。依据配放符号说明表示可否同库配放。

三、交付规定

对到达的货物要及时通知收货人，做到及时交付货物，及时取送车辆。货位清空后，需及时清扫、洗刷干净。对撒漏的危险货物及废弃物，应及时通知收货人进行处理。对危险性大、撒漏严重的，要会同卫生防疫、环保、消防部门共同处理。

第六节　危险货物罐车运输

一、危险货物罐车的运用

1. 危险货物罐车装卸作业必须在专用线(专用铁路)办理。

2. 自备罐车装运危险货物应符合《铁路危险货物运输管理规则》中《铁路危险货物运输特殊规定》(《铁路危险货物品名表》第12栏)的规定,未做规定的报铁道部制定运输条件。

3. 铁路产权罐车限装品名为原油、汽油、煤油、航空煤油、柴油、石脑油、溶剂油及非危险货物的重油、润滑油。

4. 危险货物自备货车运输时,须由车辆产权单位向过轨站段提出申请,站段初审后报所属铁路局审核,符合规定的,由所属铁路局签发《危货车安全合格证》。《危货车安全合格证》实行一车一证,车证相符,按规定品名装运,不得租借和混装使用。铁路局应建立《危货车安全合格证》档案,每年进行一次复核。

二、危险货物自备罐车标识

1. 自备罐车罐体本底色为银灰色,罐体两侧纵向中部涂刷一条宽300 mm表示货物主要特性的水平环形色带:红色表示易燃性、绿色表示氧化性、黄色表示毒性、黑色表示腐蚀性。

2. 装运酸、碱类的罐体为全黄色,罐体两侧纵向中部应涂刷一条宽300 mm黑色水平环形色带;装运煤焦油、脱晶蒽油、液体萘、二蒽油的罐体为全黑色,罐体两侧纵向中部应涂刷一条宽300 mm红色水平环形色带。

3. 装运黄磷的罐体为银灰色,罐体中部不用涂打环形色带。需在罐体两端右侧中部喷涂9、13号危险货物标志图。

4. 环形色带上层200 mm宽涂蓝色,下层100 mm宽涂红色或黄色分别表示易燃气体或毒性气体。环带300 mm为全蓝色时表示非易燃无毒气体。

5. 罐体两侧环形色带中部(有扶梯时在扶梯右侧)以分子、分母形式喷涂货物名称及其危险性,如苯:$\frac{\text{苯}}{\text{易燃、有毒}}$。对遇水会剧烈反应,事故处理严禁用水的货物,还应在分母内喷涂“禁水”二字,如硫酸:$\frac{\text{硫酸}}{\text{腐蚀、禁水}}$。并按《铁路危险货物运输管理规则》附录3在罐体两端头两侧环形色带下方喷涂相应标志,规格400 mm×400 mm。

三、承运危险货物自备货车时应审核内容

1. 气体类危险货物

(1)罐车产权单位为托运人的,《托运人资质证书》的单位名称必须与《危货车安全合格证》、《液化气体铁路罐车押运员证》、《铁路危险货物运输业务培训合格证》的单位名称相统一。

(2)罐车产权单位为收货人的,罐车产权单位名称必须与《危货车安全合格证》、《液化气体铁路罐车押运员证》、《铁路危险货物运输业务培训合格证》的单位名称相统一。

(3)货物品名、托运人、收货人、发到站、专用线(专用铁路)等须与《铁路危险货物运输站(专用线、专用铁路)办理规定》中公布的相统一。

(4)货物品名须与《危货车安全合格证》中的品名及罐体标记品名相统一。

(5)提供《铁路液化气体罐车充装记录》(《铁路危险货物运输管理规则》,格式 7)一式两份,一份由发站留存,一份随运单至到站交收货人。

(6)虽符合上述(1)~(4)项条件,但证件过期、定检过期、车况不良、罐体密封不严、罐体标记文字不清等有碍安全运输的不予办理运输。

2. 非气体类液体危险货物

非气体类液体危险货物运输时比照气体类危险货物规定办理,不审核《液化气体铁路罐车押运员证》,有押运规定的,须审核《铁路危险货物运输业务培训合格证》。

3. 其他类危险货物

其他类危险货物运输比照上述相应规定办理。

四、液体类罐车充装量

充装非气体类液体危险货物时,应根据液体货物的密度、罐车标记载重量、标记容积确定充装量。充装量不得大于罐车标记载重量;同时要留有膨胀余量,充装量上限不得大于罐体标记容积的 95%,下限不得小于罐体标记容积的 83%。

即允许充装量应同时符合以下重量和体积要求:

1. 允许充装体积:

$$0.83V_{标} \leq V_{许装} \leq 0.95V_{标}$$

2. 允许充装重量:

$$W=\rho \cdot V_{许装} \leq P_{标}$$

式中 W——允许充装量,t;

ρ——充装介质密度,t/m^3;

$V_{标}$——罐车标记容积,m^3;

$P_{标}$——罐车标记载重,t;

$V_{许装}$——罐车允许充装体积,m^3。

充装量低于 83% 时,罐体内未加防波板不得办理运输。

充装量可参照《铁路危险货物罐车允许充装重量及高度表》(《铁路危险货物运输管理规则》附件 11-2)确定,防止超装超载。

五、气体类罐车充装量

气体类危险货物在充装前须对空车进行检衡。充装后,需用轨道衡再对重车进行计量,严禁超装。充装量应按计算公式计算,但不得大于标记载重量;计算的充装量大于标记载重量时,充装量以标记载重量为准。

1. 允许充装量的确定方法为

$$W_{计算} = \Phi \cdot V_{标}$$

当 $W_{计算} \geq P_{标}$ 时

$$W_{许装} = P_{标}$$

当 $W_{计算} < P_{标}$ 时

$$W_{许装} = W_{计算}$$

式中 $W_{计算}$——根据重量充装系数确定的计算充装量,t;

$W_{许装}$——允许充装量,t;

Φ——重量充装系数,t/ m^3;

$V_{标}$——罐车标记容积,m^3;

$P_{标}$——罐车标记载重,t。

常见介质的重量充装系数见表 6-5。

表 6-5　常见介质的重量充装系数表

充装介质种类	重量充装系数 Φ(t/ m^3)
液　　氨	0.52
液　　氯	1.20
液态二氧化硫	1.20
丙　　烯	0.43
丙　　烷	0.42
混合液化石油气	0.42
正　丁　烷	0.51
异　丁　烷	0.49
丁烯、异丁烯	0.50
丁　二　烯	0.55

注:液化气体重量充装系数,按介质在 50 ℃时罐体内留有 6% ~8% 气相空间及该温度下的比重求得。

2. 检衡复核充装量公式为

$W_{空检} \geq W_{自重}$ 时

$$W_{实装} = W_{总重} - W_{自重}$$

$W_{空检} < W_{自重}$ 时

$$W_{实装} = W_{总重} - W_{空检}$$

要求 $W_{实装}$ 不得大于 $W_{许装}$,即 $W_{实装} \leq W_{许装}$。

式中 $W_{实装}$——实际充装量,t;

$W_{自重}$——罐车标记自重,t;

$W_{总重}$——重罐车检衡重量,t;

$W_{空检}$——罐车空车检衡重量,t。

六、罐体充装前和卸车后的检查确认

1. 装车前,托运人应确认罐车是否良好,罐体外表应保持清洁,标记文字应能清晰易辨。罐体有漏裂,阀、盖、垫及仪表等附件、配件不齐全或作用不良的罐车禁止使用。

2. 气体类危险货物充装前必须有专人检查罐车,按规定对罐体外表面、罐体密封性能、罐

体余压等进行检查，不具备充装条件的罐车严禁充装。罐车充装后，充装单位应会同押运员复检充装量，检查各密封件和封车压力状况，认真详细填记《铁路液化气体罐车充装记录》，符合规定时，方可申请办理托运手续。

3. 危险货物装、卸车作业后，须及时关严罐车阀件，盖好人孔盖，拧紧螺栓，严禁混入杂质。

4. 装运危险货物的罐车重车重心限制高度不得超过 2 200 mm。

5. 气体类危险货物罐车卸后罐体内须留有不低于 0.05 MPa 的余压。

七、运输变更的规定

气体类危险货物罐车运输不允许办理运输变更或重新托运，如遇特殊情况需要变更或重新托运时需经铁路局批准。

危险货物运输变更或重新托运必须符合《铁路危险货物运输管理规则》的有关规定。

八、事故施救

危险货物罐车运输途中发生泄漏、火灾及其他行车事故时，车站应立即启动应急预案，迅速向铁路主管部门、地方政府、公安、消防及环保、卫生防疫部门报告，并速请熟悉货物性质及罐体构造部门协助处理。要设立警戒区，组织人员向逆风方向疏散，防止危险货物流入水域。易燃、有毒液体发生泄漏时，应及时阻断火源。对标有“禁水”标记的罐车，严禁用水施救。对有毒气体施救时应站在上风方向，防止中毒事故发生。

第七节　危险货物集装箱运输

一、装运品名、运输方式及场地要求

1. 铁路危险货物集装箱（以下简称危货箱）限装同一品名、同一铁危编号的危险货物，包装须与《铁路危险货物运输管理规则》规定一致。装箱须采取安全防护措施，防止货物在运输中倒塌、窜动和撒漏。

2. 运输时只允许办理一站直达并符合《铁路危险货物运输站（专用线、专用铁路）办理规定》要求。

3. 危货箱办理站（专用线、专用铁路）应设置专用场地，并按货物性质和类项划分区域；场地须具备消防、报警和避雷等必要的安全设施；配备装卸设备设施及防爆机具和检测仪器。

4. 危货箱的堆码存放应符合《铁路危险货物配放表》中的有关规定。

二、办理品类的规定

危货箱仅办理《铁路危险货物品名表》中下列品类：

1. 铁路通用箱

（1）二级易燃固体（41501～41559）。

(2)二级氧化性物质(51501A～51530)。

(3)腐蚀性物质:

二级酸性腐蚀性物质(81501～81535,81601A～81647);

二级碱性腐蚀性物质(82501～82524);

二级其他腐蚀性物质(83501～83514)。

2. 自备危货箱

(1)本条第1项规定的品名。

(2)毒性物质(61501～61940)。

3. 集装箱装运上述第1、2项以外的危险货物,以及改变包装的需经铁道部批准,有关试运程序比照《铁路危险货物运输管理规则》第六章有关规定办理。

三、车辆的使用

1. 办理罐式箱运输时,托运人、收货人、发到站、专用线(专用铁路)、货物品名等须与《铁路危险货物运输办理站(专用线、专用铁路)办理规定》相符。限使用集装箱专用平车(含两用平车)运输。

2. 凡检修过期的不得办理运输。

3. 罐式箱使用期限不得超过15年。

四、包装标志的拴挂

托运人应根据危险货物类别在箱体上拴挂相应危险货物包装标志。拴挂位置:箱门把手处各1枚,箱角吊装孔各1枚,共计6枚,需拴挂牢固,不得脱落。标志采用塑料双面彩色印刷,规格为:100 mm×100 mm。

五、装卸车作业及掏装箱的要求

1. 车站办理危货箱时,应对品名、包装、标志、标记等进行核查,防止匿报、谎报危险货物或在危货箱中夹带违禁物品。

2. 严禁在站内办理危货箱的装箱、掏箱作业。

3. 危货箱装卸车作业前,货运员须向装卸工组说明货物性质及作业安全事项,作业时应做到轻起轻放,不得冲撞、拖拉、刮碰。

4. 收货人应负责危货箱的洗刷除污,并负责撤除危险货物标志。无洗刷能力时,可委托铁路部门洗刷,费用由收货人负担。洗刷除污不符合规定要求的不得再次使用。

六、铁路危险货物集装箱安全合格证

1. 自备危货箱运输时,须由产权单位向过轨站段提出申请,站段初审后报所属铁路局审核,符合规定的,由所属铁路局签发《危货箱安全合格证》。

2.《危货箱安全合格证》实行一箱一证。

3. 铁路局应建立《危货箱安全合格证》档案,每年进行一次复核。

第八节 剧毒品运输

一、铁路剧毒品运输跟踪管理的范围、使用运单的规定

1. 剧毒品系指《铁路危险货物运输管理规则》"品名索引表"中第6类一级毒性物质(编号61001~61499)。在该规则《铁路危险货物品名表》第12栏内注有特殊规定67号者,均实行铁路剧毒品运输跟踪管理,运输时须全程押运,见表6-6。

表6-6 铁路剧毒品运输跟踪管理品名表

序号	铁危编号	铁路品名
1	61001	氰化汞
		氰化钾
		氰化钠
2	61007	砒霜,三氧化二砷
3	61010	五氧化砷
4	61028	五氧化二钒
5	61079	氯乙醛
6	61088	丙酮氰醇
7	61111	甲苯二异氰酸酯
8	61125	甲基1605
		甲基对硫磷
		保棉磷
		对氧磷
		多灭磷
		甲胺磷
		久效磷
		杀扑磷
		水胺硫磷
9	61126	甲拌磷
		毒虫畏
		百治磷
		磷胺
		速灭磷
		特丁磷
		治线磷
		乙硫磷
		治螟磷
		氧化乐果

续上表

序　　号	铁　危　编　号	铁　路　品　名
10	61129	西力生
11	61133	恶虫威
		呋喃丹,克百威
		抗虫威
		灭多威
		灭害威
		涕灭威
12	61135	毒鼠磷
13	61137	灭蚜胺
14	61875	三唑磷
15	61904	甲氰菊酯

2. 剧毒品运输采用剧毒品黄色专用运单,并在运单上印有骷髅图案。未列入剧毒品跟踪管理范围的剧毒品不采用剧毒品黄色专用运单,不实行全程押运,但仍按剧毒品分类管理。

3. 整列运输剧毒品由铁道部确定有关运输条件。

二、装运品名限制及签认制度

1. 同一车辆只允许装运同一品名、铁危编号的剧毒品。

2. 装车前,货运员要认真核对剧毒品到站、品名是否符合《铁路危险货物运输站(专用线、专用铁路)办理规定》;要检查品名填写是否正确,包装方式、包装材质、规格尺寸、车种车型、包装标志等是否符合《铁路危险货物运输管理规则》规定。

3. 各铁路局要根据专用线办理剧毒品运输的情况,配齐专用线货运员。

4. 装卸作业时,货运员要会同托运人确认品名、清点件数(罐车除外),监督托运人进行施封,并检查施封是否有效。

5. 须在车辆上门扣用加固锁加固并安装防盗报警装置。

6. 剧毒品运输过程须进行签认,签认单格式见《铁路剧毒品发送作业签认单》(《铁路危险货物运输管理规则》格式23-1)、《铁路剧毒品途中作业签认单》(《铁路危险货物运输管理规则》格式23-2)、《铁路剧毒品到达作业签认单》(《铁路危险货物运输管理规则》格式23-3)。

三、剧毒品跟踪管理

1. 剧毒品运输安全要作为重点纳入车站日班计划、阶段计划。车站编制日班计划、阶段计划时要重点掌握,优先安排改编和挂运。

2. 车站要根据作业情况建立剧毒品车辆登记、检查、报告和交接制度,值班站长要按技术作业过程对剧毒品车辆进行跟踪监控。

3. 跨铁路局运输的剧毒品,由铁道部调度负责跟踪。在铁路局管内运输的剧毒品,由铁路局调度负责。各级调度部门要及时组织挂运,成组运输的不得拆解,无特殊情况不得保留,必须保留时,要通知公安等有关方面采取监护措施。

4. 剧毒品运输实行三级计算机跟踪管理。

(1)铁路剧毒品运输计算机跟踪管理系指以危险货物办理站为基础,在铁道部、铁路局和车站,根据不同层次管理要求建立的信息管理系统。

(2)跟踪管理工作由铁道部负责方案规划和监督指导,铁路局负责方案实施和日常管理,铁路信息技术部门负责软件维护、更新、完善等技术支持,保证系统正常运转。

(3)办理剧毒品运输的车站须与剧毒品计算机跟踪管理系统联网运行。需具备原始信息及时发送和接收能力,要求配备相应的传输、通讯、打印等信息跟踪管理设备。

(4)装车站要将剧毒品货票所载信息,及时生成《剧毒品运输管理信息登记表》,实时报告剧毒品运输跟踪管理系统。内容包括剧毒品车的车号(集装箱箱型、箱号及所装车号)、发到站、《托运人资质证书》编号、品名及编号、件数、重量和承运、装车日期等。

(5)挂有剧毒品车辆的列车,应在"运统一"记事栏中注明"D"字样,并将剧毒品车辆的车种车号、发到站、货物品名、挂运日期、挂运车次等信息及时报告给铁路局行车确报系统和剧毒品运输跟踪管理系统。

(6)中途站发现装有剧毒品的车辆或集装箱无封、封印无效以及有异状时,应立即甩车,报告所属铁路局,并通知公安部门共同清点。同时按规定及时以电报形式,向发到站及所属铁路局和铁道部报告有关情况。继续运送时,按本条第4项办理。

(7)剧毒品到站后和卸车交付完毕后,立即将车种车号(集装箱箱型、箱号及所装车号)、发到站、《托运人资质证书》编号、托运人、收货人、品名及编号、件数、重量、到达日期、到达车次、交付日期等信息上网报告剧毒品运输跟踪管理系统,并在2 h内通知发站。

四、剧毒品进出口运输按下列规定办理

1. 受理、承运进出口剧毒品比照《铁路危险货物运输管理规则》第三十三条、第一百三十七条办理。

2. 出口剧毒品,办理站除按规定要求填写联运运单外,还需填写国内剧毒品专用运单两份(专用运单仅作为添附文件,连同联运运单装入封套内,并在封套外加盖剧毒品专用戳记),一份发站留存,一份随联运运单到口岸站存查。

3. 出口剧毒品到达口岸站后,需撤出专用运单并将运单所载信息和口岸站作业信息输入剧毒品运输跟踪管理系统。

4. 进口剧毒品由口岸站填写剧毒品专用运单两份,一份口岸站留存,一份随联运运单到站存查。并将剧毒品专用运单所载信息和作业信息输入剧毒品运输跟踪管理系统。

5. 剧毒品专用运单由办理站保存1年。

第九节　危险货物进出口运输

一、对代理人托运危险货物的要求

办理危险货物进出口运输时,如委托代理人代理,代理人须向承运人交验《铁路进出口危

险货物代理人资格确认件》(《铁路危险货物运输管理规则》格式 10)、经办人身份证和《铁路危险货物运输业务培训合格证》、代理授权人的《托运人资质证书》(境外委托的外商及境内收货人除外)及双方委托代理合同。对国家规定需要办理进出口许可的危险货物,必须出具相应的许可证明。

二、办理进出口危险货物的规定

进出口危险货物,按下列规定办理:

(1)在《国际海运危险货物规则》、《国际铁路货物联运协定》附件 2《危险货物运送规则》等有关国际运输组织的规定中属危险货物,《铁路危险货物运输管理规则》规定按普通货物运输的按第六章有关要求办理运输,包装和标志应符合上述有关国际运输组织的规定。托运人应在货物运单"托运人记载事项"栏内注明"转运进(出)口"字样。

(2)《铁路危险货物运输管理规则》规定为危险货物,而《国际海运危险货物规则》、《国际铁路货物联运协定》附件 2《危险货物运送规则》等有关国际运输组织的规定中属非危险货物时,按《铁路危险货物运输管理规则》规定办理。

(3)办理非国际联运的危险货物时,同属危险货物但包装方法不同时,进口的货物,经托运人确认包装完好,符合安全运输要求,并在运单"托运人记载事项"栏内注明"进口原包装"字样,由代理人提供有关的包装检测资料,车站请示铁路局批准后,可按原包装方法运输;出口的货物,托运人应按《铁路危险货物运输管理规则》第六章有关规定办理。

(4)办理国际联运的进出口危险货物,在我国陆运口岸站不进行换装时,不受《铁路危险货物运输办理站(专用线、专用铁路)办理规定》中有关口岸站办理危险货物品名的限制,其他均须符合《铁路危险货物运输管理规则》及《铁路危险货物运输办理站(专用线、专用铁路)办理规定》的规定。

三、对进口集装箱运输危险货物的办理要求

进口集装箱装运的危险货物(陆运口岸按国际联运有关规定办理),在 30 个工作日前,托运人提出申请报告、危险货物运输有关资质、《铁路危险货物运输技术说明书》、集装箱类型、包装形式及装载方式等有关技术文件和资料,以中文文书形式报铁道部批准。

?

1. 应如何正确填写危险货物运单?
2. 受理承运的危险货物必须符合哪些条件?
3. 装运危险货物使用的车辆有何要求?
4. 危险货物装卸车作业应注意哪些事项?
5. 装运哪些危险货物的车辆卸后必须洗刷除污?
6. 危险货物运输作业的签认制度是如何规定的?
7. 哪些危险货物需要押运?

8. 对危险货物押运人数有何规定？
9. 危险货物存放有何规定？
10. 使用危险货物罐车运输时有哪些要求？
11. 危险货物自备罐车的标记是如何规定的？
12. 如何确定危险货物罐车的充装量？
13. 危险货物罐车运输途中发生事故时如何组织施救？
14. 危险货物集装箱运输装运品名的限制有哪些？
15. 办理《危货箱安全合格证》应出具哪些技术文件？
16. 铁路剧毒品运输跟踪管理的范围及使用运单有何规定？

第七章　鲜活货物运输

第一节　概　　述

一、鲜活货物定义

在铁路运输过程中需要采取制冷、加温、保温、通风、上水、加冰等特殊措施,以防止出现腐烂、变质、冻损、生理病害、病残死亡等问题的货物。

鲜活货物都是有生命或生命现象及经过冷冻加工的货物,在流通、保管过程中需要有适宜的储运环境、生存条件来维持其生命、生理状态或物态。这是鲜活货物运输区别于其他货物运输的主要地方,也正是鲜活货物在铁路运输过程中必须采取特殊的防护措施和服务工作的原因所在。

二、鲜活货物分类

鲜活货物按其自然属性分为易腐货物和活动物两大类。

不同品类的鲜活货物有不同的生理特征和理化性质,对运输环境、生存条件的要求也不尽相同。例如,易腐货物需要保持适宜的温度和湿度,才不致腐烂变质;活动物必须满足其生存的基本条件才不会病残死亡。为此,铁路在运输易腐货物时,必须采取相应的制冷、保温、加温、通风、浇水等措施来调控运输环境的温度和湿度,保证货物的质量;运输活动物时,则要采用供给饲料、饮用水及换水、增氧等方法来满足其生存的基本需求,防止活动物掉膘或病残、死亡。所以,只有根据不同品类的鲜活货物采取不同的特殊措施,才能保证货物的质量和安全。

易腐货物包括肉、蛋、乳制品、速冻食品、冻水产品、鲜蔬菜、鲜水果等,按其热状态分为冻结货物、冷却货物和未冷却货物。常见品名见《铁路鲜活货物运输规则》附件1《易腐货物机械冷藏车运输条件表》。易腐货物在鲜活货物中占的比例较大,按其温度状况(即热状态)的不同,又可分为三类。

1. 冻结货物

冻结货物是指经过冷冻加工成为冻结状态的易腐货物。

2. 冷却货物

冷却货物是指经过冷却处理,温度在冻结点以上的易腐货物。

3. 未冷却货物

未冷却货物是指未经过任何冷处理,完全处于自然状态的易腐货物。如采收后以初始状态提交运输的瓜果、鲜蔬菜等。

按照热状态来划分易腐货物种类的目的是为了便于正确确定易腐货物的运输条件(如车种、车型的选用,装载方法的选取,以及运输方式、控温范围、冰盐比例、途中服务的确定等),

合理制定运价，提高综合经济效益。

活动物包括禽、畜、兽、蜜蜂、活水产品等。

托运的鲜活货物必须质量良好，无病残，包装适合货物性质并能保证铁路运输安全。

三、鲜活货物运输种类

鲜活货物适用于整车运输，鲜活货物集装箱运输按有关规定办理，铁路不办理鲜活货物零担运输。

第二节 易腐货物运输

一、易腐货物托运承运

1. 按一批托运的规定

(1)易腐货物与非易腐货物不得按一批托运。

(2)不同热状态的易腐货物不得按一批托运。

(3)按一批托运的整车易腐货物一般限运同一品名。不同品名的易腐货物，如运输温度要求接近、货物性质允许混装的，可按一批托运，在同一机械冷藏车内组织混装运输。此时，托运人应与发站和乘务组商定运输条件，签订运输协议，并将运输条件记录在货物运单“托运人记载事项”栏和“机械冷藏车作业单”内。

热状态相同、品名不同的易腐货物，必须满足在冷藏车内保持或要求的运输温度接近，才允许拼装在同一冷藏车内按一批托运。

可以拼装在同一辆冷藏车内按一批托运的货物，在运输途中按哪种品名货物的运输温度控温更好，托运人比铁路了解更清楚，考虑到托运人对货物性质更为熟悉，《铁路鲜活货物运输规则》规定混装运输应由托运人与发站、乘务组商定运输条件。

(4)货物性质有抵触，不能按一批托运。

某些易腐货物虽然都属于同一热状态货物，运输温度接近但货物性质有抵触，易造成其他货物受到湿损和污染，影响货物的质量和卫生状态，所以也不能按一批托运。另外，由于某些易腐货物会释放出一些有害气体(如乙烯)或易吸收异味(如禽蛋)时，也不宜与其他货物混装按一批托运。

一般情况下，不得混装运输具有强烈气味的货物和容易吸收异味的货物；易产生乙烯气体的货物和对乙烯敏感的货物；水果和肉类，蔬菜和乳制品。

2. 运单填写的特殊要求

托运人托运易腐货物除按普通货物规定填写运单外，还应遵守下列特殊规定：

(1)“货物名称”栏。托运人托运易腐货物，应在货物运单“货物名称”栏内填记货物名称，注明品类顺号及热状态。

(2)“托运人记载事项”栏。应注明容许运输期限，容许运输期限须大于铁路规定的运到期限三天；使用机械冷藏车运输时，应具体注明装载货物的运输温度要求和运输条件。

(3)票据记载。发站应在货物运单、货票、封套上分别加盖红色“易腐货物”、△K(△K表示须快速挂运的货车）戳记。发站、列车编组站要将△K符号转记在“列车编组顺序表”记事栏内。

3. 货物质量、温度和包装

托运人托运易腐货物时，货物的质量、温度、包装和选用的车辆，均须符合《易腐货物机械冷藏车运输条件表》（《铁路鲜活货物运输规则》附件1）和《易腐货物运输包装表》（《铁路鲜活货物运输规则》附件2）的规定。发站应认真抽查托运货物的质量、包装及安全防护用品是否符合要求。使用机械冷藏车装运时，发站应在装车时会同乘务组对货物的温度、质量、包装和安全防护用品进行抽查，并将抽查情况记录在“机械冷藏车作业单”内。货物包装和破验部位的恢复由托运人负责。

易腐货物的初始质量和包装是优质运输易腐货物的重要前提。如不能满足运输要求或不适于提交运输而予以承运，必然造成货物损失，浪费运输能力。因此货物的质量和包装应由托运人负责。同时铁路在运输过程中除对合同规定的义务应承担责任外，还应负责监督托运人、收货人承担合同规定的义务。

货物质量、包装、温度达不到要求时，承运人有权拒绝承运货物。

4. 未列名的易腐货物运输规定

由于鲜活货物品类繁多，《铁路鲜活货物运输规则》中的《易腐货物运输条件表》不可能列载出所有的易腐货物品名。使用机械冷藏车运输未列名的易腐货物时，应按如下规定试运：

（1）试运前，托运人应与发站商定运输条件，提出《铁路易腐货物试运申请表》（《铁路鲜活货物运输规则》附件8）一式三份，托运人、发站、发送铁路局各一份。

（2）发站将“铁路易腐货物试运申请表”报铁路局，经批准后组织试运，铁路局将有关情况上报铁道部备案并抄送相关铁路局。

（3）托运人应将试运批准号和运输条件记录在货物运单“托运人记载事项”栏和“机械冷藏车作业单”内。

（4）发站在确认首批试运货物安全抵达到站后，方可发出次批试运货物。同一发站、品名、运输条件的货物，首批试运不得超过4车。试运期不得超过1年。

（5）试运期间，如货物在运输过程中出现腐烂、变质、冻损等问题，须立即停止试运。发站应组织有关人员分析事故原因，并将结果报铁路局。需要继续试运的必须制定改进措施，重新办理试运手续。

（6）试运结束后，发站应将试运总结报铁路局，铁路局将有关情况报铁道部。

5. 进口易腐货物运输

使用机械冷藏车运输进口易腐货物，以及经过基因修改、非正常天然繁殖、使用过生长激素和经过化学药物处理等降低了耐储运性的易腐货物时，托运人应与发站和乘务组商定运输条件，签订运输协议，并将运输条件记录在货物运单“托运人记载事项”栏和“机械冷藏车作业单”内。

6. 不按规定条件运输的易腐货物

使用机械冷藏车运输易腐货物，托运人要求不按《铁路鲜活货物运输规则》规定条件办理时，应在确认货物不致出现腐烂、变质、冻损等问题的前提下，与发站和乘务组商定运输条件，签订运输协议，并将运输条件记录在货物运单“托运人记载事项”栏和“机械冷藏车作业单”内。

二、装车作业

1. 车辆选用

为了质量良好地运输易腐货物，铁路应根据货物特性拨配适当的车辆装车。

根据铁路货车使用范围，装运易腐货物应选用冷藏车装运，确因冷藏车不足时，承运人可根据托运人的要求，按《使用棚敞车运输易腐货物的措施》(《铁路鲜活货物运输规则》附件 4)的规定办理。

2. 冷藏车使用规定

冷藏车包括机械冷藏车和冷板冷藏车等车型。目前我国铁路数量最多的是机械冷藏车。冷藏车是运输易腐货物的专用车辆，但使用时应遵守以下规定：

(1)机械冷藏车装载货物的重量，不得超过车辆的标记载重量。

(2)无包装的水果、蔬菜(西瓜、哈密瓜、南瓜、冬瓜除外)等易污染、损坏车内设备的易腐货物不得用冷藏车装运。

为保护车辆，保证货物安全，便利装卸作业，加速车辆周转，无包装的水果、蔬菜、卤鱼等不得使用冷藏车装运。因为水果、蔬菜带有大量的田间热并产生呼吸热，不加包装货压货直接堆在车内，不但易增加机械伤，影响货物质量，而且车内冷空气无法畅通循环，积热难以散发，货物易腐烂变质。另外，无包装的水果、蔬菜也不便于装卸，延长了作业时间。但西瓜、哈密瓜、南瓜、冬瓜等，本身比较结实，体积也较大，只要不过高堆码，底层货物不会被压坏，货物间也有一定的自然间隙，冷空气能在货堆内循环流通，货物的热量可以得到散发，所以可以用冷藏车装运。卤鱼有盐水渗出，对冷藏车内部的金属构件(如底格板、内壁板等)有腐蚀作用，所以不得使用冷藏车装运。

(3)冷藏车严禁用于装运污染、腐蚀和损坏车辆的非易腐货物(如煤炭、化肥、砖瓦、水泥等)。

(4)使用机械冷藏车(包括空车回送和回空代用)，应由发站逐级上报铁道部调度部门，经铁道部调度命令承认后方可使用。车站应将调度命令号码填记在“机械冷藏车装车通知单”内。

为了减少空车走行或在易腐货物运输淡季增加冷藏车的使用次数，以及满足某些货物特殊的运输需要，可利用冷藏车装运粮食、食糖、百货以及某些药品等。但这些都属于冷藏车的非正常使用，且运输这些货物时往往又有特殊的限制或要求。所以车站利用冷藏车回空装运普通货物或冷藏、加温、保温运输非易腐货物时，应逐级上报。

3. 车辆检查

车辆状态是保证易腐货物运输质量的基础，故铁路调配装运易腐货物的车辆必须是状态良好的，不能保证易腐货物质量的车辆，严禁使用。装车单位应在易腐货物装车前(加冰运输在加冰前)检查冰箱、排水装置、通风口、车门及车内设备是否良好，车内是否清洁卫生。对不能保证货物质量的车辆，承运人应及时予以调换。

4. 车辆预冷

用冷藏车运输易腐货物时，在装车前必须预冷，待车内温度降低到规定温度后，方可装车。

对车辆进行预冷,是保证易腐货物质量的一项重要的技术作业。装车前如有足够的时间对冷藏车进行预冷,使车内温度达到所装货物的适温范围最为理想。这样就可大大减少运输途中的冷消耗,有利于货物降温和保持合适的运输温度,有利于提高冻结或冷却货物的质量。

考虑到目前我国铁路冷藏运输的技术水平及运输组织工作的实际情况,《铁路鲜活货物运输规则》对机械冷藏车的预冷作了不同的规定:冻结货物为 -3 ℃ ~0 ℃;香蕉为 11 ℃ ~15 ℃;菠萝、柑橘为 9 ℃ ~12 ℃;其他易腐货物为 0 ℃ ~3 ℃。

5. 装车要求

(1)易腐货物应按《铁路鲜活货物运输规则》"附件 1、附件 3"规定的方法装载。

(2)经过预冷的冷藏车装车时,应采取措施保持车内温度。

(3)装(卸)车作业中应使用不致损坏车内设备的工具,不得挤碰循环挡板和挤占车体压筋之间的空隙,上层货物距离循环挡板至少应留出 50 mm 的空隙。

(4)开关车门时,严禁乱砸硬撬。

(5)采取保温、防寒、防湿等措施时,严禁以钉、钻、铆等方式损坏冷藏车车体。

6. 装卸时间

冷藏车的装卸车作业时间越长,冷藏运输时对车辆和货物的冷消耗越多,装车后降温就越困难,卸车后货温上升的幅度也越大。因此,车站、托运人、收货人应加强装(卸)车的组织工作,缩短装(卸)时间。

(1)单节机械冷藏车每辆装(卸)车作业时间(不包括洗车和预冷时间,下同)不得超过 3 h。

(2)货物车为 4 辆的机械冷藏车组,每组装(卸)车作业时间不得超过 6 h,每车的装(卸)车作业时间不得超过 3 h。

由于托运人(收货人)的责任超过规定的装(卸)车时间,应核收铁路货车延期占用费。

7. 填写"冷藏车作业单"

使用机械冷藏车时,填写"机械冷藏车作业单"(《铁路鲜活货物运输规则》格式 7)。"机械冷藏车作业单"是掌握易腐货物运输的原始记录,是改进易腐货物冷藏运输工作,分析事故原因,划分承运人、托运人和收货人之间以及铁路内部有关部门之间责任的依据。所以装卸车单位、发站、到站及机械冷藏车乘务组都要认真填写"冷藏车作业单",并做好作业单的传递交接工作。

三、到达交付

易腐货物的到达作业包括卸车和交付工作。到达作业虽然是运送过程的最后阶段,但是如果不能正确及时地组织卸车和交付,也会影响货物运输质量。

1. 卸车与交付

(1)到站对到达的易腐货物应及时组织卸车和交付。对事故货物亦应及时卸车,妥善处理。

在铁路货场内卸车的易腐货物应防止被污染,必要时可联系收货人采取措施随卸随搬。如果是冻结、冷却货物或寒季运送需保温、加温运输的货物,应联系收货人准备防护用品和搬运工具,组织直接卸车。

（2）使用机械冷藏车装运的易腐货物卸车时，车站货运员应会同机械冷藏车乘务员对卸车作业进行技术指导，发现问题应及时联系收货人共同解决。卸车作业后车站（乘务组）正确及时地填写“机械冷藏车作业单”的到站作业记录部分各项内容。到站将作业单粘附于货票丁联存查。

（3）收货人领取货物时，必须将货物的装车备品、防护用品、衬垫物品等全部搬出。卸车单位负责将卸后的车辆和货位清扫干净。

2. 发现问题的处理

（1）易腐货物运抵到站，联系不到收货人或收货人拒绝领取时，到站应自发出催领通知次日起（不能实行催领通知时，为卸车完了的次日）或收货人拒绝领取之日起，1 日内及时通知发站和托运人，征求处理意见。托运人自接到通知之日起，2 日内提出处理意见答复到站。对于超过容许运输期限仍无人领取的货物，或收货人拒领而托运人又未按规定期限提出处理意见的货物，或虽未超过上述期限，但是货物已开始腐坏、变质时，到站可按无法交付货物或依据有关规定处理。

（2）到达货物出现腐烂、变质、冻损、污染、生理病害、病残死亡等问题时，到站应立即组织卸车并按规定编制货运记录，使用机械冷藏车的应会同乘务组组织卸车。收货人有异议的，不得拒绝卸车或中途停止卸车，否则因此造成的扩大损失由收货人承担。

第三节　活动物运输

一、托运和承运

1. 查验规定的检疫证明

托运活动物时，托运人应按国家有关规定提出检疫证明，在货物运单“托运人记载事项”栏内注明检疫证明的名称和号码，并将随货同行联牢固地粘贴在运单背面，随货物递到站交收货人。没有检疫证明的，发站不得承运。

为了预防和消灭家畜、家禽的传染病和寄生虫病，保护畜牧业生产发展和人民的身体健康，根据国务院颁布的《家畜家禽防疫条例》的规定，到市场出售和外运的家畜及家禽产品，都必须持有检疫证明（实验动物、观赏动物、演艺动物、家养野生动物应参照家畜、家禽办理）。

2. 猛禽、猛兽托运要求

托运猛禽、猛兽时，托运人应与发站商定运输条件和运输防护方法，报发送铁路局批准。跨局运输时，发送铁路局应将商定的事项通知相关铁路局。托运人应在货物运单“托运人记载事项”栏内注明商定的运输条件和运输防护方法。

3. 蜜蜂托运要求

蜜蜂运输时，托运人要按车填写物品清单（一式三份，一份留站存查，一份随票递送到站，一份交托运人）。物品清单要记明蜜蜂的空箱数、有蜂箱数、押运人所带的生活用品，饲养工具及蜜蜂饲料等。

二、装　　车

1. 车辆选用

（1）装运活动物应选用专用车辆、敞车或有窗的棚车。

(2)装运牛、马、骡、驴、骆驼等大牲畜,应使用带有㊍标记的木地板货车;确因木地板货车不足需要使用其他货车时,应采取衬垫等防滑措施。

(3)发往深圳北的活牛不得使用敞车装运。

(4)装运活鱼不得使用全钢棚车及车窗不能开启的棚车(采用增氧机运输的除外)。托运人随车携带增氧机时,必须配带1至2只灭火器。随车携带的动力用柴油不得超过100 kg。柴油应盛装于小口塑料桶内,口盖必须拧紧,严密不漏。严禁使用汽油动力增氧机,严禁携带汽油上车。

拨配的车辆是否适合装运活动物由托运人检查确定,并在运单"托运人记载事项"栏内记明同意使用车辆的车型、车号。托运人认为车辆不适合时,承运人应予以调换。

2. 装载要求

(1)禽、畜可单层或多层装载,每层的装载数量由托运人根据季节、运输距离、活动物的体积及选用的车种车型等情况确定。

(2)装运活动物的车辆可开启门窗,但应采取措施防止大牲畜头部伸出。

(3)蜜蜂的装载,应纵向排列、稳固堆码,并留有足够的通风道,预留押运人休息的位置。在顶部蜂箱上不准乘坐人员,不准装载自行车和其他杂物。

另外蜜蜂进站时,托运人必须在蜂箱巢门外安装好纱罩,防止蜜蜂飞出蜇人,遮蔽信号,影响车站作业和行车安全。蜂箱巢门未安装纱罩的,发站不得承运。

三、押　　运

运输活动物时,托运人必须派熟悉动物特性的押运人随车押运,负责做好动物的饲养、饮水、换水、洒水、看护和安全工作。因此运送活动物时,有关押运人的人数、携带物品应按规定办理。

1. 押运人数

押运人每车一至两人,托运人要求增派押运人时,须经发站承认,但合计人数不得超过7人。

2. 押运人携带品的规定

押运人携带物品只限途中生活用品和途中需要的饲料和饲养工具。为放蜂需要带的狗必须装在铁笼内,并交验检疫证明。押运人不得携带危险品和违反政令限制的物品。

四、发现问题的处理

运输过程中发现活动物染疫、疑似染疫、病死或死因不明时,押运人应及时通知车站。车站发现上述情况时,应及时向当地动物防疫部门报告并按动物防疫部门的规定妥善处理,同时拍发电报通知发、到站和上级主管部门。严禁乱扔染疫、疑似染疫的活动物,病死或死因不明的活动物尸体。

活动物的排泄物以及垫料、包装物、容器等污染物应由押运人或收货人在铁路指定站或到站清除,并按动物防疫部门的规定处理,不得中途随意向车外抛撒,不得违规在中途站清扫和冲洗。

五、到达作业

1. 各车站对到达的活动物应及时组织卸车和搬出货场。货车和货位必须认真清扫、洗刷、除污,必要时还应进行消毒。

2. 货车洗刷除污

被动物、动物产品等污染的车辆、货位,卸车单位要彻底洗刷除污,保证没有残留的污水、秽物。按规定需要消毒的,由收货人委托有资质的单位进行消毒。车辆洗刷除污、消毒后适当通风,晾干后再关车门。机械冷藏车洗刷除污、消毒后须经车站和乘务组检查验收,棚、敞车洗刷除污、消毒后须经车站检查验收。卸车单位没有货车洗刷除污条件的,车站应根据调度命令填写"特殊货车及运送用具回送清单",向铁路局指定的洗刷除污站回送。

收货人领取活动物后,货位上还残存有装车时防护、衬垫物品和装车备品,以及饲料碎屑、动物粪便等污物或异臭气味,因此收货人必须认真进行清扫、洗刷除污。发现有病畜禽及死畜禽的应按规定或依照防疫部门的处理意见进行消毒。一方面是便于场地的复用,另一方面也防止疫病传播或扩大疫情。

?

1. 何谓鲜活货物?鲜活货物是如何进行分类的?
2. 托运易腐货物时,运单填记上有何特殊要求?
3. 易腐货物按一批托运的条件是什么?
4. 判定下列货物能否按一批托运?

(1)大豆和马铃薯;

(2)冰蛋和鲜蛋;

(3)冷却的荔枝(1 ℃ ~5 ℃)和冷却的柠檬(7 ℃ ~10 ℃);

(4)未冷却的大白菜(0 ℃ ~3 ℃)和未冷却的萝卜(0 ℃ ~3 ℃);

(5)冻虾(-15 ℃以下)和速冻甘蓝(-15 ℃以下)。

5. 机械冷藏车预冷温度有哪些规定?
6. 机械冷藏车装卸时间有哪些规定?
7. 易腐货物运抵到站,联系不到收货人或收货人拒绝领取时,到站应如何处理?
8. 托运活动物时须出具什么证明?
9. 装运活动物的车辆使用上有何规定?
10. 活动物押运人人数及携带品有何规定?
11. 装过哪些货物的车辆卸后应洗刷除污?

第八章　货物装载加固

第一节　货物装载加固的基本技术条件

一、装载加固的基本技术条件

货物装载加固的基本技术要求是使货物均衡、稳定、合理地分布在货车上，不超载，不偏载，不偏重，不集重；能够经受正常调车作业以及列车运行中所产生各种力的作用，在运输全过程中，不发生移动、滚动、倾覆、倒塌或坠落等情况。

偏载：货物总重心在车地板上的投影位于车地板纵中心一侧，且偏离超过限度。

偏重：货物总重心在车地板上的投影位于车地板横中心一侧，造成转向架承重或两转向架承重之差超过规定限度。

二、平车装运货物长度（宽度）超出车地板的规定

1. 对车辆的要求

使用有端、侧板的平车装载长度或宽度超出车地板的货物，可将端、侧板放下，同时用镀锌铁线将其与车体捆绑牢固或用锁铁卡紧。

涂打“㊇”的平车在运行时，端板应处于立起关闭状态。特殊情况下，在安装车钩缓冲停止器后允许将端板放倒运行；或将两平车相邻端的一辆平车的端板采取可靠吊起措施后，可将另一辆平车的端板放倒运行。

2. 装载要求

货物突出平车车端装载，突出端的半宽不大于车辆半宽时，允许突出端梁 300 mm；大于车辆半宽时，允许突出端梁 200 mm。凡超过此限时，应使用游车。

根据两平车连挂车钩的间距，正常车辆连挂时两端部间最小间距为 908 mm（N_6），车钩处于压缩状态时每一车钩压缩量为 75 mm，运行于曲线 300 m 半径线路上，曲线内侧货物端部较中间向前 35 mm。当相邻车辆均装有突出端梁 300 mm 的货物时，而货物端部（曲线内侧）还有 88 mm 安全量。

$$908-300\times2-75\times2-35\times2=88(\text{mm})$$

三、装车后货物总重心投影位置的规定

货物的重心为货物质量所在位置。

货物的中心为货物的几何中心。

1. 原则：总重心投影应位于车辆纵横中心线的交点上。

2. 偏离的规定。

(1)横向偏离量不得超过 100 mm。

(2)纵向偏离时,每个车辆转向架所承受的货物重量不得超过货车容许载重量的 1/2,且两转向架承重之差不得大于 10 t。

横向偏离考虑转向架心盘直径为 300 mm,不超过 100 mm 时,货物重心能落在车辆转向架心盘内;纵向偏离考虑两转向架的磨耗及运行安全。

四、重车重心高的规定

1. 重车重心高指将车辆和所装货物看作一个整体,该整体的重心距轨面高度为重车重心高。

2. 规定:重车重心高度从钢轨面起,超过 2 000 mm 时应按表 8-1 的规定限速运行。限速运行时,由装车站以文电向铁路局请示,铁路局以电报批示,跨局运输则应同时抄给有关铁路局,并符合《铁路货物装载加固规则》的规定。限速运行时,发站应在货物运单、票据封套、编组顺序表及货车表示牌上注明"限速××公里"字样。

表 8-1 重车重心超高限速表

重车重心高度 H (mm)	区间限速 (km/h)	通过侧向道岔限速 (km/h)
$2\,000 < H \leqslant 2\,400$	50	15
$2\,400 < H \leqslant 2\,800$	40	15
$2\,800 < H \leqslant 3\,000$	30	15

五、货物装载高度(宽度)的规定

货物的装载高度、宽度和计算宽度,除超限货物外,不得超过货物装载限界和特定区段装载限制。

货物的装载高度指距轨面起算的高度。

货物的装载宽度指装车后货物外缘距车辆纵中心线的位置。

计算宽度指除货物宽度外,还考虑车辆运行产生的偏差量。

六、货车装载货物重量的规定

1. 货车装载货物重量的范围

(1)货物的重量(包括包装重量)。

(2)防护物重量。

(3)装载加固材料及装置的重量。

2. 货车装载重量的规定

货车装载的货物重量不得超过货车容许载重量。

3. 货车容许载重量范围

(1)货车标重。

(2)货规规定的附加装载量。

(3)允许增载量。

(4)规定的装载量是以一定的装载方法规定的装载量(达不到货车的标重)。

4. 货车允许增载量

(1)装运国内货物按铁道部[2007]218号文件规定的车型、货物品类及允许增载量装载。

(2)装运军运货物按"军运装载加固基本要求"规定办理。即60 t平车装运特殊装备允许增载10%。

(3)《国际铁路货物联运协定》规定中铁、朝铁、越铁装运国际联运货物增载为货车标重的5%(标重再加标重的5%为最大装载量;中俄议定书规定整车货物重量不应超过63 t)。

七、成件包装货物的装载加固

1. 装载要求

应排列紧密、整齐。当装载高度或宽度超出货车端侧墙时,应层层压缝,梯形码放,四周货物倾向中间,两侧超出侧墙的宽度应一致。袋装货物袋(扎)口朝向车内。

2. 加固方法

对超出货车端侧墙高度的成件包装货物应用绳网或绳索串联一起捆绑加固。也可用挡板(壁)、支柱,镀锌铁线(盘条)等加固。袋装货物起脊部分应使用上封式绳网或绳索加固。

八、使用加固材料及加固一般要求

1. 禁止用菱苦土、水泥、砖、石等材料做加固材料、装置。

2. 篷布不能作为加固材料。

3. 常用加固方法有拉牵加固,挡木或钢挡加固,围挡加固,掩挡加固,腰箍下压式加固,整件捆绑等。

使用铁地板长大货物车装载货物,可采用焊接加固,焊接时应采取安全接地措施。卸车时应由卸车单位恢复车辆原状。禁止在车辆上挖孔。

4. 加固一般要求。

(1)拉牵形式可采用八字形、倒八字形、交叉、又字形或反又字形等方式。

(2)使用多股线材加固,绞棍绞紧时不能损伤铁线、盘条。

(3)使用钢丝绳加固时,应采取配套的钢丝绳夹,使用紧线器作连接装置时,紧线器与钢丝绳强度应匹配。

(4)使用挡木或钢挡加固时,其高度不宜过大与车地板之间要求有足够的连接强度。

(5)掩挡的有效高度应符合要求,掩挡与车地板的连接强度必须足以保证掩挡自身不发生移动或倾覆。

(6)使用腰箍下压式加固时,每道腰箍的预紧力必须达到设计要求。

(7)必要时,加固线与货物、车辆棱角接触处采取防磨措施。

5. 加固货物所用绳索或加固捆绑拴结后余尾部分,长度不得超过300 mm,一般不短于100 mm。

第二节　货物重心投影位置和重车重心高的计算

货物重心投影位置对超限、超重、超长货物极为重要，是检查货物装载是否合理及正确计算货车在运行中作用于货物上的力值及需要加固材料的重要依据之一。

一、货物总重心投影在车辆纵向位置的确定

《铁路货物装载加固规则》规定，装车后货物总重心投影应位于货车纵横中心线交叉点上，必须偏离时横向偏离不得超过 100 mm。纵向偏离每个转向架承受重量不得超过货车容许载重的 1/2，且两转向架承重之差不得大于 10 t。

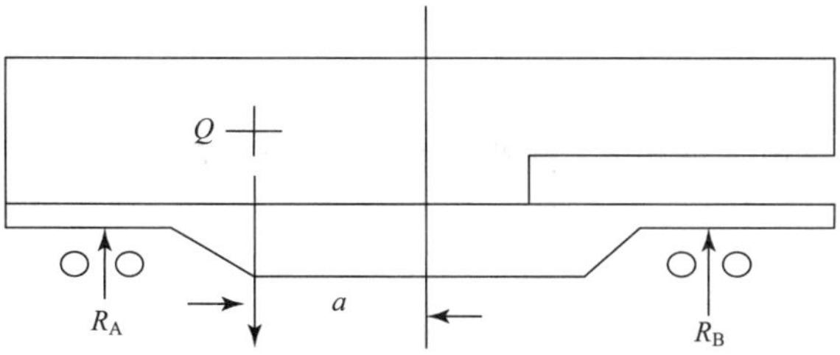

图 8-1　一辆车装一件货物示意图

1. 车辆转向架承重的计算

以一辆车装一件货物为例，货物装载如图 8-1 所示。

根据力矩平衡原理，以车辆转向架 R_B 为支点。

$$R_A = Q\left(a+\frac{l}{2}\right) = Q\left(0.5+\frac{a}{l}\right) \tag{8-1}$$

$$R_B = Q - R_A = Q\left(0.5-\frac{a}{l}\right) \tag{8-2}$$

式中　R_A、R_B——车辆转向架承受的货物重量，t；

Q——货物重量，t；

a——货物重心至货车横中心线所在垂直平面的距离，mm；

l——车辆转向架中心销间距离，mm。

2. 货物重心最大容许位移量 $a_{容}$ 的确定

根据《铁路货物装载加固规则》规定，两转向架承重应满足下列条件

$$R_A \leqslant \frac{P_{容}}{2} \tag{8-3}$$

$$R_A - R_B \leqslant 10 \tag{8-4}$$

根据式(8-3)和式(8-1)可求得 a_1

$$\frac{P_{容}}{2} = Q\left(0.5+\frac{a_1}{l}\right)$$

$$P_{容} = Q + 2Q\frac{a_1}{l}$$

$$2Q\frac{a_1}{l} = P_{容} - Q$$

$$a_1 = \left(\frac{P_{容}}{2Q} - 0.5\right)l \tag{8-5}$$

根据式(8-4)和式(8-1)、式(8-2)可求得 a_2

$$R_A = Q\left(0.5 + \frac{a_2}{l}\right)$$

$$R_B = Q\left(0.5 - \frac{a_2}{l}\right)$$

$$Q\left(0.5 + \frac{a_2}{l}\right) - Q\left(0.5 - \frac{a_2}{l}\right) = 10$$

$$0.5Q + Q\frac{a_2}{l} - 0.5Q + Q\frac{a_2}{l} = 10$$

$$a_2 = \frac{5}{Q}l \tag{8-6}$$

根据计算 $a_{容}$只能在(a_1,a_2)之间并取最小值才能满足《铁路货物装载加固规则》的两个条件。

当 $a_1 < a_2$ 时

$$则\left(\frac{P_{容}}{2Q} - 0.5\right)l < \frac{5}{Q}l \quad 同除 l$$

$$\frac{P_{容}}{2Q} - 0.5 < \frac{5}{Q} \quad 同乘 2Q$$

$$P_{容} - Q < 10\ \text{t} 时 \quad 用 a_1 = a_{容} 得到$$

$$a_{容} = \left(\frac{P_{容}}{2Q} - 0.5\right)l$$

当 $a_1 > a_2$

$$\left(\frac{P_{容}}{2Q} - 0.5\right)l > \frac{5}{Q}l \quad 同除 l、同乘 2Q$$

$$P_{容} - Q > 10\ \text{t} \quad 用 a_2 = a_{容} 得到$$

$$a_{容} = \frac{5}{Q}l$$

当 $a_1 = a_2$ 时,两式均可使用,但 a_2 计算简便;所以《铁路货物装载加固规则》附件 2 规定,

当 $P_{容} - Q < 10$ t 时 $$a_{容} = \left(\frac{P_{容}}{2Q} - 0.5\right)l \tag{8-7}$$

当 $P_{容} - Q \geqslant 10$ t 时 $$a_{容} = \frac{5}{Q}l \tag{8-8}$$

3. 一车装运多件货物时,货物总重心的计算

一车装多件货物时,如图 8-2 所示,货物的重心是指所装多件货物的总重心。这个总重心是否偏移,需要通过计算才能确定。

根据力矩平衡原理以车辆横中心线为作用点(轴)其计算公式如下:

$$\pm Q_1 a_1 \pm Q_2 a_2 \pm \cdots \pm Q_n a_n = a(Q_1 + Q_2 + \cdots + Q_n)$$

即 $$a = \frac{\pm Q_1 a_1 \pm Q_2 a_2 \pm \cdots \pm Q_n a_n}{Q_1 + Q_2 + \cdots + Q_n} \tag{8-9}$$

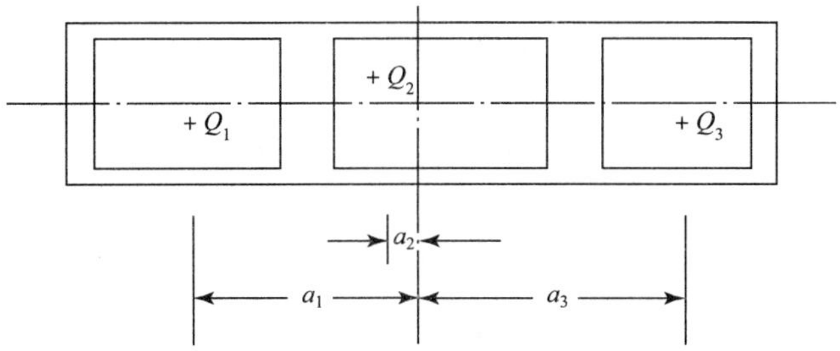

图 8-2 一车装运三件货物示意图

式中 $Q_1, Q_2, \cdots, Q_n$——每件货物的重量,t;

$a_1, a_2, \cdots, a_n$——每件货物重心至车地板横中心线的距离,mm;

a——多件货物的总重心至车地板横中心线的距离,mm。

计算时,所有位于车地板横中心线一侧的货物重心至横中心线的距离应取同一符号;若货物重心在左侧时取"+"号,在右侧的货物重心就取"-"号,"+"和"-"表示偏移的方向,计算结果 a 值为"+",表示总重心位于横中心线左侧,a 值为"-"表示总重心位于横中心线右侧。

例如,装运一件货物时,装车前根据货物重心位置和使用车辆类型事先标划出 $a_{容}$ 的最大范围,装车后即符合规定装多件货物时,就要根据货物车辆情况通过计算确定装载位置。

【例 8-1】 一件货物长 11 m,重 48 t,货物重心距货物长度一端 7 m 位置,选用 N_{16}(标重 60 t,车长 13 m,销距 9.3 m),当货物重心投影偏离横中心线 500 mm 时装载是否符合规定。

解:

$$P_{标} - Q = 60\ t - 48\ t > 10\ t$$

$$a_{容} = \frac{5}{Q}l = \frac{5}{48} \times 9\ 300 \approx 968(\text{mm})$$

实际偏离 500 mm,小于 968 mm 符合规定。

【例 8-2】 现有 Q_1、Q_2、Q_3 三种货物,重量分别为 15 t、28 t、8 t,长度分别为 5 150 mm、2 200 mm、3 000 mm,使用 N_{16} 标重 60 t 一辆装运,如图 8-3 所示,检查该装载方法在车辆纵向方面是否符合规定并说明原因(N_{16} 车长 13 000 mm、销距 9 300 mm)。

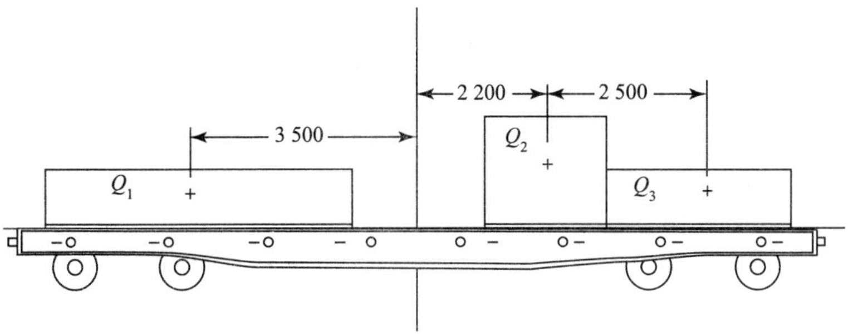

图 8-3 一车装运三件货物示意图(单位:mm)

解:货物总重心偏离横中心线位置

$$a_{总}=\frac{15\times3\ 500-28\times2\ 200-8\times4\ 700}{15+28+8}=-916\ (\mathrm{mm})$$

求 $a_{容}$

$$P_{容}-Q=60\ t-51\ t<10\ t$$

$$a_{容}=\left(\frac{P_{容}}{2Q}-0.5\right)l$$

$$=\left(\frac{60}{2\times51}-0.5\right)\times9\ 300=821(\mathrm{mm})$$

由于$|a_{总}|>|a_{容}|$,说明此装载符合规定。

二、货物总重心投影在车辆横向位置的确定

货物重心在车辆横向偏离超过规定时,将会使车辆一侧弹簧负重较大,甚至压死旁承有导致重车倾覆的危险。实验和研究证明货物重心在车辆横向偏离不超过规定(100 mm)时,不致影响行车安全,超过时必须改变装载方法或采取配重措施,调整重心位置。

1. 重心位置的确定

货车只装一件货物时,根据货物的计划装载方案或装车后直接测量即可得知偏离距离是否符合规定。

当装多件货物时,总重心位置应按下列公式计算

$$b=\frac{\pm Q_1b_1\pm Q_2b_2\pm\cdots\pm Q_nb_n}{Q_1+Q_2+\cdots+Q_n}\tag{8-10}$$

式中　　b——货物总重心至车地板纵中心线水平距离,mm;

$b_1,\cdots,b_n$——每件货物重心至车地板纵中心线的距离,mm。

计算时,所有位于车地板纵中心线的货物重心至纵中心线的距离应取同一符号,计算结果 b 值的符号表示总重心所在位置,其绝对值是其偏移量。

【例 8-3】　三件货物的重心横向偏离如图 8-4 所示,求其总重心的横向偏离量。

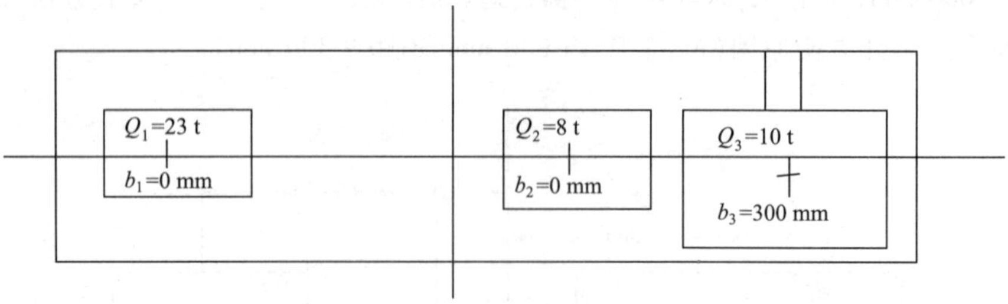

图 8-4　一车装运三件货物示意图

解:由图可知,$b_1=0$ $b_2=0$ $b_3=300$ mm

$$B_{总}=\frac{\pm Q_1b_1\pm Q_2b_2\pm\cdots\pm Q_nb_n}{Q_1+Q_2+\cdots+Q_n}=\frac{10\times300}{23+8+10}=73(\mathrm{mm})$$

2. 配置货物的重量或重心位置的计算

大件货物装车时,为了避免超限或缩小超限程度或货物形状特殊等原因,货物重心不但不

能位于货车纵中心线上,而且往往要求计算距纵中心线的距离是否超过规定值(100 mm)。超过时,为了确保行车和货物安全,应采取配重措施。

根据力矩平衡原理,以车辆纵中心线为轴线得到平衡方程式

$$Qb = Q_{配} b_{配}$$

$$b_{配} = \frac{Qb}{Q_{配}} \tag{8-11}$$

$$Q_{配} = \frac{Qb}{b_{配}} \tag{8-12}$$

式中　$Q_{配}$——配重货物的重量,t;

$b_{配}$——配重货物重心距车辆纵中心线的距离,mm;

Q——配重前的货物重量,t;

b——配重前货物重心偏离车辆纵中心线的距离,mm。

【例 8-4】　一件货物重 45 t,选用 60 t N_{16}型平车装载,装车后货物重心偏离纵中心线 200 mm,另有配重货物 12 t,其重心在货车纵中心线另一侧多少毫米处,才能使货物总重心落在货车纵中心线上?

解:已知 $Q=45$ t,$b=200$ mm,$Q_{配}=12$ t,

$$b_{配} = = \frac{Qb}{Q_{配}} = \frac{45 \times 200}{12} = 750(\text{mm})$$

配置货物重心距货车纵中心线 750 mm 处,可使货物总重心投影落在货车纵中心线上(无偏离)。

【例 8-5】　一件货物重 45 t,用 N_{16}装载后重心偏离 200 mm。另有配置货物 12 t,求配置货物重心距货车纵中心线多少毫米,才能保证货物总重心横向偏离在 100 mm 以内?

解:

$$Qb - Q_{配} b_{配} = (Q + Q_{配}) b_{横}$$

$$Q_{配} b_{配} = Qb - (Q + Q_{配}) b_{横}$$

$$b_{配} = \frac{Qb - (Q + Q_{配}) b_{横}}{Q_{配}}$$

$$= \frac{45 \times 200 - (45 + 12) \times 100}{12} = 275(\text{mm})$$

另一侧距纵中心线 275 mm 处。

三、重车重心高的计算

重车重心高系指货物装车后,货物和车辆的总重心(即重车重心)至钢轨平面的高度。重车重心越高倾覆力矩越大,列车运行越不稳定;反之重车重心越低倾覆力矩越小,车辆走行越稳定。所以加规规定:重车重心高超过 2 000 mm 时应限速运行。为了不超过 2 000 mm 应采取配重降低重车重心高度。

1. 一车负重重车重心高的计算

以轨面为支点

$$H = \frac{h_{车} Q_{车} + h_1 Q_1 + \cdots + h_n Q_n}{Q_{车} + Q_1 + \cdots + Q_n} \tag{8-13}$$

式中　　H——重车重心高,mm;

$h_{车}$——车辆重心由轨面起算的高度,mm;

$Q_{车}$——车辆自重(吨),同一车型自重不同取较小值;

$Q_1, Q_2, \cdots, Q_n$——每件货物的重量,t;

$h_1, h_2, \cdots, h_n$——装车后每件货物重心自轨面起算的高度,mm。

2. 跨装时重车重心高的计算

$$H = \frac{Q_{车1}h_{车1} + Q_{车2}h_{车2} + Qh}{Q_{车1} + Q_{车2} + Q} \tag{8-14}$$

式中　$Q_{车1}, Q_{车2}$——分别为两负重车自重,t;

$h_{车1}, h_{车2}$——分别为两负重车空车重心自轨面起算的高度,mm;

Q——货物重量,t;

h——装车后每件货物重心自轨面起算的高度,mm。

3. 采取配重措施降低重车重心高

当重车重心高超过 2 000 mm 时,在实际工作中可选用重心较低自重较大的车辆或采取配重措施,降低重车重心高。配重货物的重量可按下述方法计算。

配重时,应按最大限度考虑 $Q_{配} \leqslant P_{标} - Q$,配重后的重车重心高 $H = 2\,000$ mm。

得到公式

$$2\,000 = \frac{Q_{总}H + Q_{配}h_{配}}{Q_{总} + Q_{配}}$$

可得配重货物最小需要重量的计算公式为

$$Q_{配} = \frac{Q_{总}(H - 2\,000)}{2\,000 - h_{配}} \tag{8-15}$$

如果已知配重货物的重量,则配重货物的重心高度计算方法为

$$h_{配} = 2\,000 - \frac{Q_{总}(H - 2\,000)}{Q_{配}} \tag{8-16}$$

式中　$Q_{配}$——配重货物的重量,t;

$Q_{总}$——配重前,车辆和货物的总重,t;

$h_{配}$——装车后配重货物由轨面起的重心高度,mm;

H——未配重前的重车重心高,mm。

公式的推导:

$$2\,000(Q_{总} + Q_{配}) = Q_{总}H + Q_{配}h_{配}$$

$$2\,000Q_{总} + 2\,000Q_{配} = Q_{总}H + Q_{配}h_{配}$$

$$Q_{总}H - 2\,000Q_{总} = 2\,000Q_{配} - Q_{配}h_{配}$$

$$Q_{总}(H - 2\,000) = Q_{配}(2\,000 - h_{配})$$

$$Q_{配} = \frac{Q_{总}(H - 2\,000)}{2\,000 - h_{配}}$$

$$h_{配} = 2\,000 - \frac{Q_{总}(H - 2\,000)}{Q_{配}}$$

【例 8-6】 用 60 t N_{60}型平车装一件 38 t 的货物，货物本身重心高为 1.5 m，车辆自重18 t，车地板自轨面起高 1 170 mm，车辆重心高 715 mm，试计算重车重心高。若重车重心高超过规定，选用一件预计装车后由轨面起重心高为 1 850 mm 的货物配重，重量最小为多少？

解：(1)重车重心高

$$H = \frac{Q_{车} h_{车} + Qh}{Q_{车} + Q} = \frac{18 \times 715 + 38 \times (1\ 500 + 1\ 170)}{18 + 38} \approx 2\ 042(\text{mm})$$

(2)配置货物重量

$$Q_{配} = \frac{Q_{总}(H - 2\ 000)}{2\ 000 - h_{配}} = \frac{(18 + 38) \times (2\ 042 - 2\ 000)}{2\ 000 - 1\ 850} \approx 15.68(\text{t})$$

15.68 t 为最小配重量，但最大不得超过 22 t(60 − 38 = 22)。

第三节 超长货物的装载

由于超长货物具有长度长、重量大的特点，对铁路运输有特殊的要求，因此托运人托运超长货物时，除按一般手续办理外，还应向承运人提出有关资料。

一、托运人应提资料

1. 货物外形尺寸图。
2. 应以“ + ”符号注明货物重心位置及有关尺寸。
3. 货物支重面的长度和宽度。
4. 计划装载加固方案。

承运人在接受托运人的托运要求时，除检查运单填写正确与否，还要检查托运人提供资料是否齐全。

二、超长货物定义

一车负重，突出车端，需要使用游车或跨装运输的货物，称为超长货物。在确定所运货物是否属于超长货物时，应考虑以下问题。

1. 货物突出车端装载时，突出端长度在允许范围内时，不算超长货物。

(1)当货物突出端半宽不大于车辆半宽时，允许突出端梁 300 mm。

(2)当货物突出端宽度大于车辆半宽时，允许突出端梁 200 mm。

【例 8-7】 某机械厂托运一件均重货物，该货物长度为 13.6 m，宽 2 m，要求使用 N_{16}型 60 t平车装运，试问该货物是否为超长货物？

解：N_{16}型 60 t 平车车底板长 13 m，宽 3 m，由此可知某机械厂托运的货物突出端半宽不大于所装平车车底板半宽，而且货物为均重货物，因此可采取两端突出装载的方法进行装载，符合允许超出端梁的标准，由此可知该货物装车后可不使用游车，所以这批货物不属于超长货物。

2. 确定某种货物是否超长，与所使用车辆有密切关系。

例 8-7 中若选用 N_6 型 60 t 平车(车底板长 12.5 m，宽 2.87 m)，两端突出装载时，突出端长度超过了允许突出范围，因此，必须使用游车。如使用此种装载方案该货物即为超长货物。

3. 确定某货物是否超长,与选用装载方法有一定关系。

例 8-7 中货物长 13.6 m,用长 13 m 货车装载,一端突出时,突出端必须使用游车,即为超长货物;两端均衡突出装载时,不必使用游车,不属于超长货物。

三、超长货物装载形式

1. 一车负重,突出装载,使用游车运输

(1) 一端突出装载,即一车负重,一端突出装载,使用一辆游车,如图 8-5(a)所示。

(2)两端突出装载,即一车负重,两端突出装载,两端各使用一辆游车,如图 8-5(b)所示。

2. 使用两辆及其以上平车跨装运输

(1)两车负重,中间用游车,如图 8-5(c)所示。

(2)两车负重,不使用游车,如图 8-5(d)所示。

(3)两车负重,中间及两端均使用游车,如图 8-5(e)所示。

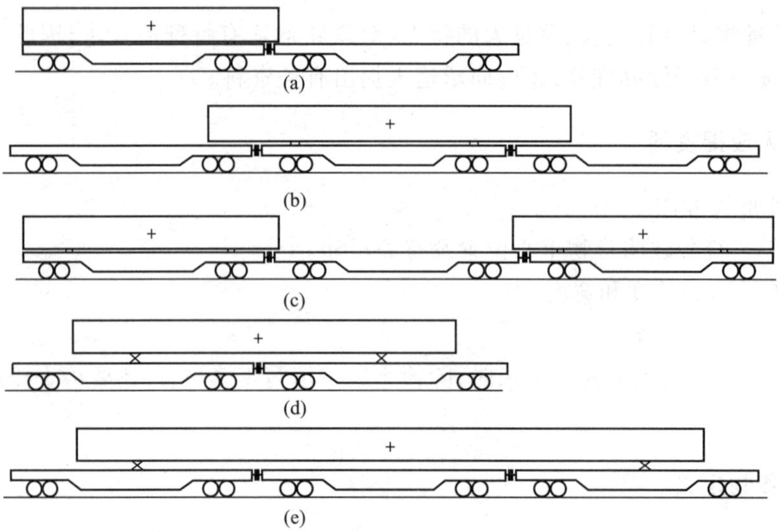

图 8-5 超长货物的装载方法

四、一车负重装载技术条件

货物的全部重量由一辆货车承担,在负重车的一端或两端加挂游车的装载方法,称为一车负重的装载方法。一车负重装载超长货物应遵守下列规定:

(1)均重货物使用 60 t、61 t 平车两端均衡突出时,其装载量不得超过表 8-2 的规定。

表 8-2 60 t、61 t 平车两端均衡突出装载量

突出车端长度 L(mm)	L < 1 500	1 500 ≤ L < 2 000	2 000 ≤ L < 2 500	2 500 ≤ L < 3 000	3 000 ≤ L < 3 500	3 500 ≤ L < 4 000	4 000 ≤ L < 4 500	4 500 ≤ L < 5 000
容许载重量 $Q_{容许}$(t)	58	57	56	56	55	54	53	52

注:表内所列重量,包括加固材料的重量。

(2)均重或非均重货物一端突出端梁装载时,重心最大容许纵向偏移量应根据计算确定,即

当 $P_{容} - Q < 10$ 时 $$a_{容} = \left(\frac{p_{容}}{2Q} - 0.5\right)l \tag{8-17}$$

当 $P_{容} - Q \geqslant 10$ 时 $$a_{容} = \frac{5l}{Q} \tag{8-18}$$

(3)所用横垫木或支(座)架的高度,应根据下式确定。

为使装有超长货物的连挂车组通过线路纵向变坡点时,货物突出部分的底部与游车车地板不相接触,以保证行车和货物安全,垫木高度应通过计算得出最低高度,如图 8-6 所示。

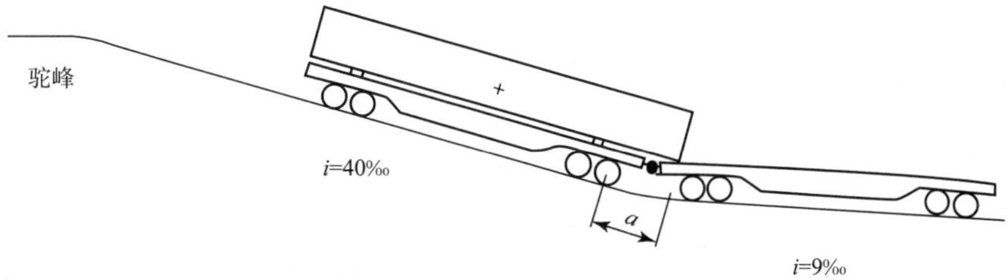

图 8-6 横垫木或支架高度计算

$$H_{垫} = 0.031a \pm h_{车差} + f + 80 \tag{8-19}$$

$$a = (L_{车} - l - l_{轴})/2 + (L_{货} - L_{车}) \tag{8-20}$$

式中 a——货物突出端至负重车最近轮轴轴心所在垂直面的距离,mm;

$h_{车差}$——游车地板高度与负重车地板高度差,游车地板比负重车地板高时,取正值,反之取负值,mm;

f——货物突出端的挠度,mm;

80——安全量,mm;

$L_{车}$——货车长度,mm;

l——车辆销距,mm;

$l_{轴}$——固定轴距,mm;

$L_{货}$——货物长度,mm。

若货物突出车端部分底部低于其支重面时,垫木高度还应加上该突出部分低于货物支重面的尺寸;如果货物突出车端部分底部高于货物支重面时,垫木高度应减去货物突出车端部分高于货物支重面的尺寸。

(4)共用游车时,两货物突出端间距不小于 500 mm(图 8-7)。这样规定主要考虑在车辆运行条件下,使货物与货物之间仍能保持一定的安全距离。

75 mm × 4(车钩压缩量) + 200 mm(安全间隙) = 500 mm

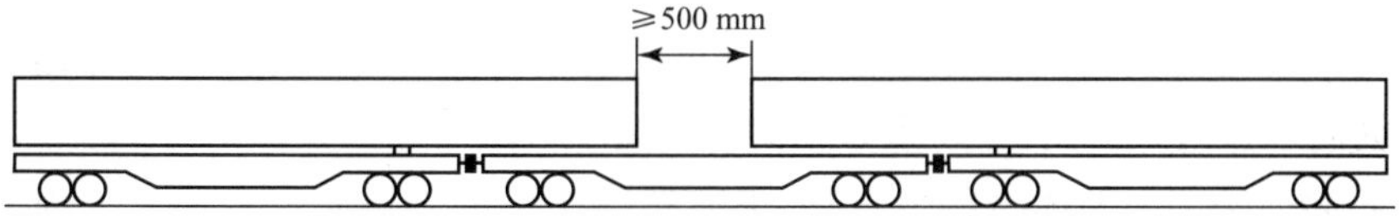

图 8-7 共用游车货物间距

(5)游车上装载的货物,与货物突出端间距不小于 350 mm(图 8-8),货物突出部分的两侧不得装载货物。

75 mm ×2(车钩压缩量) +200 mm(安全间隙) =350 mm

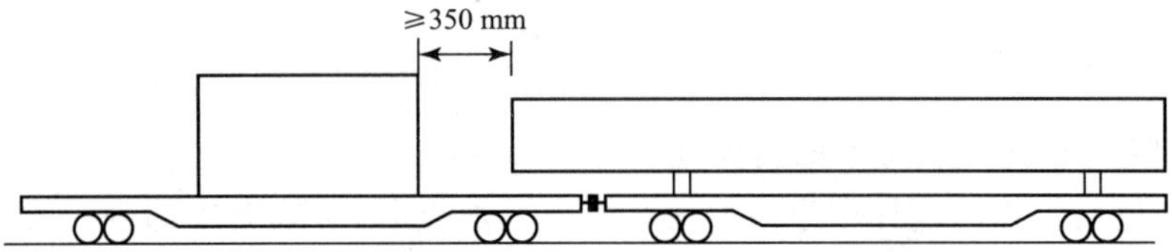

图 8-8　游车加装货物间距

五、跨装运输时的技术条件

用两辆以上连挂车组跨装货物时,应遵守下列规定。

(1)跨装货物只准两车负重。负重车车地板高度应相等,如高度不等时,需要垫平。

对未达到容许载重量的货车,可以加装货物,但不得加装在货物的两侧(图 8-9),与跨装货物端部间距不小于 400 mm(图 8-10)。

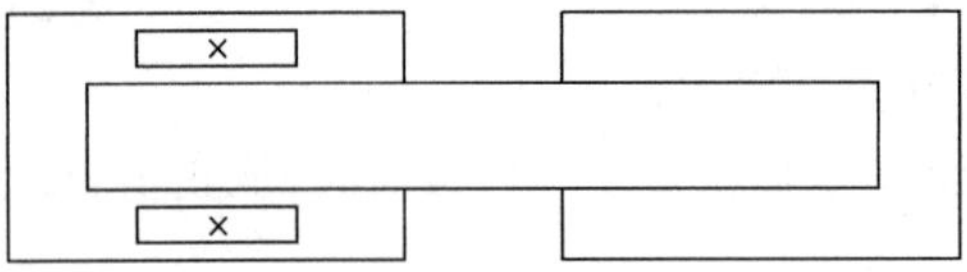

图 8-9　加装货物不得位于跨装货物两侧

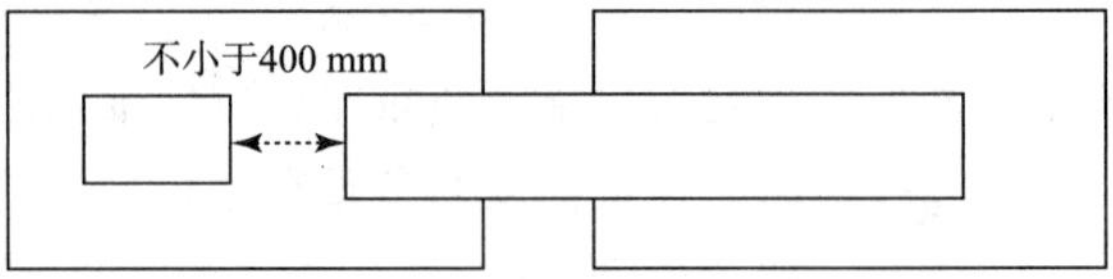

图 8-10　加装货物与跨装货物不小于 400 mm

(2)在两辆负重车的中间只准加挂一辆游车(图 8-11)(N_{15}型运梁专用平车允许加挂 2 辆游车)。

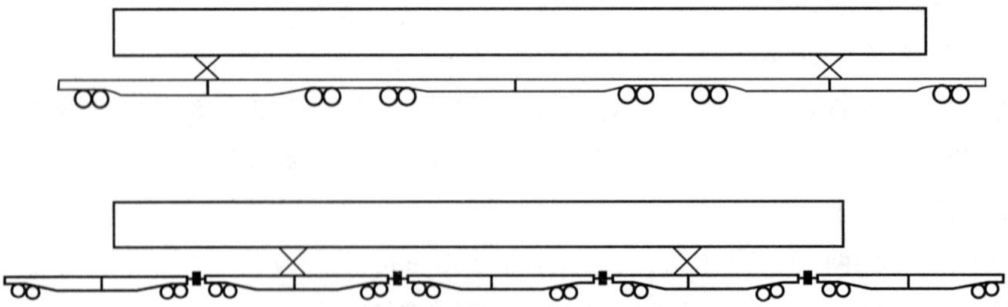

图 8-11　两车负重只准加挂一辆游车

(3)货物转向架的支重面长度应遵守不集重的规定。货物转向架应放在车地板的横中心线上,必须纵向位移时,应符合货物重心偏离货车横中心线的最大容许距离 $a_{容}$ 的规定。

(4)货物转向架的上架体与跨装货物、下架体与车辆分别固定在一起。加固方法不得影响车辆通过曲线,并将提钩杆用镀锌铁线捆紧。

(5)中间加挂游车的跨装车组通过 9 号及其以下道岔时，不得推送调车，以防脱轨。遇设备条件不容许或尽头线时，可以每小时不超过 5 km 的速度匀速推进。

(6)跨装车组禁止溜放。

(7)跨装车组应使用车钩缓冲停止器。

第四节　货车局部地板面承受的重量

一、避免集重装载

不同的车辆根据车底架所用材质及结构，确定了一定负重面长度的最大容许载重量。单件货物装载时难以做到在车地板上均匀分布，会形成车地板局部承受货物重量。

在实际工作中，不容许集重装载的存在，必须采取避免集重的措施。避免集重装载的方法主要有使用横垫木、纵横垫木、更换局部地板面以及使用承受载重量大的车辆等方法。

二、平车、凹底平车、长大平车局部地板面承受的重量

1. 车辆横中心线两侧等距离范围内承受均布载荷或对称集中载荷时，容许载重量见表 8-3、表 8-4、表 8-5。

2. 货物支重面长度小于所需两横垫木之间的最小距离时，可按需要先铺设两根横垫木，然后在横垫木上加纵垫木，将货物均衡地装在纵垫木上。

表 8-3　平车局部地板面承受均布载荷或对称集中载荷时容许载重量表

地板负重面长度(mm)	两横垫木中心线间最小距离(mm) \ 容许载重量(t) \ 车型	N_6、N_{17}	N_{60}	N_{16}	N_{17AK}、N_{17AT}、N_{17G}、N_{17GK}、N_{17GT}、N_{17K}、N_{17T}	NX_{17}、NX_{17A}、NX_{17AK}、NX_{17AT}、NX_{17K}、NX_{17T}	NX_{17B}、NX_{17BK}、NX_{17BT}、NX_{17BH}、	NX_{70}、NX_{70H}
1 000	500	25	25	25	25	25	25	30
2 000	1 000	30	27.5	27.5	30	30	30	35
3 000	1 500	40	30	30	40	40	40	45
4 000	2 000	45	33	32	45	45	45	50
5 000	2 500	50	35	35	50	50	50	55
6 000	3 000	53	40	37.5	53	53	53	57
7 000	3 500	55	45	40.5	55	55	55	60
8 000	4 000	57	50	44	57	57	57	63
9 000	4 500	60	55	49	60	60	61	65
10 000	5 000		60	55				70
11 000	5 500			60				

注：当负重面长度介于上表两数之间时，可采用插入法确定容许载重量。

表 8-4　凹底平车局部地板面承受均布载荷或对称集中载荷时容许载重量表

地板负重面长度(mm)	两横垫木中心线间最小距离(mm)　　容许载重量(t)　车型	D_2	D_5		D_6	D_7	D_8	D_{10}				D_{2G}	D_{2A}	D_{9G}	D_{16G}	D_{18G}	D_{15}	D_{25A}	D_{12}	D_{18A}	D_{10A}	D_{15A}	D_{32}	D_{28}	QD_3	D_{15B}
1 000	500	175	33	45	87	120	150	60	73																22	
1 500	750		35		88.5	121.5	151.5	65		71	71	172	172		95		129		95	165	72	130				130
2 000	1 000	178	37	46	90	123	153	67	73.5																23	
3 000	1 500	180	40	48	93	126	156	70	74	72	72	178	178	200	96	140	131	215	100	166	76	132		250	24	132
3 500	1 750		42		95	128	158	72																		
4 000	2 000	183	43.5	49	97	130	160	73.5	75																25	
4 500	2 250		45		99	131.5	161.5	75		74	74	183	183	205	98	143	134	216	105	168	80	135		260		
5 000	2 500	187	47	52	101	133	163	77	77																27	
5 500	2 750		48.5		103	135	165	78.5																		
6 000	3 000	190	50	53	105	137	167	80	78	77	77	189	189	210	101	145	137	224	109	171	83	138		270	28	140
7 000	3 500	196	55	56	110	141	171	83.5	80									229					300		30	
7 500	3 750		60			143	173	85		81	81	197	197	219	104	165	142		113	175	86	142		275		145
8 000	4 000	200		60		145	176	87	83	87								236			88	150		280		
9 000	4 500	210				150	180	90	86	90	87	210	210		110	180	150	243	120	180			315			150
9 300	4 650													230												
9 800	4 900																	250								
10 000	5 000								90		90										90		320			

注:当负重面长度介于上表两数之间时,可采用插入法确定容许载重量。

表 8-5 长大平车局部承受均布载荷或对称集中载荷时容许载重量表

地板负重面长度(mm)	两横垫木中心线间最小距离(mm)	D_{22G}	D_{26A}	D_{22}	D_{27}	D_{70}
2 000	1 000	30		42	42	32
3 000	1 500					
4 000	2 000	48		48	48	36
4 500	2 250					
5 000	2 500					
6 000	3 000	55		55	55	40
7 500	3 750					
8 000	4 000	60	260	60	60	44
9 000	4 500					
10 000	5 000	65		65	65	46
12 000	6 000	70		70	70	48
14 000	7 000	75		75	75	50
16 000	8 000			80	80	70
16 500	8 250		260			
18 000	9 000	85		85	85	
20 400	10 200	120				

注:当负重面长度介于上表两数之间时,可采用插入法确定容许载重量。

【例 8-8】 使用 N_{17}装载货物一件,货物重量 26 t,支重面长 2 000 mm。判断该货物是否为集重货物。

解:查表 8-3,货物支重面长 2 000 mm,直接装在车地板上,车辆负重面长度为 2 000 mm 时,可承载货物 30 t,货物重量 26 t,未超过所装平车地板负重面长度的最大容许载重量,所以该货物不集重。

三、敞车局部地板面承受货物重量

1. 60 t 敞车

对于 C_{62A}、C_{62A*}、C_{62A*K}、C_{62AK}、C_{62A*T}、C_{62AT}、C_{62B}、C_{62BK}、C_{62BT}、C_{64}、C_{64K}、C_{64H}及 C_{64T}型敞车装载应符合以下规定。

(1)仅在车辆两枕梁之间、横中心线两侧等距离范围内承受均布载荷(图 8-12)时,容许载重量见表 8-6。

(2)仅在车辆两枕梁之间、横中心线两侧等距离范围内承受对称集中载荷(如图 8-13 所示)时,容许载重量见表 8-7。

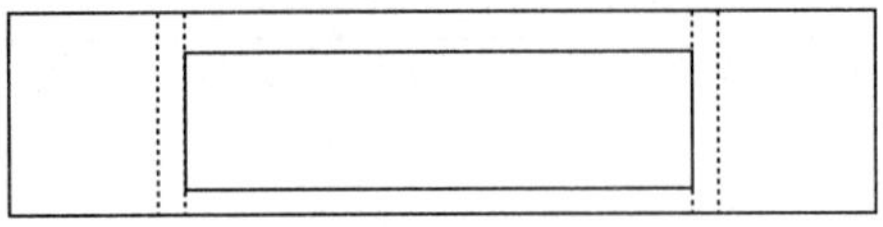

图 8-12　均布载荷

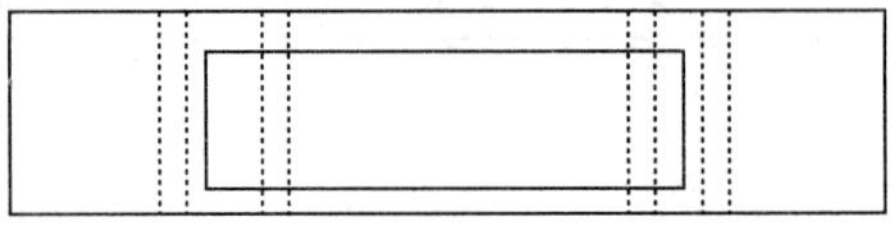

图 8-13　对称集中载荷

表 8-6　60 t、61 t 敞车两枕梁间均布载荷时容许载重量表

车辆负重面长度(mm)	车辆负重面宽度(mm)	容许载重量(t)
2 000	1 300≤B<2 500	15
	B≥2 500	20
3 000	1 300≤B<2 500	16
	B≥2 500	23
4 000	1 300≤B<2 500	17
	B≥2 500	26
5 000	1 300≤B<2 500	18. 5
	B≥2 500	29
6 000	1 300≤B<2 500	20
	B≥2 500	32
7 000	1 300≤B<2 500	23. 5
	B≥2 500	35. 5
8 000	1 300≤B<2 500	27
	B≥2 500	39
9 000	1 300≤B<2 500	30
	B≥2 500	43

注:1. 当负重面长度介于上表两数之间时,可采用插入法确定容许载重量。

2. 本表适用于 C_{62A}、C_{62A*}、C_{62A*K}、C_{62AK}、C_{62A*T}、C_{62AT}、C_{62B}、C_{62BK}、C_{62BT}、C_{64}、C_{64K}、C_{64H} 及 C_{64T} 型敞车。

表 8-7　60 t、61 t 敞车两枕梁间承受对称集中载荷时容许载重量表

两横垫木中心线间距离(mm)	横垫木长度(mm)	容许载重量(t)
1 000	1 300≤L<2 500	13
	L≥2 500	17
2 000	1 300≤L<2 500	14
	L≥2 500	20
3 000	1 300≤L<2 500	17
	L≥2 500	21
4 000	1 300≤L<2 500	24
	L≥2 500	30
5 000	1 300≤L<2 500	32
	L≥2 500	42

续上表

两横垫木中心线间距离(mm)	横垫木长度(mm)	容许载重量(t)
6 000	$1\ 300 \leqslant L < 2\ 500$	43
	$L \geqslant 2\ 500$	49
7 000	$1\ 300 \leqslant L < 2\ 500$	46
	$L \geqslant 2\ 500$	55
8 000	$1\ 300 \leqslant L < 2\ 500$	50
	$L \geqslant 2\ 500$	60(61)
8 700		60(61)

注:1. 当负重面长度介于上表两数之间时,可采用插入法确定容许载重量。

2. 本表适用于 C_{62A}、C_{62A*}、C_{62A*K}、C_{62AK}、C_{62A*T}、C_{62AT}、C_{62B}、C_{62BK}、C_{62BT}、C_{64}、C_{64K}、C_{64H}及 C_{64T}型敞车。

3. 表中括号内数据表示当使用 61 t 敞车时,两枕梁间承受对称集中载荷的容许载重量。

(3)两枕梁直接承受货物重量且两枕梁承受的货物重量相等时,全车装载重量可以达到车辆容许载重量。

(4)在车辆两枕梁内外等距离(装载长度不超过 3.8 m)、宽度不小于 1.3 m 范围内(小于 1.3 m 时加垫长度不小于 1.3 m 的横垫木)承受均布载荷时,全车装载重量可以达到标记载重量。

如果需要在货物下加垫横垫木或条形草支垫(稻草绳把)时,应分别加垫在枕梁上及其内外各 1 m 处,如图 8-14 所示。

(5)靠车辆两端墙向中部连续装载货物,每端装载长度超过 3.8 m 时,如图 8-15 所示,应遵守下列规定。

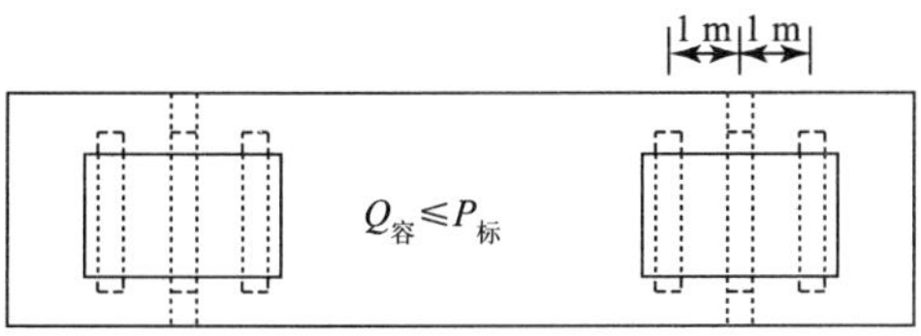

图 8-14　长度小于 3.8 m 加垫横木装载

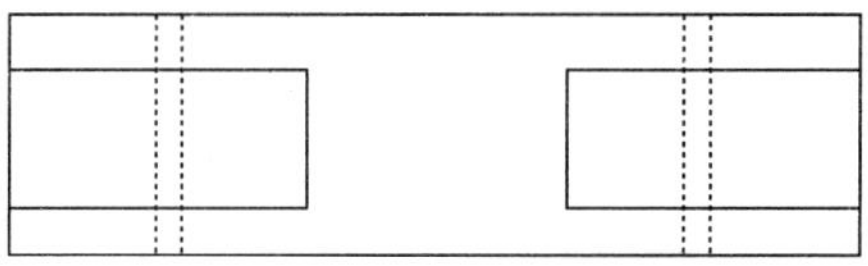

图 8-15　长度大于 3.8 m 加垫横木装载

①装载宽度 $B \geqslant 2.5$ m 时,全车装载可以达到车辆标记装载量。

②装载宽度 $1.3\ \text{m} \leqslant B < 2.5$ m 时,全车装载重量不得超过 55 t。

(6)在车辆两枕梁内外等距离,宽度不小于 1.3 m 范围和车辆中部三处承载时,中部货物重量不得大于 13 t,如图 8-16(a)所示,全车装载重量不得超过 57 t。

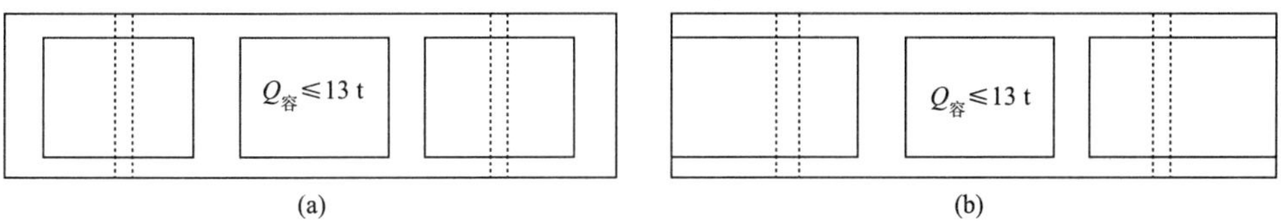

图 8-16　三处承载示意图

(7)靠车辆两端墙向中部连续装载,每端装载长度超过 3.8 m,且在车辆中部装载货物时如图 8-16(b)所示,应遵守下列规定。

①中部所装货物的重量不得超过 13 t。

②当两端货物的装载宽度 $B \geq 2.5$ m 时,全车装载重量不得超过 57 t。

③当两端货物的装载宽度 1.3 m $\leq B < 2.5$ m 时,全车装载重量不得超过 55 t。

(8)仅靠防滑衬垫防止货物移动时,全车装载重量不得超过 55 t。

2. 70 t 敞车

70 tC_{70}、C_{70H}型敞车局部地板面承受均布载荷或对称集中载荷时,遵守下列规定。

(1)仅在车辆两枕梁之间、横中心线两侧等距离范围内承受均布载荷时,容许载重量见表 8-8。

表 8-8 C_{70}、C_{70H}敞车两枕梁间承受均布载荷时容许载重量表

车辆负重面长度(mm)	车辆负重面宽度(mm)	容许载重量(t)
2 000	$1\,300 \leq B < 2\,500$	25
	$B \geq 2\,500$	30
3 000	$1\,300 \leq B < 2\,500$	28
	$B \geq 2\,500$	39
4 000	$1\,300 \leq B < 2\,500$	34
	$B \geq 2\,500$	40
4 500	$1\,300 \leq B < 2\,500$	34
	$B \geq 2\,500$	40
5 000	$1\,300 \leq B < 2\,500$	36
	$B \geq 2\,500$	42
6 000	$1\,300 \leq B < 2\,500$	42
	$B \geq 2\,500$	45
7 000	$1\,300 \leq B < 2\,500$	44
	$B \geq 2\,500$	48
8 000	$1\,300 \leq B < 2\,500$	48
	$B \geq 2\,500$	52
9 000	$1\,300 \leq B < 2\,500$	52
	$B \geq 2\,500$	62

注:1. 以下情况 C_{70}、C_{70H}全车装载重量可以达到车辆标记载重量:

①当车辆负重面宽度不小于 2 000 mm,在车辆两枕梁处负重面长度各为 3 800 mm 或在车辆两枕梁及中央三处负重面长度不小于 2 000 mm 且均布对称装载时;

②全车均布装载时。

2. 当负重面长度介于上表两数之间时,可采用插入法确定容许载重量。

(2)仅在车辆两枕梁之间、横中心线两侧等距离范围内承受对称集中载荷时,容许载重量见表 8-9。

表 8-9 C_{70}、C_{70H}敞车两枕梁间承受对称集中载荷时容许载重量表

两横垫木中心线间距离(mm)	横垫木长度(mm)	容许载重量(t)
1 000	1 300≤L<2 500	26
	L≥2 500	30
2 000	1 300≤L<2 500	32
	L≥2 500	36
3 000	1 300≤L<2 500	35
	L≥2 500	39
4 000	1 300≤L<2 500	42
	L≥2 500	46
5 000	1 300≤L<2 500	48
	L≥2 500	54
6 000	1 300≤L<2 500	58
	L≥2 500	64
7 000	1 300≤L<2 500	60
	L≥2 500	68
8 000	1 300≤L<2 500	64
	L≥2 500	70

注:1. 使用横垫木在两枕梁处对称装载,当横垫木长度不小于 2 000 mm,两横垫木中心间距为 1 000 mm 时,全车装载重量可以达到车辆标记载重量。

2. 当负重面长度介于上表两数之间时,可采用插入法确定容许载重量。

(3)下列情况 C_{70}、C_{70H}型敞车全车装载量可以达到标记载重量。

①当车辆负重面宽度不小于 2 000 mm,在车辆两枕梁处负重面长度各为 3 800 mm 或在车辆两枕梁及中央三处负重面长度不小于 2 000 mm 且均布对称装载时。

②全车均布装载时。

③使用横垫木在两枕梁处对称装载,当横垫木长度不小于 2 000 mm,两横垫木中心间距为 1 000 mm 时。

车地板负重面长度(或两横垫木中心线距离)容许载重量表的距离是按每1 000 mm递增,在实际装载中往往出现不足 1 000 mm 的情况,这时可采用插入法计算,公式如下

$$Q = Q_1 + \frac{Q_2 - Q_1}{L_2 - L_1} \times (L - L_1) \tag{8-21}$$

式中 Q ——车地板负重面长度(或两横垫木中心线距离)的容许载重量,t;

Q_1,Q_2 ——两相邻负重面长度的容许载重量,t;

L ——需要计算的货物实际负重面长度,mm;

L_1,L_2 ——两相邻负重面长度,mm。

四、装载要求

(1)平车、凹底平车、长大平车局部地板面承受重量时,应遵守下列有关规定。

车辆横中心线两侧等距离范围内承受均布载荷或对称集中载荷时，符合容许载重量表的规定。

货物支重面长度小于所需两横垫木之间的最小距离时，可按需要先铺设两根横垫木，然后在横垫木上加纵垫木，将货物均衡地装在纵垫木上。

(2)敞车局部地板面承受货物重量时，应遵守 60 t、61 t、敞车、70 t 敞车装载的有关规定。

第五节　装载加固材料

加固材料根据用途分为拉牵捆绑材料、衬垫材料、掩挡类材料、其他材料。按材质分为钢铁类(线材、型材、制材)、木材类、其他(绳、网、绞棍、橡胶等)。

一、拉牵捆绑材料

1. 种类

拉牵捆绑材料有镀锌铁线、盘条、钢丝绳和钢丝绳夹、固定捆绑铁索、绳索、螺旋式紧线器、84 紧固器、腰箍等。

2. 规格及使用要求

(1)常用的镀锌铁线为 6 ~ 12 号，拉牵用镀锌铁线直径不得小于 4 mm(8 号)，捆绑用镀锌铁线直径不得小于 2.6 mm(12 号)。

镀锌铁线不得用作腰箍下压式加固，一般不用作整体捆绑。禁止使用两股以上镀锌铁线一次性缠绕或使用受损和使用过的镀锌铁线，绞紧时不得损伤镀锌铁线。

(2)盘条直径为 5.5 mm、6.0 mm、6.5 mm。

除拉牵加固外，还可用于整体捆绑，但不得用作腰箍下压式加固。拉牵时禁止两端头相互搭接缠绕，绞紧时不得损伤盘条，使用过的及有问题的不合格产品(裂纹、折叠、结疤、耳子、分层、夹杂)及受损的盘条禁止使用。

(3)钢丝绳和钢丝绳夹。

使用钢丝绳加固时，钢丝绳头应用钢丝绳夹固定。固定单股钢丝绳端头时，使用钢丝绳夹数量不得少于 3 个；两根钢丝绳搭接时，应不少于 4 个钢丝绳夹正反扣装并紧固，底板扣装在主绳一侧，夹头间距应等于 6 ~ 7 倍的钢丝绳直径；绳头余尾长度控制在 100 ~ 300 mm 间，钢丝绳夹使用示意图如图 8-17 所示。加固时禁止用吊车吊钩张紧钢丝绳。

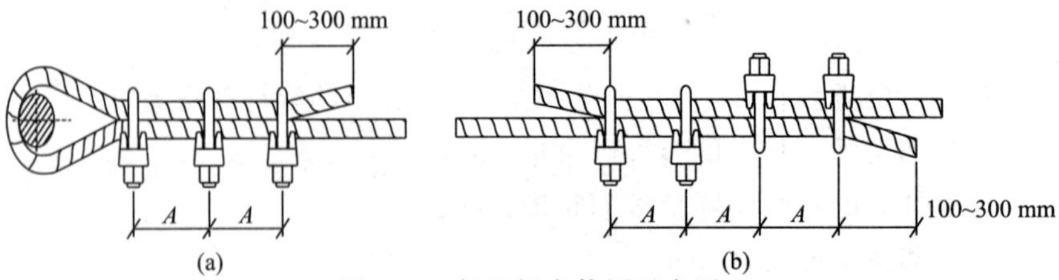

图 8-17　钢丝绳夹使用示意图

(4) 固定捆绑铁索。

固定捆绑铁索长度为 2 600 mm，由 8 号镀锌铁线 4 股制成。固定捆绑铁索配合支柱拦护货物。

加固木材使用固定捆绑铁索作腰线时，应分别用 3 股游线穿入固定捆绑铁索环内，各缠绕支柱 2 周、拧固 3 周，捆绑松紧适度，固定捆绑铁索应与木材密贴。同一固定捆绑铁索允许使用一个游线环。固定捆绑铁索两端不得同时使用固定游线。

(5)绳索。

绳索应使用优质棕、麻制作或用抗拉强度和伸长率符合要求的尼龙丝等材料制作，绳索的破断拉力不得小于 7. 84 kN，加固轻浮货物时其破断拉力不得小于 2. 94 kN，绳索 80% 破断拉力时的伸长率不大于 15% 。

绳索长度应适合捆绑加固货物的需要，横向下压绳索不准有接头；端部交叉和纵向下压捆绑绳索，每道允许有一个接头，绳头余尾只准缠绕在自身绳杆上，禁止攀拉其他绳杆。绳索经过人力制动机制动台时，应从其上方绕过，经过人力制动机制动杆或提钩杆时应从其内侧穿过。

绳索拴结后应缠绕在自身绳杆上并至少打两个死结，绳头余尾长度不得超过 300 mm，一般不小于 100 mm。

拴结方法采用蝴蝶套结法或链扣抽结法。

蝴蝶套法：将绳索向下拉紧并绕丁字铁直铁一周后，作成蝶翅状圈套，套入丁字铁一端横铁拉紧；然后，再作蝴蝶状圈套，套入丁字铁另一端横铁拉紧。

链扣抽结法：绳索穿过支柱槽向下拉紧绕槽壁两周，在支柱槽上方做成直径约 50 mm 扣眼，然后将绳头绕绳杆一周并穿过扣眼向下拉紧，上述方法连续两次。绳索在敞车下门折页横铁上的拴结应采用链扣抽结拴结法。

敞车装载的货物，禁止使用绳索在车侧拴结点上拴结后，绕过货物侧面、顶面和端面与车端拴结点拴结的交叉捆绑，如图 8-18(a)所示。

禁止使用绳索仅绕过货物侧面、端面，而不绕过货物顶面的捆绑，如图 8-18(b)所示。

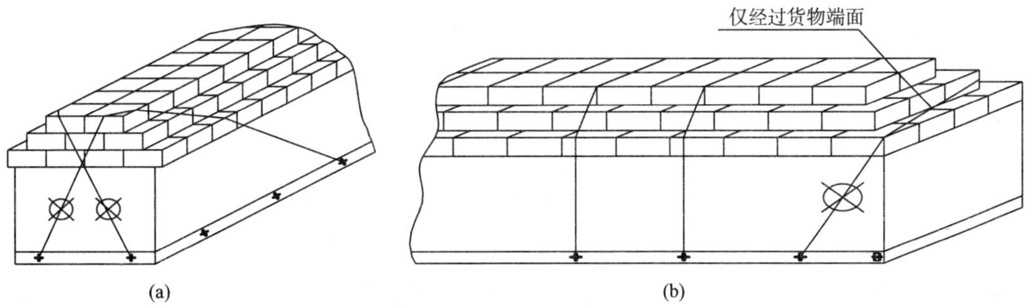

图 8-18　禁止使用的绳索拴结方法

(6)84 型紧固器和腰箍。

84 型紧固器主要用于加固轮式货物；腰箍主要用于加固顺装的圆柱体货物，也可用于加固箱形货物。

腰箍可使用扁钢或钢丝绳制作。制作扁钢腰箍时，扁钢可以接长，接口处可采用对接或搭接方式。对接时，接口须采用单边或双边坡口形式焊接，接缝处必须焊透，并在背面增加宽度相等、长度不小于扁钢宽度的补强板 1 块，与扁钢四周满焊；搭接时，搭接长度不小于扁钢宽度的 2 倍，与扁钢四周满焊，强度必须满足需要。

二、衬垫材料及使用方法

1. 垫木、隔木

(1)规格及制作要求。

横垫木和隔木的长度一般不应小于货物装载宽度，但不大于车辆的宽度。垫木的宽度不得小于高度。横垫木和隔木的常用规格见表 8-10。

表 8-10　横垫木和隔木的常用规格尺寸

名　称	规格尺寸(mm)			要　　求
	长	宽	高	
横垫木	2 700 ~ 3 000	150	140	装载超长货物时横垫木的高度根据突出长端长度计算确定
纵垫木	——	150	140	
隔木	——	100	35	长度不得小于货物的装载宽度

注：本表规定的规格，如不能适应所装货物需要，应在具体装载加固方案中明确。

制作时须选用无削弱强度的木节和裂纹、坚实、无腐烂的整块木材制作。

(2)使用方法。

横垫木应置于车地板和货物间。避免集重装载时，其安放位置应符合《铁路货物装载加固规则》的有关规定。

一车负重装载超长货物时，横垫木的最小高度应根据《铁路货物装载加固规则》计算后确定。

货物分层装载时，可在层间铺隔木(便于装卸和增加摩擦力)。

2. 稻草制草垫(绳、把)

(1)主要性能指标。

条形草支垫(草绳把)单根承载负荷为 150 kN，厚度(高度)为 30 mm 的压实后高度不小于 10 mm，厚度在 70 mm 以上的压实后高度不小于 40 mm。

(2)使用方法及注意事项。

用于支承货物并起防滑作用，可置于车地板与货物之间或货物层间。但同层货物下应使用相同的规格。

避免集重装载时，在车地板上铺垫位置应符合《铁路货物装载加固规则》规定。

条形支垫(草把)长度应满足装车后每端露出货物边缘不小于 100 mm(货物装载宽度与车内宽度接近时除外)。

稻草制品仅限一次性使用。

严格控制货物装车时温度，以防稻草制品焦煳、燃烧造成失效。

3. 橡胶垫

(1)用于防滑、防磨材料、缓冲材料。

(2)使用时应采取防脱落措施。

(3)不得使用再生橡胶制作。

三、掩挡材料及使用方法

1. 支柱

(1)分类:木支柱、钢管支柱、竹支柱。

(2)支柱的规格见表 8-11。

表 8-11　常用支柱的材质及规格

<table>
<tr><th rowspan="2">类　型</th><th rowspan="2">材质或树种</th><th colspan="3">规　格(mm)</th></tr>
<tr><th>长　度</th><th>大头直径</th><th>小头直径</th></tr>
<tr><td rowspan="3">木支柱</td><td>榆、柞、槐、楸、桦、栗、栎、榉、水曲柳等各种硬木</td><td rowspan="5">不大于 2 800</td><td>不小于 85
不大于 160</td><td>不小于 65</td></tr>
<tr><td>落叶松、黄菠萝</td><td>不小于 105
不大于 160</td><td>不小于 85</td></tr>
<tr><td>杉木、樟松</td><td>不大于 180</td><td>不小于 100</td></tr>
<tr><td>钢管支柱</td><td>普通碳素钢或其他钢种的无缝钢管或焊接钢管</td><td>不小于 65</td><td>不小于 65</td></tr>
<tr><td>竹支柱</td><td>毛竹</td><td>不小于 80</td><td>不小于 80</td></tr>
</table>

注:各种材质木支柱的直径均不含树皮的厚度。

(3)制作要求:

木支柱应以坚实圆直的木材制成,不允许有腐朽、死节和虫眼(表皮虫沟除外),活节不超过 2 个。

钢管支柱须圆直,无裂纹,壁厚不小于 4 mm,禁止使用铸铁管制作支柱。

竹支柱需用节密、瓤实、圆直的竹子制成,不得有腐朽、虫眼和裂缝。

(4)使用方法及注意事项:

敞车使用木、竹支柱必须倒插;木支柱外插时,大头应加工成四方形,紧插于支柱槽内,适当外露,露出支柱槽下长度不得超过 200 mm。

钢管支柱外插使用时,其插入端应焊有挡铁。钢管支柱也可用 8 kg/m 以上的轻轨代用。

桦木支柱必须剥皮或蹚平。

使用平车时,不得使用竹支柱,木支柱不准倒插。

支柱折断必须更换。

竹支柱仅限装运竹子及轻浮货物时使用。

2. 三角挡、凹木、方木、掩木

(1)规格。

单独使用三角挡、凹木、掩木深度应按公式计算确定。配合其他加固方法使用时,高度(深度)可适当降低。三角挡底宽不小于高度的 1.5 倍,其计算高度不足 100 mm 时按 100 mm 取用。

常用方木的规格 500 mm × 200 mm × 160 mm。

(2)材质:用坚实、无节、无裂纹、无虫眼的木材制作。

3. 围挡及挡板(壁)

用于加高敞车车帮高度,装运散装货物。围挡有竹笆、竹板、箭竹、钢网、木板五种。

围挡用于挡固敞车装载焦炭的起脊部分,在焦炭装到一定高度时,将围挡沿车辆端侧墙内侧一周安插在端侧墙与货物之间,其超出车辆端侧墙的高度不得超过围挡总高度的1/2。围挡的搭接长度不得小于100 mm(钢网搭接长度不得小于30 mm),每个搭接部分用直径不小于3.2 mm的镀锌铁线2股上下均匀拧固4处,将围挡连成一体。

围挡常用规格(长×宽):(1 500~2 000)mm×1200 mm;其中木板围挡常用规格(长×宽):1 500 mm×1 200 mm,横板1 500 mm×80 mm×25 mm;立板1 200 mm×100 mm×25 mm;横板间距不大于25 mm。制作要求:围挡立板均匀分布,中心间距400 mm,每块横板与立板必须用不少于2个圆钢钉钉固。木板围挡结构如图8-19所示。

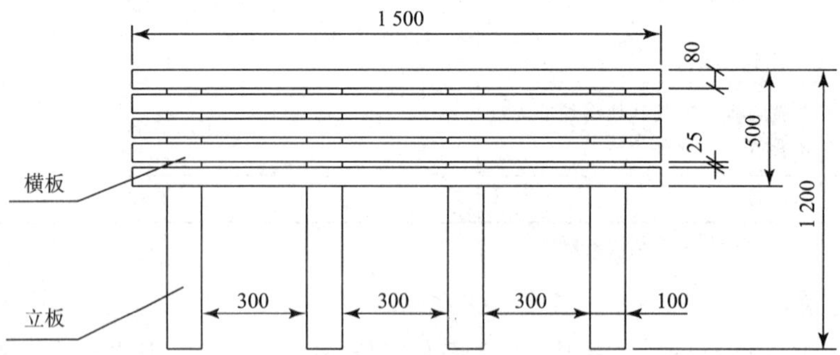

图8-19　木板围挡结构图(单位:mm)

4. 板、方材挡板(壁)

(1)规格:挡板长度2 850~2 900 mm(不小于车内宽度)厚度不小于25 mm,高度以板、方材装载高度为限。木支柱直径为80~100 mm。

(2)制作要求:

木支柱小头朝上,最外侧2根距车墙内侧距离不大于200 mm,其他3根均匀分布,支柱底部与敞车地板接触,每块木板与支柱用2个以上圆钢钉钉固。板、方材挡板结构如图8-20所示。

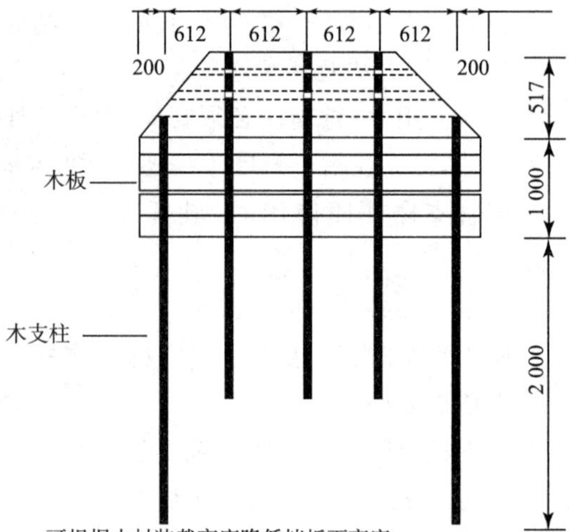

图8-20　板、方材挡板(壁)结构图(单位:mm)

(3)安装及注意事项:

挡板安装在敞车两端墙上方,挡板下沿与车侧墙上沿密贴,木支柱朝外(车端)。

按木材装载方案的规定进行加固。

禁止使用腐朽木材制作挡板,而且挡板不得超限。

四、其他加固材料

1. 绳网

规格及形式如下。

网眼边长250～350 mm,为正方形或菱形。

绳网主要由网筋、围筋和系绳组成,根据使用特点,绳网分为上封式绳网和下捆式绳网两种,上封式又分为A(C)型即中心为空网,B(D)型即满网。制作绳网的网绳可采用优质棕、熟麻、丙纶等材料。一张绳网上同种构件的材质、规格和制作方法应一致,绳网结点应编织牢固,网眼为正方形或菱形。绳网端部系绳应均匀分布。分为A、B、C、D型四种,绳网的尺寸规格详见表8-12。

表8-12 绳网的尺寸规格

种类	型号	长度(mm)	宽度(mm)	系绳长度(mm)	系绳根数(根)	中心网			
						长度(mm)	宽度(mm)	纵向网筋根数(根)	横向网筋根数(根)
上封式	A	15 500	5 800	2 500	16	≤10 000	≤2 000	≥3	≥8
	B	14 500	5 800	2 500	16	—	—	—	—
	C	18 500	5 800	2 500	20	≤12 000	≤2 000	≥3	≥9
	D	17 500	5 800	2 500	20	—	—	—	—
下封式	—	16 500	6 500	2 000	32	—	—	—	—

注:1. 网眼边长250～350 mm;网眼均为正方形或菱形;本表规定的规格,如不能适应所装货物需要,应在具体装载加固方案中明确。

2. 抗拉力要求:系绳、内外围筋和中心网纵横向网筋的破断拉力不小于2.94 kN,网筋不小于1.0 kN。

3. 使用要求及注意事项。

上封式绳网需预埋在未超出敞车端侧墙的货物下(按方案规定),继续装载货物至规定层数,向上翻起绳网,拉紧系绳,将起脊部分货物通过绳网上的系绳捆绑成一体。

下捆式绳网通常用加固空铁桶。当空铁桶起脊装载至规定高度后,先按方案要求捆绑绳索,然后苫盖下捆式绳网,拉紧系绳并将其捆绑在敞车下门挂钩或丁字铁上。不准拴在制动杆或提钩杆上。

2. 焦炭网

为防止敞车装焦炭途中坠落而苫盖的下捆式苫盖网。敞车起脊装焦炭后,可用焦炭网苫盖并将其系绳拴在敞车下门挂钩或丁字铁上。不准拴在制动杆或提钩杆上。网筋破断拉力不小于60 N,围筋、系绳破断拉力不小于150 N,80%破断拉力时的伸长率不大于18%。

3. 绞棍、圆钢钉、扒锔钉、U形钉

(1)绞棍:用于缠绕后的镀锌铁线、盘条等绞紧用。绞拧不宜过紧和过松,不得损伤拉牵捆绑线。留用时需固定,不留用时采取防松措施。

(2)圆钢钉:应交错布置、垂直钉入,并应避开车地板的缝隙或木板裂纹,长度应保证能够接近将车地板钉穿。常用圆钢钉的规格尺寸见表8-13。

表 8-13　常用圆钢钉的规格尺寸　（单位:mm）

直　径	5	5.5	6	6.5
长　度	100 ~ 130	120 ~ 175	150 ~ 200	160 ~ 220

(3)扒锔钉:扒锔钉常用圆钢或螺纹钢制作。常用扒锔钉规格(长 × 直径 × 钉脚长度):200 mm × 10 mm × (50 ~ 60) mm。扒锔钉用于钉固三角挡、挡木、垫木、轮挡等加固材料。扒锔钉应钉固成八字形。钉固扒锔钉时,应上下、左右均匀敲打,逐步推进,使加固材料与货物、车地板贴实贴紧。

(4)U 形钉:用于骑跨在整体捆绑线(封顶线、腰线、拦护线等)上,并钉固在木材或木质加固材料上。U 形钉仅限一次性使用。

第六节　货物加固装置

常用的装载加固装置有货物转向架、钢支架、钢座架、车钩缓冲停止器等。

一、货物转向架

货物转向架每幅两个,一个具有死心盘,中心销孔为一圆孔;另一个具有活心盘,中心销孔为一长孔。每个转向架由上架体和下架体组成。

1. 货物转向架的编号

货物转向架用三段代码方式编号,由所属局名简称、类型及单架承载能力代码段,车组中间能否加挂游车代码段和顺序代码段组成,并在其中用短横杠相连。除单架承载能力代码段作为类型代码的下标外,其余代码均用相同字形、字号表示。

例如,北京局管内某托运单位,两车一组不加挂中间游车、单架承载能力 30 t 以下的普通货物转向架,其编号为:京 P_{30}—2—0123;三车一组中间加挂游车、单架承载能力 30 t 以上 60 t 以下的专用货物转向架,其编号为京 Z_{60}—3—0223。

“京”为局名简称,“P”、“Z”为普通和专用型货物转向架第一字的汉语拼音首字;下标“30”、“60”为单架承载能力;“2”、“3”表示负重车间能否加挂中间游车,“0123”、“0223”为顺序编码。

2. 货物转向架的使用

货物转向架编号应标打在转向架的明显部位。托运人托运货物时,应在货物运单托运人记事栏注明转向架编号。车站凭统一编号的转向架办理交接检查,无编号或无技术档案的转向架不准使用。

两车一组跨装货物时,活心盘中心销定位于中央;三车一组跨装货物、中间加挂游车时,活心盘中心销置于活心盘孔内的位置,距中间游车一端(内侧)180 mm,距另一端(外侧)120 mm。活心盘孔在上架体上时则相反。

3. 货物转向架管理

新造货物转向架前,制造单位应向铁路局提出申请,由铁路局上报铁道部批准后方可生产。新造货物转向架经铁道部认定的技术检测机构进行技术检测合格、由铁道部批准、铁路局编号后方准上路使用。

铁路局对管内批准的各类货物转向架进行编号管理,并责成使用单位建立使用、管理、维护和报废制度。铁路局每年一次定期检查转向架的技术状态。每隔 5 年,已批准生产的各类转向架由铁道部认定的技术检测机构重新进行技术检测。

货物转向架不准擅自租借使用,确因临时需要,须经装车铁路局批准。

二、车钩缓冲停止器

1. 主要性能指标

(1)由钢板和螺杆等部件组成,其钢板厚度不小于 20 mm。

(2)螺杆直径不小于 16 mm。

(3)置于冲击座和钩头背之间的钢板,在冲击座一侧,应制作成梯形或圆弧形(圆弧半径不大于 100 mm),宽度(B)(最宽处)应小于冲击座至钩头背间距离的 3 ~5 mm。

车钩缓冲停止器的结构及尺寸如图 8-21 所示。

2. 使用方法

在车钩自然状态下,将车钩缓冲停止器安装在货车冲击座和车钩钩头背之间。

3. 注意事项

卸车后或回送前,应折卸车钩缓冲停止器。

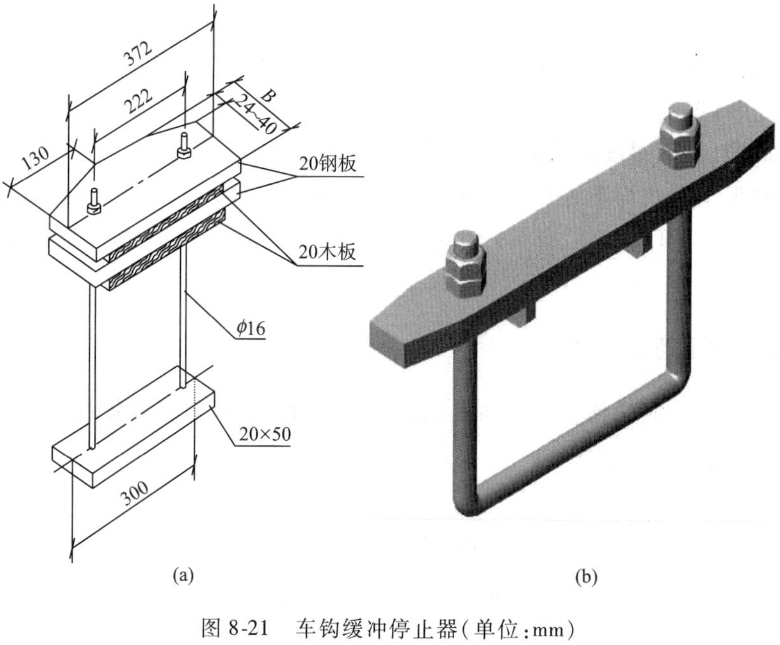

(a)　　　　(b)

图 8-21　车钩缓冲停止器(单位:mm)

三、钢支架、钢座架

钢支架、钢座架应根据货物形状、重量、使用车辆等条件制作,其强度、规格、防滑及加固措施应能满足货物运输安全要求。

第七节　运输过程中作用于货物上的各种力

一、车辆运行的振动形态

1. 沉浮振动

车辆运行中由于车体与走行部之间弹簧的伸缩作用，使车体产生沿 Z 轴方向上下振动产生垂直加速度。

2. 点头振动

车辆经过钢轨接头受到冲击车轮踏面擦伤轮对，偏重、偏心及线路不平时，车辆绕横向水平轴的运动，车辆（货物）离横中心线越远产生垂直力越大。

3. 侧滚振动

由于轨缝错开、线路左右轨面不平、线路养护不良或轮对踏面擦伤及经过道岔时的曲线离心作用使车体绕纵向中心轴回转运动。产生横向水平加速度和垂直加速度。离纵向轴越远则加速度越大。

4. 伸缩运动

列车由于起动、减速或经过上下坡道产生牵引压缩冲击力，通过车钩缓冲装置作用于车底架的前后冲击座上，使车体沿纵向轴前后振动，从而产生纵向水平加速度。

5. 侧摆振动

车辆经过道岔、曲线、轨缝错开冲击产生横向水平振动，使货物产生横向水平加速度。

6. 摇头（蛇形）振动

由于轮轨间隙、踏面斜度及踏面基圆不同而产生绕 Z 轴回转振动。

车辆的各种振动形式均不是单独出现的，是几种形式的组合同时发生，而形成的复杂振动。伸缩产生纵向加速度，沉浮、点头产生垂直加速度，侧摆摇头产生横向加速度，侧滚产生横向直加速度。

二、作用于货物上的力

车辆运行及调车作业受到各种振动及摩擦力的作用，使车上所装货物也受到各种力的作用，其力产生原因及计算如下。

1. 纵向惯性力（T）

（1）作用：使货物纵向移动，重心过高会倾覆。

（2）影响因素：货物重量、列车速度、制动距离等。

（3）计算

$$T = t_0 \times Q \ (\text{kN}) \tag{8-22}$$

式中　t_0——每吨货物的纵向惯性力，kN/t；

Q——货物重量，t。

刚性加固是将货物直接焊在车地板上或四周加焊钢挡以及用螺栓将货物底部拴固在车底架的加固方法。

柔性加固系指拉牵加固、横腰箍加固等加固方法。

采用刚性加固时，$t_0 = 26.69 - 0.13Q_{总}$（kN/t），其中，$Q_{总}$ 表示重车总重，t；当 $Q_{总} > 130$ t 时，按 130 t 计算。

采用柔性加固时，$t_0 = 0.0012Q_{总}^2 - 0.32Q_{总} + 29.85$（kN/t），其中，$Q_{总}$ 表示重车总重，t；跨装运输时，按跨装车组总重计算。

当 130 t $< Q_{总} \leqslant 150$ t 时，$t_0 = 6.78$ kN/t；当 $Q_{总} > 150$ t 时，$t_0 = 5.88$ kN/t。

2. 横向惯性力（N）

（1）产生的原因和作用。横向惯性力由三部分组成，一是车辆在运行过程中由各种振动（如摇头、侧滚、侧摆）产生的横向惯性力。该力的方向与车体摆动的方向相反，并在车辆横向左右交替变化着。二是车辆行经曲线或过侧向道岔时产生的离心力。离心力与车辆的运行方向垂直，所以能使货物产生横向移动。三是曲线外轨超高产生的水平分力，该力的方向与离心力方向相反，能抵消一部分离心力，其大小与外轨超高值有关。

（2）影响横向惯性力大小的因素。横向惯性力大小不仅与货物的重量、线路的质量、车辆走行部分性能、在曲线上运行的速度、曲线半径大小以及外轨超高程度等因素有关，而且与货物的重心在车辆上的位置有密切的关系。货物的重心位于车辆横中心线上时，横向惯性力较小；当货物重心发生纵向位移时，货物的重心离横中心线越远，横向惯性力越大。

（3）计算

$$N = n_0 \times Q \quad (\text{kN}) \tag{8-23}$$

式中 n_0——每吨货物的横向惯性力，kN/t；

Q——货物重量，t。

$$n_0 = 2.82 + 2.2\frac{a}{l} \quad (\text{kN/t}) \tag{8-24}$$

式中 a——货物重心偏离车辆横中心线的距离，mm。跨装时，为货物转向架中心销偏离车辆横中心线的距离，mm；

l——负重车转向架中心距（具有多层转向架群的货车为底架心盘中心距），mm。

3. 垂直惯性力

$$Q_{垂} = q_{垂} \times Q \quad (\text{kN}) \tag{8-25}$$

式中 $q_{垂}$——每吨货物的垂直惯性力，kN/t；

Q——货物重量，t。

（1）使用敞车和普通平车装载时

$$q_{垂} = 3.54 + 3.78\frac{a}{l} \quad (\text{kN/t}) \tag{8-26}$$

式中 a——货物重心偏离车辆横中心线的距离，mm；跨装时，为货物转向架中心销偏离车辆横中心线的距离，mm；

l——负重车转向架中心距，mm。

（2）使用长大货物车装载时

$$q_{垂} = 4.53 + 7.84\frac{a}{l} \quad (\text{kN/t}) \tag{8-27}$$

4. 风力

$$W = qF \quad (\text{kN}) \tag{8-28}$$

式中　q——侧向计算风压；受风面为平面时，$q = 0.49\ \text{kN/m}^2$；受风面为圆球体或圆柱体侧面时，$q = 0.245\ \text{kN/m}^2$；

F——侧向迎风面的投影面积，m^2。

5. 摩擦力

(1)产生原因和作用

装在货车上的货物受外力作用时，货物与车地板或垫木之间会产生摩擦力。该力的方向与作用在货物上各种外力的方向相反，它是阻止货物在车辆上水平移动的力。

(2)影响摩擦力大小的因素

摩擦力的大小与货物重量以及相互摩擦物体表面的性质，即摩擦系数有关。摩擦系数的数值与相互接触的物体的材质和接触面的状况（粗糙情况）有关。

(3)计算

纵向摩擦力：

$$F_{摩}^{纵} = 9.8\mu Q \ (\text{kN}) \tag{8-29}$$

横向摩擦力：

$$F_{摩}^{横} = \mu(9.8Q - Q_{垂})(\text{kN}) \tag{8-30}$$

式中　Q——货物重量，t；

$Q_{垂}$——货物的垂直惯性力，kN；

μ——摩擦系数，按表 8-14 取值。

计算横向摩擦力时考虑垂直惯性力。因为作用于货物上的横向力，其最大值是行经曲线或通过侧向道岔时产生，此时，垂直惯性力也较大，而且车宽与车长之比很小，所以在计算横向摩擦力时，必须考虑垂直惯性力对摩擦力的不利影响。

表 8-14　铁路货物常用摩擦系数表

物体名称	摩擦系数
木与木	0.45
木与钢板	0.40
木与铸钢	0.60
钢板与钢板	0.30
履带走行机械与车辆木地板	0.70
橡胶轮胎与车辆木地板	0.63
橡胶垫与木	0.60
橡胶垫与钢板	0.50
稻草绳把与钢板	0.50
稻草绳把与铸钢	0.55
稻草垫与钢板	0.44
草支垫与钢板	0.42

三、各种力的作用位置

纵、横、垂直惯性力作用在货物重心上。

风力的着力点作用于受风面的几何中心。

摩擦力作用在货物与车或垫木的接触面上。

【例 8-9】 使用 N_{16}(自重 18.4 t、销距 9 300 mm)装一件货重 48 t,规格 11 000 mm × 2 500 mm × 2 000 mm 箱形均质货物,重心投影位于纵中心线上,纵向位移离横中线 500 mm,采用柔性加固,计算各种力值。$\mu=0.45$。

解:纵向惯性力:$T=t_0\times Q=(0.001\,2Q_{总}^2-0.32Q_{总}+29.85)\times Q$

$$=[0.001\,2\times(18.4+48)^2-0.32\times(18.4+48)+29.85]\times 48$$

$$=666.852(\text{kN})$$

横向惯性力:$N=n_0\times Q=\left(2.82+2.2\dfrac{a}{l}\right)\times Q=\left(2.82+2.2\times\dfrac{500}{9\,300}\right)\times 48=141.024(\text{kN})$

垂直惯性力: $Q_{垂}=q_{垂}\times Q=\left(3.54+3.78\dfrac{a}{l}\right)\times Q=(3.54+3.78\times\dfrac{0.5}{9.3})\times 48$

$$=179.664(\text{kN})$$

风力: $W=qF=0.49\times(11\times 2)=10.78(\text{kN})$

纵向摩擦力: $F_{摩}^{纵}=9.8\mu Q=9.8\times 0.45\times 48=211.68(\text{kN})$

横向摩擦力: $F_{摩}^{横}=\mu(9.8Q-Q_{垂})=0.45(9.8\times 48-179.664)=130.831(\text{kN})$

第八节 货物稳定性的计算

稳定力矩:自身重力与力臂的乘积。

倾覆力矩:作用于货物上外力与力臂的乘积。

所谓货物的稳定性从物理学的角度上要求就是自身重力所形成的稳定力矩必须大于作用在货物上外力所产生的倾覆力矩(或滚动力矩),此时货物才稳定,否则货物就会发生倾覆(或滚动)。经由铁路运输考虑到列车运行的情况,货物的稳定系数必须符合下式的要求,不符时必须采取加固措施。

$$\eta=\frac{稳定力矩}{倾覆力矩}\geqslant 1.25 \tag{8-31}$$

1.25 称为货物的稳定系数。

现将货物稳定性的计算方法及保持货物稳定的条件分述如下

一、货物倾覆方面的稳定性

如图 8-22 所示,货物由于受到通过其重心的、纵向惯性力(T)和横向力(N)的作用,分别产生使货物有可能发生纵向或横向倾覆的力矩(Th 或 Nh)。同时风力在货物上形成一个横向倾覆力矩($Wh_{风}$)。货物的重力则形成一个阻止货物发生纵向或横向倾覆的稳定力矩(Qa 或 Qb)。当货物在没有进行加固的情况下,如果货物的纵向惯性力或横向惯性力和风力之和达到最大值,所形成的倾覆力矩大于货物重力所形成的稳定力矩时,货物就会发生倾覆。

1. 在未经任何加固的情况下,具有平支承面的货物免于倾覆的条件

纵向:
$$\eta=\frac{9.8Qa}{Th} \tag{8-32}$$

横向：
$$\eta = \frac{9.8Qb}{Nh + Wh_{风}} \tag{8-33}$$

式中 a、b——货物重心所在横向或纵向垂直平面至货物倾覆点之间的距离，mm；

h——货物重心自倾覆点所在水平面起算的高度，mm；

$h_{风}$——风力合力作用点自倾覆点所在水平面起算的高度，mm。

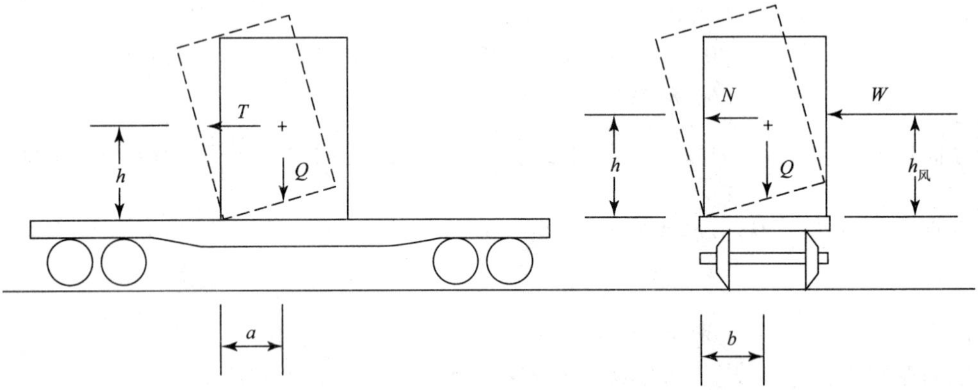

图 8-22　货物倾覆示意图

在 $\eta \geqslant 1.25$ 时，货物不会发生倾覆，而 $\eta < 1.25$ 时，货物就有倾覆可能。

从上式可看出，当货物的支承面较大时，稳定力臂也较大，因而稳定力矩大，货物比较稳定；当货物的重心较高时，倾覆力矩较大，货物的稳定性就较差。所以货物在倾覆方面的稳定性主要取决于货物支承面的长度、宽度和货物的重心高度。

货物的倾覆可能在货车运行的纵向或横向发生。在货物支承面长度和宽度相等的情况下，由于车辆运行过程中作用于货物上的纵向惯性力大于横向力和风力之和，所以货物顺着车辆长度方面产生纵向倾覆的可能性大。但是，通常货物支承面的宽度远远小于其长度，因此，需要通过计算，分别确定货物在纵向和横向的稳定系数。

2. 在加有挡木的情况下，货物免于倾覆的条件

货物装车后，为了防止货物水平移动，一般在货物的两端或两侧加有挡木，如图 8-23 所示。在此情况下，货物免于倾覆的条件为：

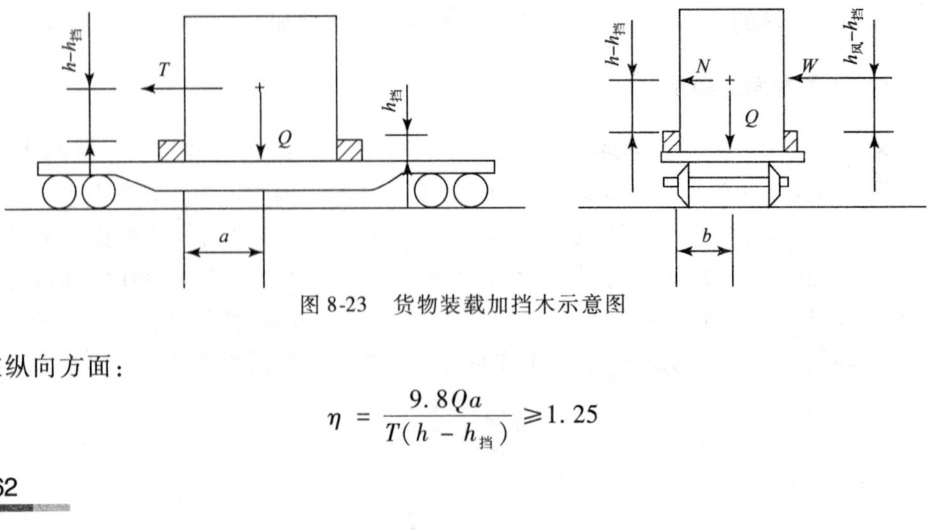

图 8-23　货物装载加挡木示意图

在纵向方面：
$$\eta = \frac{9.8Qa}{T(h - h_{挡})} \geqslant 1.25 \tag{8-34}$$

横向：

$$\eta = \frac{9.8Qb}{N(h - h_{挡} + W(h_{风} - h_{挡})} \geqslant 1.25 \quad (8\text{-}35)$$

式中 $h_{挡}$——挡木的高度，mm。

在实际应用中，由于挡木和车地板的连接强度有限，因此克服倾覆的可能性很小。

二、水平移动方面的稳定性

如果货物的纵向惯性力大于纵向摩擦力，货物会发生纵向水平移动。当横向力与风力之和大于横向摩擦力时，货物会产生横向水平移动。为了防止货物的纵向或横向水平移动，必须采取一定的加固措施，加固材料应当承受的纵向力和横向力可按下式计算：

防止纵向移动：

$$\Delta T = T - F_{摩}^{纵} \quad (8\text{-}36)$$

防止横向移动：

$$\Delta N = 1.25(N + W) - F_{摩}^{横} \quad (8\text{-}37)$$

在运行中，每一次个别的振动对货物的横向水平位移一般影响是很小的，但经过多次反复地振动，就可能达到危险的程度。而且，当重车以比较高的速度通过曲线或侧向道岔时，将产生横向力的最大值。为了确保安全，在考虑横向加固时，将横向惯性力与风力之和再加上25%，以增加横向加固的强度。

三、滚动方面的稳定性

圆柱（筒）、球形以及带轮货物，装车以后如不进行加固。在运行过程中由于受到各种力的作用，很容易发生滚动，所以一般均应采取加固措施。

用掩木（或三角木、挡木）进行加固，如图 8-24 所示。

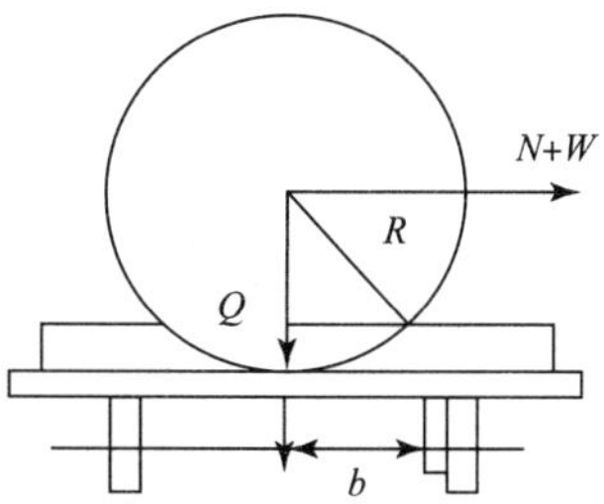

(a) 货物纵向装载

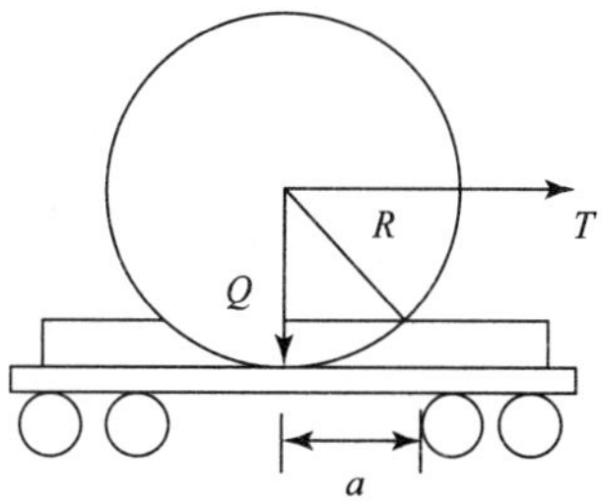

(b) 货物横向装载

图 8-24 用掩木（或三角木、挡木）加固圆柱（筒）、球形货物

使用三角挡或掩木加固后，货物滚动的稳定性也可采用稳定力矩的比值，即货物滚动稳定系数来衡量。

纵向：

$$\eta = \frac{9.8Qa}{T(R - h_{掩})} \geqslant 1.25 \quad (8\text{-}38)$$

横向：

$$\eta = \frac{9.8Qb}{(N + W)(R - h_{掩})} \geqslant 1.25 \quad (8\text{-}39)$$

式中 a、b——货物重心所在横向或纵向垂直平面至三角挡（或掩木）与货物接触点之间距离，mm；

R ——货物或轮子半径,mm;

$h_{掩}$——掩木或三角挡与货物接触点自货物或轮子最低点所在水平面起算的高度,mm。

在 $\eta \geqslant 1.25$ 时,货物不会发生滚动,而 $\eta < 1.25$ 时,货物就有滚动的可能。

第九节　加固材料强度的验算及需要数量的确定

如图 8-25 所示,在数学知识中,直角三角形的斜边平方等于两相邻直角边的平方之和。

$$a^2 = b^2 + c^2$$

在三角函数中,角的对边与斜边之比为正弦,角的邻边与斜边之比为余弦。

角 α 的正弦为 $\sin\alpha = \dfrac{b}{a}$　角 α 的余弦为 $\cos\alpha = \dfrac{c}{a}$

采用拉牵加固时,每根拉牵绳受力分析,由图 8-26 所示可以看出,拉牵铁线所承受的力 $S_{拉}$ 可以分解为以下三个分力,分别为向下的垂直分力、纵向水平分力、横向水平分力。

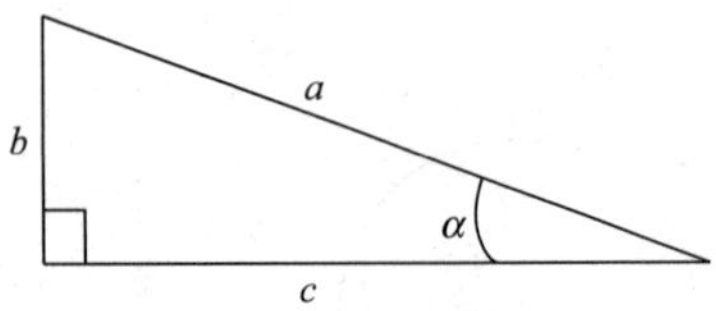

图 8-25　直角三角形

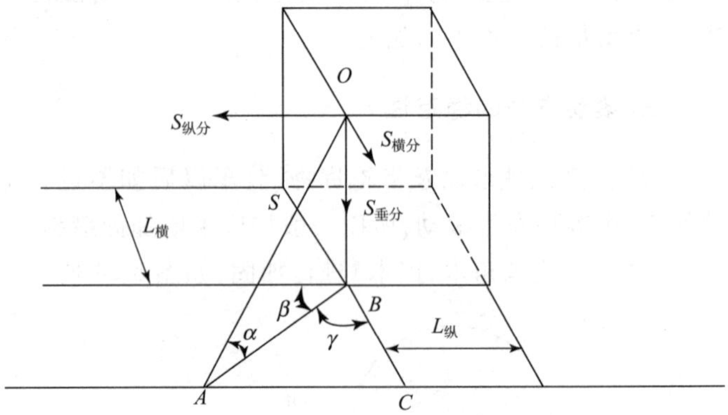

图 8-26　拉牵绳受力分析图

垂直分力

$$S_{垂分} = S_{拉}\sin\alpha = S_{拉}\frac{BO}{AO} = S_{拉}\frac{BO}{\sqrt{AC^2 + BO^2 + BC^2}} \tag{8-40}$$

纵向水平分力

$$S_{纵分} = S_{拉}\cos\alpha\sin\gamma = S_{拉}\frac{AB}{AO}\cdot\frac{AC}{AB} = S_{拉}\frac{AC}{\sqrt{AC^2 + BO^2 + BC^2}} \tag{8-41}$$

横向水平分力

$$S_{横分} = S_{拉}\cos\alpha\cos\gamma = S_{拉}\frac{AB}{AO}\cdot\frac{BC}{AB} = S_{拉}\frac{BC}{\sqrt{AC^2 + BO^2 + BC^2}} \tag{8-42}$$

每道拉牵绳产生的纵向稳定力矩

$$M_{稳}^{纵} = S_{垂分}l_{纵} + S_{纵分}BO = S_{拉}\frac{BO}{\sqrt{AC^2 + BO^2 + BC^2}}l_{纵} \div S_{拉}\frac{AC}{\sqrt{AC^2 + BO^2 + BC^2}}BO$$

$$= S_{拉}\frac{BO(l_{纵}+AC)}{\sqrt{AC^2+BO^2+BC^2}} \tag{8-43}$$

每道拉牵绳产生的横向稳定力矩

$$M_{稳}^{横}=S_{垂分}l_{横}+S_{横分}BO=S_{拉}\frac{BO}{\sqrt{AC^2+BO^2+BC^2}}l_{横}+S_{拉}\frac{BC}{\sqrt{AC^2+BO^2+BC^2}}BO$$

$$= S_{拉}\frac{BO(l_{横}+BC)}{\sqrt{AC^2+BO^2+BC^2}} \tag{8-44}$$

式中　α——拉牵绳与车地板之间的夹角；

γ——拉牵绳在车地板上的投影与车辆横向垂直平面之间的夹角；

β——拉牵绳在车地板上的投影与车辆纵向垂直平面之间的夹角；

O——拉牵绳在货物上的拴结点；

B——O 点在车地板上的投影；

A——拉牵绳在车辆上的拴结点(丁字铁或支柱槽)；

AC——拉牵绳在车地板上的拴结点(丁字铁或支柱槽)至货物上拴结点所在的横向垂直平面之间的距离,mm；

BC——拉牵绳在车地板上的拴结点(丁字铁或支柱槽)至货物上拴结点所在的纵向垂直平面之间的距离,mm；

BO——拉牵绳在货物上的拴结点至车地板的垂直距离,mm；

$l_{纵}$——货物纵向倾覆点至拉牵绳在货物上拴结点所在横向垂直平面之间的距离,mm；

$l_{横}$——货物横向倾覆点至拉牵绳在货物上拴结点所在纵向垂直平面之间的距离,mm。

一、采用拉牵加固时,每根拉牵绳应承受的力

1. 对称拉牵加固时,拉牵位置如图 8-27 所示。

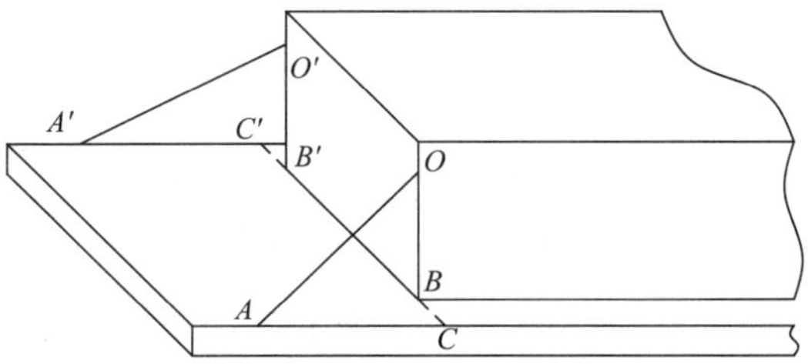

图 8-27　对称拉牵

图中：O,O'——拉牵绳在货物上的拴结点；

B,B'——O,O'点在车地板上的投影；

$BC,B'C'$——O,O'点所在纵向垂直平面与车辆边线的距离,mm；

A,A'——拉牵绳在车辆上的拴结点；

$AC,A'C'$——O,O' 点所在横向垂直平面与拉牵绳在车辆上拴结点间的距离,mm；

当同一方向有 n 根拉牵绳时,每根应承受的拉力可按下式计算：

防止纵向移动时

$$S_{移}^{纵} = \frac{\Delta T}{nAC}\sqrt{AC^2 + BO^2 + BC^2} \quad (kN) \tag{8-45}$$

防止横向移动时

$$S_{移}^{横} = \frac{\Delta N}{nBC}\sqrt{AC^2 + BO^2 + BC^2} \quad (kN) \tag{8-46}$$

防止纵向倾覆时

$$S_{倾}^{纵} = \frac{1.25Th - 9.8Qa}{n(l_{纵} + AC)BO}\sqrt{AC^2 + BO^2 + BC^2} \quad (kN) \tag{8-47}$$

防止横向倾覆时

$$S_{倾}^{横} = \frac{1.25(Nh + Wh_{风}) - 9.8Qb}{n(l_{横} + BC)BO}\sqrt{AC^2 + BO^2 + BC^2} \quad (kN) \tag{8-48}$$

式中 $l_{纵}$——货物纵向倾覆点至拉牵绳在货物上拴结点所在横向垂直平面间的距离,mm;

$l_{横}$——货物横向倾覆点至拉牵绳在货物上拴结点所在纵向垂直平面间的距离,mm;

h——货物重心自倾覆点所在水平面起算的高度,mm;

$h_{风}$——风力合力着力点自倾覆点所在水平面起算的高度,mm。

每根拉牵绳应承受的力

$$S \geqslant \max\{S_{纵移}, S_{横移}, S_{纵倾}, S_{横倾}\} (kN)(其中最大值) \tag{8-49}$$

选用钢丝绳拉牵时,钢丝绳的破断拉力不得小于2S;选用镀锌铁线或盘条拉牵时,每根拉牵绳需要股数为

$$n = \frac{S}{0.9P_{许}} (股) \tag{8-50}$$

式中 $P_{许}$——一股镀锌铁线或盘条的许用拉力,kN。

2. 非对称拉牵加固时,拉牵位置如图8-28所示。

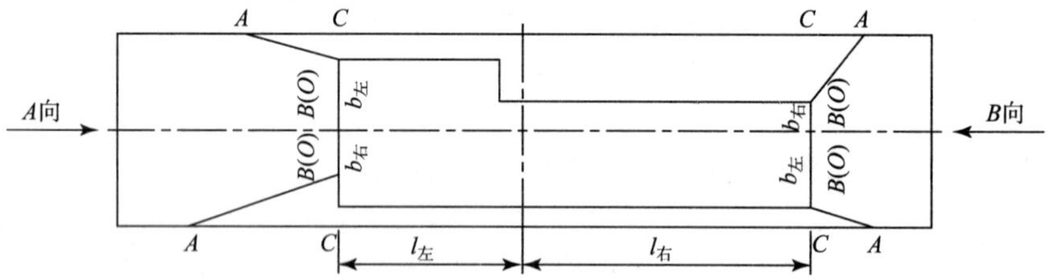

图8-28 非对称拉牵位置图

防止货物纵向移动时,左、右拉牵绳的拉力 $S_{左}^{纵移}$ 及 $S_{右}^{纵移}$ 可按下式计算:

$$S_{左}^{纵移} = \frac{\Delta T b_{右}}{(b_{左} + b_{右})AC_{左}}\sqrt{AC_{左}^2 + BC_{左}^2 + BO_{左}^2} \quad (kN) \tag{8-51}$$

$$S_{右}^{纵移} = \frac{\Delta T b_{左}}{(b_{左} + b_{右})AC_{右}}\sqrt{AC_{右}^2 + BC_{右}^2 + BO_{右}^2} \quad (kN) \tag{8-52}$$

式中 $b_{左}$、$b_{右}$——A方向或B方向两侧左、右拉牵装置在货物上拴结点至货物重心所在纵向垂直平面的距离,mm;

$AC_{左}$、$AC_{右}$——左、右拉牵装置在货物上拴结点所在横向垂直平面分别至其车辆上拴结点

之间的距离,mm;

$BC_{左}$、$BC_{右}$——左、右拉牵装置在货物上拴结点所在纵向垂直平面分别至车辆边线的距离,mm;

$BO_{左}$、$BO_{右}$——左、右拉牵装置在货物上拴结点自车地板面起算的高度,mm。

防止货物横向移动时,左、右拉牵装置的拉力 $S_{左}^{横移}$ 及 $S_{右}^{横移}$ 可按下式计算:

$$s_{左}^{横移} = \frac{\Delta N l_{右}}{(l_{左} + l_{右})BC_{左}} \sqrt{AC_{左}^2 + BC_{左}^2 + BO_{左}^2} \quad (kN) \tag{8-53}$$

$$s_{右}^{横移} = \frac{\Delta N l_{左}}{(l_{左} + l_{右})BC_{右}} \sqrt{AC_{右}^2 + BC_{右}^2 + BO_{右}^2} \quad (kN) \tag{8-54}$$

式中 $l_{左}$、$l_{右}$——左、右拉牵装置在货物上拴结点至货物重心所在横向垂直平面的距离,mm。

每根拉牵绳应承受的力

$$S \geqslant \max\{S_{左}^{纵移}, S_{右}^{纵移}, s_{右}^{横移}, s_{左}^{横移}\}(kN)(其中最大值) \tag{8-55}$$

当同一方向有 n 根拉牵装置时,在计算防止货物纵向移动需要拉牵装置承受的拉力时,$b_{左}$及 $b_{右}$应分别取同一方向上左侧或右侧各拉牵装置在货物上拴结点至货物重心所在纵向垂直平面距离的平均值;BO 、BC 取较大者,AC 取较小者。在计算防止货物横向移动需要拉牵绳装置承受的拉力时,$l_{左}$、$l_{右}$应分别取同一方向左侧或右侧各拉牵绳在货物上拴结点至货物重心所在横向垂直平面距离的平均值;BC 取较小者,BO 、AC 取较大者。上述数值中最大者为每根拉牵装置应能承受的拉力。

二、腰箍加固时,每道腰箍应承受的力

1. 顺装圆柱形货物,用 n 道腰箍加固时,每道应承受的力

防止纵向或横向移动时

$$P_{移} = \frac{\max\{\Delta T, \Delta N\}}{2n\mu\cos\gamma} \quad (kN) \tag{8-56}$$

防止横向滚动时

$$P_{滚} = \frac{1.25(N + W)(R - h_{掩} - h_{凹}) - 9.8Qb}{2nb\cos\gamma} \quad (kN) \tag{8-57}$$

既防止货物移动,又防止滚动,每道腰箍应承受的拉力

$$P \geqslant \max\{P_{移}, P_{滚}\} \ (kN)(其中最大值) \tag{8-58}$$

式中 μ——货物与横垫木、横垫木与车地板或货物与车地板间的摩擦系数,取其较小者;

n——腰箍的道数;

$h_{掩}$——掩木或三角挡与货物接触点的高度,mm;

R——货物的半径,mm;

$h_{凹}$——横垫木或鞍座凹部深度,mm;

Q——货物重量,t;

b——货物重心所在纵向垂直平面至货物与掩木或三角挡接触点之间的距离,mm;

γ——腰箍两端拉直部分与车辆纵向垂直平面间的夹角。

用钢丝绳作腰箍时,钢丝绳的破断拉力不得小于 $2P$。用扁钢带作腰箍时,扁钢带的截

面积

$$F \geqslant \frac{10P}{[\sigma]} \ (\mathrm{cm}^2) \tag{8-59}$$

式中 $[\sigma]$——扁钢带的许用应力，MPa。

2. 箱形货物用 n 道腰箍加固时，每道需要承受的力

防止纵向或横向移动时

$$P_{移} = \frac{\max\{\Delta T, \Delta N\}}{2n\mu\cos\gamma} \quad (\mathrm{kN}) \tag{8-60}$$

防止纵向倾覆时

$$p_{移}^{纵} = \frac{1.25Th - 9.8Qa}{2(l_1 + l_2 + \cdots + l_n)\cos\gamma} \quad (\mathrm{kN}) \tag{8-61}$$

防止横向倾覆时

$$P_{移}^{横} = \frac{1.25(Nh + Wh_{风}) - 9.8Qb}{nB\cos\gamma} \quad (\mathrm{kN}) \tag{8-62}$$

式中 a、b——货物重力的稳定力臂，mm；

l_1、$l_2 \cdots l_n$——每道腰箍所在横向垂直平面至货物纵向倾覆点之间的距离，mm；

B——货物的宽度，mm。

既防止移动又防止倾覆，每道腰箍应承受的力

$$P \geqslant \max\{P_{移}, P_{纵倾}, P_{横倾}\} \quad (\mathrm{kN})(其中最大值) \tag{8-63}$$

一般采用钢丝绳作腰箍，钢丝绳的破断拉力不得小于 $2P$。

三、采用焊接加固时，焊缝的需要长度

使用铁地板长大货物车装载，在货物两端或两侧焊接钢挡时，同一方向钢挡的焊缝长度 l 可按下式计算：

防止纵向移动时

$$l_{纵} = \frac{10\Delta T}{0.7K[\tau]} \quad (\mathrm{cm}) \tag{8-64}$$

防止横向移动时

$$l_{横} = \frac{10\Delta N}{0.7K[\tau]} \quad (\mathrm{cm}) \tag{8-65}$$

式中 K——焊缝高度，cm；

$[\tau]$——焊缝的许用剪切应力，MPa。

第十节　铁路装载加固方案的管理

一、装载加固方案的分类

铁路货物装载加固方案分为装载加固定型方案（以下简称定型方案）、装载加固暂行方案（以下简称暂行方案）和装载加固试运方案（以下简称试运方案）。

二、方案的审批、修改、权限管理

铁道部运输局负责定型方案的补充、修改和试运方案的审批管理工作,铁路局货物装载加固主管部门负责暂行方案和比照方案的审批管理工作,铁路局应及时将批准的暂行方案和比照方案报铁道部备案。

三、装载加固方案的内容

装载加固方案包括货物规格、准用货车、装载加固材料(装置)、装载方法、加固方法、其他要求等内容(如是否超限、使用防护材料、辅助用品、篷布、篷布网)。

四、无装载方案(含比照方案)审报管理

凡使用铁路敞车、平车、长大货物车及敞、平车类专用货车装运成件货物一律按方案装车(方案包括定型、暂行、试运方案);无方案的,由托运人在托运货物之前向装车站申报计划装载加固方案(含比照方案申请)和相关资料,装车站按规定报批。装车单位按批准后的方案组织装车。

托运人向装车站申报计划方案时,应详细提供货物的外形尺寸、单件重量、重心位置、支重面长度及宽度、货物运输安全的特殊要求等相关资料。申报暂行方案时,还应同时提出装载加固计算说明书;申报试运方案时,还应同时提出由铁道部认定的方案论证、技术检测机构出具的方案论证和试验报告。

托运人应在计划方案上盖章或签字,并对内容的真实性负完全责任。对货物的活动部位(部件)、货物的装载加固特殊要求以及涉及货物和运输安全方面的其他重要情况,托运人须提出书面说明。

五、制定装载方案考虑的因素

1. 应符合《铁路货物装载加固规则》的有关规定。
2. 充分利用货车允许装载量及货物装载限制。
3. 加固材料规格、加固方法,应能保证货物运输和车辆安全。
4. 凡有比照方案的货物尽量按比照方案办理(但不能比照试运方案和有效期超过的暂行方案)。

六、申报试运方案的规定

1. 对托运人的要求

(1)托运人向装车站申报计划方案时,应详细提供货物的外形尺寸、单件重量、重心位置、支重面长度及宽度、货物运输安全的特殊要求等相关资料。

(2)申报试运方案时,还应同时提出由铁道部认定的方案论证、技术检测机构出具的方案论证和试验报告。

(3)托运人应在计划方案上盖章或签字,并对内容的真实性负完全责任。对货物的活动部位(部件)、货物的装载加固特殊要求以及涉及货物和运输安全方面的其他重要情况,托运

人须提出书面说明。

2. 对车站的要求

(1)装车站收到托运人提出的计划试运方案、方案论证和试验报告后,逐级审核上报铁道部运输局。

(2) 装车站应严格控制和掌握试运方案的试运范围,未经铁道部运输局批准,任何单位不得扩大试运范围和延长试运时间。试运方案不跨年度,连续试运期限一般不应超过3年;暂行方案有效期及比照方案有效期由铁路局规定。

(3)装车站要建立试运方案管理台账,对试运方案从严掌握,在货物运单"承运人记载事项"栏和货票"记事"栏内记明方案编号。

(4)到站要对按试运方案装车的货物装载加固状况进行重点检查和确认;到站、中途站发现问题时,除按规定处理外,同时向铁道部运输局及发送铁路局、发站拍发电报,电报中应记明以下事项:发站、到站、装车单位、承运日期、方案编号、存在的问题、处理情况等。

3. 对铁路局的要求

(1)铁路局按批准的试运方案组织试运。试运工作要精心组织,根据实际情况可进行押运或跟踪监测。试运结束后铁路局应按要求及时提出试运总结报告报铁道部运输局。

(2) 铁路局应严格控制和掌握试运方案的试运范围,未经铁道部运输局批准,任何单位不得扩大试运范围和延长试运时间。试运方案不跨年度,连续试运期限一般不应超过3年;暂行方案有效期及比照方案有效期由铁路局规定。

4. 凡需继续执行的暂行方案(比照方案)和试运方案,方案执行单位须在有效期结束前一个月将方案执行情况(试运方案为试运总结)和下一步运用请求逐级审核上报方案批准单位,经审查批准后方可继续实施。逾期未申报者,原暂行方案(比照方案)和试运方案自行废止。

1. 货物装载加固基本要求是什么?

2. 使用平车装载突出车端的规定要求是什么?

3. 平车、凹底平车、长大平车避免集重装载的方法有哪些?

4. 超长货物托运时,应向承运人提出哪些资料?

5. 敞车局部地板面承受货物重量应遵守的规定是指哪些车型?

6. 敞车靠车辆两端墙向中部连续装载,每端装载长度超过3.8 m,且在中部装载货物时,应遵守哪些规定?

7. 货物装车后总重心投影位于车辆的位置有何规定?

8. 对货车装载货物的重量范围有什么规定?

9. 常用加固方法有哪几种? 拉牵加固有哪几种方式?

10. 拉牵加固材料中镀锌铁线的规格及使用要求有哪些?

11. 三角挡(木)的规格要求是什么?

12. 木支柱的规格及使用要求有哪些?

第九章 超限、超重货物运输

第一节 超限超重货物概述

一、超限货物定义

货物装车后,车辆停留在水平直线上,货物的任何部位超出机车车辆限界基本轮廓者或车辆行经半径为300 m的曲线时,货物的计算宽度超出机车车辆限界基本轮廓者,均为超限货物。具体可分为下列两种情况:

(1)货物装车后,在平直线路上停留时,货物的任何部位超出机车车辆限界基本轮廓,称为超限货物。

(2)货物装车后,在平直线路上虽然不超限,但当行经半径为300 m的曲线线路上时,货物的计算宽度超出机车车辆限界基本轮廓时,也属超限货物。

二、超限货物的种类

1. 根据超限部位划分

根据超限货物的超限部位,以线路中心线为标准,按装车站最初挂运列车的运行方向,分为左侧超限和右侧超限,如两侧宽度均超过机车车辆限界时,称为两侧超限。两侧超限又分为对称超限和非对称超限。

2. 根据超限部位在高度方向位置不同,又分为上部超限、中部超限和下部超限。

(1)上部超限:自轨面起高度(以下简称高度)超过3 600 mm,任何部位超限者。

(2)中部超限:自轨面起高度在1 250 mm至3 600 mm之间,任何部位超限者。

(3)下部超限:自轨面起高度在150 mm至未满1 250 mm之间,任何部位超限者。

三、超限货物等级的划分

(1)一级超限:自轨面起高度在1 250 mm及其以上超限但未超出一级超限限界者。

(2)二级超限:超出一级超限限界而未超出二级超限限界者,以及自轨面起高度在150 mm至未满1 250 mm间超限但未超出二级超限限界者。

(3)超级超限:超出二级超限限界者。

划分超限等级的目的是为了具体说明超限货物的超限程度,按超限等级确定超限货物的运送条件,确定请示范围及文电内容,同时超限等级也是发站计算核收超限货物运费的依据。

四、超重货物定义

超重货物是指货物装载后，重车总重活载效应超过桥涵设计标准活载（中—活载）的货物。

根据货物的超重程度，超重货物分为三个等级：一级超重、二级超重和超级超重。设 Q 代表活载系数，则一级超重：$1.00 < Q \leqslant 1.05$；二级超重：$1.05 < Q \leqslant 1.09$；超级超重：$Q > 1.09$。超重货物分级，见表 9-1。

表 9-1 超重货物分级表

等级 \ 项目	长大货车型号	重车总重 P(t)	长大货车型号	重车总重 P(t)
一级	D_2	$314 < P \leqslant 330$	D_{26B}	$371 < P \leqslant 390$
	D_{2A}	$P > 329$	D_{28}	$369 < P \leqslant 388$
	D_{2G}	$326 < P \leqslant 342$	DK_{29}	$370.8 < P \leqslant 389.5$
	D_{9G}	$372 < P \leqslant 391$	D_{30A}	$369 < P \leqslant 388$
	D_{17}	$P > 197$	D_{30G}	$437 < P \leqslant 459$
	D_{18A}	$P > 310$	D_{32}	$491 < P \leqslant 515$
	D_{18G}	$P > 331$	D_{32A}	$P > 545$
	D_{19G}	$372 < P \leqslant 391$	350 t 落下孔车	$490 < P \leqslant 514$
	D_{23G}	$310 < P \leqslant 326$	D_{35}	$502 < P \leqslant 527$
	DK_{23}	$P > 296$	DQ_{35}	$508 < P \leqslant 533$
	D_{25A}	$P > 374$	DK_{36}	$P > 545.7$
	DA_{25}	$P > 361$	DK_{36A}	$P > 521.3$
	D_{26}	$371 < P \leqslant 390$	D_{38}	$543 < P \leqslant 571$
	D_{26AK}	$P > 332$	D_{45}	$580 < P \leqslant 609$
二级	D_2	$330 < P \leqslant 343$	D_{30A}	$388 < P \leqslant 403$
	D_{2G}	$342 < P \leqslant 355$	D_{30G}	$P > 459$
	D_{9G}	$P > 391$	D_{32}	$515 < P \leqslant 535$
	D_{19G}	$391 < P \leqslant 406$	350 t 落下孔车	$P > 514$
	D_{23G}	$P > 326$	D_{35}	$527 < P \leqslant 548$
	D_{26}	$P > 390$	DQ_{35}	$P > 533$
	D_{26B}	$P > 390$	D_{38}	$571 < P \leqslant 592$
	D_{28}	$P > 388$	D_{45}	$609 < P \leqslant 632$
	DK_{29}	$P > 389.5$		
超级	D_2	$P > 343$	D_{32}	$P > 535$
	D_{2G}	$P > 355$	D_{35}	$P > 548$
	D_{19G}	$P > 406$	D_{38}	$P > 592$
	D_{30A}	$P > 403$	D_{45}	$P > 632$

注：以上均为货物装载无偏心情况，如有偏心，则应按实际装载偏心另行计算级。

第二节　偏差量和计算宽度

一、计算点和检定断面

计算点系指超限货物任意一个部位，需要计算超限等级的点。此点是以计算点至线路中心线垂直面的宽度和至钢轨平面的高度而确定的。

检定断面系指计算点所在的与线路中心线垂直的横断面，是以钢轨平面为横坐标，以线路中心线的垂直线为纵坐标的坐标轴，它是确定超限等级的横断面。

当超限货物车行经在平直线路上时，确定超限等级的宽度是实测宽度；当超限货物车行经在曲线线路上时，确定超限等级的宽度是计算宽度。

二、确定计算宽度的主要因素

确定计算宽度的主要因素有货物检定断面的实测宽度，货物偏差量，附加偏差量，曲线线路建筑限界内外测水平距离的加宽值。

1. 货物检定断面的实测宽度

货物检定断面的实测宽度系指计算点至负重车纵中心线垂直平面的水平距离。通常用米尺测量而定。用符号“B”表示。

2. 货物偏差量

当超限车行经在平直线路上时，两转向架中心销的垂直投影落在线路中心线上，货车纵中心线与线路中心线相重合。当超限车行经在曲线线路上时，两转向架中心销的垂直投影落在线路中心线上，而货车纵中心线在两销间偏向内方，称为内偏差；在两销之外偏向外方，称为外偏差，用符号“C”表示。此值可以计算确定。

3. 附加偏差量

附加偏差量是当车辆走行部分游间和曲线处轨距加宽所产生的附加偏差量。此值仅在计算外偏差量时才计算，用符号“K”表示。

4. 曲线线路建筑限界内外侧水平距离的加宽值《铁路超限超重货物运输规则》所采用的曲线内、外侧水平距离加宽值为 36 mm，它是以车长为 13.2 m、销距为 9.35 m 的平车，行经半径为 300 m 的曲线线路时，所产生的内、外偏差量（均为 36 mm）作为曲线线路建筑限界内外侧水平距离的加宽值。在确定曲线线路基本建设限界的实际宽度时，已考虑了该值，所以确定计算宽度时，须减去 36 mm。

计算宽度（用“X”表示）为上述因素的代数和。

三、货物偏差量 C

1. 偏差量的命名

如图 9-1 所示，圆弧为半径 300 m 曲线（《铁路超限超重货物运输规则》规定，以行径半径 300 m 的曲线线路时的计算宽度作为确定

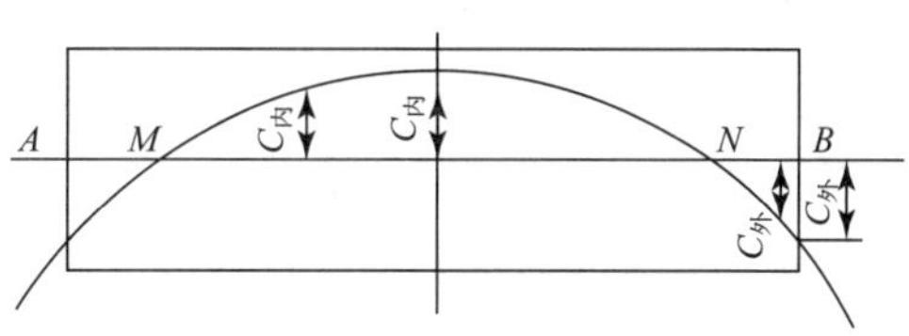

图 9-1　货物偏差量的命名

超限等级的依据)的线路中心线;AB 直线为货车纵中心线,M、N 为货车两转向架中心销在线路中心线上的投影。

当货物的检定断面位于装载车两转向架中心销之间的任何部位时,称为内偏差,以“$C_{内}$”表示。当货物的检定断面位于装载车两转向架中心销之间的中央部位时为最大。当货物的检定断面位于装载车两转向架中心销外方货物的任何部位时,称为外偏差,以“$C_{外}$”表示。当货物的检定断面位于装载车两转向架中心销外方的端部时为最大。

2. 一车负重时偏差量的计算(用一辆六轴及以下货车装载时,如图 9-2、图 9-3 所示)

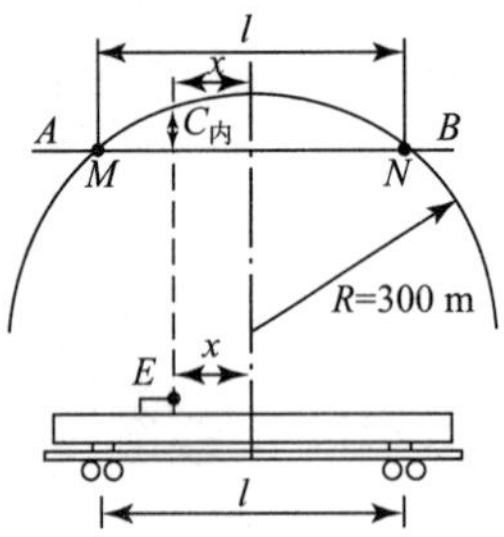

图 9-2　货物内偏差量计算示意图

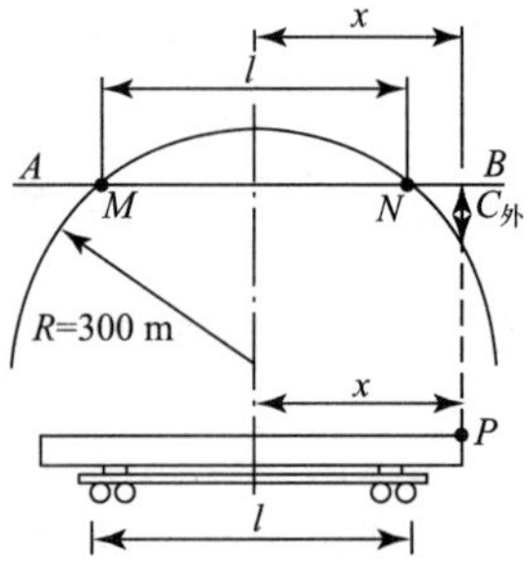

图 9-3　货物外偏差量计算示意图

货物检定断面处的内偏差量,即车辆纵中心线在货物检定断面处偏离线路中心线的距离,其计算公式为

$$C_{内}=\frac{l^2-(2x)^2}{8R}\times 1\,000(\text{mm}) \tag{9-1}$$

当 $x=0$ 时,内偏差量的最大值为

$$C_{内}=\frac{l^2}{8R}\times 1\,000(\text{mm}) \tag{9-2}$$

货物检定断面处的外偏差量,即车辆纵中心线在货物检定断面处偏离线路中心线的距离,其计算公式为

$$C_{外}=\frac{(2x)^2-l^2}{8R}\times 1\,000(\text{mm}) \tag{9-3}$$

式中　l——车辆转向架中心距(简称“销距”),m;

x——货物检定断面至车辆横中心线的距离,m;

R——取 300 m 的曲线半径,《铁路超限超重货物运输规则》以行经在半径为 300 m 的曲线线路上时的计算宽度作为确定超限等级的依据。

偏差量 $C_{内}$、$C_{外}$ 计算结果精确到 mm。

3. 使用普通平车跨装时,偏差量的计算(图 9-4)

使用两辆以上平车跨装运送超限货物,当超限车行经在曲线线路上时,由于跨装负重车上货物转向架中心销向曲线内方位移,货物在曲线内侧的偏差量将有所增大。其数值取决于负重车销距的长度及货物转向架的跨装支距长度。

(1)当货物检定断面位于两货物转向架中心销之间时,其内偏差用“$C_{内}$”表示,其计算公式为

$$C_{内}=\frac{L^2+l^2-(2x)^2}{8R}\times 1\,000(\text{mm}) \tag{9-4}$$

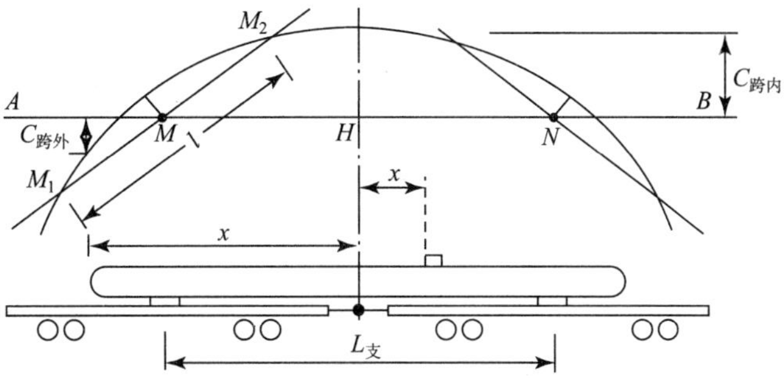

图 9-4 跨装货物偏差量计算

(2)当货物检定断面位于两货物转向架中心销外方时,其外偏差用"$C_{外}$"表示,其计算公式为

$$C_{外}=\frac{(2x)^2-L^2-l^2}{8R}\times 1\,000(\text{mm}) \tag{9-5}$$

式中 L——跨装支距,m;

l——负重车的转向架中心距,m;

x——货物检定断面至跨装支距中心线的距离,m。

4. 使用六轴以上长大货物车装载时,偏差量的计算

使用多层转向架的特种平车装载超限货物,当超限车行经在曲线线路上时,由于特种平车转向架群的中心销向曲线内方位移,货物在曲线内侧的偏差量将有所增大。其数值取决于负重车销距的长度及特种平车转向架群的支距长度。

(1)当货物检定断面位于大底架两心盘中心之间时,其计算公式为

$$C_{内}=\frac{L_1^2+\cdots+L_n^2-(2x)^2}{8R}\times 1\,000(\text{mm}) \tag{9-6}$$

(2)当货物检定断面位于大底架两心盘中心外方时,其计算公式为

$$C_{外}=\frac{(2x)^2-L_1^2-\cdots-L_n^2}{8R}\times 1\,000(\text{mm}) \tag{9-7}$$

式中 L_1、…、L_n——分别为长大货物车由上向下各层底架心盘中心距,m;其中 n 为长大货物车底架层数

x——货物检定断面至车辆横中心线的距离,m。

四、附加偏差量 K

超限车行经在曲线线路上时,当货物的外偏差 $C_{外}$ 大于内偏差 $C_{内}$ 时,还必须考虑由于走行部分的游间、曲线线路轨距的加宽量及车辆在线路上蛇行运动的摆动量而产生的偏差量,称为附加偏差量。

1. 影响附加偏差量 K 的主要因素(图 9-5)

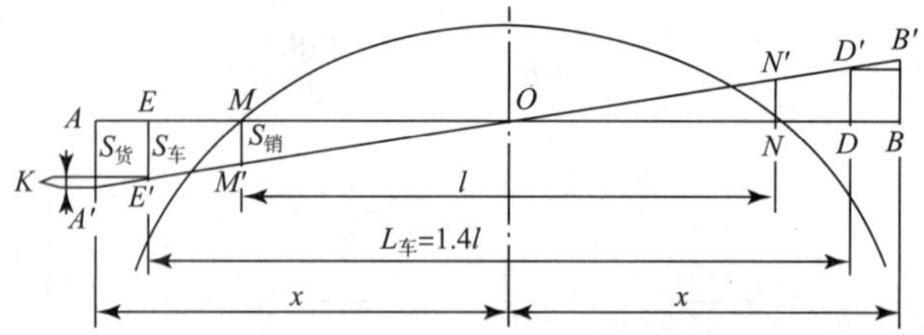

图 9-5　货物附加偏差量的计算

$S_{销}$—车辆中心销的摆动量；$S_{车}$—车辆两端的摆动量；$L_{车}$—车地板长；$S_{货}$—货物两端的摆动量；x—货物检定断面至车辆横中心线的距离。

(1)车辆走行部分的游间。现行车辆走行部分均采用转向架装载。转向架由摇枕、侧梁、弹簧减震装置、轴箱润滑装置、轮对以及下心盘和旁承等各部件组成。各部件之间,都存在着一定的间隔,这些间隔称为游间。当车辆行经曲线线路时,由于游间的影响,将产生外偏差的增大值。

(2)曲线线路轨距的加宽量。为了使机车车辆能顺利通过曲线,防止外轨侧面磨耗和抵压外轨、曲线线路轨距应适当加宽。

(3)车辆在曲线线路上蛇形运动的摆动量。

2. 货物附加偏差量 K 的计算

(1)用一辆六轴及以下货车装载时

$$K=75\left(\frac{2x}{l}-1.4\right)(\mathrm{mm}) \tag{9-8}$$

(2)用普通平车跨装时

$$K=75\left(\frac{2x}{L}-1.4\right)(\mathrm{mm}) \tag{9-9}$$

(3)用六轴以上长大货物车装载时

$$K=75\left(\frac{2x}{L_1}-1.4\right)(\mathrm{mm}) \tag{9-10}$$

式中　l——车辆转向架中心距,m;

L——跨装支距,m;

L_1——为长大货物车上层底架心盘中心距,m。

当$\frac{2x}{l}\leqslant 1.4$、$\frac{2x}{L}\leqslant 1.4$、$\frac{2x}{L_1}\leqslant 1.4$时,货物附加偏差量不计算;同一件货物,计算点不同时,K值亦不同。

五、确定计算宽度

1. 当货物的检定断面位于车辆两心盘中心之间时,其计算公式为

$$X_{内}=B+C_{内}-36(\mathrm{mm}) \tag{9-11}$$

2. 当货物的检定断面位于车辆两心盘中心外方时,其计算公式为

$$X_{外}=B+C_{外}+K-36(\mathrm{mm}) \tag{9-12}$$

式中　B——实测宽度,即货物的检定断面的计算点至车辆纵中心线所在垂直平面的距离,mm。

第三节 超限等级的确定

确定超限等级是请示装运办法、确定运输条件及核算运输费用的依据。

超限等级是以计算点所在检定断面的计算点宽度及相对应的计算点高度的数值，查《铁路超限超重货物运输规则》附件四“机车车辆限界、各级超限限界与建设限界距离线路中心线所在垂直平面尺寸表”确定。

一、超限等级的确定方法

1. 标点

标出需要计算的点，在端视图上标出不同高度、不同宽度的点。

在等宽条件下，计算点在 1 250 mm 以上时，标高不标低；不足 1 250 mm 时，标低不标高。

2. 选面

选择检定断面，在侧视图上选出与所标出的点相对应的检定断面，当高度和宽度相同时，应选偏差量大的检定断面。

在两转向架中心销之间，应选近（靠近货车横中心线）不选远；在两转向架中心销外方，应选远（距转向架中心销）不选近。

3. 计算

确定计算点高度、宽度。

（1）计算点高度（$h_{计}$）。一般包括货车地板高度、垫木高度和计算点至货物支重面的高度，即

$$h_{计} = h_{车地板} + h_{垫} + h_{货}$$

（2）计算点宽度是线路中心线的垂直面至计算点的宽度。在直线线路上为货物的实宽；在曲线线路上为货物的计算宽度。

4. 查表

根据计算点高度和计算点宽度查《铁路超限超重货物运输规则》附件四，确定超限等级。

二、计算点的选择

1. 当车辆转向架中心销距小于等于 9 350 mm 时，$C_{内} \leq 36$ mm，按实际宽度确定超限等级。

2. 当货物为等断面体时，只需计算 $C_{内}$ 或 $C_{外}$。若 $\frac{2x}{l} \leq 1.4$ 时，计算 $C_{内}$；若 $\frac{2x}{l} > 1.4$ 时，计算 $C_{外}$。货物长度较小时，计算 $C_{内}$，选用销距较小的车辆可以降低超限程度；货物长度较长时，计算 $C_{外}$，选用销距较大的车辆可以降低超限程度。

3. 当使用一辆普通平车装运超限货物时，其检定断面位于两转向架中心销之间（中央部位除外）任何部位时，一般不需要计算 $C_{内}$ 和 $C_{外}$，可直接按货物的实测宽度确定超限等级和运送条件。

4. 当使用平车装运超限货物时，只有在下列条件时，需计算除中央部位外的 $C_{内}$。

（1）货物转向架中心销（或车辆主梁中心销）间（车辆中央部位除外）有突出部分。

(2)货物突出部分的实测宽度大于其在车辆横中心线处的实测宽度。

(3)有数个突出部分,其突出部分相近,应计算确定计算宽度。

(4)有数个突出部分,其高度、宽度相等时,应以距车辆横中心线最近的突出点作为计算点。

5. 当使用平车装运超限货物时,只有在下列条件时,方需计算除货物端部外的 $C_{外}$。

(1)货物转向架中心销(或车辆主梁中心销)间外方任何部位(货物端部除外)有突出部分时。

(2)货物突出部分的实测宽度大于货物端部的实测宽度。

(3)若货物有数个突出部分,其高度不同、实测宽度相等时,应以高度最高,距车辆横中心线最远的突出点作为计算点。

6. 当货物外形较为复杂时,应自上而下分别计算 $X_{内}$、$X_{外}$后进行比较,确定超限等级。

三、超限等级计算实例

【例 9-1】 长方形塔式起重机座一件,重 45 t,长 9 000 mm,宽 3 800 mm,高 1 400 mm,使用 N_{17}型 60 t 平车装运,货物底部选用高度为 140 mm 的横垫木 2 根。装载方法如图 9-6 所示。N_{17}型车数据:l = 9 000 mm,$h_{车}$ = 1 209 mm。试计算超限等级。

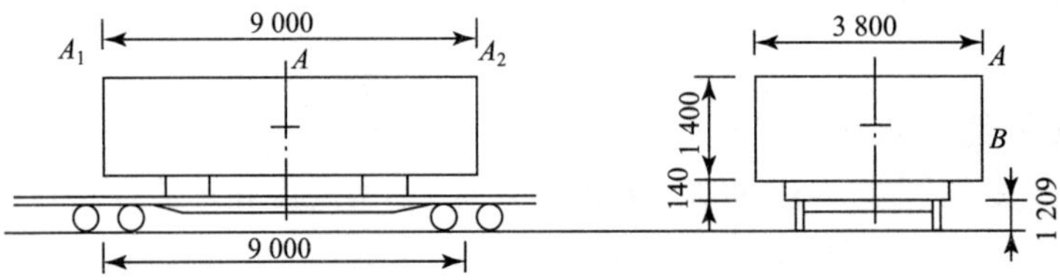

图 9-6 塔式起重机座装载示意图(单位:mm)

解:(1)标计算点。

在端视图上 A、B 两点均在 1 250 mm 以上,应标上不标下,计算点应标在 A 点。

(2)选择检定断面。

A 点在侧视图上相对应的点为 A_1、A_2直线,高度相同、宽度相同,均在两销间,应选近不选远,检定断面应在两销间中央部位 A 处。

(3)确定计算点的高度和宽度。

A 点应计算 $X_{内}$

$$X_{内} = B + C_{内} - 36 = B + \frac{l^2 \times 1\,000}{8R} - 36 = 1\,900 + \frac{9^2 \times 1\,000}{8 \times 300} - 36 \approx 1\,898(\text{mm})$$

计算宽度小于实际宽度时,按实际宽度 B 取 1 900 mm。

$$h_{计} = h_{车} + h_{垫} + h_{货} = 1\,209 + 140 + 1\,400 = 2\,749(\text{mm})$$

(4)根据计算点的宽度和高度 $X_{内}$ = 1 900 mm,$h_{计}$ = 2 749 mm,查《铁路超限超重货物运输规则》附件四,该货物属于中部一级超限。

【例 9-2】 钢梁一件重 45 t,长 15 000 mm,宽 3 400 mm,高 2 000 mm。使用 N_{60}型 60 t 平车一辆一端突出装运,用 60 t 平车一辆做游车,使用垫木高度 180 mm。装载方法如图 9-7 所示。N_{60}型平车数据:$l=9\ 300$ mm,$L_{车}=13\ 000$ mm,$h_{车}=1\ 170$ mm。试计算超限等级。

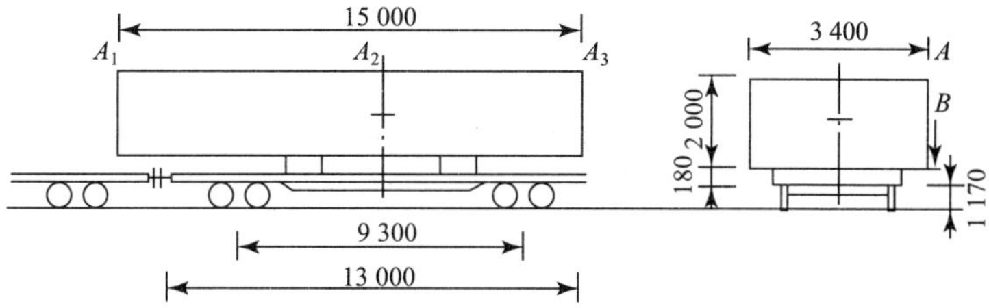

图 9-7 钢梁装载示意图(单位:mm)

解:(1)标出计算点。

在高度不同的 A、B 两点,两点均在 1 250 mm 以上,应标上不标下,计算点应标在 A 处。

(2)选择检定断面。

计算点 A 在侧视图上相对应的点是 A_1、A_2、A_3直线,在两销间应选内不选外,计算点应选 A_2点;在两销外应选远不选近,计算点应选 A_1点。

计算点 A_1处货物的计算长度

$$2x=2\left(L_{货}-\frac{L_{车}}{2}\right)=2\left(15\ 000-\frac{13\ 000}{2}\right)=2\times 8\ 500=17\ 000(\text{mm})$$

由于$\dfrac{2x}{l}=\dfrac{17\ 000}{9\ 300}=1.8>1.4$,$C_{外}>C_{内}$,故检定断面应选在货物突出长端 A_1点。

(3)计算偏差量和附加偏差量。

A_1点应计算 $C_{外}$和 K

$$C_{外}=\frac{(2x)^2-l^2}{8R}\times 1\ 000=\frac{17^2-9.3^2}{8\times 300}\times 1\ 000=84(\text{mm})$$

$$K=75\left(\frac{2x}{l}-1.4\right)=75\times\left(\frac{17}{9.3}-1.4\right)=32(\text{mm})$$

(4)计算宽度和高度。

$$X_{外}=B+C_{外}+K-36=1\ 700+84+32-36=1\ 780(\text{mm})$$

$$h_{计}=h_{车地板}+h_{垫}+h_{货}=1\ 170+180+2\ 000=3\ 350(\text{mm})$$

(5)确定超限等级。

根据 $X_{外}=1\ 780$ mm,$h_{计}=3\ 350$ mm,查《铁路超限超重货物运输规则》附件四,该货物属于中部一级超限。

【例 9-3】 长方体金属构架一件,重 45 t,长 19 000 mm,宽 2 900 mm,高 3 300mm,用 N_{16}型 60 t 平车两辆负重,装载方法如图 9-8 所示,货物转向架高度 $h_{转}=550$ mm,货物两转向架间支距 $L_{支}=10\ 000$ mm。N_{16}型平车数据:$l=9\ 300$ mm,$L_{车}=13\ 000$ mm,$h_{车}=1\ 210$ mm。试计算超限等级。

解:(1)标计算点。

在端视图上标出 A 点。

(2)选择检定断面。

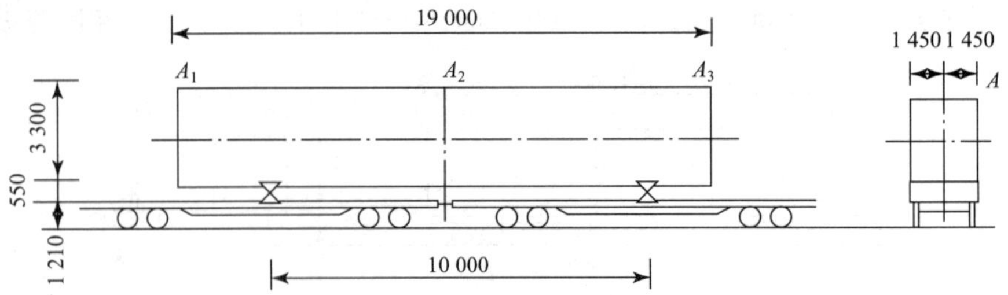

图 9-8　长方体金属构架装载示意图(单位:mm)

选择检定断面计算点 A 在侧视图上相应的点 A_1、A_2、A_3。

车钩中央部位 A_2点,应计算 $C_内$

$$C_内=\frac{L_支^2+l^2}{8R}\times 1\ 000=\frac{10^2+9.3^2}{8\times 300}\times 1\ 000\approx 78(\text{mm})$$

货物端部 A_1(或 A_3)应计算 $C_外$和 K

$$C_外=\frac{(2x)^2-L_支^2-l^2}{8R}\times 1\ 000=\frac{19^2-10^2-9.3^2}{8\times 300}\times 1\ 000\approx 73(\text{mm})$$

$$K=75\left(\frac{2x}{L_支}-1.4\right)=75\times\left(\frac{19}{10}-1.4\right)\approx 37(\text{mm})$$

因为内偏差小于外偏差与附加偏差量之和,所以检定断面选在货物端部 A_3(或 A_1)处。

(3)确定计算点宽度和计算点高度。

A_3点:　$X_外=B+C_外+K-36=1\ 450+73+38-36=1\ 525(\text{mm})$

$h_计=h_车+h_转+h_货=1\ 210+550+3\ 300=5\ 060(\text{mm})$

(4)查表确定超限等级。

A_3 点:$X_外=1\ 525$ mm,$h_计=5\ 060$ mm,查《铁路超限超重货物运输规则》附件四为上部超级超限。

第四节　超限货物测量

正确测量超限货物装车前后各部位尺寸是确定超限货物等级和运送条件的重要依据。如果测量发生误差,一方面可能会使非超限货物变为超限货物或提高超限等级,造成不必要的限速、绕道运输以及会车上的困难,增加货物的运输费用;另一方面也可能将超限等级降低或将本来的超限货物误按非超限货物办理,这样就会直接影响货物在运输中的完整和运输超限货物列车的运行安全,减少合理运输收入。因此,必须按规定严格进行测量。

一、测量的基本要求

1. 测量前要合理选择计划装载方案,根据货物的重量、重心位置、外形和结构特点结合装运车辆的技术条件综合考虑。

2. 装车前按计划的装载方案进行测量,以超限车的运行方向为前方来确定货物的左侧和右侧。测量货物的各不同高度均从货物底部支重面起算,测量其各不同高度处的宽度均从货物重心所在的纵向垂直平面起算。

3. 测量高度应严格按垂直距离测量，宽度应严格按水平距离测量，装载货物的高度应包括垫木的高度，宽度应包括铁线、钢丝绳、腰箍等加固材料在内，测量要有完整的记录，数据必须齐全。测量结果应与“托运超限超重货物说明书”中的有关数据进行核对。

4. 装车后按实际装载状态进行测量，高度从轨面起算；宽度从车辆纵中心线所在的垂直平面起算，并测量检定断面距车辆横中心线间的水平距离。

5. 超限货物的测量尺寸均以毫米（mm）为单位。

二、测量用的工具

为了准确地测量超限货物的外形尺寸，车站必须备有质量良好的测量工具，并指定专人妥善保管和维修，常用的测量工具及计算用具主要有以下几种：

（1）钢卷尺及皮尺。

（2）水平尺。

（3）吊锤。

（4）辅助测量用的木板条。

（5）小型电子计算器。

（6）具有广角镜性能的照相机。

（7）袖珍绘画垫板。

三、装车前的测量

装车前的测量是指按上述基本要求测量货物本身的有关尺寸。主要目的是为了确定能否经铁路安全运送，拟定装载方案和为请示电报提供资料。测量时应按计划的装载状态进行；以重心位置为准，顺车长为货长，顺车宽为货宽，并以初次挂运方向为左侧和右侧，测量内容如下。

1. 长度

测量货物的最大长度（全长）和支重面长度，如图 9-9 所示。

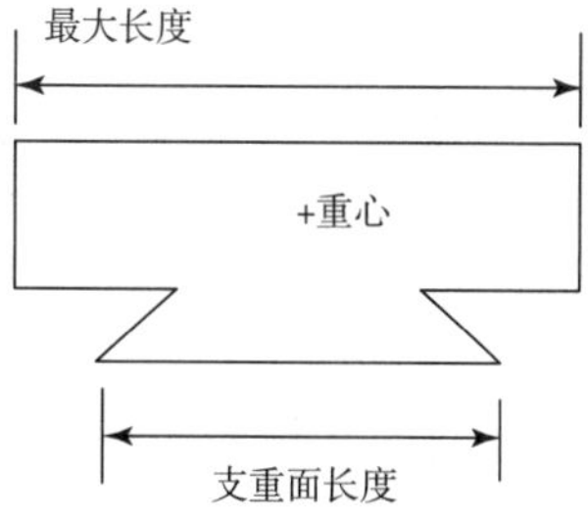

图 9-9　测量货物长度示意图

2. 高度

由底部支重面起，测量货物中心高度和侧高度。

（1）中心高度：货物的最大高度称为中心高度。

当货物纵中心线与货物重心所在垂直平面一致时，从货物支重面起至货物重心所在纵向垂直平面上的最大高度为货物的中心高度，如图 9-10 所示；如其高度低于侧高度时应以最大高度为中心高，如图 9-11 所示。

当货物纵中心线与货物重心所在垂直平面不一致时，以最大高度为中心高，如图 9-12、图 9-13 所示。

（2）侧高度。

中心高度处以下货物两侧不同宽度处的高度称为侧高度。以货物重心为标准（货物的重心应位于车地板的纵中心线上），按超限列车运行方向分左、右两侧进行测量。如有数个不同的侧高度时，不分左右，由高到低依次编为第一侧高、第二侧高等，分别测出其不同的侧高度，如图 9-14 所示。

3. 宽度

测量中心高度处的宽度和不同侧高度处的宽度。

(1)中心高度的宽度。由货物重心所在的纵向垂直平面起,测量最大高度处的左侧和右侧的宽度,如图 9-15 所示。

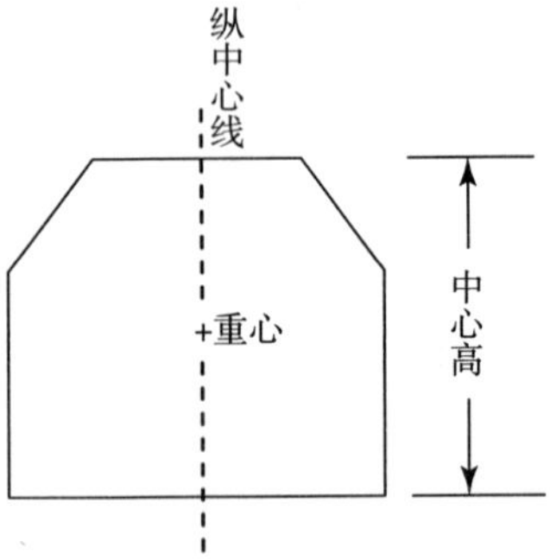

图 9-10 中心高度示意图一

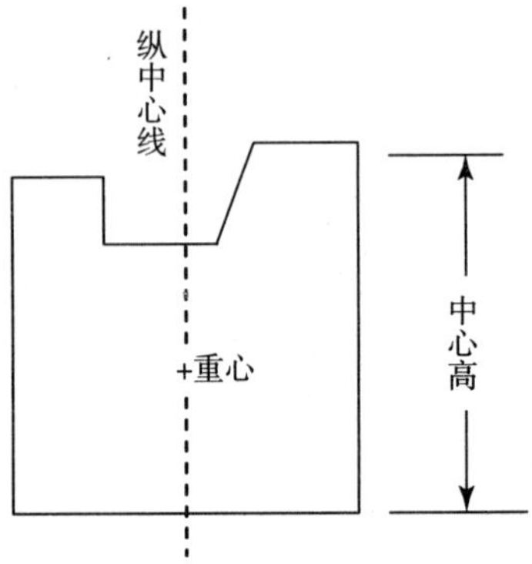

图 9-11 中心高度示意图二

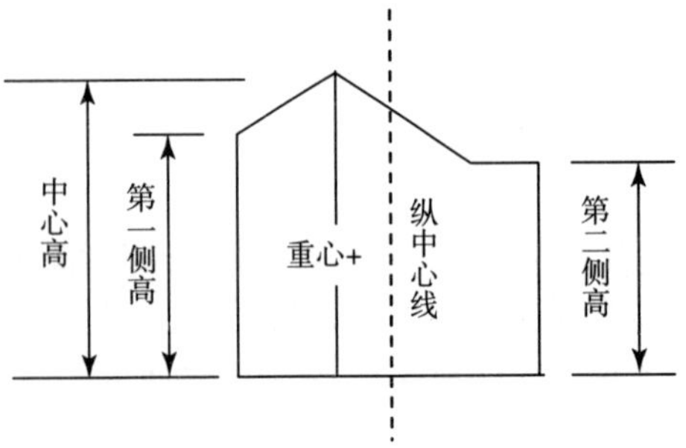

图 9-12 中心高度示意图三

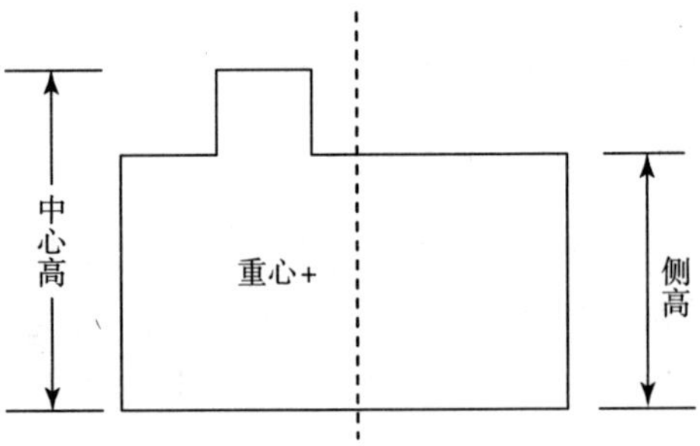

图 9-13 中心高度示意图四

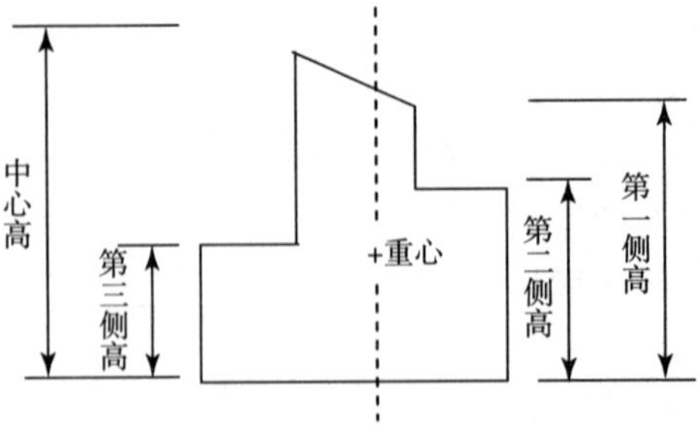

图 9-14 侧高度示意图

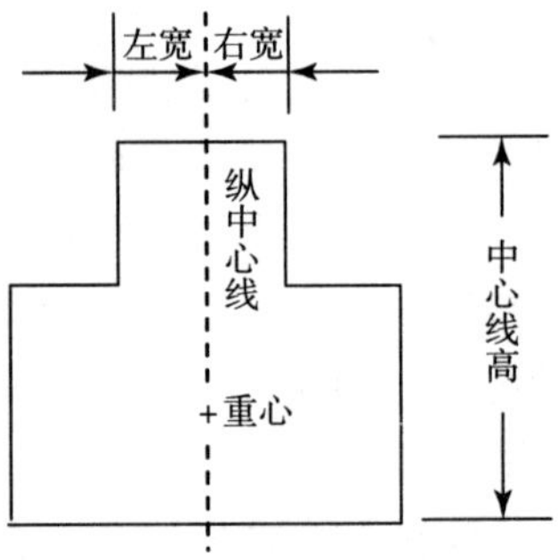

图 9-15 中心高度的宽度

(2)两侧不同高度处的宽度。应分别测量其每一不同侧高度处的左侧和右侧的宽度,如图 9-16(a)所示。

(3)圆形货物的宽度。圆形货物中心高度处的左右侧宽为“0”,因此应测量其侧高度处的左、右宽度,如图 9-16(b)所示。

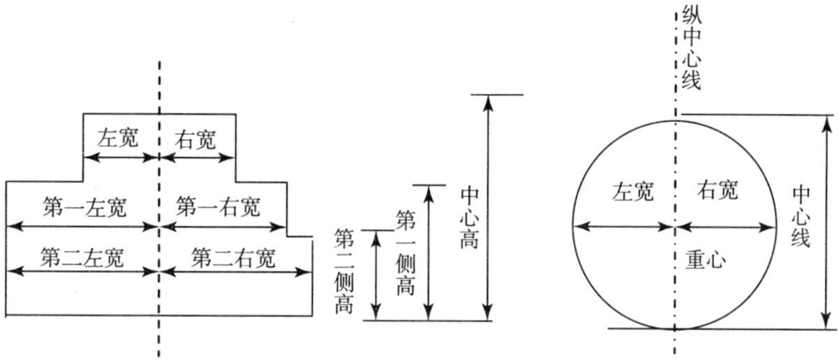

(a) 两侧不同高度处的宽度　　(b) 圆形货物的宽度

图 9-16　不同宽度示意图

四、装车后的测量方法

超限货物装车后应按实际的装载状态和测量要求进行复测，其主要目的是为了检查装载状态是否符合上级批示电报指示的尺寸要求并正确填写“超限货物运输记录”。

1. 长度

(1)跨装时，测量支距的长度和分别测量两支点外方的长度，如图 9-17 所示。

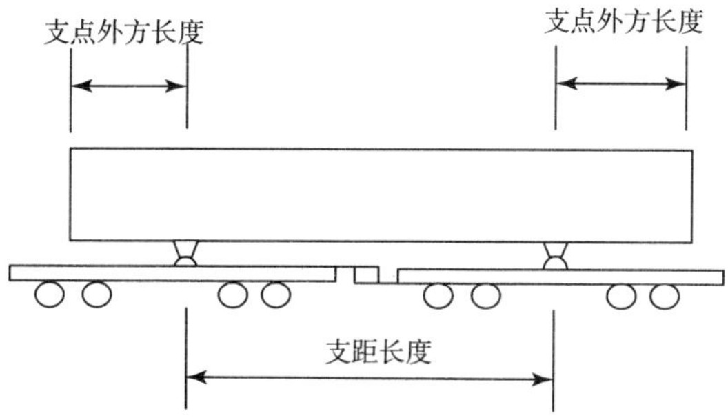

图 9-17　跨装时长度的测量

(2)突出装载时，测量突出车辆端梁外方的长度；如两端突出不相等时，应分别测量，如图 9-18 所示。

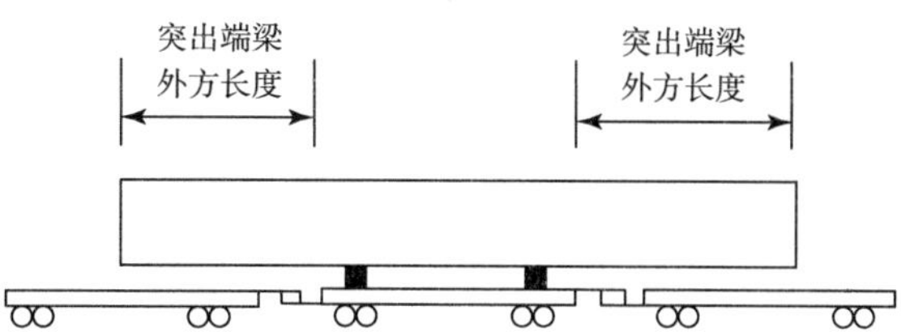

图 9-18　突出装载时长度的测量

2. 高度

由轨面起测量其中心高度和每一侧高度。测量高度时，应由中心高或侧高处垂直量至钢轨平面，其测量方法如下：

用一根硬质木板条，一端置于所测货物高度处并用水平尺使其保持水平，另一端伸出车辆侧梁以外，系一吊锤，在钢轨面上也放一根木板条，使其与轨面成水平位置，皮尺沿铅垂线直接量至轨面，其距离即为高度，如图 9-19 所示。

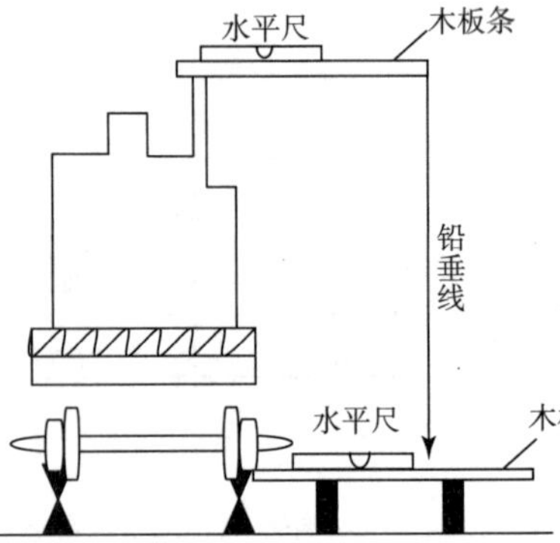

图 9-19　装车后高度的测量

3. 宽度

由车辆纵中心线所在纵向垂直平面起分别测量各不同高度处的左侧和右侧宽度。

(1)将车辆纵中心线移至货物顶面后，再进行测量，其移法如下：

装车前先在车地板上标画车辆纵中心线，装车后在货物顶面两端先后用吊锤对准车辆纵中心线，依垂线竖直方向，在货物顶面确定甲、乙两点，两点之间连线即车辆纵中心线，如图 9-20所示。此时可在货物顶面测量每一高度处的水平宽度。

(2)当货物某高度处的宽度大于车宽的一半时，也可以从该高度处系一吊锤，测量垂线与车地板边的水平距离，再加上车地板的一半，即为该高度处的宽度，如图 9-21 所示。

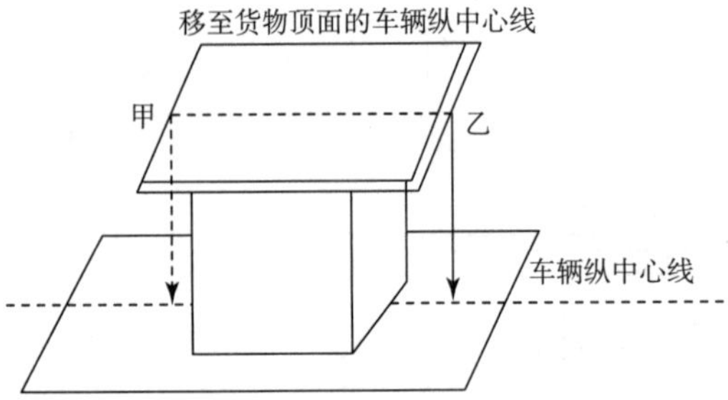

图 9-20　中心线确定方法

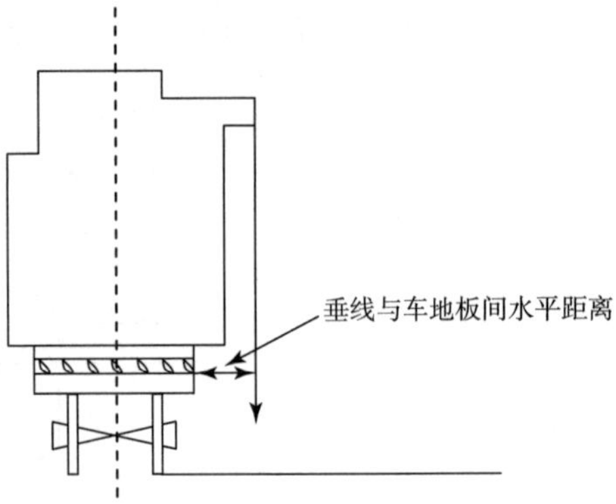

图 9-21　宽度测量

第五节　超限、超重货物运输电报

超限、超重货物运输电报包括超限、超重货物运输请示电报、批示电报和车辆挂运请示电报。

一、超限、超重货物运输请示电报

车站请示电报主送铁路局货运处。铁路局请示电报主送铁道部运输局营运部。请示电报主要内容包括以下几项：

(1)发站、到局、到站。

(2)货物概况，注明货物品名、件数、重量、全长、支重面长度、货物重心高度、货物的重心位置，自轮运转货物还应注明自重、轴数、轴距、固定轴距、长度、转向架中心销间距离、制动机形式、运行限制条件以及其他特殊运输条件要求等。

货物重量含装载加固装置和材料等重量。货物重心高度含垫木或支架等高度，并须注明其中垫木或支架高度为××mm。支重面长度为垫木或支架等之间距离时，须注明两横垫木或支架之间距离为××mm。

(3)货物外形尺寸应包括固定包装、装载加固装置和材料，高度自货物支重面或货物底部开始计算，宽度自货物重心所在的纵向垂直平面开始计算，不同高度处的宽度按自上而下顺序排列，尺寸均以毫米(mm)为单位。货物外形尺寸表述必须完整、准确、正确。

(4)拟使用车种、车型及辆数。

(5)装载方法包括不突出车端板装载、突出车端板装载、两车跨装。

①不突出车端板装载：注明每车装载件数及合装、分装等具体装载方法。

②突出车端板装载：除注明每车装载件数及合装、分装等具体装载方法，还应注明货物突出车端的长度、突出端的宽度及高度，突出端的底部距游车车地板的高度，两端同时突出的应分别注明。需要使用游车的，注明使用游车的车种、车型及辆数。

③两车跨装装载：两负重车中间或两端需要使用游车的，注明中间或两端使用游车的车种、车型及辆数。注明货物跨装支距、突出支点长度和突出端的宽度及高度，同时突出两支点的应分别注明。货物突出支点后，又突出负重车车端板的，注明突出端底部距游车车地板的高度，两端同时突出的应分别注明。注明货物转向架的高度及重量。

(6)预计装后尺寸。装后尺寸高度自轨面开始计算，宽度自车辆纵中心线所在垂直平面开始计算。

(7)特殊运输要求。为保证货物及铁路运输安全，根据货物自身的性质，必须有明确的特殊运输限制条件。

必要时，请示电报应附货物三视图、装载加固方案和货物重量的计量证明材料等资料。

【例 9-4】 铁路超限、超重货物运输请示电报

铁路传真电报

签发：××　　核稿：××　　拟稿人：××　　电话：××××××

发报所名	电报号码	等级	受理日	时分	收到日	时分	值机员

主送：北京铁路局货运处

报文

丰台站发郑州局信阳站卧式锅炉一件，重 28 t，长 7 400 mm，支重面长 7 400 mm，货物本身重心高 1 630 mm 重心位移均衡；

货物中心高 3 520 mm 处，左右宽各 0 mm，第一侧高 3 080 mm 处，左右宽各 1 520 mm。第二侧高 1 200 mm 处，左右侧宽各 1 560 mm。中心高与第一侧高之间为 440 mm 半径的圆弧。

拟使用 N17 型平车一辆装运。

预计装后重心高 4 729 mm 处，左右宽各 0 mm，第一侧高 4 289 mm 处，左右宽各 1 520 mm。第二侧高 2 409 mm 处，左右宽各 1 560 mm；

请示装运办法。

丰台站(京)超限超重 00005 号

××年××月××日

二、超限、超重货物批示电报

铁道部批示电报主送发站所在铁路局货运处，抄送经由和到达铁路局货运处。

铁路局批示电报主送发站、本局调度所、车辆段及货检站等。铁路局直接批示的本局发送的超限、超重货物运输电报须抄送经由和到达铁路局货运处。

批示电报主要内容包括以下几方面：

(1)发站、经由、到站。

(2)货物概况。

(3)使用车种、车型及辆数。

(4)装载方法。

(5)货物装后尺寸。

(6)装运办法。装运办法的内容一般用电报代号表述，运输超限、超重货物电报代号见表9-2。

①重车重心不超高时表述为：A×级超限；Z×级超重；KNOM。

②重车重心超高时表述为：A×级超限；Z×级超重；R 1 950 mm；S 2 029 mm；G 50 km；L 20 km；W 15 km；KNOM。

③较复杂情况时根据具体情况批示。

表9-2 运输超限、超重货物电报代号

顺序	代字	被代用的文字	附注
1	A	超限等级	代号后写几级
2	B	左右宽度按发站挂运列出的进行方向。遇运行途中方向相反且无法通过限界时，由自局解决。不可能时须事先请邻局协助	
3	C	凡距离线路中心线几毫米、高度超过几毫米，如道岔表示器等设备，在列车通过前拆除，通过后立即恢复正常位置	代号后分子为距线路中心线宽度的毫米数，分母为自轨面起高度的毫米数
4	D	通过接近限界的速度限制，按《铁路超限超重货物运输规则》第三十三条办理	
5	E	禁止接入距离线路中心线几毫米，高度超过几毫米的站台的线路	代号后分子为距离中心线宽度的毫米数，分母为自轨面起高度的毫米数
6	F	禁止接入距离线路中心线几毫米的水鹤的线路	代号后写距线路中心线的毫米数
7	G	区间限制速度	代号后写限速值
8	H	由该局管内工务段指派专人添程监视运行状况	
9	I	由该局管内车辆段指派专人添程监视运行状况	
10	J	由该局管内电务段指派专人添程监视运行状况	
11	K	会车条件按《铁路超限超重货物运输规则》第三十二条办理	
12	L	通过300 m以下半径的曲线线路时，限制速度	代号后写限速值
13	M	途中货检站按规定检查无碍后继续运送	

续上表

顺序	代字	被代用的文字	附　注
14	N	各邻接调度密切联系注意运行状态，接运和挂运按《铁路超限超重货物运输规则》第二十八、三十一条办理	
15	O	沿途由值乘车长负责监督运行	
16	P	需要货物转向架和使用车钩缓冲停止器	
17	Q	由发货人指派技术人员护送至到站	
18	R	货物重心高度	代号后写毫米数
19	S	重车重心高度	代号后写毫米数
20	W	经过侧向道岔限制速度	代号后写限速数
21	Z	超重等级	代号后写几级

【例 9-5】 铁路超限、超重货物运输批示电报

铁路传真电报

签发：××　　核稿：×××　　拟稿人：××　　电话：××××××

发报所名	电报号码	等级	受理日	时分	收到日	时分	值机员

主送：丰台站、北京铁路局调度所、北京车辆段、石家庄站、邯郸站

抄送：铁通公司、北京铁路局运输处、工务段、电务段、车辆段、机务段、郑州局货运处

报文：

丰台站发信阳站(郑)：

卧式锅炉一件，重 28 t，长 7 400 mm，货物本身重心为 1 630 mm；

使用 N_{17} 型 60 t 平车一辆装载；

装后中心高 4 729 mm 处，左右宽各 0 mm，第一侧高 4 289 mm，左右各宽 1 520 mm。第二侧高 2 409 mm，左右各宽 1 560 mm。中心高与第一侧高之间为 440 mm 半径的圆弧。

装运办法：(1) A 超级超限；(2) KNOM。

京超限超重 00025 号

××年××月××日

铁路超限、超重货物运输电报专用印章式样如图 9-22 所示，车站请示电报、挂运电报加盖的印章由铁路局自行规定。

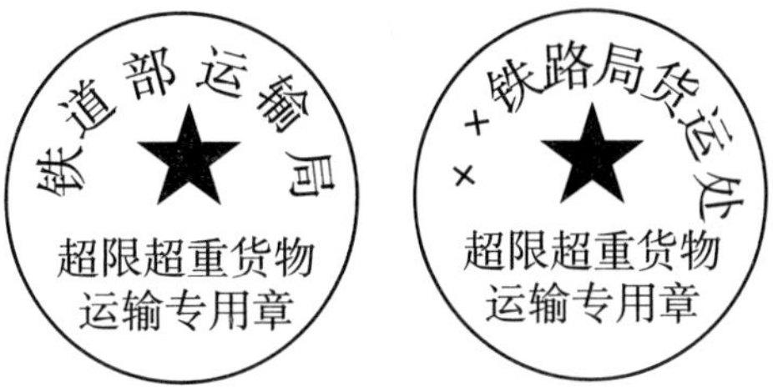

图 9-22　电报专用印章

三、超限、超重货物请示挂运电报

车站挂运电报主送铁路局调度所，抄送铁路局货运处。

挂运电报主要内容包括批示电报号、发站、到站、货物品名、件数，使用车种、车型及辆数、装载完成时间，装后尺寸复测，装后货物装载加固状态及车辆状态检查确认情况等。

【例 9-6】 铁路超限超重车辆挂运请示电报

铁路传真电报

签发：××　　核稿：×××　　拟稿人：××　　电话：××××××

发报所名	电报号码	等级	受理日	时分	收到日	时分	值机员

主送：北京铁路局调度所

抄送：北京铁路局货运处

报文：

奉京局京超限超重 00025 号电报丰台站发信阳站的锅炉一件，使用 N_{17}5030067 一辆装运，超级超限，已于×月×日×时装载（检查）完毕，经复测（检查），货物装后尺寸符合批示电报要求，装载加固状态良好，请求挂运。

丰台站 08 号

××年××月××日

第六节　超限、超重货物的运输组织

超限、超重货物运输作业是铁路货物运输作业的重要组成部分。

为了确保安全、经济、迅速地运送超限、超重货物，铁路局和站段必须高度重视超限、超重货物运输安全管理工作，铁路局要成立以主管运输副局长为主任的超限、超重货物运输管理委员会，各有关站段要成立以主管站段长为组长的超限、超重货物运输管理领导小组。委员会和领导小组要建立工作制度、明确工作职责和工作程序，落实安全责任。

铁路局货运处是铁路局超限、超重货物运输管理的责任牵头部门，主要负责超限、超重货物运输电报的请示、批示，以及相关行政许可的资质审查等。铁路局调度所负责超限、超重车的运输组织和运行掌握，以及装运超限、超重货物所需空车的调配。

超限、超重货物作业主要流程图如图 9-23 所示。

超限、超重货物运输实行关键作业质量签认制度和关键作业工序间交接签认制度。货物受理和装车作业填记××车站超限、超重货物发送作业质量监控表，超限、超重车装车质量由装车站段主管站段长签认，特殊情况时可由站段长授权货运主任签认。

一、托运与承运

1. 超限、超重货物的托运

托运超限、超重货物时托运人除应根据批准的要车计划向车站提出货物运单外还提供相应资料。

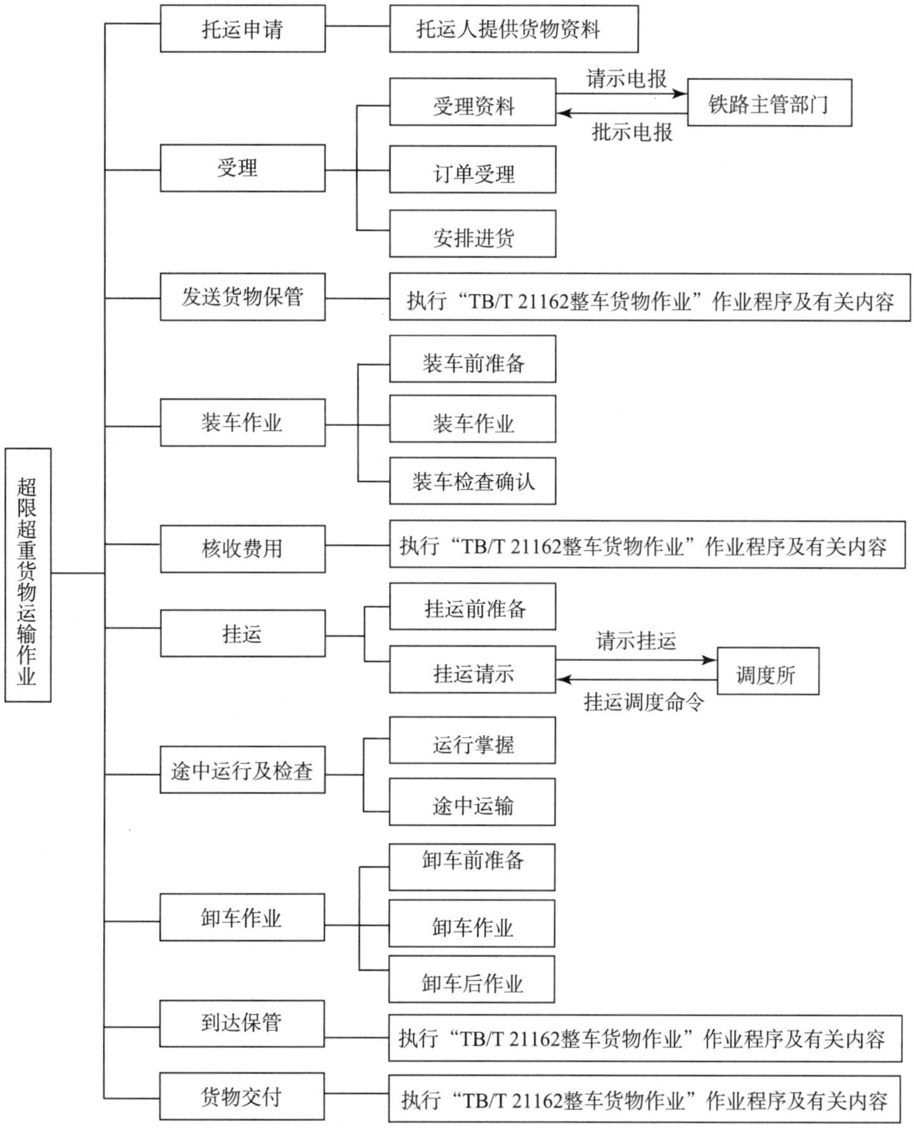

图 9-23　超限、超重货物作业主要流程图

托运人应提供的资料包括以下几项：

(1)“超限超重货物托运说明书”(格式 9-1)。

(2)货物外形尺寸三视图(图中应标明货物的有关尺寸、支重面长)，并以“+”号标明货物重心位置。

(3)申请装运超限、超重货车的车种、车型及车数，计划装载加固方案。

(4)自轮运转超限货物，应有自重、轴数、轴距、固定轴距、长度、转向架中心销间距离、制动机型式及限制条件。

(5)规定的其他资料。

格式 9-1

超限超重货物托运说明书

<table>
<tr><td colspan="2">发局</td><td colspan="2"></td><td>装车站</td><td colspan="2"></td><td colspan="4">预计装后尺寸</td></tr>
<tr><td colspan="2">到局</td><td colspan="2"></td><td>到站</td><td colspan="2"></td><td colspan="2" rowspan="2">由轨面起高度</td><td colspan="2">由车辆纵中心线起</td></tr>
<tr><td colspan="2">品名</td><td colspan="2"></td><td>件数</td><td colspan="2"></td><td>左宽</td><td>右宽</td></tr>
<tr><td colspan="2">每件重量</td><td></td><td>总重量</td><td></td><td>重心位置</td><td></td><td>中心高</td><td></td><td></td><td></td></tr>
<tr><td colspan="2">货物长度</td><td colspan="2"></td><td>支重面长度</td><td colspan="2"></td><td>侧高</td><td></td><td></td><td></td></tr>
<tr><td rowspan="4">高度</td><td>中心高</td><td></td><td rowspan="4">宽度</td><td>左</td><td colspan="2">右</td><td>侧高</td><td></td><td></td><td></td></tr>
<tr><td>侧高</td><td></td><td>左</td><td colspan="2">右</td><td>侧高</td><td></td><td></td><td></td></tr>
<tr><td>侧高</td><td></td><td>左</td><td colspan="2">右</td><td>侧高</td><td></td><td></td><td></td></tr>
<tr><td>侧高</td><td></td><td>左</td><td colspan="2">右</td><td>侧高</td><td></td><td></td><td></td></tr>
<tr><td colspan="2">要求使用车种</td><td colspan="2"></td><td>标记载重</td><td colspan="2"></td><td>侧高</td><td></td><td></td><td></td></tr>
<tr><td colspan="2">卸车时的要求</td><td colspan="2"></td><td colspan="3"></td><td></td><td></td><td></td><td></td></tr>
<tr><td rowspan="4">其他要求</td><td colspan="6" rowspan="4"></td><td colspan="3">车地板高度</td><td></td></tr>
<tr><td colspan="3">垫木或转向架高度</td><td></td></tr>
<tr><td colspan="3">预计装在车上货物重心位置距轨面的高度</td><td></td></tr>
<tr><td colspan="3">重车重心高度</td><td></td></tr>
</table>

注:粗线栏内由铁路填记

发货单位　　　戳记　20　　年　　月　　日提出

2. 受理

托运人提供的货物技术资料及相关证明文件齐全有效、符合规定,且货物发到站(含专用线、专用铁路)具备超限、超重承运人资质的,发站应给予资料受理。

货物受理实行签认制度,包括审核受理资料,对照资料核对货物、确定货物运输条件。

3. 选择装载方案

资料受理后,发站须认真审核资料,必要时应组织有关部门共同研究;对照资料核查货物实际重量、复核货物重量,测量核对货物外形尺寸和重心位置;拟定使用货车的车种、车型及车数,拟定货物装载加固方案。根据货物的外形情况、重量和结构特点、结合装运车辆的技术条件,综合考虑装车方案。根据货物外形情况研究顺装、横装或立装等方案,以确定最有利的装载方法。必要时应采取改变货物包装、解体货体或某个部件的措施,以降低超限等级。货物如不能解体,为通过个别区段的建筑界限,经铁路局确定,准许将木制车地板拆下,容纳货物的突出部分。拆下的车地板必须原装在车上,并应在运单内说明。计算超限(装后尺寸)等级和超重等级。

4. 超限、超重货物运输请示电报

方案拟定后,车站应向铁路局超限、超重货物运输主管部门提报铁路特种车使用计划、拍发超限、超重货物运输请示电报。

5. 超限、超重货物运输批示电报

铁路局接到发站请示电报后,应及时审核批示或向铁道部拍发超限、超重货物运输请示电报。接到铁道部或有关铁路局批示的电报后,应及时结合管内实际向管内有关站段批示通行条件。管内通行确有困难时,应立即以电报和电话通知电报批示单位和发局。

超限、超重货物运输电报管理审批权限如下:

(1)各铁路局间运输的一、二级超限货物和到站跨及三个及其以下铁路局的超级超限货物由发站所在铁路局审批。

(2)到站跨及四个及其以上铁路局的超级超限货物由发站所在铁路局审查后报铁道部审批。

(3)到站跨及三个及其以下铁路局的超重货物由发站所在铁路局审批。

(4)到站跨及四个及其以上铁路局的超重货物由发站所在铁路局审查后报铁道部审批。

(5)超重同时又超限的货物,同超重货物审批权限规定。

超限、超重货物应经由最短径路运输,但受限界条件限制的,可指定径路绕道运输。跨铁路局运输的,经由以铁路局间分界站表述。

6. 审核运单等资料

发站接到铁路局批示电报后,应按规定及时审核、受理托运人提出的铁路货物运输服务订单、货物运单和有关证明文件等资料。

7. 进货验收

根据货物运单上填写的货物搬入日期,发站须及时安排托运人进货,并对照请示电报核查、确认待装货物的尺寸、重心位置和重量等。

二、装车组织

装车作业实行签认制度,内容包括:装车前准备、检查货物装载加固状态、对照电报复核、标画货物检查线及拴挂书写表示牌、填写超限货物运输记录、检查票据记载事项。

1. 装车前工作

装车前,发站应做好以下工作:

(1)应严格按批复的电文内容和要求选择车辆。装车前应通知车辆部门进行技术检查。并经货运人员确认符合批示电报和装车要求,方能使用。

(2)选择在平直的线路上进行超限车的测量。测量的内容包括车地板的高度、长度和宽度。

(3)确认加固材料和加固装置的规格、数量及质量符合装载加固方案规定。

(4)在负重车上标画车辆纵、横中心线。车辆纵、横中心线是货物装载位置的依据,又是装后测量各部位尺寸的标准线。

(5)在货物上标明重心位置(投影)、索点。货物装车前应按货物重心的位置,在货物的两端或两侧,标画货物纵、横重心的垂直线。货物重心的垂直线是确定货物重心装载位置的主要依据。

(6)开好车前会,向装车人员布置装车事项。

2. 装车时

装车时站段超限、超重运输和装载加固主管人员须到装车现场进行指导。

3. 装车后检查

装车后,须检查、确认货物装载加固符合规定要求。重点检查、确认以下几项:

(1)货物实际装载位置符合装载加固方案。

(2)车辆转向架旁承游间符合《铁路超限超重货物运输规则》要求。

(3)使用的加固材料(装置)规格、数量、质量和加固方法、措施、质量符合装载加固方案。

(4)垫木、(支)座架等加固装置、状态良好,完好无损坏。

(5)加固线(钢丝绳、镀锌铁线)已采取防磨措施,捆绑拴结牢固,拴结点无损坏。

(6)焊接处焊缝长度、高度符合规定,焊接质量良好,无虚焊现象。

(7)跨装车组连接处的提钩杆捆绑牢固,车钩缓冲停止器已按《铁路货物装载加固规则》要求安装。

(8)带有制动装置、变速器和旋转装置的货物,制动装置全部制动,变速器置于初速位置,旋转部位锁定牢固。

(9)自轮运转货物的动力传动装置已断开(机车车辆除外),制动手柄在重联位置并固定良好。

确认货物装载加固符合规定要求后,须对照批示电报重点复核、确认:

(1)货物突出车端的尺寸符合规定或批示电报要求。

(2)货物突出端底部与游车车地板的距离、货物突出端与游车上所装货物的距离符合规定。

(3)超限货物装后各部位的尺寸(高度和宽度)符合批示电报。

(4)重车重心高、货物支重面长度(跨装货物支距)等符合批示电报。

(5)其他各有关数据和要求符合批示电报。

4. 标记

装车完毕,确认符合批示电报条件后标画相关标记。

(1)按规定需要“禁止溜放”的货车,应在货车两侧插挂表示牌。

(2)用颜色醒目的油漆画易于判定货物是否移动的检查线。

(3)在货物两侧明显处用油漆书写、印刷或粘贴“×级超限、×级超重”,书写困难时也可挂牌标识。

(4)对某些特殊要求的货物,在运单、票据封套、列车编组顺序表及车牌上注明“超限货物”、“超重货物”或“超限、超重货物”、“连挂车组不得分摘”、“限速××公里”、“禁止溜放”(二级以上超限或跨装运输时)等字样。需要限速运行的货物和自有动力行驶的机车,记明铁路局承认命令。

5. 超限、超重货物运输记录

车站装车后要以批示文电为依据进行复测,复测应与上级批准的计划装车车尺寸相符,对复测后各超限部位的尺寸,以及运输有关事项。车站应会同工务、车辆等有关部门确认与实际情况相符无误后,填入“超限、超重货物运输记录”见格式9-2,否则应另行请示。途中货物检查时,应将检查结果填记在超限、超重货物运输记录乙页背面(格式9-3)。

格式 9-2

超限超重货物运输记录

甲页 __级超限 __级超重 （单位：mm）

<table>
<tr><td>装车局</td><td colspan="2"></td><td>发　站</td><td></td><td>经由线名</td><td colspan="2"></td></tr>
<tr><td>到达局</td><td colspan="2"></td><td>到　站</td><td></td><td>经由站名</td><td colspan="2"></td></tr>
<tr><td>品　名</td><td colspan="2"></td><td>件　数</td><td></td><td>每件重　t</td><td>配　重　t</td><td>总　重　t</td></tr>
<tr><td>货物长度</td><td></td><td>支重面长度</td><td></td><td>转向架中心销间距离</td><td></td><td>重　车重心高</td><td></td></tr>
<tr><td rowspan="10">装车后尺　寸</td><td rowspan="2">中心高</td><td rowspan="2"></td><td rowspan="2">中心高的宽</td><td>左</td><td rowspan="10">记　事</td><td rowspan="10" colspan="2"></td></tr>
<tr><td>右</td></tr>
<tr><td rowspan="2">第一侧高</td><td rowspan="2"></td><td rowspan="2">侧高的宽</td><td>左</td></tr>
<tr><td>右</td></tr>
<tr><td rowspan="2">第二侧高</td><td rowspan="2"></td><td rowspan="2">侧高的宽</td><td>左</td></tr>
<tr><td>右</td></tr>
<tr><td rowspan="2">第三侧高</td><td rowspan="2"></td><td rowspan="2">侧高的宽</td><td>左</td></tr>
<tr><td>右</td></tr>
<tr><td rowspan="2">第四侧高</td><td rowspan="2"></td><td rowspan="2">侧高的宽</td><td>左</td></tr>
<tr><td>右</td></tr>
<tr><td>车　种</td><td></td><td>车　号</td><td></td><td>标记载重</td><td>t</td><td>轴　数</td><td></td></tr>
<tr><td rowspan="3">文电内有关指示</td><td colspan="7">铁道部　20　年　月　日　部超限超重　　号　批准使用　　车</td></tr>
<tr><td colspan="7">铁路局　20　年　月　日　超限超重　　号　批准使用　　车</td></tr>
<tr><td colspan="3"></td><td colspan="2"></td><td colspan="2">本记录在　站作成，经检查完全符合批示的条件
发　站　签字
段　签字
段　签字
段　签字
段　签字
20　年　月　日</td></tr>
</table>

注：1. 不用的各栏应划去；

2. 按电报批示尺寸填记，小于批示时，将实际尺寸填于记事栏内，大于批示尺寸时，必须重新请示；

3. “重车重心高”栏在不超出 2 000 mm 时须以［/］号标示之；

4. 一式两份，第一份仅为甲页留站存查；第二份为甲、乙页，随货运票据送到达站。

（规格 270 mm × 185 mm）

格式 9-3

检查结果记录

乙页

检查站名		检查站名	
检查站名		检查站名	
检查站名		检查站名	
检查站名		检查站名	
检查站名		检查站名	

（规格 270 mm×185 mm）

三、超限车的检查

由于超限列车在运行中受到各种影响，有时不可避免地会发生移动。为了确保行车安全，除在发站开车前认真检查外，途中货检站应加强对超限、超重车辆的安全检查。

1. 货物检查主要内容

（1）货物列车中货物装载、加固状态。货物是否倾斜、移位、窜动、坠落、倒塌和渗漏；在设有超偏载仪的车站，还应检查货车是否超、偏载；加固材料、装置是否完好无损；货物超限装载和特定区段装载限制是否符合有关规定；加固绳索、铁线捆绑拴结是否符合规定。

（2）《铁路超限超重货物运输规则》规定的事项。

（3）《铁路货车超偏载检测装置运用管理办法》规定的内容。

（4）铁道部规定的其他事项。

2. 重点检查、确认的内容

（1）有无超限、超重货物运输记录及其填写是否完整。

（2）货物两侧明显位置，是否有超限、超重等级标识。

（3）是否标画有检查线，货物有无移动，加固材料是否有松动和损坏。

（4）车辆转向架左右旁承游间不得为零（结构规定为常接触式旁承及球形心盘除外）。

检查确认后须在“超限、超重货物运输记录”上记录检查结果，并签章。

四、超限、超重货物运输变更

超限、超重货物变更到站时，受理变更的车站应复测货物装车后尺寸，以电报向铁路局重新请示，并注明原批准单位、电报号码、新到站及车号。受理变更的车站，应对货物的装载加固状况进行检查，并在“超限超重货物运输记录”中签认。

五、超限、超重货物到达作业

超限、超重货物到站应根据批示电报正确选择、确定卸车地点和货位，科学制定卸车方案，严格加强卸车组织，确保安全。

收货人组织自卸的，车站应与收货人签订自卸车协议，明确安全责任，并在卸车前与收货人办理完货物交付手续。

?

1. 什么叫超长货物？
2. 货物突出车端装载时，什么情况可不使用游车？
3. 超长货物一车负重装载时，应遵守哪些规定？
4. 超长货物跨装运输时，应遵守哪些规定？
5. 超长货物装车后在票据上应如何记载？
6. 何谓超限货物？
7. 按超限货物的程度怎样划分超限等级？
8. 何谓超重货物？根据货物的超重程度怎样划分超重等级？
9. 何谓内、外偏差量？
10. 何谓附加偏差量？在何时不计算？
11. 货物计算宽度的公式是什么？
12. 使用普通平车跨装货物时内、外偏差量的计算公式是什么？
13. 超限等级的确定方法步骤是什么？
14. 超限货物测量的基本要求是什么？
15. 超限、超重货物请示文电的内容都有哪些？
16. 托运人托运超限货物时应提供什么资料？
17. 超限、超重货物装车前发站应做哪些工作？
18. 货物装车后，还应做好哪些工作才可以填写超限货物运输记录？
19. 超限车的重点检查确认内容有哪些？

第十章 铁路货物运价

第一节 货物运价的概述

一、货物运价的定义

铁路货物运价是指铁路运输产品的销售价格，即铁路向货主核收的运输费用。铁路货物运输费用是对铁路运输企业所提供的各项生产服务消耗的补偿，包括运行费用、车站费用、服务费用和额外占用铁路设备的费用等。铁路货物运价和货物运输杂费的收费项目及收费标准必须公告，未公告的不准实施。

二、货物运价的分类

铁路货物运价可按适用范围和货物运输种类不同进行划分。

1. 按适用范围分

(1)普通运价是铁路货物运价的基本形式，是铁路计算运费的统一运价，凡在路网上办理正式营业的铁路运输线上都适用。现行铁路的整车货物、零担和集装箱货物、冷藏车货物运价都属于普通运价。

普通运价是计算运费的基本依据。特殊条件运送的货物是在特殊情况下作了一些特殊规定。例如，超限货物的运价是按照超限货物超限等级的不同分别在普通货物运价的运价率上加成50%、100%、150%计算运费。又如，自备集装箱空箱的回送是属于特殊条件运送的货物，其运价率按其适用重箱货物运价率的40%计算。

①优惠运价是对一定机关或企业运输的一切货物或对于不同的托运人运送给一定机关或企业的货物而规定的低于普通运价的一种运价。例如，托运人自备货车或租用铁路货车装运货物用铁路机车牵引，或铁路货车装运货物用该托运人机车牵引运输时，按所装货物的运价率减成20%计费。

②国际联运运价是指为铁路国际联运的货物所规定的运价，包括过境运输和国内段运输运价。

③水陆联运运价是指水陆联运货物在铁路区段的运价。

(2)特殊运价是指地方铁路、临时营业线和特殊线路的运价。

(3)军运运价是指对军运物资所规定的运价。

2. 按货物运输种类分

(1)整车货物运价是按整车运送的货物的运价。冷藏车货物运价是整车货物运价的组成部分。

(2)集装箱货物运价是铁路对按集装箱运送的货物所规定的运价。

三、《铁路货物运价规则》的主要内容

1. 适用范围

铁路货物运价由铁路主管部门拟订,由铁道部运价主管部门集中管理。

《铁路货物运价规则》是计算国家铁路货物运输费用的依据。承运人、托运人、收货人必须遵守该规则的规定。

国家铁路营业线的货物运输,除军事运输(后付)、国际铁路联运过境运输及其他另有规定者外,均按该规则计算货物运输费用。该规则以外的货物运输费用,按铁道部的有关规定计算核收。

2. 基本内容

《铁路货物运价规则》规定了在各种不同情况下计算货物运输费用的基本条件,各种货物运费、杂费和代收款的计算方法及国际铁路联运货物国内段的运输费用的计算方法。

3. 附件

《铁路货物运价规则》包含有四个附件。

(1)附件一为《铁路货物运输品名分类与代码表》(简称"分类表")、《铁路货物运输品名检查表》(简称"检查表")。

"分类表"是用来判定货物的类别代码和确定运价号的工具,由代码、货物品类、运价号和说明四部分组成。代码由7位阿拉伯数字组成,是类别码,对应运价号,前2位表示货物品类的大类、第3位数字表示中类、第4位数字表示小类。分类表是按大类、中类、小类的顺序排列的。铁路运输的货物共分26类,其品类代码、品类名称见表10-1。

表10-1 货物品类

品类代码	品类名称	品类代码	品类名称	品类代码	品类名称	品类代码	品类名称
01	煤	08	矿物性建筑材料	15	化工品	22	饮食品及烟草制品
02	石　油	09	水　泥	16	金属制品	23	纺织品、皮革、毛皮及其制品
03	焦　炭	10	木　材	17	工业机械	24	纸及文教用品
04	金属矿石	11	粮　食	18	电子、电气机械	25	医药品
05	钢铁及有色金属	12	棉　花	19	农业机具	99	其他货物
06	非金属矿石	13	化肥及农药	20	鲜活货物		
07	磷矿石	14	盐	21	农副产品		

"检查表"由品名、拼音码、代码、运价号、整车、零担运价号五部分组成。代码由7位阿拉伯数字组成,分类表中的4位代码后面又加3位品名码。拼音码由不超过5个汉语拼音字母、阿拉伯数字、英文字母构成。根据品名,由左向右,汉字一般是取每字拼音的首音,构成拼音码,见表10-2。

"检查表"中的品名是按其第一个字的汉语拼音首音由A到Z顺序排列。"检查表"也是用来判定货物的类别代码和确定运价号的工具。

表 10-2　拼音码构成举例

品　　名	拼　音　码	说　　明
扑克牌	PKP	
电动机零配件	DDJLP	取前 5 字拼音的首音
氨水(化肥)	ASH	括号内汉字说明只取第一字的首音
机动车(3 ~4 m)	JDC3	括号内数字说明只写第一字的首音
1,3,5—三硝基苯	135SX	前面的阿拉伯数字,直接写入
氟利昂—11	FLA11	后面的数字,直接写入
X 射线探伤器	XSXTS	带英文字母的,含英文字母
F—12 气体	F12QT	

(2)附件二为“铁路货物运价率表”,是用来查找不同运价号的货物的基价 1 和基价 2 的。

(3)附件三为《铁路货物运输品名检查表》。

(4)附件四为《货物运价里程表》,用以公布全国铁路营业线、车站及营业线里程和车站货运营业办理限制。包含有查找车站和里程的方法以及计算里程的方法,零担办理站站名表、集装箱办理站站名表,线名音序索引表,线名顺序索引表,站名首字笔画索引表,营业线里程表,铁路和水路货物联运换装站到码头线里程表,国际联运国境站到国境线里程表。使用“货物运价里程表”可以很快查到需要查找的站名,确定运价里程。

4. 附录

(1)附录一为铁路电气化附加费核收办法。

(2)附录二为铁路新价均摊运费核收办法。

(3)附录三为铁路建设基金计算核收办法。

附录一、三分别规定了核收电气化附加费和铁路建设基金的计费重量、费率、计费里程、计算方法与尾数的处理方法等。

(4)附录四为超重货物分级表。

第二节　运费计算因素

一、计算货物运输费用的程序

1. 运输费用计算程序

(1)按《货物运价里程表》计算出发站至到站的运价里程。

(2)根据货物运单上填写的货物名称查找《铁路货物运输品名分类与代码表》和《铁路货物运输品名检查表》,确定适用的运价号。

(3)整车、零担货物按货物适用的运价号,集装箱货物根据箱型,冷藏车货物根据车种,分别在“铁路货物运价率表”中查出适用的运价率(即基价 1 和基价 2,以下同)。

(4)按《铁路货物运价规则》规定确定整车、零担货物的计费重量(集装箱货物为箱数)。

(5)货物适用的基价 1 加上基价 2 与货物的运价里程相乘之积后,再与计费重量(集装箱为箱数)相乘,计算出运费。

(6)按《铁路货物运价规则》及其他有关规定计算有关杂费。

2. 运费计算公式

按现行《铁路货物运价规则》不同运输种类的计费公式如下。

(1)整车货物

按重量计费　　运费 =(基价 1 + 基价 2 × 运价里程)× 计费重量

按轴数计费　　运费 =(基价 2 × 运价里程)× 轴数

(2)集装箱

运费 =(基价 1 + 基价 2 × 运价里程)× 箱数

二、货物运价里程的确定

运价里程根据《货物运价里程表》按照发站至到站间国有铁路正式营业线最短径路计算，但《货物运价里程表》内或铁道部规定有计费径路的，按规定的计费径路计算运价里程。

1. 车站和里程查找方法

首先从站名音序索引表或站名首字笔画索引表中，查出发站和到站在营业线里程表中的页数，即可从“里程表”中找出发站和到站至接算站间的里程，通过计算得出发到站间的里程。

用来计算跨及两条或两条以上线路车站间运价里程的车站，称为接算站。《货物运价里程表》上一般用“★”表示，图上一般用“○”表示接算站在路网上位于两条或两条以上线路的汇集交叉点。

2. 绕路运价里程计算方法

在下列情况下，发站在货物运单内注明，运价里程按绕路实际经由计算。

(1)因货物性质(如鲜活货物、超限货物等)必须绕路运输。

由于鲜活货物在途中有些需要进行加冰作业，而在最短径路上没有加冰所，或需要途中上水的活动物，在最短径路上没有上水站，则根据托运人的要求，可以绕路经由有加冰所(或上水站)的线路绕路运输。超限货物运输由于受最短径路上建筑限界或其他不利因素的影响，铁路可指定经由适合其运输的线路绕路运输。

(2)因自然灾害或其他非铁路责任，托运人要求绕路运输。

因自然灾害铁路中断或其他不属于铁路的原因，托运人可要求绕路运输。遇此种情况，需由有关部门做出具体指示后，方可办理。

(3)属于五定班列运输的货物，按班列径路计算运费。

承运后的货物发生绕路运输时，仍按货物运单内记载的径路计算运费。

为保护托运人的利益，由于铁路内部车流调整发生的绕路运输，未经铁道部明定按绕路计费的都不应按绕路计算运费。

3. 另算运价里程及不包括在运价里程表内的线路

(1)水陆联运货物，经由码头支线时，应另加算换装站至码头线的里程(按《货物运价里程表》中的“铁路和货物联运换装站到码头线里程表”确定)。

(2)国际联运货物，经由国境线时，应另加算国境站至国境线的里程(按《货物运价里程表》中的“国际联运国境线里程表”确定)。

因国境站不是设在国境线上，所以运价里程应加算国境站至国境线的里程。

(3)站界内搬运按实际里程计算。

(4)专用线、专用铁路、货物支线的里程(计算取送车费时使用)。运价里程是以相邻两站的站中心之间的距离确定的,因而没有包括专用线、专用铁路、货物支线的里程。

三、运 价 号

我国现行铁路货物运价实行分号运价制。整车(含冷藏车)货物运价号分为8个(1~7号、机械冷藏车);集装箱货物运价号分为3个(1吨、20英尺、40英尺)。

按照货物运单上填写的货物品名,查找"分类表"和"检查表",确定出该批货物适用的运价号。

1. 列名的货物

列名的货物即在货物"分类表"和"检查表"中列载了货物具体名称或概括名称的货物。

(1)先查"检查表"。从品名首字汉语拼音索引表或品名首字笔画索引表中,查出该品名在货物运输品名检查表中的页数,再根据"检查表"查出该品名的拼音码、代码和运价号。

(2)"分类表"和"检查表"中有具体名称时,按具体名称判定类别和运价号,不属该具体名称的不能比照。但由于货物的别名、俗名、地方名称等不同,而实际属于该具体名称的,仍应按该具体名称适用的类别和运价号。

(3)"分类表"和"检查表"中无该具体名称时,则按概括名称判定类别和运价号,并须遵守以下规定。

①适用制材或加工工艺概括名称的,除明定者外,均不分用途。当货物具有两种以上制材时,则按其主要制材判定类别和运价号。

②适用用途概括名称时,除明定者外,均不分制材。并在用途概括名称后加括弧注明该货物具体名称。如药用的桑皮在检查表中无此名称,则在运单上写成中药材(桑皮)。

③适用自然属性概括名称的,除明定者外,均不分用途、制材、形态、品种。

2. 未列名的货物

在"分类表"和"检查表"中既无该货物的具体名称,又无概括名称或难以判定概括名称时,按小类→中类→大类的顺序逐层次判定其归属的收容类目。各类均不能归属的货物,则列入总收容类目,9990未列名的其他货物。

半成品除明定者外,均按制成品适用类别和运价号。

四、运 价 率

铁路货物运价率是根据运价号相应制定出对应于每一运价号的基价1和基价2。基价1是货物在发站及到站进行发到作业时单位重量(箱数)的运价。它只与计费重量(箱数)有关,与运价里程无关。基价2是指货物在途期间单位重量(箱数)每一运价公里的运价,它既与计费重量(箱数)有关又与运价里程有关。

(1)整车货物的运价号中1~6号、机械冷藏车,基价1的单位为元/t,基价2的单位为"元/(t·km)";7号,无基价1,基价2的单位为"元/(轴·km)"。

(2)集装箱货物,分别按1吨箱、20英尺箱、40英尺箱制定基价1和基价2。基价1的单位为元/箱,基价2的单位为元/(箱·km)。

五、货物计费重量单位

用来计算运输费用的货物重量称为计费重量。货物运费与计费重量有关,因此,计算运费时,首先应确定计费重量。

1. 整车货物以吨(t)、轴为单位,吨(t)以下四舍五入。
2. 集装箱货物以箱为单位。
3. 零担货物货物以 10 kg 为单位,不足 10 kg 的进为 10 kg 计算。

六、运杂费尾数的处理

1. 每项运费、杂费的尾数不足 0.10 元时,按四舍五入处理。
2. 各项杂费凡不满一个计算单位的,均按一个计算单位计算(另定者除外)。

第三节　整车货物运费

一、一般整车货物

1. 计费重量

(1)使用矿石车、平车、砂石车,经铁路局批准装运《铁路货物运输品名分类与代码表》"01"、"0310"、"04"、"06"、"081"和"14"类货物按 40 t 计费,超过时按货物重量计费。

(2)表 10-3 所列货车装运货物时,计费重量按表中规定计算,货物重量超过规定计费重量的,按货物重量计费。

(3)使用自备冷板冷藏车装运货物时按 50 t计费;使用自备机械冷藏车装运货物时按 60 t 计费;使用标重不足 30 t 的家畜车,计费重量按 30 t 计算;使用标重低于 50 t、车辆换长小于 1.5 的自备罐车装运货物时按 50 t 计费(表 10-3 中规定的车种车型按第 2 项办理)。

(4)始发、中途均不加冰运输的加冰冷藏车和代替其他货车装运非易腐货物的铁路冷藏车,均按冷藏车标重计费。

(5)车辆换长超过 1.5 的货车(D 型长大货物车除外)本条未明定计费重量的,按其超过部分以每米(不足 1 m 的部分不计)折合 5 t 与 60 t 相加之和计费。

(6)米、准轨间换装运输的货物,均按发站

表 10-3　整车货物规定计费重量表

车种车型	计费重量(t)
B_6、B_{6N}、B_{6A}、B_7 (加冰冷藏车)	38
BSY (冷板冷藏车)	40
B_{18} (机械冷藏车)	32
B_{19} (机械冷藏车)	38
B_{20}、B_{21} (机械冷藏车)	42
B_{10} (机械冷藏车)	44
B_{22}、B_{23} (机械冷藏车)	48
B_{15E} (冷藏车改造车)	56
SQ_1 (小汽车专用平车)	80
QD_3 (凹底平车)	70
GY_{95S}、GY_{95}、GH_{40}、GY_{40}、 $GH_{95/22}$、$GY_{95/22}$ (石油液化气罐车)	65
GY_{100S}、GY_{100}、 $GY_{100\text{-}I}$、$GY_{100\text{-}II}$ (石油液化气罐车)	70

的原计费重量计费。

整车货物的计费重量，一般情况下，按货车标记载重量计算运费。货物重量超过标重时按货物重量计费。计费重量以吨为单位，吨以下四舍五入。

例如，某站发一批纺织品，货物重量为 58.7 t，以一辆 60 t 棚车装运，由于货物重量未超过货车标重，则其计费重量按货车标重 60 t 计算。又例如，某站发一批电缆，货物重量为 61.7 t，以一辆 61 t 敞车装运，因货物重量超过货车标重，则其计费重量按实重四舍五入处理，其计费重量为 62 t。

(7) 承运人提供的 D 型长大货物车的车辆标重大于托运人要求的货车吨位时，经中铁特货运输公司批准可根据实际使用车辆的标重减少计费重量，但减吨量最多不得超过 60 t。

2. 运价率

根据托运人在货物运单上所填写的货物名称，按照“分类表”查出该批（项）货物所适用的运价号，按承运当日实行的运价率，查出该批货物适用的运价率。

(1) 按一批办理的整车货物，运价率不同时，按其中高的运价率计费。

【例 10-1】 托运人在某站托运一批货物，其中空调 50 台，运动器材 100 套，试确定运价率。

解：查出空调为 6 号运价，运动器材为 5 号运价，因其按一批托运，故按 6 号运价率计费。

(2) 运价率加（减）成的确定。“分类表”中规定的加（减）成应先计算出其适用的运价率后，再按下述规定进行加（减）成计算。

①一批或一项货物，运价率适用两种以上减成率计算运费时，只适用其中较大的一种减成率。例如，托运人用自备机车牵引途中不需制冷的冷藏车运送货物时，其运价率适用两种减成率，即自备机车牵引铁路货车时，按所装货物的运价率减 20% 计费；途中不需要制冷的冷藏车运送货物时，按所装货物的运价率减 20% 计费。由于这批货物同时适用两种减成运价率，因此只按减成 20% 计算运费。若减成率不同，只按较大的减成率减成。

②一批或一项货物，运价率适用两种以上加成率时，应将不同的运价率相加之和作为适用的加成率。

③一批或一项货物，运价率同时适用加成率和减成率时，应以加成率和减成率相抵后的差额作为适用的加（减）成率。

例如，某站发送一件超级超限货物，用自备车装运。其运价率既适用于加成率又适用于减成率，超级超限货物加成 150% 计费，用自备车装运减成 20% 计费。因此该批货物适用的运价率为加成 150% − 20% = 130%。

【例 10-2】 某托运人从达州托运一台机器，重 26 t，使用 60 t 货车一辆装运至徐州北。计算其运费。

解：查里程表达州至徐州北的运价里程为 1 128 km，查品名分类与代码表，机器运价号为 6 号运价，查运价率表，6 号运价的基价 1 为 16.80 元/t，基价 2 为 0.084 5 元/(t · km)，计费重量 60 t。

$$运费 = (16.80 + 0.0845 \times 1128) \times 60 = 6726.96 \approx 6727.00(元)$$

二、冷藏车货物

1. 计费重量

(1) 机械冷藏车、加冰冷藏车运送鲜活货物按规定计费重量计费，超过时按货物重量以吨为单位四舍五入计费。

(2)始发、中途均不加冰的加冰冷藏车和代替其他货车装运非易腐货物的铁路冷藏车,均按冷藏车标重计费。

(3)用自备冷板冷藏车装运货物时,按 50 t 计费;使用自备机械冷藏车装运货物时,按 60 t 计费。

2. 运价率的确定

以冷藏车运送货物,按货物运价率表中的冰保车和机保车的运价率计算运费,特殊情况按下述方法办理:

(1)途中不需要加温(或托运人自行加温)或制冷的机械冷藏车按机械冷藏车的运价率减 20% 计费。

(2)加冰冷藏车不加冰运输时,仍按加冰冷藏车运价率计费。

(3)使用铁路冷板冷藏车运输的货物按加冰冷藏车运价率加 20% 计费。

(4)自备冷藏车、隔热车(即无冷源车)和代替其他货车装运非易腐货物的冷藏车,均按所装货物适用的运价率计费。

三、快运货物

按快运办理的货物运费在运价里程及运价号确定时等同不按快运办理的货物,但其运费计算时按货物运价率表规定的该批货物运价率的 30% 加收快运费。

【例 10-3】 运费为 4 325.80 元的货物如托运人要求快运时,试计算快运费。

解:

$$快运费 = 4\ 325.80 \times 30\% = 1\ 297.74 \approx 1\ 297.70(元)$$

四、超长、超限货物

1. 超限、限速货物运费计算

由于超限货物和需限速运行的货物运输条件特殊,办理手续复杂,影响铁路运输效率,增加运输成本。因而运送这类货物时,发站应将超限货物的超限等级在货物运单"货物名称"栏内注明。承运人记载调度命令号,其运费计算按下列规定进行:

(1)一级超限,按运价率加 50% 计费。

(2)二级超限,按运价率加 100% 计费。

(3)超级超限,按运价率加 150% 计费。

(4)限速运行(不包括仅通过桥梁、隧道、出入站线限速运行)的货物,按运价率加 150% 计费。

需限速运行的货物主要是指货物装车后,重车重心高超过 2 000 mm 及与限界距离或邻线列车距离较小的超级超限货物。由于限制其运行速度,因而影响铁路运输效率,增加铁路运输成本,运价率需进行加成。

需限速运行的超限货物,只核收 150% 的加成运费,不另核收超限货物加成运费。

【例 10-4】 重庆南站发成都东站汽轮机一台,重 40 t,为超级超限,使用一辆 60 t 平车装运,指定经成渝线运输,试计算其运费。

解:查《货物运价里程表》,径路里程为 493 km,机器运价号为 6 号运价,因其为超级超限所以运价率加成 150% 计算。

运费 =(16.80 +0.084 5 ×493)×(1 +150%)×60 =8 768.78≈8 768.80(元)

【例 10-5】 昆山站发南仓站变压器一台,重 30 t,以一辆 60 t 平车装运,装车后货物为一级超限,重车重心高 2 260 mm,需要限速运行,试计算其运费。

解:查《货物运价里程表》,最短径路里程为 1 284 km,变压器运价号为 6 号运价,该货物为一级超限,又是需限速运行的超限货物,则按限速运行的货物运价率加成 150% 计算。

运费 =(16.80 +0.084 5 ×1 284)×(1 +150%)×60 =18 794.70(元)

2. 使用游车时货物运费计算

超长货物运送时,除使用负重的主车负担货物重量外,还需使用游车满足货物对长度的需要,因而需要多使用车辆,所以要核收游车运费。游车运费按下列规定计算:

(1)游车不装货物时,游车运费按主车货物运价率和游车标重计费。

(2)利用游车装运货物,所装货物运价率与主车货物运价率不同时,按运价率高的核收游车运费。

(3)两批货物共同使用游车时,游车运费各按主车货物的运价率及游车标重的 1/2 计费。

(4)运输超限货物或需要限速运行的货物使用游车时,游车运价率不加成。

(5)自轮运转的轨道机械,以企业自备货车或租用铁路货车作游车时,按整车 7 号运价率核收游车运费;自轮运转的轨道机械,以铁路货车作游车时,按整车 6 号运价率和游车标重核收游车运费。

【例 10-6】 德阳站发宝鸡东桥梁架一件,长 16.3 m,重 39 t,使用一辆 60 t 平车一端突出装运,另用一辆 60 t 平车做游车,试计算这批货物运费。

解:查《货物运价里程表》最短径路运价里程为 612 km,查桥梁运价号为 5 号。主车计费重量 60 t;游车因未装货物,所以按主车桥梁的运价号 5 号,计费重量为游车标重 60 t。

运费 = 主车运费 + 游车运费
=(11.4 +0.061 2 ×612)×60 +(11.4 +0.061 2 ×612)×60
=2 931.26 +2 931.26
=5 862.53≈5 862.50(元)

【例 10-7】 重庆东站发十堰站钢管一批,重 51 t,使用一辆 60 t 平车一端突出装运,另使用一辆 60 t 平车做游车,托运人利用游车装载机器一台,试计算其运费。

解:查《货物运价里程表》,最短径路运价里程为 720 km。

主车计费重量为 60 t,钢管运价号为 5 号;游车计费重量为 60 t,运价率为钢管与机器高者,钢管运价号为 5 号,机器运价号为 6 号,因而游车运价号为 6 号。

运费 = 主车运费 + 游车运费
=(11.4 +0.061 2 ×720)×60 +(16.8 +0.084 5 ×720)×60
=3 327.84 +4 658.40
=7 986.24≈7 986.20(元)

【例 10-8】 保定站发棠溪站一批水泥电杆(超长货物),重 42 t,以一辆 60 t 平车装载,与另一批货物共同使用一辆 60 t 平车做游车,试计算其运费。

解:查《货物运价里程表》,最短径路运价里程为 2 146 km。主车计费重量为 60 t,运价号为 5 号;游车,因共用游车,所以计费重量为游车标重的 1/2(即 30 t),运价号为该主车货物水泥电杆的运价号即5号。

$$
\begin{aligned}
\text{运费} &= \text{主车运费} + \text{游车运费} \\
&= (11.4 + 0.0612 \times 2146) \times 60 + (11.4 + 0.0612 \times 2146) \times 30 \\
&= 8564.11 + 4282.06 \\
&= 12846.17 \approx 12846.20\ \text{元。}
\end{aligned}
$$

五、危险货物

运输危险货物,根据危险货物的性质、等级按下列规定计费。

1. 一级毒性物质(剧毒品)按运价率加100%。

2. 爆炸品、易燃气体,非易燃无毒气体、毒性气体、一级易燃液体(代码表02石油类除外)、一级易燃固体、一级自燃物品、一级遇水易燃物品、一级氧化性物质剂、有机过氧化物、二级毒性物质、感染性物质、放射性物质按运价率加50%。

六、自备、租用车的运费

1. 托运人自备货车或租用铁路货车(不论空重)用自备机车或租用铁路机车牵引时,按照全部列车(包括机车、守车)的轴数与整车7号运价率计费。

2. 托运人自备货车或租用铁路货车装运货物用铁路机车牵引,或铁路货车装运货物用该托运人机车牵引运输时,按所装货物运价率减20%计费。

3. 托运人的自备货车或租用的铁路货车空车挂运时,按7号运价率计费。

4. 自备或租用铁路的客车、餐车、行李车、邮政车、专用工作车挂运于货物列车时,空车按7号运价率加100%计费,装运货物时按其适用的运价率加100%和标重计费。但换长1.5以下的专用工作车不装货物时不加成。

5. 随车人员按押运人乘车费收费。

【例10-9】 某托运人从万盛站装运一批原煤到珞璜站,使用自备货车装载,试计算其运费。

解:该批货物属自备货车装运用铁路机车牵引,所以运价率为该批货物适用的运价率减成20%,即原煤4号运价的运价率减成20%,该批货物运价里程为101 km。

$$
\begin{aligned}
\text{运费} &= (10.50 + 0.0537 \times 101) \times (1 - 20\%) \times 60 \\
&= 764.34 \approx 764.30(\text{元})
\end{aligned}
$$

【例10-10】 沈阳站卸后回送辽阳石油化学纤维厂自备空罐车3辆(均为4轴),试计算其运费。

解:因是自备货车空车挂运,所以应按运价号7号计费,运价里程为72 km。

$$
\text{运费} = \text{运行运费} = 0.2795 \times 3 \times 4 \times 72 = 241.49 \approx 241.50(\text{元})
$$

七、自备货车装备物品及集装箱用具的回送费

托运人自备的货车装备物品(禽畜架、篷布支架、饲养用具、防寒棉被、粮谷挡板)、支柱等加固材料和运输长大货物用的货物转向架、活动式滑枕或滑台、货物支架、座架及车钩缓冲停止器,凭收货人提出的特价运输证明书回送时,不核收运费。

托运人自备的可折叠(拆解)的专用集装箱、集装笼、托盘、网络、货车篷布,装运卷钢、带钢、钢丝绳的座架、玻璃集装架和爆炸品保险箱及货车围挡用具,凭收货人提出的特价运输证明书回送时,整车按 2 号运价率计费。

八、站界内搬运、途中装卸、整车分卸货物

该三种形式为整车运输特殊形式,其运费计算如下:

(1)站界内搬运的货物,按实际运输里程和该批货物适用的运价率计算运费,不另收取送车费。

(2)途中装卸货物,不论托运人、收货人要求在途中装卸地点的前方或后方货运站办理托运或领取手续,途中装车按后方货运站计算运价里程;途中卸车按前方货运站计算运价里程,不另收取送车费。

(3)整车分卸的货物,按照发站至最终到站的运价里程计算全车运费和押运人乘车费;途中每分卸一次,另行核收分卸作业费 80 元(不包括卸车费)。

第四节　集装箱货物运费

一、运费计费

集装箱货物的运费按使用的箱数和"铁路货物运价率表"中规定的不同箱型的运价率计费。但下述情况除外:

(1)罐式集装箱、其他铁路专用集装箱按"铁路货物运价率表"中规定的运价率分别加 30%、20% 计算。

(2)标记总重量为 30.480 t 的通用 20 英尺集装箱的按"铁路货物运价率表"中规定的运价率加 20% 计算,按规定对集装箱总重限制在 24 t 以下的除外。

(3)装运一级毒害品(剧毒品)的集装箱按"铁路货物运价率表"中规定的运价率加 100% 计算;装运爆炸品、压缩气体和液化气体、一级易燃液体(代码表 02 石油类除外)、一级易燃固体、一级自燃物品、一级遇湿易燃物品、一级氧化剂和过氧化物、二级毒害品、感染性物品、放射性物品的集装箱,按"铁路货物运价率表"中规定的运价率加 50% 计算。

(4)自备集装箱空箱运价率按"铁路货物运价率表"规定重箱运价率的 40% 计算。

(5)承运人利用自备集装箱回空捎运货物,按集装箱重箱适用的运价率计费,在货物运单"铁路记载事项"栏内注明,免收回空运费。

【例 10-11】 石家庄南站发汉西站 2 个自备 20 英尺集装箱,到站后汉西站回送石家庄南,计算回空运费。

解:石家庄南至汉西运价里程为 933 km 。运价号按 20 英尺箱重箱 40% 计费。计费重量 2 箱。

$$运费 = (249.20 + 1.173 \times 933) \times 0.4 \times 2 = 1\ 074.89 \approx 1\ 074.90(元)$$

二、集装箱一口价

为增加价格透明度,规范收费行为,满足货主需要,开拓铁路集装箱运输市场目前铁路实行集装箱一口价。

集装箱一口价是指集装箱自进发站货场至出到站货场铁路运输全过程各项价格的总和，包括门到门运输取空箱、还空箱的站内装卸作业、专用线取送车作业、港站作业的费用和经铁道部确认的集资货场、转场货场费用。

集装箱一口价由铁路发站使用货票向托运人一次收取，货票记事栏内注明"一口价"。计算及核收以箱为单位。

1. 集装箱一口价包括的费用：

(1)国营铁路运费、电气化附加费、特殊运价。

(2)印花税。

(3)铁路建设基金。

(4)国营铁路临管线运费、合资铁路或地方铁路运费和集装箱使用费。

(5)地方铁路建设附加费(福建、四川、重庆)。

(6)发到站集装箱装卸综合作业费。

(7)铁路集装箱使用费、自备集装箱管理费。

(8)运单表格费、货签表格费、施封材料费、铁路集装箱清扫费。

(9)护路联防费。

(10)组织服务费。

(11)经铁道部确认的港站费用和转场费用。

2. 集装箱一口价不包括的费用：

(1)要求保价运输的保价费用。

(2)快运费。

(3)委托铁路装掏箱的装掏箱综合作业费。

(4)专用线装卸作业的费用。

(5)集装箱在到站超过免费暂存期间产生的费用。

(6)托运人或收货人责任发生的费用。

3. 下列情况，集装箱运输一口价中的相应费用在发站免收或减收，在到站退还收货人：

(1)在专用线、专用铁路装卸作业的装卸综合作业费与取送车费的差额。

(2)托运人、收货人自装自卸的装卸综合作业费。

(3)在部定转场货场，托运人、收货人直接到铁路货场取送集装箱或装掏箱的转场费用。

(4)管内装卸综合作业费、组织服务费等杂费下浮的。

4. 按规定权限批准运价下浮的，集装箱运输一口价的各项费用同比例下浮，包括到站费用。

5. 下列货物不适用集装箱运输一口价运输，仍按一般计费规定计费：

(1)集装箱国际联运。

(2)集装箱危险品运输(可按普通货物条件运输的除外)。

(3)冷藏、罐式、板架等专用集装箱运输。

6. 实行一口价的集装箱暂不办理在货物中途站或到站提出的运输变更。

?

1. 简述铁路货物运价的定义。
2. 铁路货物运价的类种是如何划分的?
3.《铁路货物运价规则》的主要内容有哪些?
4. 货物运费计算的影响因素有哪些?
5. 整车和集装箱货物运费计算公式是什么?
6. 超限、限速运行的货物运费计算应注意哪些问题?
7. 游车运费如何计算?
8. 一批适用两种以上加(减)成率时,运价率如何确定?

第十一章　货运事故处理

第一节　货运事故种类和等级

一、货运事故的定义

货物在铁路运输过程中(含交付完毕后点回保管)发生灭失、短少、变质、污染、损坏以及严重的办理差错,在铁路内部均属于货运事故。

二、货运事故种类和等级

1. 种类

货运事故分为七类:

(1)火灾。

(2)被盗(有被盗痕迹)。

(3)丢失(全批未到或部分短少,没有被盗痕迹的)。

(4)损坏(破裂、变形、磨伤、摔损、部件破损、湿损、漏失)。

(5)变质(腐烂、植物枯死、活动物非中毒死亡)。

(6)污染(污损、染毒、活动物中毒死亡)。

(7)其他(整车、集装箱车的票货分离和误运送、误交付、误编、伪编记录以及其他造成影响而不属于以上各类的事故)。

2. 等级

货运事故按货物损失款额或人员伤亡情况分为三个等级。

(1)重大事故

①由于货物染毒或危险货物发生事故,造成人员死亡 3 人或死亡重伤合计 5 人以上的。

②货物损失及其他直接损失(以下同)款额 30 万元以上的。

(2)大事故

①由于货物染毒或危险货物发生事故,造成人员死亡不足 3 人或重伤 2 人以上的。

②损失款额 10 万元以上未满 30 万元的。

(3)一般事故

①未构成重大、大事故的人员重伤事故。

②损失款额在 2 000 元以上未满 10 万元的。

上述人员死亡或重伤是指货物染毒或危险货物发生事故造成的,因其他原因所造成的人员死亡或重伤,则不列为货运事故。

“货物损失”系指货物的直接损失,“其他直接损失”系指因货物原因造成的其他直接损失。

第二节　记录的编制及调查

一、货运记录的编制

货物在铁路运输过程中(包括承运前保管和交付完毕后点回保管)发生货损、货差、有货无票、有票无货或其他情况需要证明铁路同托运人或收货人间责任时,都应在当日按批(车)编制货运记录。

有以下九种情况之一,须在发现当日按批(车)编制货运记录:

(1)发生《铁路货运事故处理规则》中所规定的七种货运事故情况之一和《铁路货物运输管理规则》、《铁路货物运输规程》及其引申规则办法中所规定需要编制的情况时。

(2)集装箱封印失效、丢失或封印站名、号码与票据记载不一致或未按规定使用施封锁,集装箱箱体损坏发生货物损失时。

(3)货车装载清单上有记载,或记载被划掉未加盖带有单位名称的人名章,而实际无票据无货物时。

(4)货物运单、货票上记载的内容发生涂改,未按规定加盖戳记时。

(5)集装货件外部状态损坏,货件散落时。

(6)托运人组织装车、承运人组织卸车或换装,发生货物损失时。

(7)托运人自备篷布发生丢失时。

(8)一批货物中的部分货件补送或事故货物回送时。

(9)发生无票据、无标记事故货物和公安机关查获铁路运输中被盗、被诈骗的货物以及公安机关缴回的赃款移交车站时,沿途拾得的铁路运输货物交给车站处理时。

二、货运记录的编制要求

编制货运记录要严肃认真,如实地记载事故货物及有关方面的当时现状,以体现记录的及时性、真实性和准确性。

记录的编制,要客观地反映出事故的原因和责任,使事故的处理能做到原因明、定责准、结案快。

编制记录不得虚构、假想、臆测。记录用词必须准确、简练、明了,不能用揣测、笼统、含糊的词句。

记录各栏都要逐项填记。字迹要清晰,不得潦草,不得任意涂改。如有涂改,必须由编记人员在涂改处盖章负责。

三、货运记录的处理

1. 发站编制的记录处理

发站编制的货运记录,由发站负责处理,如确实无法联系托运人时,可说明理由将货主页随同运输票据送到站处理。

2. 中途站编制的记录处理

(1)自站的责任记录调查页留站存查,货主页随同运输票据或货物送到站处理。

（2）他站责任的记录应自编制记录之日起 3 日内将调查页连同有关材料送责任站调查，货主页随同运输票据或货物送到站处理。

一批货物中部分货件发生事故时，须拴挂“事故货物标签”（格式 11-1）继运到站。损坏的货件继运到站前应整修包装。

格式 11-1

货物事故标签

事故货物标签（正面） 事故货物标签（背面）

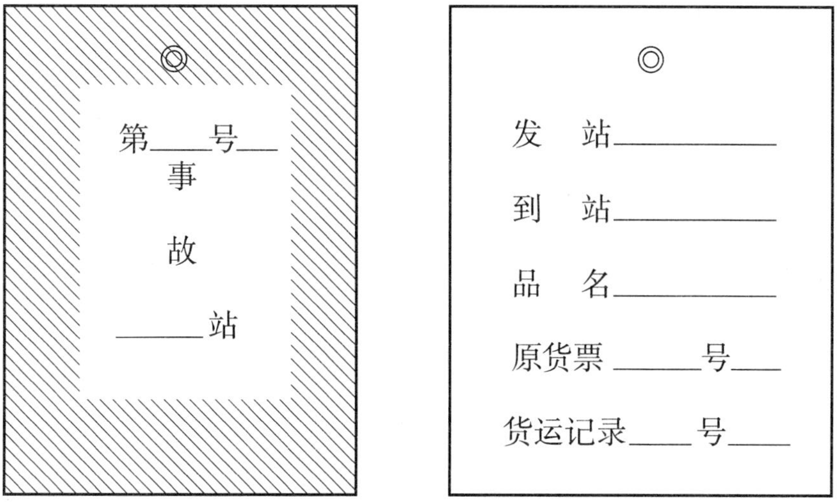

斜线处为红色

规格：80 mm × 110 mm

（3）发生火灾、整车货物变质，活动物死亡，罐车装运的货物漏失，调查页分别按自站责任或他站责任记录的规定处理。事故能在发现站（铁路局）处理的，必须在发现站（铁路局）处理；事故不能在发现站（铁路局）处理的，货主页随同运输票据送到站处理，但发现站（铁路局）负责明确原因和损失程度。

3. 到站编制的记录（包括附有发站和中途站编制的货运记录）处理

（1）自站责任的记录，调查页留站存查；他站责任的记录，调查页送责任站调查，货主页交收货人。

（2）遇附有发站或中途站编制的记录，卸车时应按照记录记载的情况，认真核对现货。

情况相符时，不再编制记录，货主页交收货人，另作抄件留存。

情况不符时，应重新编制记录，调查页送责任站调查，原记录货主页留存。重新编制记录的货主页交收货人。

（3）到站确认货物损坏不足 500 元时，调查页暂不送查，待赔偿后连同“货运事故赔款通知书”（格式 11-2）一并送查责任站。

（4）货物发生损坏或部分灭失需要鉴定时，按《铁路货运事故处理规则》规定办理（格式 11-3）。鉴定后，将鉴定材料补送责任站。鉴定期限从编制记录之日起，不应超过 30 日，特殊情况除外。

格式 11-2

货运事故赔款通知书

（ ）字第 号

主送________：

关于 年 月 日由 站承运到 站

办理种别 货票第 号，货物品名

发生 事故，要求铁路赔偿 元一案，经审定

同意赔偿 元（大写）。

1. 请将上述赔款汇至____

收款人邮政编码________________________

2. 请持本通知书到________________财务领取。

铁路局（车站）

年 月 日

抄送：________________________

____

____

规格：16 开竖印

格式 11-3

________铁路局

________站　　**事故货物鉴定书**　　第________号

<table>
<tr><td colspan="5">一、编制于20 年 月 日系补充 站编第 号
货运记录 站发 站运单 号品名
发生 情况的鉴定书</td></tr>
<tr><td rowspan="5">二、鉴定分析结论</td><td colspan="2">（1）货物的性质和事故发生前品种、质量、原来价值</td><td colspan="2"></td></tr>
<tr><td colspan="2">（2）货物的损坏程度和款额</td><td colspan="2"></td></tr>
<tr><td colspan="2">（3）损坏灭失（包括重量短少）货物能否修理或者配换及所需费用，残留价值</td><td colspan="2"></td></tr>
<tr><td colspan="2">（4）事故货物是否适用于原来的用途或作他用，对其价值有无影响</td><td colspan="2"></td></tr>
<tr><td>（5）货物损坏的原因</td><td>甲、货物的损坏和包装的关系；
乙、货物的损坏和货物性质的关系；
丙、其他原因</td><td colspan="2"></td></tr>
<tr><td colspan="5">三、鉴定费用</td></tr>
<tr><td rowspan="2">四、参加鉴定人员职务及签章</td><td>鉴定单位</td><td>铁路</td><td>托运人或收货人</td><td>其他</td></tr>
<tr><td></td><td></td><td></td><td></td></tr>
</table>

本鉴定书共三份：正本送责任站，副本一份交收货人，一份留鉴定站存查。

规格：16 开竖印

(5)货运记录送查后,收货人领取货物时表示无意见,应及时通知有关站结案。

(6)货运记录送查后,件数不足的货物补送齐全,在向收货人补交时收回记录货主页,并及时通知有关站结案。

四、货运记录的送查

送查的货运记录,以“货运事故查复书”(格式 11-4)在编制记录之日起,3 日内送责任站调查。

格式 11-4

货运事故查复书

主送: 抄送: 第 号

记录编制站		记录编制日期		办理种别	
记录号码		车种车型车号		货票号码	
发 站		到 站		品 名	
事故种类		保价金额		货件损失款额	

年 月 日第 号查复书接悉。

(公章)

年 月 日

附件:1. 货记录原/抄件 页 2. 普通记录原/抄件 页

3. 封印 个 4. 其他 页

规格:16 开竖印

货运记录送查时,按下列规定附送有关资料和实物:

(1)使用施封环施封的货车、集装箱发生货物被盗丢失,须附封印。

(2)重新编制的记录,须附他站原记录抄件。

(3)有站车交接记录的,须附站车交接记录抄件。

(4)个人物品发生被盗、丢失事故,货票未附物品清单时,须附经过车站检查的现有货件数量和包装特征的清单。

(5)其他有关资料(可按规定后附),如车辆技术状态检查记录、机车火星网检查证明、“事故货物鉴定书”以及事故货件的现场照片等。

一辆货车内多批货物发生事故时,上述资料可附于其中损失最严重的货运记录内,其余记录应在附件栏内注明“封印及某某附件已附于第 × × 号货运记录内送查某某站”。

五、事故的处理

1. 被盗丢失事故

中转站发现个人自用物品被盗、丢失时，应附检查记载的现有物品清单，整件货物短少时，应与物品清单核对，在记录内记明现有货件的特征。到站卸车时，要详细核对并检斤。向到站回送事故货件时，须逐件拴挂事故货物标签。

品名笼统的货物，发生件数不足时，到站须会同收货人确认短少货件的具体名称、数量或规格后方可交付。收货人提不出发货单据时，应将现有的货件按箱面记载的品名、批号作成清单备查。如箱面未记载品名时，应开箱检查。

2. 损坏事故

事故货物涉及重量的，应将发生事故的货件和完整的货件分别检斤，但中途站只对成件货物中的事故货件进行检斤，填入记录的“按照实际”栏和事故货物标签内。

中途站发现箱装或集装架装玻璃、固体药品（包括中药）、草捆瓷器、箱装瓷砖、包装完好内品损坏时，可不开装清点，在记录上记明损坏件数和现状，拴挂事故货物标签后继运到站处理。到站可在交付时会同收货人共同开装检查，确定损失数量和程度。

到站卸车发现上述货物包装完好内品损坏时，可不开装清点；但是，记明损坏件数和现状的记录必须在卸车当日编制。

货物运单上记有“破损自负”、“原有破损”字样的，卸车站也要编制货运记录。

集装箱货物交付时，打开箱门发现湿损，涉及箱体技术状态不良需要编制货运记录时，应在打开箱门发现的当日编制（能从外部明显发现的除外）。

棚车装运的货物，卸车发现个别或部分货件有湿痕或湿后有干痕，货件又不在表层，如确认车体技术状态良好时，可不通知列检人员检查，在货运记录内详细记明车辆顶棚，四周不透光的情况。

3. 污染事故

发现装有饮食品、粮食、饲料、药品、药材、食用油脂类的货车违反危险货物铁路危险配装表规定，与毒害品混装或未按要求隔离装载时，应首先检查毒害品包装状态。如果毒害品包装完好，又无洒漏，确认未污染其他货物，或卸车时嗅到车内有异味，但本车未装毒害品，车内无残留异物，货物包装完好无洒漏，确认未受到污染时，应编制货运记录送装车站查责纠正，不必拍发货运事故速报。如不能确认货物是否受到污染，应保留原车，立即报告铁路局，必要时通知铁路防疫部门到现场指导处理。

中转站发现粮食、食品被污染，应将被污染的货件单独码放，有刺激气味的，不应和原批货物同车继运。

粮食、食品染毒或人员中毒，为查明污染原因要保留原车。但一般货物被污染，记明车内现状后，回送洗刷，不保留原车（重大、大事故除外）。

货物被同车他批货物污染时，除分别编制记录外，到站应分别鉴定，并填制“事故货物鉴定书”，以便分析责任。

活动物（禽畜、鱼苗、蜜蜂等）死亡，涉及铁路责任时，应保留原车，报告铁路局，请兽医部门或专业部门人员鉴定，查明原因及损失，作出记录。

4. 集装箱装运的货物发生事故

中转站发现中转集装箱施封锁(环)丢失、封印内容不符、施封失效时,应在当时清点箱内货物,补封并编制货运记录;但封印站名相符号码不符时,可不清点箱内货物和补封。发现中转集装箱破损,如不危及货物安全,可继续运送;如不能继续运送,应清点和检查箱内货物,进行换装,补封并编制货运记录。

到站卸车发现集装箱施封锁(环)丢失,封印内容不符,施封失效时,应在当时清点箱内货物并编制货运记录;发现集装箱破损可能危及货物安全时,应编制货运记录并会同收货人检查箱内货物。

5. 其他

中转站发现漏装的货件或无票到达有标记的货件,在编制记录向到站回送前,须查明原批货物是否自站已编有记录。如已编有记录,应并案处理。

到站收到回送货件向收货人交付前,须查明原批货物是否有记录。如原批货物已交付,须向收货人查明情况,换回原交不符的货件,换回的货件向正当到站回送。

货运记录送查后,收货人领取货物时,表示无意见,应及时通知有关站结案。件数不足的货物补送齐全,在向收货人补交时收回记录货主页,并及时通知有关站结案。

六、普通记录的编制和处理

1. 普通记录的编制时间和条件

遇有下列情况之一,须在当日按批(车)编制普通记录。

(1)发生《铁路货物运输管理规则》规定需要编制的情况时。

(2)事故涉及车辆技术状态时。

(3)货车发生换装整理时。

(4)托运人组织装车,收货人组织卸车,货车施封良好,篷布苫盖和敞车、平车、砂石车货物装载外观无异状,收货人提出货物有损失,要求车站证明交接现状时。

(5)集装箱运输的货物,箱体完整,施封良好,货物发生损坏时(到站认为承运人有责任的,应编制货运记录)。

(6)依据其他有关规定,需要证明时。

2. 普通记录的编制要求

编制普通记录要如实记载有关情况,按下列要求进行编制:

(1)货车封印失效、丢失、封印站名或号码无法辨认时,应记明失效、丢失或无法辨认的具体情况。

(2)封印的站名或号码与票据、封套或补封记录记载不符时,应记明封印实际的站名或号码。

(3)货物运单与货票记载不符,而货物运单记载情况与货物相符时,应记明货物与货物运单记载相符,但货票××内容与货物运单记载不符。

(4)施封的货车未在票据或封套上记明施封号码时,应记明“现车施封,运输票据(或封套)上未记明施封号码”字样。

(5)车辆技术状态不良时,应记明车种、车型、车号和车辆不良的具体情况,段、厂修单位名称及年月。

(6)发现货车两侧或一侧上部施封时,应记明下部门扣是否损坏。

(7)站车交接中发现的问题按规定拍发电报。其内容除包括普通记录反映的情况外,还应说明:

①列车的车次及到达时间,货车的车种、车号、发现问题的简要处理情况。

②棚车车体及集装箱专用车、平车装运的集装箱箱体发生损坏时,应记明损坏位置和箱号。

编制普通记录须加盖单位公章或货运事故处理专用章,编制人员还须加盖带有所属单位名称的人名章,其他参加检查货物(车)的有关人员也应签字或盖章,同时注明其所属单位名称。

记录有涂改时,在涂改处须加盖编制人员的名章。

第三节　事故处理程序及责任划分

一、车站货运事故处理程序和要求

车站发现货运事故,除编制货运记录外,应对事故现场进行检查,找出原因,避免扩大损失(货运事故处理作业程序图如图 11-1 所示)。涉及车辆技术状态的事故,应会同车辆部门检查并作检查记录。

发现重大事故、大事故、火灾事故和罐车装运的压缩气体、液化气体泄漏以及一级毒害品、放射性物品被盗丢失,应在 24 h 内向有关站、铁路局拍发"货运事故速报",并抄报铁道部、主管铁路局。

货运事故速报内容如下:

(1)事故等级、种类。

(2)发现事故的时间、地点。

(3)货物发站、到站、品名、承运日期。

(4)车种、车型、车号、货票号码、办理种别、保价或保险金额(金额前注明"保价"或"保险"字样)。

(5)事故概要。

(6)对有关单位的要求。

拍发事故速报时,在电文首部冠以"货运事故速报"字样,1 至 6 项加括号作为各项代号。

发现以上事故后,在拍发货运事故速报前应立即用电话逐级报告,情节和后果严重的,铁路局应及时向铁道部报告。

"情节和后果严重的"是指剧毒、液化气泄漏等有大面积燃烧、爆炸、污染环境的,以及铁路局认为其他特殊情况后果严重的应及时用电话向铁道部先行报告。

车站发现事故的当时难以确认是否构成大事故时,可以在速报内记明"估计损失在 10 万元以上"。

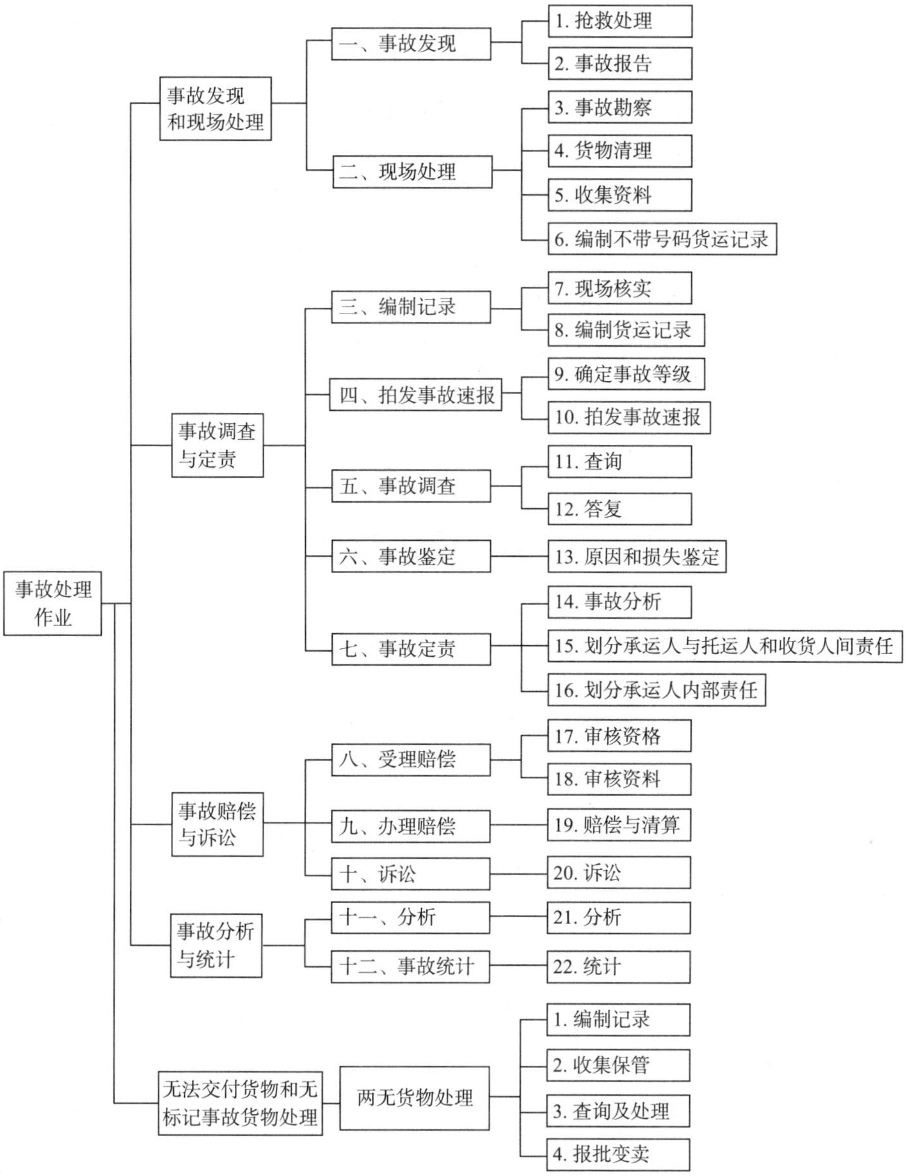

图 11-1　货运事故处理作业程序图

对火灾事故、罐车装运的压缩气体、液化气体泄漏以及一级毒害品、放射性物品发生被盗丢失时，事故速报应抄报有关公安部门。

【例 11-1】　棚车装运货物发生被盗的事故速报

主送：××站　　　　××铁路局

抄送：铁道部运输局　　　　　　××铁路局

货运事故速报

(1)大事故、被盗；

(2)2010 年 7 月 8 日 ×时 ×分　　　××站；

(3)××站　××站　卷烟2010年7月2日；

(4)P_{64}3146475　01568　整车　保价120万元；

(5)货检发现该车运行方向左侧车门开放500 mm，车门处有钢丝钳子一把，货物堆码混乱，会同公安清点见16件包装破损已成空箱，其他货物完好无损，估计损失在10万元以上。

(6)请××站详查编组挂运情况及处理意见。

××站

车站接到调查记录(包括自站编制的记录)、货运事故速报和查询文电后，核对记录和附件是否齐全、正确，加盖收文日期戳记，编号登记于“货运事故(记录、调查、赔偿)登记簿”内，并按以下规定办理。

(1)初次接到调查记录，如果核对所附材料不符合《铁路货运事故处理规则》关于货运记录送查时所附送有关资料和实物的要求而影响事故调查时，应一次提出，自接到记录之日起，3日内将原卷寄回送查站处理。

(2)调查记录如果有误到情况，自接到之日起3日内将原卷转寄应寄送的车站，并抄知误寄站。

(3)属于自站责任的，一般事故自接到记录之日起(自站发生的自发生之日起，以下同)由车站在10日内以“货运事故报告表”(格式11-5)报主管铁路局；重大、大事故自接到记录之日起由车站在15日内以正式文件连同全部调查材料报主管铁路局。以上事故同时以“货运事故查复书”答复送查站，通知到站和到局(一般事故通知到达局)。

格式11-5

货运事故报告表

记录编制站		记录编制日期		办理种别	
记录号码		车种车型车号		货票号码	
发站		到站		品名	
事故等级		事故种类		货物损失款额	
责任单位及责任者					
事故概况					
改进措施					
责任单位领导及责任者处理结果					

＿＿＿＿铁路局＿＿＿＿＿站　　　　年　月　日

规格:16开竖印

对已明确为自站责任，但还需要向有关单位索取补充材料，了解货物损失、下落或到达交付情况时，应以“货运事故查复书”或拍发电报查询，不得将记录寄出。

(4)属于他站责任的，以“货运事故查复书”说明理由和根据，自收到货运记录之日起 7 日内将全部材料送责任站，并抄知到站和有关单位。重大、大事故要抄报主管铁路局。

(5)因情况复杂，责任站不能按一般事故在 10 日内，重大、大事故在 15 日内调查答复(包括要求暂缓赔偿的)，需要延期时，应提前提出理由，通知到站(铁路局)。但此项延期自收到记录之日起，最多不得超过 30 日。如不能在规定期限内调查完毕而又超过规定的延期期限的，到站(铁路局)一经核赔，即由责任站负责赔款，不再由到站(铁路局)办理向赔偿要求人索回赔款手续，由责任站自行联系处理。

记录送查中两站间往返调查，后来发现应向另外一个单位送查，如果原来互送案卷的双方每次都未超过送查和答复期限，另一单位不应拒绝查复。

对一般责任事故有争议，经一次往返查复不能取得一致意见时，由提出争议的一方立即将调查材料寄给到站，由到站定责处理。

须经铁路局赔偿的，到站应自收到托运人或收货人的“赔偿要求书”(格式 11-6)之日起，3 日内将调查材料连同赔偿材料一并报主管铁路局，并抄知有关单位。主管铁路局收到上述材料后，须将调查材料送责任铁路局(征求定责意见，不能取得一致意见时，由到达铁路局定责)。到达铁路局裁定后，责任铁路局仍有争议时，由责任铁路局与到达铁路局协商处理，到达铁路局的裁定为最终裁定。

二、铁路局货运事故处理程序和要求

货运重大事故由铁路局负责处理。

事故发现局对货运重大事故应立即深入现场组织处理。涉及他局责任时，应自拍发事速报之日起，15 日内邀请有关局参加处理，召开分析会，作出会议纪要。

有关局接到重大事故速报后，应组织调查，并按发现局通知的开会日期参加事故分析会，并签署会议纪要。

局间对事故责任划分意见一致时，由发现局将会议纪要连同有关材料送到达局。局间对事故责任划分意见分歧时，应在会议纪要内阐明各自意见，由发现局将会议纪要连同现场调查材料等以局文报铁道部裁定，并抄送有关局。

以上全部工作应自事故发现之日起 60 日内处理完毕。

事故涉及托运人、收货人责任和铁路局以外其他铁路部门责任时，由到站(铁路局)处理，有关站(铁路局)积极配合。

重大、大事故自责任明确之日起 30 日内，由责任局主管局长主持召开管内事故分析会，并将结果以铁路局文件报铁道部。

有关铁路局拒不参加事故分析会或中途擅离会议，不签署会议纪要的，对分析会确定的责任不得提出异议。

凡按规定权限定责的事故，责任站(铁路局)必须尊重定责意见，并在规定期限内转账。对拒不接受赔偿转账的，由铁道部根据处理局的报告，审理汇总，统一划拨，加算 5% 的资金占用费给处理局，并通报批评。

格式 11-6

赔偿要求书

第　　号

提赔单位名称或姓名		
发站		
到站		
货物名称及损失数量		
提赔款额及计算方法		
货运记录编制站及号码		
详细通信地址		电话：
希望领款地点或结算的银行名称与账号		
附件名称及份数		
提赔单位　　（公章） 姓名　　（公章） 20 年　月　日　提出		

赔偿要求书收据

第　　号

兹收到______于20___年___月___日提出的关于发站___到站___品名___发生___事故的赔偿要求书一份。 附件： ××铁路局××站（公章）经办人 20 年　　月　　日

规格:270×185 mm

三、事故责任划分

划分事故责任应以事实为依据，规章为准绳。

在查明情况和原因的基础上，首先应按国家有关法规和《货规》及其引申规则、办法的规定划清承运人与托运人、收货人之间的责任。属于铁路内部各单位间需要划分责任时，按照《铁路货运事故处理规则》附件二和有关规定办理。

第四节　货运事故赔偿

一、提赔手续

托运人或收货人向承运人要求赔偿货物损失时,应按批向到站(货物发送前发生的事故向发站)提出赔偿要求书并附货物运单、货运记录和有关证明文件,按保价运输的个人物品,应同时提出盖有发站日期戳的物品清单;要求退还多收运输费用时,须提出货票丙联或运杂费收据,直接联系收款站处理;收货人要求承运人支付运到逾期违约金时,应向到站提出货物运单。

承运人向托运人或收货人提出赔偿要求时,应提出货运记录、损失清单和必要的证明文件。

车站对收货人或托运人的赔偿要求,按上述规定受理。但在运输途中发生的火灾、整车货物变质、活动物死亡需要就地处理时,经与托运人、收货人协商同意,可由发现站受理,并通知到站。

对承运人责任明确的保价运输货物发生事故,发站可以受理办赔。

受理赔偿时,须审核赔偿要求人的权利、有效期限、"赔偿要求书"内容,以及规定的证明文件。审核无误后,在"赔偿要求书收据"上加盖车站公章或货运事故处理专用章,交给赔偿要求人。

二、赔偿期限

承运人同托运人或收货人相互间要求赔偿或退补费用的有效期间为 180 日,但要求承运人支付违约金的有效期间为 60 日。有效期由下列日期起算:

(1)货物灭失、损坏或铁路运输设备损坏,为承运人交给货运记录的次日;货物全部灭失未编有货运记录,为运到期限满期的第 31 日。

(2)多收或少收运输费用,为核收该项费用的次日。

(3)要求支付违约金,为交付货物的次日。

(4)其他赔偿及退补多收或少收费用,为发生事故或核收该项费用的次日。

三、赔偿价格

货物损失的赔偿价格:灭失时,按灭失货物的价格;损坏时,按损坏货物所降低的价格。

货物赔偿价格的标准为:

(1)执行国家定价的货物,应按照各级物价管理部门规定的价格计算。

(2)执行国家指导价格或市场调节价格的货物,比照前项国家定价货物中相同规格或类似商品价格计算。

(3)个人托运的搬家货物、行李按货物交付当日(全部灭失时,为运到期限满了的当日)当地国营企业或供销部门的零售价格计算。

但保价运输的货物,最多不能超过该批货物的保价金额,只损失一部分时,按损失货物与全批货物的比例乘以保价金额赔偿。不保价运输的,不按件数只按重量承运的货物,每吨最高赔偿 100 元,按件数和重量承运的货物,每吨最高赔偿 2 000 元;个人托运的搬家货物、行李每 10 kg 最高赔偿 30 元,实际损失低于上述赔偿限额的,按货物实际损失的价格赔偿。

货物的损失由于承运人的故意行为或重大过失造成的,不适用赔偿限额的规定,按照实际损失赔偿。

投保运输险的货物由承运人与保险公司按规定赔偿。

对赔偿标准中 1、2 两项赔偿价格中如未包括货物运输费用、税款和包装费用时,应按全批货物或灭失部分的比例加算各自费用。

对损坏的货物或运输设备,也可用支付加工或修理费用的方式赔偿,但支付加工或修理的费用,不得超过货物或设备损坏降低价值所造成的损失。铁路运输设备发生损失的赔偿价格,按铁路有关规定办理。

承运人同托运人或收货人间所发生的赔偿或退补费用以及违约金的款额,每批货物不满 5 元,互不赔偿、退补、支付或核收。但个人托运的搬家货物、行李的赔偿、退补、支付或核收费用,不受以上规定款额的限制。

四、赔偿的处理

1. 赔款额 5 000 元以下的,由车站(非决算单位的车站由车务段)审核赔偿;赔款额超过 5 000元的,由铁路局审核赔偿。

2. 车站受理的以及铁路局接到的赔偿案件,应按顺序登入"货运事故(记录、调查、赔偿)登记簿"内。

3. 事故处理单位应填发"货运事故赔偿通知书"(以下简称"赔通")支付赔款。"赔通"分为正本、副本。正本为领、付款凭证(由银行转账或邮局汇付时,交本单位财务部门;领取现款时,交赔偿要求人)。副本为赔款通知,除填发单位留存一份外,送以下单位:本单位财务部门(作清算用),赔偿要求人(凭正本领款时不再发给),责任单位,责任单位的主管局、到站。车站处理时还应送主管铁路局。

货运事故的赔偿,除个人及无银行账号的个体经营者外,一律不得以现金支付。

4. 一批赔款额(含保价货物事故特定条件下补偿的款额)或铁路局间分摊后的款额不足 500 元时,互不清算,由处理单位列销。

500 元以上的跨局事故赔款,由车站上报主管局。每份"赔通"附转账单一份,由主管局汇总每月向责任局清算一次,但主管局须于"赔通"填写完毕次日起的 3 个月内填发赔款转账通知单向责任局进行清算,否则,责任局不予清算。责任局自接到处理局汇总的赔款转账单的次日起,10 日内向处理局支付。责任单位不得退回"赔通"。

5. 车站上报铁路局的赔偿案件,经审核确定不属于铁路责任时,铁路局应说明理由与根据,将调查及赔偿材料退还处理站,一律由处理站以正式文件或盖有公章的函件答复赔偿要求人,同时将全部赔偿材料(赔偿要求书除外)退还该要求人,并抄知有关单位。

6. 赔偿要求人向法院提起的诉讼案,由被告单位出庭答辩。被告单位可依法委托代理人出庭。涉及被告单位以外的铁路其他单位责任时,被告单位应通知有关单位。法院初审判决后,是否需要上诉,被告单位应与有关单位协商后决定。被告单位需要补充答辩材料时,应迅速通知有关单位。有关单位应在法院规定的期限内将补充材料送至被告单位。法院调解或判决铁路责任后，由被告单位先行垫付铁路承担的款额。涉及被告单位以外铁路其他单位责任时，应根据法院的调解或判决和《铁路货运事故处理规则》有关规定确定责任、清算赔款。

7. 在赔偿后又找到货件的，均由责任单位自行处理，不得要求到站重新处理或改变原定赔偿。

被盗丢失事故赔偿后，公安机关破案证明属其他单位责任时，按下列规定处理：

(1)赔款额 1 万元以下的，维持原来定责不变。

(2)赔款额超过 1 万元的，原责任单位将原调查材料、原"赔通"和公安机关破案证明一并报主管铁路局审核后，自原货运记录编制之日起 180 日内，向新的责任铁路局填发"赔通"，转送上述材料。新的责任局应及时转账，落实责任。超过上述期限的，仍维持原来定责不变，新的责任铁路局不予受理。

8. 承运人对托运人或收货人提出的赔偿或退补运输费用要求，应自受理该项要求的次日起，30 日内(跨及两个铁路局以上的赔偿要求为 60 日)进行处理，答复要求人。要求人自收到答复的次日起 60 日内未提出异议，即为结案。

第五节 铁路货物保价运输

在货物运输过程中存在各种各样的风险，这些风险来自自然灾害、意外事故、人为失误、蓄意破坏等方面，往往因此发生事故，造成货物损失。而这些风险和损失是人们无法把握和避免的。人们为了应对运输过程中的风险造成的损失，所采取的措施之一，就是参加保价运输或保险运输，通过参加保价运输或运输保险来分散和化解风险，发生损失时可及时得到补偿。

1991 年 5 月 1 日，《中华人民共和国铁路法》颁布实施，铁路部门按照《中华人民共和国铁路法》的规定开办了铁路保价运输服务，这对维护托运人、收货人及承运人的合法权益，提高铁路的信誉发挥了重要作用。

一、保价运输办法

1. 托运人托运货物时，根据自愿的原则，可向发站要求办理保价运输。按保价运输办理的货物，托运人应以全批货物的实际价格保价，货物的实际价格以托运人提出的价格为准。货物的实际价格包括税款、包装费用和已发生的运输费用。

2. 托运人要求按保价运输货物时，应在货物运单"托运人记载事项"栏内注明"保价运输"字样，并在"货物价格"栏内以元为单位，填写货物的实际价格。全批货物的实际价格即为货物的保价金额。

3. 货物保价费用按保价金额乘以所适用的货物保价费率计算。货物保价费尾数不足 0.10 元时按四舍五入处理。货物保价费每批起码额集装箱为 0.50 元，整车为 2.00 元。

4. 按保价运输办理的货物，应全批保价，不得只保其中一部分。保价率不同的货物作一批托运时应分项填记品名及保价金额，保价费用分别计算。保价率不同的货物合并填记时，适用于其中最高的保价费率。

5. 承运人从承运货物时起，至将货物交付收货人时止，对保价货物发生的灭失、短少、变质、污染、损坏承担赔偿责任，但由于下列原因造成的，承运人不承担赔偿责任：

(1)不可抗力。

(2)货物本身的自然属性或合理损耗。

(3)托运人、收货人或押运人的过错。

6. 保价运输货物变更到站后，保价运输继续有效。承运后发送前取消托运时，货物保价费应全部退还托运人。货物在发送前如发生损失并按有关规定处理时，货物保价费不再退还托运人。

货物保价费发生退补时，补款适用“保价费补退款收据”(用“运费杂费收据”代用)，退款适用“车站退款证明书”进行补退。

二、保价货物的受理和安全防范

1. 托运人以概括名称托运或品名、规格、包装不同，不能在货物运单内逐一填记的保价货物，须提出物品清单一式三份。

2. 发站受理保价运输货物时，应按货物运单或物品清单记载，检查托运人填记的货物价格是否清楚、齐全，如认为有必要时，可以要求托运人提出确定价格的有关依据，予以核实。发现保价金额不符或涂改时，需要换货物运单或物品清单。

货物保价费在货票现付栏内记明，与运费同时核收。但根据托运人要求，货物保价费也可以单独核收，在货物运单承运人记载事项栏和货票记事栏内注明“保价费另收”字样或加盖相同内容的戳记。

3. 车站受理一批保价金额在50万元及以上的整车货物、大型集装箱货物，一批保价金额在30万元及以上的1吨集装箱货物，应建立“保价货物(△B)运输台账”并逐级报告，由铁路局保价机构下达命令号批准，另有指示时，按其指示办理。

按上款办理的保价货物车站应在货物运单、货运封套或货车装载清单上加盖△B戳记(用红色书写)，并在“列车编组顺序表”(运统1)记事栏内注明△B字样。

对△B货物，车站应及时组织装车和挂运，运送途中严格交接检查。

装有△B的贵重、易盗的整车货物，各铁路局根据需要组织武装押运。押运区段由铁路局决定。

4. 安全防范

各编组站、区段站对装有△B货物的货车应及时挂运，在站中转停留时间一般不超过24 h(集装箱货物中转时间一般不超过36 h)，对保留列车中装有△B货物的货车，车站负责派人重点看护。标有△B的货物，运抵到站后，车站应采取有效的防范措施，并及时通知收货人领取。

?

1. 何谓货运事故？

2. 货运事故分哪几类？

3. 货运事故等级如何确定？
4. 货运记录分哪几种？各有何用途？
5. 什么情况下编制货运记录？
6. 发站编制的记录如何处理？
7. 中途站编制的记录如何处理？
8. 货运记录送查时，应附送哪些资料？
9. 车站发现货运事故如何处理？
10. 什么情况下应拍发货运事故速报？
11. 货运事故速报包括哪些内容？
12. 事故赔偿的有效期限及起算时间是如何规定的？
13. 货物赔偿价格的计算标准是如何规定的？
14. 车站受理哪些货物时须建立保价台账？

第十二章 国际铁路货物联运和水陆货物联运

第一节 国际铁路货物联运概述

一、办理国际铁路货物联运适用的规章

1.《国际铁路货物联运协定》——对铁路和发、收货人(包括代理人)都有约束力。

2.《国际铁路货物联运协定办事细则》——只适用于铁路。

3.《国际铁路货物联运统一过境运价规程》及其附件,《国际铁路货物联运通用货物铁路危险品名表》——运送过境货物时,对统一货价参加路和发、收货人(包括代理人)都有约束力。

4.《国际联运货车使用规则》——主要对铁路车辆部门和国境站适用。

5.《国际旅客联运和货物联运清算规则》——主要对铁路财务清算部门和国境站适用。

6. 中朝、中越、中哈、中俄和中俄蒙铁路间签订的国境铁路协定和议定书——主要对国境铁路局和国内发、到站及发、收货人(包括代理人)适用。

上述国际铁路联运规章和补充规定以及未规定的事项适用国内规章的规定。

二、我国同邻国间的国境站及运输方式

1. 中朝铁路间

中铁国境站		朝铁国境站
丹东(1.4)	——	新义州(1.7)
集安(7.3)	——	满　浦(3.8)
图们(2.1)	——	南　阳(1.3)

注意,括号中的数字为国境站距国境线(或接轨点、临时接轨点)距离的公里数(下同)朝鲜铁路是准轨(1 435 mm 轨距)。

经中朝两国铁路商定,自 2008 年 6 月 20 日起,中朝铁路货物联运办理方式由直通过轨改为换装运输,铁路进出口货物均在中方丹东、图们、集安国境站换装。货物换装费用在国境站向收发货人或代理人核收。

2. 中越铁路间

中铁国境站		越铁国境站
凭祥(13.2)	——	同登(4.6)

山腰(6.5)——————————老街(2.4)

越南铁路主要是米轨(1 000 mm 轨距),但连接我国凭祥的一段铁路为准轨和米轨的混合轨。我国铁路同越南铁路间经由凭祥的联运货车可以相互过轨;昆明铁路局米轨同越南铁路间经由山腰的联运货车也可以相互过轨。

我国进口货物和车辆暂在我方国境站办理交接,出口货物和车辆在对方国境站办理交接。

我国昆明铁路局管内米轨线路开办货运业务的车站同越南铁路均办理山腰/老街间的国际铁路货物联运。

3. 中俄铁路间

中铁国境站		俄铁国境站
满洲里(9.8)	——————	后贝加尔(1.3)
绥芬河(5.9)	——————	格罗迭克沃(20.6)
珲　春(8.0)	——————	卡梅绍瓦亚

4. 中哈铁路间

中铁国境站		哈铁国境站
阿拉山口(4.02)	——————	多斯特克(8.13)

俄罗斯和哈萨克斯坦铁路是宽轨(1520 mm 轨距)。我国进口货物和车辆在我方国境站办理换装和交接,出口货物和车辆则在对方国境站办理换装和交接。

5. 中蒙铁路间

中铁国境站		蒙铁国境站
二连浩特(4.8)	——————	扎门乌德(4.5)

蒙古铁路是宽轨(1 520 mm 轨距)。我国进口货物和车辆在我国国境站办理换装和交接,出口货物和车辆则在对方国境站办理换装和交接。

三、我国同其他国家铁路间的货物运送

独联体国家铁路和波罗的海三国铁路均为宽轨(1 520 mm 轨距),我国同除哈铁、俄铁以外的其他独联体国家以及爱铁、拉铁和立铁铁路全程货物运送,仅在中蒙、中哈或中俄国境站换装一次,在蒙、俄国境站不需换装。

保铁、匈铁、斯铁、波铁等东欧国家铁路均为准轨,我国铁路同这些铁路的货物全程运送需换装两次,在中蒙中哈、中俄国境站换装一次,在摩铁和罗铁国境站或白铁与波铁国境站再换装一次。

阿尔巴尼亚铁路同其他国家铁路不连接。我国往阿尔巴尼亚发货时,可发到匈牙利的布达佩斯或东欧某一国家铁路车站、由发货人或收货人委托的代理人领取后,用其他运输工具继续运往阿尔巴尼亚。

第二节　国际铁路货物联运基本条件

一、同未参加《国际铁路货物联运协定》并且不适用《国际铁路货物联运协定》规定的铁路间的货物运送

1. 我国通过罗马尼亚或保加利亚向未参加国际货协并且不适用国际货协规定铁路的国家运送货物(向土耳其和希腊运送货物时除外)时,使用国际货协运送票据时,只办理至罗马尼亚或保加利亚的出口国境站为止,继续运送时,由国境站站长办理转发送。

2. 我国通过保加利亚向土耳其或希腊运送货物时,用国际货协运送票据办理至保加利亚铁路斯维伦格勒车站(向土耳其运送货物时)或库拉塔车站(向希腊运送货物时)为止,继续运送时,由国境站站长或代理人办理转发送。

3. 通过俄罗斯向芬兰运输货物时,用国际货协运输票据办理至俄铁出口国境站,继续运送时由国境站站长办理转发送。

4. 我国通过匈牙利向未参加国际货协并且不适用国际货协规定铁路的国家运送货物时,用国际货协运送票据办理至匈铁进口国境站,继续运送时,由代理人办理转发送。

5. 我国通过波兰、斯洛伐克向未参加国际货协并且不适用国际货协规定铁路的国家运送货物时,用国际货协运送票据办理至波兰或斯洛伐克的进口国境站,继续运送时,由国境站站长办理转发送。

二、通过港口的货物运送

1. 通过参加国际货协的爱沙尼亚港口塔林或拉脱维亚铁路港口里加往芬兰、瑞典、挪威和丹麦等国家发送货物。

2. 参加国际货协或适用国际货协铁路的国家通过我国铁路连云港、青岛、大连、新港、上海南等港口往日本、韩国等国及相反方向运送货物时,发站(或到站)与港口之间用国际货协运送票据办理,由发货人或收货人委托的代理人在港口站办理转发送。

三、过境朝鲜运输

1. 我国经由集安国境站过境朝鲜铁路向云峰发电厂(中朝合办,在国境线中方一侧)及相反方向运送的货物,视为国际联运货物,按国际货协规定办理。

运单的到站和返程的发站,填写为朝鲜铁路的“云峰”,收货人和返程的发货人(栏内)须注明“云峰发电厂专用线自卸或自装”字样。

朝鲜铁路满浦国境线至云峰国境线间的过境里程为51.5 km。

中国铁路运送费用,按国内运价规则计算。朝鲜铁路过境运送费用(包括验关费)按统一过境运价计算。上述国内和过境运送费用,往云峰发电厂发货时,在发站向发货人核收,相反方向运送时,在到站向收货人核收。

各发站和到站代收的朝鲜铁路过境运送费用,按《国际铁路货物联运清算办法》要求编制报告表,寄给沈阳铁路局,以便同朝鲜铁路办理清算。

发货人应按每一运单填制“中华人民共和国经朝鲜民主主义人民共和国过境转运货物清单”一式四份。没有随附清单的货物,发站拒绝承运。

2. 自中国通过图们国境站过境朝鲜铁路经由清津东港站运送的中国进出口货物,按《国际铁路货物联运协定》规定办理。

朝鲜铁路南阳国境线至清津东港站的过境里程为177 km。

四、办理种别

一个发站按一份运单从一个发货人处承运,发往一个到站一个收货人的货物,即一批货物。国际铁路联运货物的办理种别分为整车货物、零担货物、集装箱货物和轮式集装箱货物。

1. 整车货物

按一份运单托运的按其体积或种类需要单独车辆运送的货物。

中越铁路间运送的整车货物,对跨装、爬装及使用游车的货物,准许按每一车组(不超过五辆)为一票运送。

2. 零担货物

按一份运单托运的一批货物,重量不超过5 000 kg,按其体积或种类不需要单独车辆运送的货物。

根据参加运送各铁路间商定,总重超过5 000 kg的货物,如其体积不需要单独车辆运送,则准许按零担货物条件运送。

中俄、中蒙铁路间运送零担货物时,允许按一张运单运送的每批重量不超过20 t,其体积不需要单独车辆运送。

中朝间和从朝鲜通过中国往越南及相反方向运送的零担货物,不受货物重量不超过5 000 kg的限制。但每批货物的重量不得超过29 t。体积要求为中朝间和从朝鲜通过中国往蒙古以及相反方向运送,不得超过62 m^3;从朝鲜通过中国往越南以及相反方向运送,不得超过32 m^3,每件不得小于0.01 m^3。

中越铁路相互间运送一批重量超过5 000 kg,但体积不超过32 m^3或一件重量不足10 kg,但体积不小于0.01 m^3的货物,如不需要单独车辆运送时,均可按零担办理。中越铁路间仅办理整装零担货物。

3. 集装箱货物

按一份运单托运的货物,使用通用中吨位集装箱、通用或专用大吨位集装箱运送或空通用中吨位集装箱、通用或专用的大吨位集装箱运送,即为集装货物。

4. 轮式集装箱货物

凡按一份运单托运的重载汽车列车(装载在1辆或2辆车上)、汽车、挂车、半挂车或可甩挂汽车车身,或者在铁路上使用其运送货物之前或之后的空汽车列车、汽车、挂车、半挂车或甩挂汽车车身,即为轮式集装箱货物。

发货人必须在“办理种别”栏内注明货物按“整车货物”、“零担货物”或“集装箱货物”托运。在托运轮式集装箱货物时,运单不注明办理种别。

另外,按运送速度可分为慢运、快运和随旅客列车挂运三种。

五、运输限制

1. 在国际铁路直通货物联运中不准运送的货物：

(1)应当参加运送的铁路的任一国家禁止运送的物品。

(2)属于应当参加运送的铁路的任一国家邮政专运物品。

(3)《国际铁路货物联运协定》附件第2号对其运送未作规定的危险货物。

(4)一件重量不足10 kg的零担货物，但体积超过0.1 m^3的货物除外。

(5)在换装联运中使用不能揭盖的棚车运送的一件重量超过1.5 t的货物。

(6)在换装联运中使用敞车类货车运送的一件重量不足100 kg的零担货物，但不适用于《国际铁路货物联运协定》附件第2号中规定的一件最大重量不足100 kg的货物。

2. 不准在一辆车内托运和承运的货物

(1)数批整车货物。

(2)整车货物与其他办理种别货物。

(3)集装箱货物与其他种别货物。

(4)轮式集装箱货物与其他办理种别货物。

3. 不准按一份或数份运单在一辆车内混装运送的货物

(1)一种易腐货物同照管方法不同的另一种易腐货物。

(2)需要遵守保温制度或特殊照管的易腐货物同非易腐货物。

(3)危险货物禁止在一辆车内混装其他货物。

(4)由发货人装车的货物同由铁路装车的货物。

(5)根据发送路现行的国内规章不准许在一辆车内混装运送的货物。

(6)堆装运送的货物同其他货物。

六、我国同邻国铁路间办理货物运送的特殊规定

严禁使用载重70 t及以上的敞车和棚车装运国际联运出口货物。

1. 与俄罗斯铁路

(1)整车货物重量不应超过63 t。

(2)用机械冷藏车(车组)运送的货物，每车重量不应超过44 t。

(3)袋装的成件包装货物(玉米、大米、土豆)，每件重量不应超过50 kg。

(4)棚车装运每件重量为25 kg的苹果时，每车不应超过1 500件。

(5)允许按一张运单运送的零担货物，每批重量不超过20 t，其体积不需要单独车辆运送。

(6)运送砖、瓦、小口径管子、聚丙烯、聚氯乙烯、萘和其他小型制品时，按照《国际铁路货物联运协定》的规定使用能够保证将其从一车换装到另一车的容器或其他牢固的包装。

(7)运送易腐货物时，应对机械冷藏车组的每一车单独编制运送票据，在这种情况下，不得单个返回机械冷藏车组中的车辆。

(8)经满洲里、绥芬河发运小袋(如50 kg)包装的水泥时，严禁使用敞车装运。

2. 与蒙古铁路

(1)每年的二、三季，中铁不接运蒙古到中国的皮毛。

(2)蒙古不接运由中国到蒙古的散装货物。

(3)经二连浩特发运小袋(如 50 kg)包装的水泥时,严禁使用敞车装运。

3. 与哈萨克斯坦铁路

(1)整车货物不应超过下列重量。

换装时不超过 63 t(球团矿和铁精粉除外,其重量为 70 t);危险货物不超过 60 t;换轮时不超过 70 t;罐装货物按标记载重。

(2)哈铁多斯特克国境站暂不办理下列货物:每件重量超过 50 t;零担货物;罐车、石油沥青车装运的货物换装。不接运下列易腐货物中的鲜水果、鲜蔬菜;肉类和肉制品;奶类和奶制品;蛋类和冰蛋;鱼类、鱼制品和虾类;鲜活植物;酵母。

(3)中国阿拉山口国境站暂不办理下列货物的换装:每件重量超过 63 t 的货物;零担货物;罐车装运的危险货物。

(4)经阿拉山口口岸发运小袋(如 50 kg)包装的水泥时,严禁使用敞车装运。

4. 与朝鲜铁路

(1)零担货物每批不得超过 300 件。但到站、收货人、品名相同时除外。

(2)每件货物重量超过 2 t 时,应使用敞车、平车等装运,2 t 以下的货物,不受车种限制。

(3)易冻货物(矿粉)的停装日期由每年的 11 月 15 日至次年的 3 月 15 日,特殊情况经商定可改变该期限。

5. 与越南铁路

(1)暂不办理下列货物运送:需经昆明铁路局准、米轨换装的货物;经山腰—老街口岸的集装箱运输。

(2)运送易腐货物和危险货物应于货物装车前由铁路间商定。

第三节　货物的受理和承运

一、联运货物使用的票据

联运货物使用的票据有联运货物运单、补充运行报单和补充清单、外国车辆寄送单、国内票据、票据封套。

运单分慢运和快运两种。快运运单的正面和背面的上、下边带有宽 1 cm 的红边以示区别。

运单由五张组成:

(1)运单正本(与第 5 张相连,随同货物至到站,并连同第 5 张和货物一起交收货人)。

(2)运行报单(与第 4 张相连,随同货物至到站,并同第 4 张一起留存到达路)。

(3)运单副本(货物发运后交发货人与收货人通过银行结算贸易款的凭据)。

(4)货物交付单(与第 2 张相连,随同货物至到站,并连同第 2 张一起留存到达路)。

(5)货物到达通知单(与第 1 张相连,随同货物至到站,并连同第 1 张和货物一起交收货人)。

补充报单:作抄件用,有过境路时,每一过境路填写一份,由出口国境站留存。发货人可在运单中添附履行途中或到达路海关规章所需的补充运行报单。

补充清单：如运单篇幅不足，不能将有关货物的记载事项记入运单第4、9～13、18、19、27～30栏内时，可记在补充清单上。添附补充清单时，则应在运单第1～5张和每份补充运行报单上，各添附一份篇幅相当于运单的补充清单。

外国车辆寄送单：外国车辆不装货时凭外国车辆寄送单寄送。

国内货票：我国对国际联运经铁路口岸运送的进、出口（过境）货物，国内段填写货票。

票据封套：联运货物使用的票据应装入票据封套寄送。

二、票据的填写要求

发货人填写的运单和补充运行报单不准划消、贴补、涂抹，特殊情况下可修改一栏或相关的两栏。此时发货人应在运单4栏记明并加盖戳记或签字。

运单和补充运行报单，用发送国文字填写，并在每行下附俄文译文。

运单中规定由发货人填写的各栏和不带号码的补充运行报单中相应各栏，均由发货人填写并添附俄文译文。运单的5、8、11栏也可以附贸易合同文字，运单中由铁路填写的各栏和补充运行报单中相应各栏由铁路添附译文。车站和私人发货如无填附译文条件时，可不添附，由出口国境站补附译文。

中朝、中越铁路间运送的货物，可以仅用本国文字填写，不附俄文译文。我国经满洲里或绥芬河国境站运到俄罗斯的货物或经阿拉山口运到哈萨克斯坦铁路的货物可以仅用中文填写，不再另附俄文译文。

运单各栏内容按照"国际货协运单填写说明"规定填写。

货物名称应按下列方法在运单上填写：

（1）《国际铁路货物联运协定》运单上的货物名称，应符合《国际铁路货物联运协定》附件第2号和下面（2）～（4）款的规定。

（2）过境参加《国际货协铁路》运送的货物，其名称应按适用于该种国际运送的过境运价规程的铁路危险品名表填写。

除上述名称外，发货人可以在括号内按发送路或到达路现行的国内运价规程的铁路危险品名表填写货物的名称，或按发送路和到达路现行的国内运价规程的铁路危险品名表填写两种名称。

（3）两邻国间运送的货物，如这些国家铁路间定有直通运价规程，则应按直通运价规程的铁路危险品名表填写名称。

（4）在其他所有情况下，均应按发送路或发送路和到达路现行的国内运价规程的铁路危险品名表填写货物名称，此外在运单中应注明货物的特征和状态，以确定其运价等级。

（1）～（4）款未列的货物，均按贸易上通用的名称填写。

我国国内段运送费用使用货票核收时，货票的发站（对进口货物）填写进口口岸站，货票的到站（对出口货物）填写出境铁路口岸站（或港口站），记事栏内填写"国际铁路联运"。

对国际联运过境货物，其过境我国铁路的运送费用用货票核收。货票发站填入境铁路口岸站（或港口站），到站填写出境铁路口岸站（或港口站），货票记事栏内填写"国际铁路联运过境货物"。

使用货票核收国际联运货物运送费用时，车站在国际铁路联运运单和不带号码的补充运行报单第91栏内，填写中铁费用已收和货票号码，加盖车站戳记，背面运费计算和收费栏内不填写，加盖“不作报销凭证”红色戳记，并将货票丙联交发货人（或其代理人）或收货人（或其代理人）报销。

联运货物使用的票据应装入票据封套，国际联运进口或（过境）货车的封套“发站”栏，填记进口国境站名，出口或（过境）货车的封套“货物到站”栏，填记出口国境站名，并均应在站名下标一“㊇”字。

铁路在运单中记载事项的内容，均按“固定写法的记载事项一览表”规定的格式和相应的内容填写。

三、履行海关和其他规章的添附文件

1. 发货人必须将在货物运送全程为履行海关和其他规章所需要的添附文件附在运单上，必要时，还须附有证明书和明细书。这些文件只限与运单中所记载的货物有关。

发货人在运单上所附的一切添附文件，应由发货人记入运单第 23 栏“发货人添附的文件”栏内，并固定贴附在运单上，以免在运送途中脱落。

发货人如在运单上未添附准许货物出口的文件，则应在运单“发货人的特别声明”栏内，注明文件的名称、号码和填发日期，以及发货人将该文件所寄往的海关。

发货人如在运单上未添附证明书或明细书，则应在运单“发货人添附文件”栏内，注明无须添附文件。

如发货人未履行本项规定，发站应拒绝承运货物。

2. 出口的剧毒品由铁路添附的专用运单为添附的文件。

3. 铁路没有义务检查发货人在添附上所附的文件是否正确和齐全。

由于没有添附文件或文件不齐全、不正确而产生的后果，发货人应对铁路负责。

如因发货人未提出必要的添附文件或提出并记载在运单“发货人添附文件”栏内的文件不齐全、不正确，以致使货物运送或交付发生滞留，则对滞留的时间应该核收罚款，如货物保管费、车辆停留费。

发货人在运单“发货人的添附文件”栏内填写的添附文件被铁路丢失时，铁路应对其负后果责任。

四、声明价格运输的货物

1. 为了保证发货人、收货人或其他代理人的正当权益，方便铁路正确处理运输过程中，因铁路原因发生货损、货差引起的赔偿款额，发货人或其代理人托运下列货物时，应声明价格，包括：金、银、白金及其制品；宝石；贵重毛皮及其制品；摄制的电影片；画；雕像；艺术制品；古董；家庭用品。

家庭用品可以不声明价格，但发货人或其代理人必须在运单“发货人的特别声明”栏内注明“不声明价格”并签字证明。

托运运单中声明价格的家庭用品时，发货人应编制三份家庭用品清单，并注明装入每一件货件（箱等）家庭用品的名称、数量和价格。此外，清单中应注明家庭用品的总件数和价格总额，这一总额应与运单中声明的价格相符。第一份清单留存发站，第二份清单留存发货人处，

第三份清单放入家庭用品内，并随其运至到站。

2. 托运其他货物时，根据发货人的愿望，也可声明价格。

3. 我国国内段，还开办了国内保价运输。

五、货物的容器、包装

为防止货物在运送中灭失、毁损、腐坏和因其他原因降低质量，运输工具或其他货物毁损，以及为防止伤害人员而需要装入容器或包装内的货物，托运时必须有完全符合上述要求的容器或包装。

由铁路装车或在铁路工作人员监装下由发货人装车时，铁路应对货物包装进行外部检查。

(1)通过外部检查确定的容器或包装不符合要求，不能保证货物安全运送以及容器或包装不适应货物的性质，或不能保证货物换装的情况下，铁路应拒绝承运此类货物。

(2)发货人对没有容器或包装，或其状态不符合要求，所产生的一切后果负责，尤其是应向铁路赔偿由此而产生的损失。

(3)如因容器或包装不良，铁路拒收货物，应发货人的要求编制普通记录，并将一份记录交给发货人。

(4)危险货物应按《国际铁路货物联运协定》附件 2 规定的条件包装。

(5)对于需要长时间装车和换装的成件货物，铁路可要求发货人捆扎或包装成较大的货件。

六、货物的标记

发货人应在货件上作不易擦掉的清晰标记或粘挂表示牌或货签，并按运单内容注明下列事项。

(1)货件的记号(标记)和号码：

(2)发送路和发站。

(3)到达路和到站。

(4)发货人和收货人。

(5)零担货件数量。

对零担货物应在每一货件上作出标记。

在托运家庭用品时，除此之外，发货人还应将记有上述事项的卡片放入每一货件内。

对整车货物(堆装货物除外)，应在靠近车门的货件上作出标记，每车不得少于 10 个货件。中朝间运送的整车货物(堆装货物除外)货件上可不作国际货协规定的标记。

如运送某些货物，由于这些货物的性质，要求采取特殊预防措施，则发货人还应在这些货件上做出对货物必须审慎对待的标记或粘挂表示牌，例如，“小心”、“向上”等。

七、承运的规定

1. 棚车类装运有件数的整车货物不超过国内规章的规定，零担货物和敞车类货车运送不苫盖篷布总件数不超过 100 件时，按件数和重量承运。

2. 集装箱货物和轮式集装箱货物按国内规章的规定。

3. 除上述情况外，整车运送的小型无包装制品及散堆装货物只按重量承运。

八、货物的装车和施封

1. 基本规定

在我国铁路发站装车按下列规定办理。

用棚车类货车、机械冷藏车车和罐车运送时，按我国铁路国内规章办理。

用敞车类货车运送时，装载加固按我国国内规章办理，暂不执行国际货协《敞车类货车装载加固规则》的规定。

使用棚车装运出口货物时，应均匀装载。货物不得堵门，须保证两边车门均可正常开启。单件货物重量不得超过 1.5 t。

我国发往朝鲜货物的装载高度，由轨面起中心高度不得超过 4 750 mm（该处宽度一侧不得超过 540 mm），原木不得超过 4 300 mm。

中朝间不得使用无车门的敞车装废纸屑、废钢材和铸铁等不易卸车的货物。对平板玻璃，应直立顺向装于车内，不得平放或横向装载，并且要防止在运输中倾倒。对不加包装的机械类和带轮的笨重货物，应尽量使用木底平车装运，并用铁线或麻绳类捆绑牢固；如使用铁底车装运时，应采取必要的防滑措施。

2. 车辆的技术条件和使用要求

对国际联运货物，铁路必须拨配技术状态良好、车体完整、清扫干净的货车。不合格的货车严禁使用。

出口和过境运往朝鲜、越南的货物，使用的货车应带有(MC)标记。车辆定检过期、车体端侧板、顶板、地板不良或车窗、车门及其配件不能自如开启或可能在途中脱落的车辆不能使用。

棚车每侧胀出超过 50 mm、敞车每侧胀出超过 75 mm（包括车体倾斜）的车辆不能使用。

车辆内外不能粘贴、涂写、残存与运输货物无关的字、画和报纸。

装过鱼、肉的车辆应进行洗刷，装过活动物和恶臭货物或能引起传染病货物以及毒品的车辆，应彻底洗刷消毒。

3. 车辆的装载量

车辆只能装到最大载重量，超过最大载重量即为超载。中、朝、越铁路货车以标记载重量加 5% 为最大载重量。俄罗斯等独联体国家和蒙古等国铁路，以四轴车加 2 t 为最大载重量；如车辆上有两个载重量，则较大的数字为最大载重量。车辆上标有“ABC”符号，则“C”字下面所注的最大数值为最大载重量。

发站装货不应超过标记载重量。由于货物包装、防护物的重量影响净重的成件货物，装车后减吨困难时，才允许装到最大载重量。标有“禁增”字样的车辆，只能装到标记载重量。

4. 货物的重量和件数

货物的重量和件数，应按发送路现行的国内规章确定。但是以下情况需注意：

(1)用敞车类货车运送不苫盖篷布或苫盖篷布而不加封印的货物，在承运时，发货人必须在运单中记载下列事项：总件数不超过 100 件，应记载货物的件数和重量；如总件数超过 100 件，只记载货物的重量。此时发货人应在运单中“件数”栏内注名“堆装”字样。

(2)小型无包装制品，只按重量承运，不点件数。发货人应在运单中“件数”栏内注明“堆装"字样。

(3)包装时已经确定重量,并在每一货件上标有重量的包装货物,以及同一标准重量的货物,承运时不应过磅。

在这种情况下,发货人必须在运单中注明货物的件数和总重量,而在"确定重量方法"栏内应注明货物总重量是按何种方法确定的("按标准重量")或按货件上标记的重量确定的("按标记重量")。

(4)在运单中"发货人确定的重量(kg)"和"铁路确定重量(kg)"栏内均记载重量时,则以铁路确定的重量作为责任重量,但国际货协内有关内容所载的情况除外。

5. 货车的施封

棚车和冷藏车的车门和所有的其余孔口(从里边用铁栅或其他方法关闭的通风口除外),均应施封。罐车所有的注油和排油装置均应施封。

车辆施封时,应使用只在毁坏后方能启下的封印或锁封装置,并应以不毁坏封印或锁封装置就不能触及货物的方法施封。

如由发货人对车辆施封时,则封印上应有下列清楚的印记:

(1)车站名称(必要时,可用简称)。

(2)施封的年月日或封印记号。

(3)发货人简称。

此外,发货人的封印上可载有发送路简称。

由铁路施封时,封印上也应有上述印记;但为了代替发货人简称,封印上应有发送路简称,以及封车钳子号码(如封印上无封印记号)。车辆应由谁(铁路或发货人)施封,按发送路现行国内规章规定办理。

(4)往越南运送零担货物时,发货人可以在货件上施封。在这种情况下,发货人应在运单"包装种类"栏内注明此事。

第四节　货物的运输变更及运到期限的计算

一、货物运输变更

1. 变更权利人

运输合同的变更权,属于发货人以及收货人。

往越南、中国和朝鲜运送货物时,如运单收货人为国家机关,则由这些国家的对外贸易机关的全权代理人,在到达国的国境站变更上述货物的到达地。

(1)发货人对运输合同可作如下变更:在发站将货物领回;变更到站,此时在必要的情况下应注明变更运输合同后应通过的国境站;变更收货人;将货物返回发站。

(2)收货人对运输合同可以作如下变更:在到达国范围内变更货物到站;变更收货人。

此时,收货人只可在到达国进口国境站,且在货物尚未从该站发出时,根据《国际铁路货物联运协定》办理运输合同变更。

如货物已通过到达国的进口国境站,则收货人只能按到达路现行的国内规章办理运输合同变更。

2. 运输变更的处理

(1)运输合同的变更应根据发货人或收货人提出的申请书办理。到达路可以接受收货人按到达路现行国内规章规定的格式填写变更运输合同的申请书。

(2)发货人应译成铁组工作用语,填写运输合同变更申请书。

(3)发货人应对于每批货物单独填写一份“运输合同变更申请书”,提交发站,而收货人则提交到达国进口国境站。发货人应将申请事项记入运单副本(运单第3张)的“货物名称”栏内,并将运单副本与申请书同时提交铁路。

(4)对于用成组车辆运送的数批货物,如这些货物的运输合同变更为同一到站和同一收货人,则收货人也可以只提出一份运输合同变更申请书。

(5)发站应在运单副本发货人申请事项下加盖日期戳记,并由受理申请书的车站工作人员签字,证明运输合同变更申请书已经收到,然后将运单副本退还发货人。

收货人提出运输合同变更申请时,也可以提出运单副本。

(6)发站或货物已通过的国境站,应将发货人关于变更运输合同的申请事项,用电报通知中途站及到站;电报费由发货人负担。运输合同变更申请书原件应寄往根据电报已将货物截留的车站,以确认这一电报。但该站应根据发站的电报通知,不等接到发货人的书面通知,即行变更运输合同。

在这种情况下,对于电报中发货人申请事项的一切谬误之处铁路概不负责。

(7)发货人的运输合同变更权,从收货人收到运单时起或从货物到达到达路进口国境站(如该站已接到收货人关于变更运输合同的申请书或到站关于收货人提出变更运输合同一事的电报通知)时起,即告终止。

(8)根据收货人的申请书或到站的电报通知,而变更运输合同时,发货人对由此产生的后果概不负责。

3. 变更要求

(1)变更运输合同时,不准将一批货物分开办理。

(2)发货人和收货人可以各自变更一次运输合同。

4. 铁路在下列情况下,有权拒绝变更和延缓执行变更

(1)办理变更的车站,接到申请书或发站、到站的电报通知后无法执行时。

(2)可能违反铁路运营管理时。

(3)与参加运送铁路所属国家的国内法令和规章有抵触时。

(4)变更到站后,货物的价值不能抵偿运到新到站的一切预期费用时,但能立即缴付或能保证这种费用款额时除外。

在上述情况下,铁路应将不能变更运输合同的阻碍事项,尽可能立即通知发货人或收货人(代理人)。如铁路未能预见到这种阻碍,变更了运输合同,对由此而产生的一切后果应由发货人或收货人(视何人提出变更运输合同申请书)负责。

5. 变更运输合同时,运送费用的计算与核收

应按《国际铁路货物联运协定》的有关规定,计算与核收运送费用,并须考虑下列特殊情况。

(1)如货物应在中途站交付,则运送费用只计算和核收到该站为止。如货物已通过了新到站,而铁路又将它返回该站,则除计算和核收运到货物截留站的运送费用外,还应单独加算并核收从货物截留站到新到站的运费。

(2)如货物应发往原到站以远的新到站或发往货物原运送径路以外的车站,则原到站或货物截留站,以及从该站到新到站的运送费用应分别计算和核收。

(3)如货物应返还发站,则从发站到返还站的往返运送费用,应分别计算,并向发货人核收。

(4)对变更运输合同应核收费用。这项费用应按变更运输合同的铁路现行国内规章计算,并根据《国际铁路货物联运协定》第15条的规定核收。

(5)如果不是由于铁路过失,而是因变更运输合同造成的货物运送或交付迟延,则把迟延时间的杂费、罚款和其他费用,诸如货物保管费、车辆滞留费等,除过境铁路的车辆罚款外,均按发生迟延的铁路现行规章和运价里程计算。因变更运输合同而造成的车辆在过境铁路的滞留,其罚款应按适用于该种国际运送的过境运价规程计算。

(6)杂费、车辆滞留费和其他费用,均应以适当的单据加以确认,并记入运单,以便向发货人或收货人(视由何人支付运送费用)核收。

二、货物运到期限

1. 运到期限按货物运送全程,根据下列标准确定。

(1)快运货物。

发运期间——1昼夜。

零担货物或中吨位集装箱货物的运送期间,在每一参加运送的铁路管内每200运价公里为1昼夜;

整车货物、轮式集装箱货物或大吨位集装箱货物的运送期间,在每一参加运送的铁路管内,每320运价公里为1昼夜。

随旅客列车挂运的整车货物或集装箱货物(在不换装运送中)的运送期间,在每一参加运送的铁路管内,每420运价公里为1昼夜。

(2)慢运货物。

发运期间——1昼夜。

零担货物或中吨位集装箱货物的运送期间,在每一参加运送的铁路管内,每150运价公里为1昼夜。

整车货物、轮式集装箱货物或大吨位集装箱货物的运送期间,在每一参加运送的铁路管内每200运价公里为1昼夜。

货物运到期限,从接受运单承运货物的次日零时起开始计算。如承运的货物在发送前需预先保管,则运到期限应从货物指定装车的次日零时起开始计算。货物装车日期,应记入运单中。

2. 计算运到期限在下列情况下延长两昼夜

(1)将货物换装到其他轨距的车辆时。

(2)车辆更换另一轨距的转向架时。

(3)用轮渡运送车辆时。

3. 运送超限货物时，按上述规定的运到期限和规定的延长期限均增加 100% 。

4. 计算运送期间时，应按发站至到站间货物的实际运送里程计算。对下列时间应延长运到期限：

(1)为履行海关和其他规章所需的滞留时间。

(2)非因铁路过失而造成的暂时影响发运或继续运送的运输中断时间。

(3)因变更运输合同发生的滞留时间。

(4)因检查而发生的滞留时间(即检查货物同运单记载是否相符或检查按特定条件运送的货物是否采取了预防措施，而在检查中确实发现不符事宜)。

(5)因牲畜饮水、遛放或兽医检查所造成的滞留时间。

(6)由于发货人或收货人的过失而造成其他滞留时间。

(7)铁路应将铁路有权据以延长运到期限的货物滞留原因及其滞留时间记在运单"运到期限延长"栏内。

第五节　特殊条件货物运送

一、超限、超长、超重货物运输

1. 超限、超长、超重货物的定义

(1)超限货物系指超过参加运送的任一铁路限界的货物。

在换装运送中，计算货物是否超限，车地板距轨面的高度定为 1 300 mm(运往越南时，米轨为 1 100 mm)；同时，车辆系停在直线平道上，车辆纵向中心线与线路中心线重合。

(2)超长货物系指长度超过 18 m(运往越南时超过 12 m)的货物。

(3)超重货物系指一件重量超过 60 t(在换装运送中，对越南超过 20 t)的货物。

2. 超限、超长、超重货物运送规定

(1)运送超限、超长、超重货物时，对于不换装运送，发货人必须在办理货物托运的一个月以前，对于换装运送则在两个月以前，向发站提出关于每件货物容器或包装种类、重量和货物尺寸等有关资料，而在必要时，应提出这些货物的装车示意图，对超限货物，在一切情况下，发货人均必须提出货物装车示意图。

(2)在过境路上绕路运送超限货物时，发货人应在运单"发货人特别声明"栏内，注明这一绕行的径路。

(3)对于超限的不对称货物、每件总重量超过 3 t 的货物、设备、机器，以及高度超过 1 m 的箱装的此类货物，发货人必须在每件货物横、纵方向的两侧，用洗不掉的颜料按"货件、车辆、集装箱和运单上的表示牌以及货件上的标记"涂打"重心"标记(图 12-1)，标明货物的重心位置和每件货物的总重。

标记描述：两条直角相交的直线，在其交点处由间断线的圆周环绕。图的颜色为明亮底色上的黑色或其他具体颜色。

说明：此规定不适用于中铁、朝铁和 1 520 mm 轨距铁路的车辆。

图 12-1　"重心"标记

(4)对于运往保加利亚共和国、匈牙利共和国、伊朗伊斯兰共和国、波兰共和国、越南社会主义共和国、朝鲜民主主义人民共和国和蒙古国的超限货物，对于超限货物，发货人应在货物纵向两侧作下列字样的标记或附以拴附写有下列字样的表示牌（标记和表示牌均应带红边）："注意！在____（铁路简称）是超限货物"。上述标记应用货物发送国文字书写，并附俄文译文，而运往越南社会主义共和国和朝鲜民主主义人民共和国时，译成中文或俄文。

在上面未列出的 1 520 mm 轨距铁路运送超限货物时，发货人或将货物换装到 1 520 mm 轨距车辆的车站应在车底板和货物上用鲜明的洗不掉的颜料标出检查带，在货物纵向两侧作出关于超限程度的下列字样标记或附以写有下列字样的标示牌："__（超限程度）是超限货物"。如果在示意图中注明了货物经过带有驼峰调车场车站的条件，则还需作出带有下列字样的标记或附以写有下列字样的标示牌："不准驼峰溜放"、"不准通过驼峰"。上述标记应用俄文书写，必要时译成其他文字。

二、危险货物运送

1. 危险货物定义和分类

(1)危险货物定义。危险货物是指凡在运送、装卸作业和保管中能引起爆炸、火灾、毁坏技术设备或其他货物以导致人和动物死亡、受伤、中毒、烧伤、辐射伤害或发病的物质。

(2)危险货物分类。危险货物按其危险性质分为下列种类：

爆炸物质和含有爆炸物质的物品；压缩气体、液化或在压力下溶解的气体；易燃液体；易燃固体物质、自燃物质、在与水相互作用时分解出易燃气体的物质；氧化物质、有机过氧化物；有毒物质、传染性物质和令人极度厌恶的物质；放射性物质；苛性和腐蚀性物质；其他危险货物和物品。

2. 危险货物运送规定

(1)车辆使用要求。

危险货物应视其性能和危险性质使用棚车、敞车、平车或罐车在铁路上运送。某些危险货物只应使用特制的车辆运送，在这些车辆上应作出适当的标记，注明这种车辆适于装运何种危险货物。

(2)运送条件。

危险货物运输时，应严格遵守《国际铁路货物联运协定》附件 2 的规定。如所运送的化合物品名在《国际铁路货物联运协定》附件 2 未列载或包装、重量和数量限制、车种要求、混装限制等与《国际铁路货物联运协定》附件 2 的规定不符时，应同参加运送的各铁路预先商定方能办理。

按国际联运规定属于危险货物而国内规定不属于危险货物或国际联运和国内规定均属于危险货物的运送，按国际联运危险货物办理。按国际联运规定不属于危险货物而国内规定的属于危险货物的运送，在国内段按国内危险货物规定办理；在国际货协运单"货物名称"栏内按国内危险货物运送规定记载，不附俄文译文。

三、易腐货物运送

1. 易腐货物定义

凡在运送中对高温或低温作用需要采取防护措施（加冷、加温、通风）、照料或照管的货物，均属于易腐货物。

易腐货物根据装车前的技术处理和保温处理情况及热状态，可分为深冻结货物（低于 -18℃）、冻结货物（-6℃ ~ -8℃）、冷却货物和非冷却货物。

2. 关于易腐货物运送的规定

运送易腐货物时，应遵守《国际铁路货物联运协定》附件4《易腐货物运送规则》的规定。

发货人托运的易腐货物，必须符合发送国标准要求规定的应有的质量（包括温度）状态。

采取防护措施（加冷、通风、加温）运送易腐货物的方法、车种或集装箱种类以及货物是否需要押运（特殊情况除外），均由发货人根据易腐货物的性质和运送全程的气候条件确定。

运送方法和车种选择不当以及未遵守《易腐货物运送规则》规定的其他要求时，其后果由发货人负责。

第六节　商务记录的编制及赔偿

国际联运的货物在出现货运事故时需要按联运有关的规定编制商务记录，从而划清事故责任，并确定赔偿损失的办法。

一、商务记录的编制范围

在货物运送或交付时，铁路对货物状态、重量或件数，以及是否有运单进行检查，并查明下述情况，则应编制商务记录：

（1）货物全部或部分灭失、重量不足、毁损、腐坏或其他原因降低质量。

（2）运单中所记载的货物名称、重量、件数、货件的记号（标记）和号码收货人和到站名称与实际不符。

（3）有货无票、运单缺页或有票无货。

（4）运单中记载的发货人运送用具没有或短少。

（5）国境站将货物从一种轨距车辆换装到另一种轨距车辆时，发现货物容器或包装不良。

（6）遇有国内《铁路货运事故处理规则》规定的情况以及《国际铁路货物联运协定办事细则》规定的所有情况。

（7）如在途中或到站检查由于货物本身特殊自然性质在运送中发生减量的货物重量时，确定其重量较运单记载的重量短少，则仅在此项短少超过规定的标准时，才应编制关于货物重量短少的商务记录。如在检查时确定的货物重量短少未超过规定的标准，则不应编制商务记录；此时，检查时所确定的货物重量应记入运单“铁路记载”栏内。

如在途中或到站检查由于货物本身特殊自然性质在运送中不发生减量的货物重量时，确定其重量较运单中记载的重量短少，则仅在重量短少超过运单中所记载的重量0.2%时，才编制货物重量短少的商务记录。如在检查时所确定的货物重量与运单中记载的重量相差不超过0.2%，则认为运单中记载的重量是正确的。在检查货物重量时也以上述方法确定货物重量的多少。

为了查明货物灭失、重量不足、毁损、腐坏或其他情况降低质量的原因及程度，以及确定损失程度，可根据货物到达路国内法令和规章进行鉴定。

二、到站可拒绝编制商务记录情况

如在向收货人交付货物的过程中，发现有上述所列的货物某种不良现象，而铁路对于该不良现象又未编制商务记录时，则收货人应立即向到站提出编制商务记录。

到站在下列情况下可拒绝编制商务记录：

(1)所述不良现象不是从货物承运时起到交付收货人以前的时间内发生的。

(2)货物的重量短少未超过规定标准时。

三、商务记录编制的份数及其他要求

1. 当货物按实物交接，即按重量或件数交接时，由国境站编制七份。其中，两份附在运单上，其中一份留存到站，另一份交收货人，收货人在到站留存的那份商务记录上签字；一份交接收方海关；每方国境站各得两份，每方所得两份中国境站留存一份，另一份由国境站寄送自路管理局。

2. 如货物凭齐全而且完好的封印交接，由国境站编制或由其他站编制，均编制四份。其中，两份附在运单上，其中一份留存到站，另一份交收货人，收货人在到站留存的那份商务记录上签字；两份留存商务记录编制站，其中一份由该站寄送自路管理局。

3. 如确定货物灭失、毁损、腐坏或其他原因降低质量是由于车辆或集装箱破损所引起，则除商务记录外，还应按照确定破损的铁路现行国内规章的规定和格式编制车辆或集装箱技术状态记录，其份数与商务记录相同，在每份商务记录上应附有一份车辆或集装箱状态记录。

4. 商务记录用编制记录国家的文字填写，交付路出口国境站负责将商务记录中记载的事项译成铁路组两种正式语文（中、俄文）中的一种。

5. 如货物用施封车辆运送，则检查货物状态时从车辆上摘下的封印应附在商务记录编制站留存的商务记录上。

四、商务记录的补编与送查

1. 如货物到达接收路国境站或到站后确定存在运送状态不良，对此前方某站已编制商务记录，且该记录与货物状态并无矛盾，则国境站或到站不需编制新的商务记录。在这种情况下，应在运单所附的商务记录第68项记载：货物现状同本商务记录相符。

2. 如在货物运送途中编制了数份商务记录，其中记载的货物状态互有出入，则接收路国境站（如该路现行国内规章无其他规定）或到站应编制新的商务记录，并将其附在原有商务记录上。在这种情况下，如到达路现行国内规章无其他规定，到站只将最后一份商务记录交给收货人。

3. 如遇货物全部或部分灭失、毁损、腐坏或其他原因降低质量以及有货无运单或有运单无货，按照商务记录格式第69项收到车站寄送商务记录的铁路局，应将该份记录连同按照商务记录格式第39项添附在该记录上的文件，在商务记录编制之日起的50日期限内，寄送给根据商务记录应对运送不良负责的铁路，以供后者调查。如超过该期限，编制商务记录的铁路对未遵守这一期限而可能造成的一切后果负责。

不能确定参加运送铁路责任的商务记录，不应寄送这些铁路调查。

4. 收到商务记录的铁路，如认为有必要，可要求记录编制铁路将与其收到的商务记录有关的封印补寄给该路。

收到商务记录编制路寄出封印的铁路，对封印状态的完好负责。

5. 收到商务记录和收到封印的铁路应确定以下事项：

(1)商务记录未按照“国际客协/国际货协商务记录编写说明”编制。

(2)商务记录上未附其中记载的文件。

(3)寄来的封印或文件同该商务记录无关。

(4)商务记录中添附的封印不是商务记录或普通记录中记载的状态和从车辆上取下的状态。

(5)从商务记录中看不出该路应负的责任，则该路应在收到后的35日期限内将此种商务记录、文件和封印退还编制商务记录的铁路，或提出自路对该记录的异议，同时说明退还或提出异议的理由。对收到的封印是否完好持有怀疑时，也应按同样的方式处理。

上述期限满期后，商务记录及其有关的文件和封印即认为已被接受。

五、铁路责任范围

1. 铁路在规定的条件范围内，从承运货物时起，至到站交付货物时为止，以及如将货物转发送至未参加国际货协铁路的国家，则至按另一种国际铁路直通货物联运协定的运单办理货物运送手续时止，对货物运到逾期以及因为货物全部或部分灭失、重量不足、毁损、腐坏或其他原因降低质量所发生的损失负有责任。

如由于铁路过失而使发货人或海关部门根据规定在运单上已作记载的添附文件遗失，以及由于铁路过失未能执行提出的运输合同变更申请书，则铁路应对其后果负责。

2. 不论铁路负有何种责任，其赔偿损失的款额，均不应超过货物全部灭失时的款额。

3. 如承运的货物，由于下列原因发生全部或部分灭失、重量不足、毁损、腐坏或其他原因降低质量，则铁路对这项货物全部或部分灭失、重量不足、毁损、腐坏或其他原因降低质量不负责任：

(1)由于铁路不能预防和不能消除的情况。

(2)由于货物在发站承运时质量不符合要求或由于货物的自然和物理特性，以致引起自燃、损坏(其中包括玻璃制品、聚乙烯制品及其他各种容器和包装破碎及密封性破坏)、生锈、内部腐坏或类似的后果。

(3)由于发货人或收货人的过失或由于其要求，而不能归咎于铁路。

(4)由于发货人或收货人装车或卸车的原因所造成，发货人装车这一事实可根据发货人在运单“由何方装车”栏内注明的事项来确定，如该栏内未注明由谁装车的事项，则认为是发货人装车。

(5)由于发送路现行国内规章允许使用敞车类货车运送货物。

(6)由于发货人或收货人或他们委派的货物押运人未执行押运货物运送规则的规定，以及由于押运人不符合这项规定提出的要求。

(7)由于货物没有按规定使用运送该货物所需的容器或包装，以致未能在运送全程保证货物完整。

(8)由于铁路在发站承运货物时无法通过外部检查发现容器或包装的缺陷，以致未能在运送全程保证货物的完整。

(9)由于发货人用不正确、不确切或不完全的名称托运不准运送的物品。

(10)由于发货人在托运特定条件承运的货物时，使用不正确、不确切或不完整的名称或未遵守《国际铁路货物联运协定》的规定。

(11)由于货物的自然特性致使货物减量超过《国际铁路货物联运协定》第 24 条第 1 项规定的标准。

(12)由于发货人将货物装入不适于运送该货物的车辆或集装箱，但根据规定，发货人在检查车辆或集装箱状态时本可以通过观察确定它是不适用的；发货人装车这一事实可根据运单"由何方装车"栏内注明的事项来确定，如该栏内未注明由谁装车事项，则认为是发货人装车。

(13)由于发货人、收货人或授权人员未执行或未适当执行海关或其他行政规定。

4. 铁路对下列情况不予负责：

(1)对于有容器或包扎的成件货物，如将货物交付收货人件数齐全，容器或包扎完好，并且没有可以成为货物短少原因的能触及内装物的外部痕迹而重量短少时。

(2)对于无容器或无包扎的成件货物，如将货物交付收货人时件数齐全，并且没有可以成为货物短少原因的能触及货物的外部痕迹，而重量短少时。

(3)对于由发货人装入车辆、集装箱、汽车列车车身、汽车、可甩挂汽车车身、挂车和半挂车的货物，如将货物交付收货人时按规定施加的封印或锁封装置完好，并且没有可以成为货物重量和件数短少原因的能触及货物的外部痕迹，而货物重量和件数短少时。

(4)对于施封的汽车列车、可甩挂汽车车身、挂车、半挂车、汽车、拖拉机和其他自轮运行机器的可拆零件和备用零件，如将汽车列车、可甩挂汽车车身、挂车、半挂车、汽车、拖拉机和其他自轮运行机器交付收货人时，按规定施加的发货人封印或锁封装置完好，并且没有损坏、也没有可以成为可拆零件和备用零件全部或部分灭失原因的能触及货物的外部痕迹，而零件全部或部分灭失时。

5. 在下列情况下，对未履行货物运到期限，铁路不负责任：

(1)发生雪(沙)害、水灾、崩塌和其他自然灾害，按有关国家铁路中央机关的指示，期限在 15 日以内。

(2)发生其他致使行车中断或限制的情况，按有关国政府的指示。

六、货物重量不足的责任范围

1. 货物在运送中，因其本身的自然特性发生减量时，不限货物的行经里程，对不超过下列标准的货物重量不足部分铁路不负责任：

(1)对于液体的或托运生鲜的(新鲜的)或潮湿的货物，以及下列货物，为重量的 2%：

锰和铬矿石、铜矾、堆装的氧化镁(苦土)和其他化学原料、盐、鲜水果、鲜蔬菜、制成的皮革或咸湿的皮张、烟叶、低温鲜肉、柑橘和香蕉、鲜果。

(2)对于下列货物，为重量的 1.5%：

木柴、木材、竹和木炭、矿物性建筑材料、油脂、干咸鱼、肥料。

(3)对于下列货物,为重量的1%:

矿物燃料、石油焦炭和煤焦炭、铁矿石、树皮、未洗的毛、酵母花、肥皂、根类、冻肉、宰杀的各种禽类、各种肉熏制食品、冻鱼、海产品、冷冻禽肉、香肠和各类肉制品。

(4)对于在运送途中减量的所有其他干燥货物,为重量的0.5%。

(5)运送盛装在物理性质上易发生破损和破碎的玻璃和其他容器内的货物时,适用的减量标准为总重的1%。

上述堆装、散装和罐车装运的货物,在换装运送时,除第(1)~(4)款的减量标准外,该批货物每换装一次再增加0.3%。

2. 如发货人或收货人能证明货物减量不是由于与货物自然特性有关的原因造成的,则不适于第1条规定的责任范围。

3. 按一份运单运送数个货件时,如每件的重量,承运时在运单内已经注明,则在这种情况下容许的减量标准,应按每件分别计算。

4. 如货物全部灭失或个别货件灭失,在计算赔偿时,对于灭失货件的重量不扣除任何减量。

七、铁路责任的赔偿额

1. 货物全部或部分灭失的赔偿额

(1)根据《国际铁路货物联运协定》规定铁路应向发货人或收货人赔偿货物全部或部分货物灭失的损失,则此种赔偿额按外国供货者账单或该账单摘录中所列的价格计算,所凭账单摘录中需按赔偿请求国国内规定的办法经过签认。

如不能按上述办法确定全部或部分灭失的货物价格,则货物的价格应由国家鉴定机关确定。

当运送声明价格的货物全部或部分灭失时,铁路应按声明价格或相当于货物灭失部分的声明价格的款额向发货人或收货人赔偿。

由发货人在运单"发货人的特别声明"栏内注明"不声明价格"的家庭用品全部或部分灭失时,铁路对灭失的货物重量,应按每千克6瑞士法郎向发货人或收货人予以赔偿。

(2)除以上规定的赔偿外,灭失货物或其灭失部分的运送费用、海关费用以及运送有关的其他费用,如未纳入货物价格内,则均应予以偿还。

(3)不是由运输合同产生的发货人或收货人的费用和损失,不应由铁路赔偿。

2. 货物毁损、腐坏或其他原因降低质量的赔偿额

(1)根据《国际铁路货物联运协定》的规定,在货物毁损、腐坏或其他原因降低质量时,铁路应向发货人或收货人赔偿损失,则铁路应赔偿相当于货物价值降低部分的款额。

(2)当运送声明价格的货物发生毁损、腐坏或因其他原因降低质量时,铁路应按照相当于货物由于毁损、腐坏或其他原因降低质量而降低价格的百分比,支付声明价格的部分赔款,以及其他与运送有关的费用。

(3)上述规定的赔款额应根据商务记录进行鉴定的记录确定,其赔款额不应超过下列款额。

如因货物毁损、腐坏或其他原因降低质量以致全部货物降低价格,不应超过货物全部灭失

的赔偿款额。

如因货物毁损、腐坏或其他原因降低质量，仅使部分货物降低价格，不应超过降低价格部分货物灭失的赔偿额。

(4)不是由运输合同产生的发货人或收货人的费用和损失，铁路不予赔偿。

八、货物运到逾期的赔偿

1. 货物运到逾期时，铁路应根据造成逾期铁路的运费和逾期(期限)的长短，即逾期(天数)占总运到期限的比例，由收货人填写“货物运到逾期赔偿请求书”向收货人支付罚款，即：

逾期不超过总运到期限 1/10 时，为运费的 6% 。

逾期超过总运到期限 1/10 时，但不超过 2/10 时，为运费的 12% 。

逾期超过总运到期限 2/10 时，但不超过 3/10 时，为运费的 18% 。

逾期超过总运到期限 3/10 时，但不超过 4/10 时，为运费的 24% 。

逾期超过总运到期限 4/10 时，为运费的 30% 。

如货物在某一铁路运到逾期，而在其他铁路却早于规定的期限，则确定逾期时间时，应将上述期间相抵消。

2. 对货物全部灭失予以赔偿时，不得要求支付运到逾期罚款。

如运到逾期的货物部分灭失，则对货物的未灭失部分，支付运到逾期的罚款。

如运到逾期货物毁损、腐坏或因其他原因降低质量，除按规定赔偿款额外，还应支付运到逾期罚款。

运到逾期罚款连同其他规定的赔款额，不应超过货物全部灭失所支付的赔偿总额。

3. 运到逾期的罚款，只限在未遵守计算的从发站至到站的总运到期限的情况下支付。

4. 自铁路通知货物到达和可以将货物移交给收货人处理时起，如收货人在一昼夜内未将货物领出，即失去领取货物运到逾期罚款的权利。

5.《国际铁路货物联运协定》个别参加路，可在彼此间对处理货物运到逾期赔偿签订不同于本条的协议，每一此种协议只可同仅在这些协议参加路上办理的货物运送有关。

个别铁路签订的协议不得触及货主为其应得款额而提出赔偿请求的权利。

第七节　水陆货物联运

一、水陆联运运输要求

水陆联运环节多，运输条件和情况比较复杂，为了安全、迅速、便利地运输货物，托运水陆联运货物必须符合下列要求：

(1)起运站(车站)港(港口)、到达站港必须是办理水陆联运的车站和港口。

(2)换装地点必须是规定的水陆联运换装地点。

(3)托运的货物必须是办理水陆联运的货物种类。

二、水陆联运货物种类

除下列货物不办理水陆联运外，其他货物都办理水陆联运：

(1)易腐货物。

(2)动物和植物。

(3)灵柩(包括尸骨、尸骨灰和尸体)。

(4)危险货物(《铁路危险货物运输管理规则》铁路危险品名表内所载的农药和氨氰化钙除外)。

(5)编排木材(东北经大连、营口两港到上海地区除外)。

(6)散装的粮食、油、盐、水泥。

(7)超过起运、换装和到达地点起重能力的超重大件。

三、水陆联运货物办理种别

水陆联运货物主要办理整车联运,某些货物或地区间也办理零担和集装箱联运。

1. 整车

一批货物重量在 30 t 及其以上或体积在 60 m^3 及其以上,以及由于其重量、体积或形状的关系,在铁路区段必须使用单独车辆运输时,按整车办理。

2. 集装箱

目前只有部分地区间办理集装箱联运,装运适箱货物。

3. 零担

目前只办理在海南岛繁殖的种子(简称"南繁"种子)出岛(海南省)的零担水陆联运,即由三亚、海口港起运,经广州南转运至各地的"南繁"种子,其他货物不办理零担水陆联运。

四、办理联运的车站、港口和换装地点

办理联运货物的车站、港口和换装地点,按《铁路和水路货物联运规则》附件一规定办理。

五、水陆联运货物运单与货票

1. 水陆联运货物,铁路段使用铁路货物运单,水运段运输和港口作业分别根据相关规定订立货运合同、作业合同。铁路转水路(简称"铁转水")货物,托运人在铁路货物运单托运人记载事项栏内记载"铁转水终到 × ×港,换装港代理 × ×",收货人栏内填写终到港收货人。受委托办理港口作业手续的代理人(或铁路货物运单的托运人、收货人)分别与港口铁路车站、港口公司就港口交接手续进行约定。

2. 水陆联运货物,铁路段使用铁路货票,水运段运输和港口作业分别根据相关规定使用各自的单证。各段运输费用和港口作业费用分别核收。

?

1. 我国铁路和各邻国铁路办理联运的国境站轨距以及货物和车辆交接方式是如何规定的?

2. 同未参加国际货协的国家铁路间是如何办理货物运送的?

3. 国际铁路货物联运适用的规章有哪些?
4. 国际铁路货物联运办理种别如何划分?
5. 国际铁路货物联运中不准运送的货物有哪些?
6. 不准按一份或数份运单在一辆车内混装运送的货物有哪些?
7. 我国与相邻国(俄铁)间有哪些特殊规定?
8. 一份国际联运运单由哪几部分组成?
9. 经我国铁路口岸运送的进、出口(过境)货物,票据封套应如何填写?
10. 国际联运货物车辆最大载重量的规定是什么?
11. 哪些货物运送时应声明价格?
12. 我国发站办理国际联运货物装车,应遵守哪些规定?
13. 装运国际联运货物车辆的技术条件和使用要求是什么?
14. 国际铁路货物联运的重量和件数,应如何确定和在运单如何记载?
15. 对国际铁路货物联运的运输变更范围和限制是如何规定的?
16. 对国际铁路货物联运的运输变更办法有何规定?
17. 铁路在哪些情况下,有权拒绝运输合同的变更?
18. 国际铁路货物联运运到期限是怎样规定的? 应如何计算?
19. 运送超限、超长、超重货物时,有何特殊规定?
20. 国际联运危险货物的分类是怎样规定的?
21. 易腐货物根据热状态可分为哪几种?
22. 在国际铁路货物联运中,对商务记录编制的范围是如何规定的?
23. 商务记录编制的份数及有关要求是什么?
24. 在国际铁路货物联运中,货物重量不足的责任范围应如何确定?
25. 货物运到逾期时,铁路应如何向收货人支付运到逾期罚款?
26. 水陆联运运输的要求是什么?
27. 水陆联运货物办理种别如何划分?

职业技能

（分级部分）

中 级 工

一、布置生产任务、传达有关文电及上级指示

（一）作业（操作）方法、步骤

1. 布置生产任务

认真执行货运工作日班计划，严格按批准的日装车计划（承认车）组织装车。对下列重点物资要坚持“三优先”，即优先安排去向，优先安排空车，优先安排挂运，保证及时运输。除特殊情况或托运人原因外，要保质保量完成计划，不得欠装。

（1）国家明确指令运输的煤炭、石油、粮食、棉花等能源和战略性物资及军用物资。

（2）防洪抗旱、抢险救灾、支农（化肥、农药）等急需运输的物资。

（3）铁路生产和建设急需的钢轨、轨枕、桥梁、道岔、建筑材料、机械设备等路用材料。

（4）国务院各部委和各省、市、自治区政府提出的关系工农业生产和人民生活急需运输的各类物资。

（5）对外贸易急需运输的国际联运、进出口的物资。

（6）五定班列、大客户和铁道部确定的跨局大宗直达货物。

（7）铁道部临时指定运输的其他物资。

2. 传达有关规章、文电及上级指示

（1）对上级下达的文件、电报、命令以及有关临时停限装命令，及时传达清楚，明确上级对职工的临时性规定和要求。

（2）布置安全作业注意事项，做好安全防护意识，明确安全生产和劳动保护等方面的注意事项。

（二）质量标准

1. 准确执行政府法令、运输政策及上级各项指示、命令。

2. 生产任务布置明确，确保重点物资运输。

3. 加强现场生产组织，按时完成生产任务。

4. 有关文电传达清楚，学习有记录，文电妥善保管。

二、拟定非正常情况下装卸车作业方案

（一）作业（操作）方法、步骤

1. 拟定非正常情况下卸车作业方案

首先应尽量想办法短途搬运出站或主动向地方政府报告，以便组织人力短途搬运出站保

证卸车。如车站确实解决不了时,应采取变更到站卸车或要求发站临时停装或限装的措施。

(1)卸车站要求发站临时停装和限装时,应说明原因和要求临时停限装的具体时间,并标明是否为“五定”班列或大宗货物直达列车的卸车站,以《临时停限装请求报告》逐级上报。铁路局报铁道部的《临时停限装请求报告》,须由货工科长或调度所主任批准。

(2)各级货运调度收到《临时停限装请求报告》后,有关人员应及时处理。

(3)发站、到站为同一铁路局管内的临时停限装由铁路局批准;跨局的由铁道部批准;国际联运和出口的货物必须经铁道部批准。

(4)“五定”班列、口岸站进口物资原则上不准临时停限装,特殊情况必须临时停限装时,须报铁道部批准。

(5)临时停装或限装必须以调度命令批准,逐级下达。车站接到临时停装或限装命令后,要及时将临时停限装的原因和具体时间通知发货单位。

(6)对已到达卸车站,收货人拒卸的重车,车站应查明原因,协调解决。未经铁道部批准,任何单位不得原车退回发站。

(7)遇卸车困难,需变更到站、卸车站时,必须遵守下列规定:

①必须由托运人或收货人提出书面申请。

②必须和原到站在同一径路上。

③因自然灾害影响变更卸车地点时,应及时通知收货人。

④局管内变更卸车站,以铁路局调度命令批准。

⑤跨铁路局变更卸车站原则上不办理,确须变更时以铁道部调度命令批准。

2. 拟定非正常情况下装车作业方案

(1)根据货物性质、运量、时间等运输要求,迅速确定货物装车作业方案。

(2)加强和托运人联系,协调货物运输进站及装车事宜。并根据装车作业需要,指定货物作业线、安排货位,并通知装卸人员准备好装车机具。

(3)组织力量快速装车,加强现场指导,按规定时间高质量完成装车作业。

(二)质量标准

1. 加强卸车组织工作,信息汇报及时、卸车措施合理。

2. 卸车作业计划安排周密,现场组织落实到位。

3. 抓好急运物资的优先装运工作,提高装车质量。

4.《临时停限装请求报告》内容填写齐全、清楚,电报拍发正确、无误。

(三)应急处理技能

及时启动本单位卸车应急预案。

三、制定本班工作阶段计划及组织实施

(一)作业(操作)方法、步骤

1. 制定本班工作阶段计划

(1)根据卸车资料及时与铁路局货调联系了解到达车流情况,向车站调度员或调车区长提出各货场及专用线的卸车数、品名、收货人、送车时间、卸空时间、空出用途的调车作业要求,

通知装卸、专用线等部门待调车作业对好货位后立即作业。

(2)随时了解各货场及专用线的货源、货位及装卸车情况,向车站调度员或调车区长提出各货场及专用线别的装车数、车种、品名、到站、空车来源、送入时间、装完时间、挂运车次的调车作业要求,通知装卸、专用线等部门待调车作业对好货位后立即作业。

(3)向车站调度员或调车区长提出重点军用、超限等特种货物和车辆加挂的车次、辆数、编挂限制等调车作业要求。

(4)向车站调度员或调车区长提出各场(区)及货场、专用线间的车辆(包括检修、洗刷、倒装等车辆)的交换次数、取送地点、时间、辆数的调车作业要求,通知装卸、专用线等部门待调车作业对好货位后立即作业。

2. 阶段计划的执行

(1)接到车站调度员(值班员)或调车区长的取送车调车作业通知单后,及时通知有关装卸点的货运员。

(2)接班后和每一阶段计划完了后,以及各货场和专用线每批车辆装卸作业完了之后,向车站调度员(值班员)或调车区长报告作业进度和现车情况(重车去向别、空车去向别、车辆停留线别、顺序)。

(二)质量标准

1. 阶段计划安排周密,传达及时、准确并落实到位。

2. 加强联劳协作,密切配合,紧密衔接,确保阶段计划的顺利实施。

3. 装卸车时间符合计划要求,装卸车质量符合运输规定。

四、区间卸车作业组织

(一)作业(操作)方法、步骤

1. 检查卸车票据(包括记录),确认货物发站、到站、品名、装卸地点以及办理种类符合途中装卸的运输规定。

2. 根据货物运单记载的事项,与收货人签订卸车安全协议,明确责任范围及安全防护措施。

3. 根据铁路局下达的调度命令,及时通知收货人组织好运力、人力和机具,做好卸车准备。

4. 卸车负责人应指挥列车停于指定地点。卸车完毕后,其负责人应负责检查卸车货物的状态、堆码状态,确认限界,清好道沿,关好车门,通知司机开车。

5. 及时处理运输票据并办理货物交付手续。

(二)质量标准

1. 调度命令传达清楚,台账内容记载齐全、正确,保管妥善。

2. 途中装卸在铁路局自局管内办理,但危险货物不得办理站界内搬运或途中装卸。

3. 安全防护措施落实到位。

4. 卸车时间符合计划要求,卸车质量符合运输规定。

5. 线路两旁堆放货物,距钢轨头部外侧不得少于1.5 m。站台上堆放的货物,距站台边缘不得少于1 m。货物应堆放稳固,防止倒塌。

五、货物集中到达的卸车作业组织

（一）作业（操作）方法、步骤

1. 根据接收到的预确报，负责卸车组织的前期安排工作，确认装卸机械设施（设备）良好，装卸劳动力充足。抓好卸车工作的现场组织，对卸车方式、车数、存放场地进行统一安排和组织，合理分工。严格执行铁路“一卸二排三装车”的运输组织原则，正确制定出卸车作业计划，保证卸车工作的顺利实施。

2. 对集中到达专用线（专用铁路）的卸车，及时通知专用线，要求物资单位在人力、机械方面进行充分准备，保证卸车工作的顺利完成。

3. 随时保持同车站运转、装卸、专用线等各部门的联系，做到密切配合、协调动作。按作业计划将作业车送到指定地点，装卸作业要做到昼夜不间断，按时交车，确保货物车辆快卸快取。

4. 督促货物的催领和搬出组织工作，充分发挥货场和专用线的接卸能力，保证卸车工作的顺利完成。

（二）质量标准

1. 卸车作业计划安排周密，传达及时、准确并落实到位。

2. 加强联劳协作，密切配合，紧密衔接，确保卸车计划的顺利实施。

3. 卸车时间符合计划要求，卸车质量符合运输规定。

4. 18 点待卸车中无在站停留超过 48 h 以上的待卸车（大点车）。

六、特殊货物的卸车作业组织

（一）作业（操作）方法、步骤

1. 根据货物特性与收货人签订卸车安全协议，明确责任范围及安全防护措施。

2. 在货车调到前 30 min，将货车调到时间通知收货人，收货人应组织好运力、劳力和机具，做好接卸准备。

3. 卸车作业完了，收货人应将卸车完了时间及时通知车站。超过规定的卸车时间标准或规定的停留时间标准，应向收货人核收规定的铁路货车占用费。

4. 卸后车辆要清扫干净，关闭好车辆门、窗、盖、阀、端侧板，并使用铁线捆绑。需由承运人洗刷除污的货车，按规定向收货人核收货车洗刷除污费。由收货人自带装卸人员提货，未及时将货位清扫干净的，向收货人核收货位清扫费。

5. 及时处理运输票据并办理货物交付手续。

（二）质量标准

1. 安全防护措施落实到位。

2. 卸车时间符合计划要求，卸车质量符合运输规定。

3. 各项费用核收正确。

4. 线路两旁堆放的货物，应距离货物线钢轨外侧 1.5 m 以上，站台上堆放的货物，距站台边缘不得少于 1 m。货物应堆放稳固,防止倒塌。

七、危险货物到达作业签认

(一)作业(操作)方法、步骤

1. 根据列车到达信息,确定爆炸品、硝酸铵、剧毒品(非罐装、有特殊规定 67 号)、气体类和其他另有规定的危险货物到达时间、到达车次、车号等基本信息。

2. 接到车站调度员(值班员)或调车区长的取送车调车作业通知单后,及时通知外勤货运员、专用线货运员做好重点危险货物的卸车准备工作。

3. 站内卸车的重点危险货物,卸车前会同卸车货运员(剧毒品须会同公安人员)共同对车辆状态及施封进行检查,核对票据与现车,确定卸车及堆码方法。

4. 卸车作业前,由卸车货运员向装卸作业班组传达安全作业注意事项及卸车方案,共同检查消防器材和安全防护用品。

5. 卸车后由卸车货运员填记危险货物到达登记簿。对受到污染的车辆,及时回送洗刷所洗刷除污。清理车辆残存废弃物并交由收货人负责处理。因污染、腐蚀造成车辆损坏的,按规定索赔。

6. 需停止制动作用的货车卸车完毕后,书面通知货车车辆段,由货车车辆段派人到场检查确认后拆封,开启截断塞门。

7. 剧毒品卸车交付完毕后,立即将车种车号(集装箱箱型、箱号及所装车号)、发到站、《托运人资质证书》编号、托运人、收货人、品名及编号、件数、重量、到达日期、到达车次、交付日期等信息上网报告剧毒品运输跟踪管理系统,并在 2 h 内通知发站。

8. 专用线(专用铁路)卸车的重点危险货物,应严格按车站与专用线(专用铁路)签订的运输协议办理。

(二)质量标准

1. 消防器材和安全防护用品齐全,状态良好。

2. 安全作业注意事项及卸车方案传达清楚。

3. 危险货物运输到达作业签认无漏签、代签和补签,各有关单位或人员姓名完整、印章齐全。

4. 作业程序不漏项,安全防范措施落实到位,确保作业安全。

八、重点货物装车质量签认

(一)作业(操作)方法、步骤

1. 接到车站调度员(值班员)或调车区长的取送车调车作业通知单后,及时通知外勤货运员、专用线货运员做好按方案装车、重点货物装车的准备工作。

2. 会同装车货运员、车辆部门等人员按方案对车辆进行技术检查,并确认符合方案、批示电报和装车要求。

3. 确认加固材料和加固装置的规格、数量及质量符合装载加固方案规定。

4. 在负重车上标划车辆纵、横中心线。

5. 在货物上标明重心位置(投影)、起吊位置。货物装车前应按货物重心的位置,在货物的两端或两侧,标画货物纵、横重心的垂直线。

6. 由装车货运员向装卸作业班组传达安全作业注意事项及装载加固方案。

7. 装车后,须检查、确认货物装载加固符合规定要求。重点检查、确认以下事项:

(1)货物实际装载位置符合装载加固方案。

(2)车辆转向架旁承游间符合《铁路货物装载加固规则》要求。

(3)使用的加固材料(装置)规格、数量、质量和加固方法、措施、质量符合装载加固方案。

(4)垫木、(支)座架等加固装置、状态良好,完好无损坏。

(5)加固线(钢丝绳、镀锌铁线)已采取防磨措施,捆绑栓结牢固,拴结点无损坏。

(6)焊接处焊缝长度、高度符合规定,焊接质量良好,无虚焊现象。

(7)跨装车组连接处的提钩杆捆绑牢固,车钩缓冲停止器已按《铁路货物装载加固规则》要求安装。

(8)带有制动装置、变速器和旋转装置的货物,制动装置全部制动,变速器置于初速位置,旋转部位锁定牢固。

(9)自轮运转货物的动力传动装置已断开(机车车辆除外),制动手柄在重联位置并固定良好。

8. 确认货物装载加固符合规定要求后,须对照批示电报重点复核、确认以下事项:

(1)货物突出车端的尺寸符合规定或批示电报要求。

(2)货物突出端底部与游车车地板的距离、货物突出端与游车上所装货物的距离符合规定。

(3)超限货物装后各部位的尺寸(高度和宽度)符合批示电报。

(4)重车重心高、货物支重面长度(跨装货物支距)等符合批示电报。

(5)其他各有关数据和要求符合批示电报。

9. 装车完毕,确认符合批示电报条件后标画相关标记。

(1)按规定需要"禁止溜放"的货车,应在货车两侧插挂表示牌。

(2)用颜色醒目的油漆画易于判定货物是否移动的检查线。

(3)在货物两侧明显处用油漆书写、印刷或粘贴"×级超限、×级超重",书写困难时亦可挂牌标识。

(4)对某些特殊要求的货物,在运单、票据封套、列车编组顺序表及车牌上注明"超限货物"、"超重货物"或"超限超重货物"、"连挂车组不得分摘"、"限速××公里"、"禁止溜放"(二级以上超限或跨装运输时)等字样。需要限速运行的货物和自有动力行驶的机车,记明铁路局承认命令。

(二)质量标准

1. 安全作业注意事项及装载加固方案传达清楚。

2. 超限、超重货物运输记录内容填写齐全,各栏逐项填写正确。各有关单位或人员姓名完整、印章齐全。

3. 装车质量签认无漏签、代签和补签,各有关单位或人员姓名完整、印章齐全。

4. 作业程序不漏项,装载加固质量符合要求。

九、危险货物发送作业签认并建立台账

（一）作业（操作）方法、步骤

1. 接到车站调度员（值班员）或调车区长的取送车调车作业通知单后，及时通知装车货运员、专用线货运员做好爆炸品、硝酸铵、剧毒品（非罐装、有特殊规定 67 号）、气体类和其他另有规定的重点危险货物装车准备工作。

2. 站内装车的重点危险货物，装车前会同装车货运员（剧毒品须会同公安人员）共同检查车种车型与规定装运货物是否相符，查看门窗状态、进行透光检查，确认车辆检修是否过期。

3. 装车前认真检查货物品名、包装、件数与运单填写是否一致，以及货物包装是否符合规定。共同检查消防器材和安全防护用品。

4. 装车作业前，由装车货运员向装卸作业班组传达安全注意事项及装载方案。

5. 装车作业时，装载货物（含国际联运换装）重量不得超过车辆（含集装箱、罐式箱）标记载重量及罐车允许充装量，严禁增载和超装超载。

6. 装车作业后，检查车内货物堆码及装载状态，查验门窗是否关闭良好，做好施封加锁及危险货物发送登记等工作。

7. 对需停止制动作用的货车，装车后书面通知货车车辆段，由货车车辆段派人到场检查确认后关闭截断塞门并施封，封上须有“停止制动”字样。

8. 将剧毒品货票所载信息，及时生成《剧毒品运输管理信息登记表》，按时报告剧毒品运输跟踪管理系统。内容包括剧毒品车的车号（集装箱箱型、箱号及所装车号）、发到站、《托运人资质证书》编号、品名及编号、件数、重量和承运、装车日期等。

9. 装车完毕，确认货物装载符合规定后标画相关标记。

（1）在货车两侧插挂“禁止溜放”或“限速连挂”的货车表示牌。

（2）在货车表示牌上要记明三角标志，未限定“禁止溜放”或“限速连挂”的货车可用表示牌背面记明三角标记，并插于货车两侧。

（3）在货车表示牌上记明“停止制动作用”字样。

（4）在运单右上角、票据封套上用红色记明“禁止溜放”或“限速连挂”字样。在运单右上角，票据封套上用红色记明规定的三角标记。在运单右上角、票据封套上用红色记明“停止制动作用”字样。

（5）派有押运员的成组危险货物车辆，要求成组连挂，不得分摘；必须在该组车辆每一张运单上注明“成组连挂，不得拆解”，并将该组票据单独装入封套，封套上注明“成组连挂，不得拆解”。

10. 专用线（专用铁路）卸车的重点危险货物，应严格按车站与专用线（专用铁路）签订的运输协议办理。

11. 按《铁路危险货物运输基础管理台账目录》的内容要求，结合本站危险货物运输办理情况，建立台账并实行分类管理。

（二）质量标准

1. 消防器材和安全防护用品齐全，状态良好。

2. 安全作业注意事项及装载方案传达清楚。

3. 危险货物运输发送作业签认无漏签、代签和补签，各有关单位或人员姓名完整、印章齐全。

4. 作业程序不漏项，安全防范措施落实到位，确保作业安全。

5. 危险货物基础管理台账齐全，填写规范，更新及时。

十、危险货物罐车充装体积和重量的计算

【例1】 某厂新购置G_{60K}型自备罐车（标记载重53 t、标记容积60 m^3），准备用于装运汽油（铁危编号31001），汽油比重0.71 t/m^3，试计算该种车型装运汽油准许的装载重量范围是多少？

（一）作业（操作）方法、步骤

1. 允许充装体积：$0.83V_{标} \leqslant V_{许装} \leqslant 0.95\ V_{标}$

$$0.83 \times 60 \leqslant V_{许装} \leqslant 0.95 \times 60$$

则允许充装体积范围为：$49.8\ m^3 \leqslant V_{许装} \leqslant 57\ m^3$

2. 允许充装重量下限：$W = \rho \cdot V_{许装} \leqslant P_{标}$

$= 0.71 \times 49.8$

$= 35.358(t) \leqslant 53\ t$

允许充装重量上限：$W = \rho \cdot V_{许装} \leqslant P_{标}$

$= 0.71 \times 57$

$= 40.47(t) \leqslant 53\ t$

则允许充装重量范围为$35.358\ t \leqslant W \leqslant 40.47\ t$

（二）质量标准

1. 查找车辆技术数据准确。

2. 规章运用正确。

3. 计算条理清晰、准确无误。

【例2】 用GY_{45}装液氯（铁危编号23002），已知货物的标准密度为1 420 kg/h，重量充装系数为1.20 t/m^3，车辆的标记载重54.8 t，标记容积为45.7 m^3，标记自重为24.0 t。空车检衡重量为24.2 t，重车检衡重量为78.7 t。确定该车是否超装？

（一）作业（操作）方法、步骤

1. 计算该车的允许充装量

$W_{计算} = \Phi \times V_{标} = 1.2 \times 45.7 = 54.84(t)$

$\because W_{计算} > P_{标}$

$\therefore W_{许装} = P_{标} = 54.8(t)$

2. 充装量的检衡复核

$W_{空检} = 24.2\ t$；$W_{自重} = 24.0\ t$

$\because W_{空检} > W_{自重}$

$\therefore W_{实装} = W_{总重} - W_{自重} = 78.7 - 24.0 = 54.7(t) < 54.8(t)$

$\because W_{实装} < W_{许装}$

∴ 该车未超装。

（二）质量标准

1. 查找车辆技术数据准确。
2. 规章运用正确。
3. 计算条理清晰、准确无误。

十一、超限、超长货物重车重心高的计算

【例3】 重庆东发成都东设备一件重30 t，重心高1 300 mm，长9 000 mm，中心高2 750 mm处左右宽各1 400 mm，一侧高2 500 mm，左右宽各1 700 mm，二侧高2 000 mm，左右宽各1 800 mm。使用N_{17}型一辆木地板平车均衡装载，使用横垫木高200 mm，装载方法如图1所示。N_{17}型平车数据：l = 9 000 mm，$L_{车}$ = 13 000 mm，$h_{车地板}$ = 1 209 mm，$Q_{车}$ = 20.3 t，$h_{车}$ = 723 mm。确定重车重心高及超限等级并填制超限、超重货物运输记录。

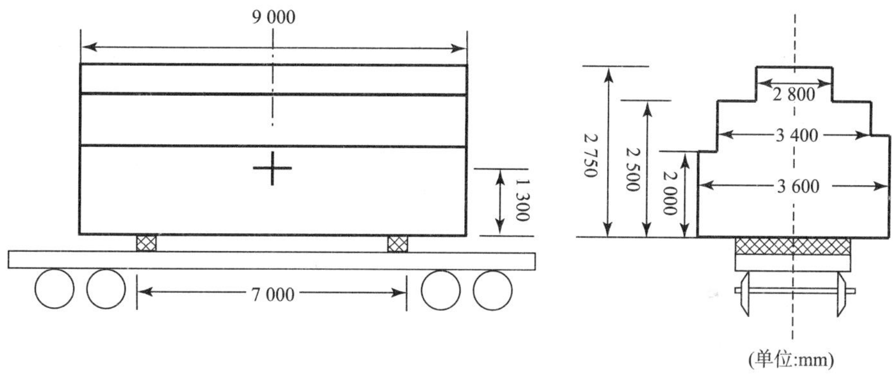

图 1

（一）作业（操作）方法、步骤

分析：车辆转向架中心销距9 000 mm小于9 350 mm时，$C_{内}$ < 36 mm，货物的计算宽度小于实测宽度，按实际宽度确定超限等级。

1. 计算重车重车高

$$H = \frac{Q_{车} h_{车} + Q_1 h_1}{Q_{车} + Q_1}$$

$$= \frac{20.3 \times 723 + 30 \times (1\ 209 + 200 + 1\ 300)}{20.3 + 30}$$

$$= \frac{14\ 677 + 81\ 270}{50.3}$$

$$\approx 1\ 908(\text{mm})$$

2. 装车后复测装车尺寸

按实际的装载状态和测量要求进行复测。

(1)长度:测量货物的最大长度(全长)和支重面长度。货物全长 9 000 mm,支重面长7 000 mm。

(2)高度:由轨面起测量其中心高度和每一侧高度。中心高 4 159mm,一侧高 3 909 mm,二侧高 3 409 mm。

(3)宽度:由车辆纵中心线所在纵向垂直平面起分别测量各不同高度处的左侧和右侧宽度。中心高 4 159 mm 处左右宽各 1 400 mm,一侧高 3 909 mm,左右宽各 1 700 mm,二侧高 3 409 mm,左右宽各 1 800 mm。

3. 填制超限、超重货物运输记录(格式 1)

格式 1

超限超重货物运输记录

甲页　　一级超限　　× ×超重　　(单位:mm)

<table>
<tr><td>装车局</td><td colspan="2">成</td><td>发站</td><td>重庆东</td><td>经由线名</td><td colspan="2">成渝线</td></tr>
<tr><td>到达局</td><td colspan="2">成</td><td>到站</td><td>成都东</td><td>经由线名</td><td colspan="2"></td></tr>
<tr><td>品　名</td><td colspan="2">设备</td><td>件数</td><td>1</td><td>每件重 30 t</td><td>配重　t</td><td>总重 30 t</td></tr>
<tr><td>货物长度</td><td>9 000</td><td>支重面长度</td><td>7 000</td><td>转向架中心销间距离</td><td>9 000</td><td>重车重心高</td><td>[/]</td></tr>
<tr><td rowspan="5">装车后尺寸</td><td>中心高</td><td>4 159</td><td>中心高的宽</td><td>左 1 400
右 1 400</td><td rowspan="5">记事</td><td colspan="2" rowspan="5"></td></tr>
<tr><td>第一侧高</td><td>3 909</td><td>侧高的宽</td><td>左 1 700
右 1 700</td></tr>
<tr><td>第二侧高</td><td>3 409</td><td>侧高的宽</td><td>左 1 800
右 1 800</td></tr>
<tr><td>第三侧高</td><td></td><td>侧高的宽</td><td>左
右</td></tr>
<tr><td>第四侧高</td><td></td><td>侧高的宽</td><td>左
右</td></tr>
<tr><td>车种</td><td></td><td>车号</td><td></td><td>标记载重</td><td>t</td><td>轴数</td><td></td></tr>
<tr><td rowspan="3">文电内有关指示</td><td colspan="7">铁道部　　年　　月　　日　部超限、超重　　号批准使用　　车</td></tr>
<tr><td colspan="7">铁路局　2010　年　8　月　2　日　超限、超重 1 258　号批准使用 N17　车</td></tr>
<tr><td colspan="5">装运办法:1A 一级超限;2R1300 mm;3S1908mm;4K、N。</td><td colspan="2">本记录在重庆东站作成,经检查完全符合批示的条件
发站签字× × ×
车辆段签字× × ×
工务段签字× × ×
段签字
段签字
2010 年 8 月 3 日</td></tr>
</table>

注:1. 不用的各栏应划去;

2. 按电报批示尺寸填记,小于批示时,将实际尺寸填于记事栏内,大于批示尺寸时,必须重新请示;

3. "重车重心高"栏在不超出 2 000 mm 时须以[/]号标示之;

4. 一式两份,第一份仅为甲页留站存查;第二份为甲、乙页,随货运票据送到达站。　(规格 270 mm × 185 mm)

（二）质量标准

1. 查找车辆技术数据准确。

2. 规章运用正确。

3. 计算条理清晰、准确无误。

4. 超限、超重货物运输记录内容填写齐全、正确，各有关单位或人员姓名完整、印章齐全。

【例 4】 一件均重平底，长 6 000 mm，宽 3 300 mm，高 2 000 mm，重 54 t，重心高 1 000 mm，横垫木高度 200 mm，使用 N_{17} 型一辆装运，装载方法如图 2 所示，计算重车重心高。（N_{17} 自重 20.3 t，重心高 723 mm，车地板高 1 209 mm）

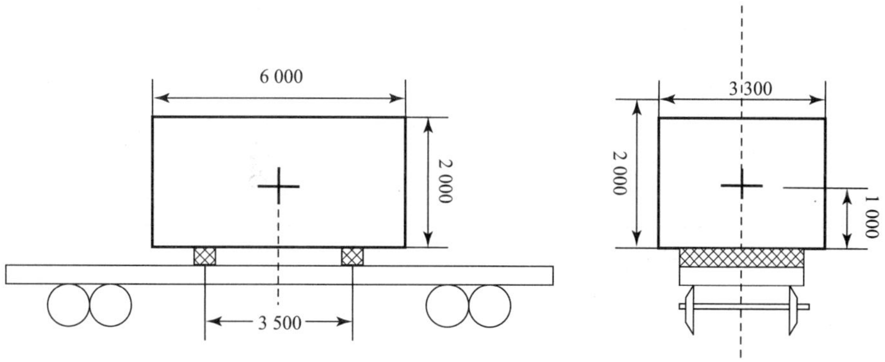

图 2

（一）作业（操作）方法、步骤

1. 分析：货物支重面长 6 000 mm，直接装在车地板上，查表 N_{17} 型车地板负重面长度 6 000 mm时，容许载重量 53 t，货物直接装在车地板上集重，必须使用两根横垫木。横垫木高度取 200 mm，两横垫木中心线间最小距离 3 500 mm，容许载重量 55 t，符合表 1 要求。

表 1　各车型地板负重

地板负重面长度（mm）	两横垫木中心线间最小距离（mm） \ 容许载重量（t） \ 车种	N_6、N_{17}	N_{60}	N_{16}	N_{17AK}、N_{17AT}、N_{17G}、N_{17GK}、N_{17GT}、N_{17K}、N_{17T}	NX_{17}、NX_{17A}、NX_{17AK}、NX_{17AT}、NX_{17K}、NX_{17T}	NX_{17B}、NX_{17BK}、NX_{17BT}、NX_{17BH}	NX_{70}、NX_{70H}
1 000	500	25	25	25	25	25	25	30
2 000	1 000	30	27.5	27.5	30	30	30	35
3 000	1 500	40	30	30	40	40	40	45
4 000	2 000	45	33	32	45	45	45	50
5 000	2 500	50	35	35	50	50	50	55

续上表

地板负重面长度(mm)	两横垫木中心线间最小距离(mm) / 容许载重量(t) / 车种	N_6、N_{17}	N_{60}	N_{16}	N_{17AK}、N_{17AT}、N_{17G}、N_{17GK}、N_{17GT}、N_{17K}、N_{17T}	NX_{17}、NX_{17A}、NX_{17AK}、NX_{17AT}、NX_{17K}、NX_{17T}	NX_{17B}、NX_{17BK}、NX_{17BT}、NX_{17BH}	NX_{70}、NX_{70H}
6 000	3 000	53	40	37.5	53	53	53	57
7 000	3 500	55	45	40.5	55	55	55	60
8 000	4 000	57	50	44	57	57	57	63
9 000	4 500	60	55	49	60	60	61	65
10 000	5 000		60	55				70
11 000	5 500			60				

注:当负重面长度介于上表两数之间时,可采用插入法确定容许载重量。

2. 计算重车重心高

$$H=\frac{Q_{车}h_{车}+Q_1h_1}{Q_{车}+Q_1}$$

$$=\frac{20.3\times723+54(1\ 209+200+1\ 000)}{20.3+54}$$

$$=\frac{14\ 677+130\ 086}{74.3}$$

$$\approx1\ 949(\text{mm})$$

(二)质量标准

1. 查找车辆技术数据准确。

2. 规章运用正确。

3. 计算条理清晰、准确无误。

【例5】 化工设备1件,重30 t,使用N_{17}两辆跨装运送(转向架每个重1 t,重心高300 mm)。外形尺寸如图3所示,请计算重车重心高。(N_{17}自重20.3 t,重心高723 mm,车地板高1 209 mm)

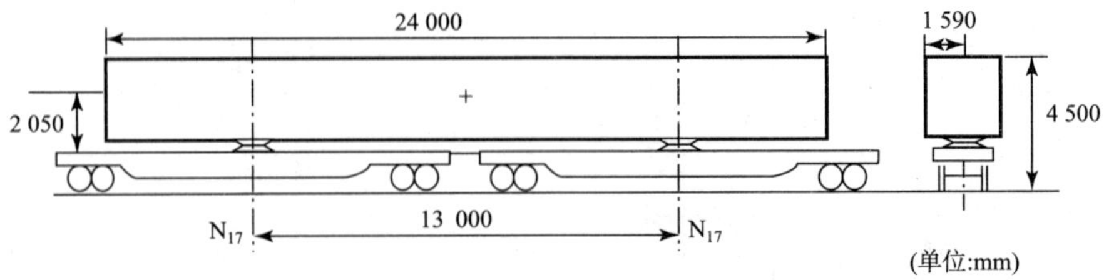

图 3

（一）作业（操作）方法、步骤

计算重车重心高。

$Q_车 = 20.3\ t, h_车 = 723\ mm, Q_货 = 30\ t, h_货 = 2\,050 + 1\,209 = 3\,259\ mm, Q_转 = 1\ t, h_转 = 300 + 1\,209 = 1\,509\ mm$，代入公式

$$H = \frac{Q_{车1}h_{车1} + Q_{车2}h_{车2} + Q_{转1}h_{转1} + Q_{转2}h_{转2} + Q_货 h_货}{Q_{车1} + Q_{车2} + Q_{转1} + Q_{转2} + Q_货}$$

$$= \frac{20 \times 3 \times 723 + 20.3 \times 723 + 1 \times 1\,509 + 1 \times 1\,509 + 30 \times 3\,259}{20 \times 3 \times 2 + 1 \times 2 + 30}$$

$$= \frac{29\,353 \times 8 + 3\,018 + 97\,770}{72 \times 6}$$

$$= 1\,793\ mm$$

（二）质量标准

1. 查找车辆技术数据准确。
2. 规章运用正确。
3. 计算条理清晰、准确无误。

【例 6】 某站承运 2 件均重箱型货物，甲件长 8 m，宽 3 m，高 2 m，重 25 t；乙件长 4 m，宽 2.5 m，高 2.1 m，重 6 t。拟用 N_{17} 型平车（长 13 000 mm，销距 9 000 mm，自重 20.3 t，车地板高 1 209 mm，重心高 723 mm）1 辆装运（货物直接装在车地板上），装载方式如图 4 所示。计算确定货物重心位置。

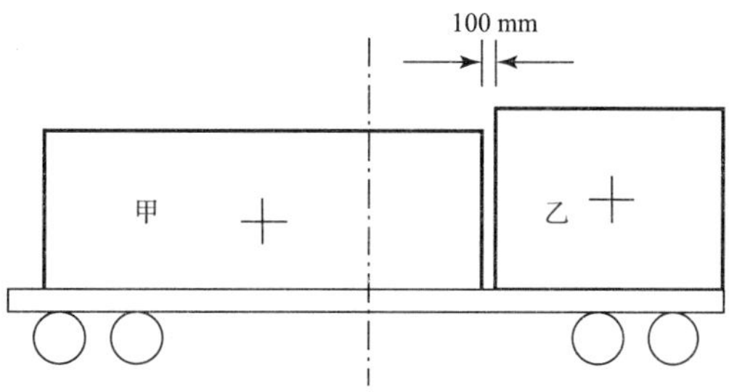

图 4

（一）作业（操作）方法、步骤

1. 分析：甲件长 8 m，宽 3 m，高 2 m，重 25 t；乙件长 4 m，宽 2.5 m，高 2.1 m，重 6 t。由于 2 件均为均重箱型货物，所以货物重心均在其几何中心。确定装载方案如下：

乙件对齐车辆端梁装载，其重心偏离货车横中心线 $\frac{13}{2} - \frac{4}{2} = 4.5\ m$。距乙件 100 mm 处装载甲件，其重心位于货车横中心线另一侧，偏离横中心线 $4 + 0.1 + \frac{8}{2} - \frac{13}{2} = 1.6\ m$。

2. 确定货物总重心纵向偏移量 a。

已知：$Q_1 = 25\ t, a_1 = 1.6\ m, Q_2 = 6\ t, a_2 = 4.5\ m$，代入公式

$$a = \frac{Q_1 a_1 - Q_2 a_2}{Q_1 + Q_2}$$

$$= \frac{25 \times 1.6 - 6 \times 4.5}{25 + 6}$$

$$\approx 0.419(m)$$

3. 计算货物总重心偏离货车横中心线最大容许位移距离 $a_容$。

已知：$Q = 25 + 6 = 31\ t, l = 9\ m$

由于 $P_容 - Q = 60\ t - (25 + 6)t = 29\ t > 10\ t$

所以货物总重心偏离货车横中心线最大容许位移距离

$$a_{容} = \frac{5}{Q}l = \frac{5}{31} \times 9$$

$$\approx 1.452\ \text{m}$$

货物总重心纵向偏移量0.419 m,小于容许偏移量1.452 m。符合规定。

(二)质量标准

1. 查找车辆技术数据准确。

2. 规章运用正确。

3. 计算条理清晰、准确无误。

十二、组织危险货物新品名、新包装试运

(一)作业(操作)方法、步骤

1. 根据铁道部、铁路局批准的危险货物新品名、新包装试运电报,与托运人签订安全运输协议,明确责任范围及安全防护措施。

2. 检查《铁路危险货物运输技术说明书》和《改变运输包装申请表》所填写的新品名、新包装是否通过铁道部认定的专业技术机构鉴定。

3. 对照铁路局批准的电报,检查托运人是否在运单“托运人记载事项”栏内注明“比照铁危编号×××新品名试运,批准号×××”字样,试运时间和区段是否符合电报要求。

4. 在货票内转记“比照铁危编号×××新品名试运,批准号×××”字样和批准电报号码,注明《铁路危险货物运输技术说明书》、《改变运输包装申请表》一份留站存查。

5. 及时填写危险货物新品名登记表、改变运输包装登记表。

(二)质量标准

1.《铁路危险货物运输技术说明书》、《改变运输包装申请表》内容填写齐全,各栏逐项填写正确。

2. 各有关单位或人员姓名完整、印章齐全。

3. 试运时间和区段符合铁路局批准电报的规定。

4. 改变氯酸盐、高氯酸盐、高氯酸、黄磷等包装需经铁道部批准。

5. 未经批准或超过试运期未上报试运报告的,须停止试运。

(三)应急处理技能

熟知本单位危险货物运输事故应急预案。

十三、按计划组织军运物资装载

(一)作业(操作)方法、步骤

1. 根据军事运输任务的要求,对人员、特殊运输的车辆,严格按铁路局特(军)调的命令配合有关部门挑选车辆,清扫消毒,安装设备,并填记《铁路军事运输装载现场工作记录》。

2. 军事运输装载前,会同部队、列检人员和军运部门共同检查装车线路、站台、照明设备、

装车用具和加固材料及备品是否齐全。

3. 军运装备物资装载后,会同军运部门和发运单位对物资的装载加固状态进行检查。

4. 按《超限特种装备装运办法》办理的运输,装载后,进行装后尺寸复测,不符合规定的应当整理或者重装。

5. 对需禁止溜放或停止制动作用的车辆,在货车两侧安插货车表示牌,注明“禁止溜放”或“停止制动”作用字样,并会同有关部门对需停止制动作用的车辆,关闭截断塞门。

6. 使用棚车、冷藏车、罐车、集装箱装载的装备物资,如不派人押运时,会同部队进行施封。施封后,在军运货票和封套上注明“施封”字样。

7. 在军事专用线内装载的装备物资的检查,按车站与专用线管理单位的运输协议办理。

(二)质量标准

1.《铁路军事运输装载现场工作记录表》填写内容齐全、各栏逐项填写正确,各有关单位或人员姓名完整、齐全。

2. 货物装载加固质量良好,装车时间符合计划要求。

十四、运输费用的计算

【例7】 甲站发乙站机械设备一件,重45 t,使用一辆60 t平车装载,另使用一辆60 t平车作游车,装车后货物为一级超限,重车重心高2 150 mm,需限速运行。试写明计费的依据并计算运费。(查运价里程为377 km,运价率:基价1为16.80元/t、基价2为0.084 5元/(t·km))。

(一)作业(操作)方法、步骤

1. 计费依据

主车:计费重量为60 t,运价里程为377 km,运价率:6号,基价1为16.80元/t、基价2为0.084 5元/(t·km),该货物为限速运行的超限货物,则运价率加成150%计算。

游车:计费重量为游车标重60 t,运价里程和运价率与主车相同,游车运价率不加成。

2. 计算运费

运费 = 主车运费 + 游车运费

$= (16.80 + 0.0845 \times 377) \times (1 + 150\%) \times 60 + (16.80 + 0.0845 \times 377) \times 60$

$= 7\,298.475 + 2\,919.39$

$= 10\,217.90$(元)

(二)质量标准

1. 规章运用正确。

2. 计算条理清晰、准确无误。

【例8】 某专用线按照《专用线运输协议》约定一批作业车数10辆,卸车标准时间2 h,专用线里程为7.6 km,专用线内有装卸作业线1条,8月10日14:55送入该专用线5辆敞车铁矿石,15:00又送入5辆敞车铁矿石,卸车结束时间分别为15:50、16:00、16:30、17:00、17:30、18:00、18:30、19:00、19:30、20:00,车站于23:00点挂出,请问应核收的运杂费用。

(一)作业(操作)方法、步骤

1. 取送车费

取送车里程为 $7.6\times2=15.2$ km,按照 16 km 计算,取送车费率为 9.00 元/(车·km)。取送车费应为:$16\times9.00\times10=1\ 440.00$ 元。

2. 货车延期占用费

确定卸车时间,作业线作业按批计算,调到时间以最后一批调到时间 15:00 为准,卸完时间以最后一辆卸完时间 20:00 为准,实际作业时间 5 h,减去卸车标准时间 2 h,延迟了 3 h;货车延期占用费应为:$4.4\times3\times10=132.00$ 元。

应核收运杂费合计:$1\ 440.00+132.00=1\ 572.00$(元)。

(二)质量标准

1. 规章运用正确。

2. 计算条理清晰、准确无误。

十五、拍发货运事故速报及指导货运记录的编制

【例 9】 昆明东站 6 月 15 日承运呼和浩特站香烟一车,车号 P 3123568,票号 12011;施封号码:00001/00002,托运人:昆明卷烟厂,收货人:呼和浩特市烟草公司;全车装载 1 200 件(纸箱包装),保价 300 万元;2010 年 7 月 4 日 15 时 10 分 43012 次列车到达。到检运行左侧为昆明东 00001 号施封锁,右侧无封,车门开启 1 000 mm,可见内货表层凌乱;通知公安检查,并拍照,同时按规定拍发交接电报;补封一枚 00321 号并编制 00132 号普通记录,送货场卸车处理。7 月 4 日 19 时 30 分会同公安共同卸车,卸见实到 1 150 件,20 时 30 分卸车完毕。分析是否拍发货运事故速报并指导编制货运记录。

(一)作业(操作)方法、步骤

1. 分析:全车货物被盗 50 件,货物单件价值 3 000 000 元/1 200 件 = 2 500.00 元/件,丢失损失 2 500.00 元/件 ×50 件 = 125 000.00 元,该批货物被盗超过 10 万元为大事故,应拍发货运事故速报。

主送:包头东站、昆明东站、昆明铁路局货运处

抄送:铁道部运输局、呼和浩特铁路局货运处

货运事故速报

(1)大事故、被盗。

(2)2010 年 7 月 4 日 15 时 10 分、呼和浩特站。

(3)昆明东,呼和浩特,香烟,2010 年 6 月 15 日。

(4)P_{62K} 3123568,票号 12011,整车,保价 300 万元。

(5)昆明东发呼和浩特整车香烟,到检运行左侧为昆明东 00001 号施封锁,右侧无封,车门开启 1 000 mm,我站已拍发站车交接电报并编制 00132 号普记补封 00321 号在案;会同公安共同卸车,见运行右侧车门处内货表层凌乱,车容未满,全车实卸 1 150 件,较票据记载 1 200 件不足 50 件,空隙处可容少件。货物损失约 13 万元。

(6)请包头东站速查上车在贵站运行施封情况,并顺查有关;昆明东站速查该车承装情况及是否保险。

2. 指导货运记录的编制(格式2)

格式2

货　运　记　录

No:000123

第一页(编制站存查页)

补充编制记录时记入　补充　　呼和局　呼和浩特站　2010年　7月　　4日
所编第　　　00132号　　普通 记录

一、一般情况:
办理种别整车 货票号码12011运输号码　×××　　于2010年6月15日承运
发站　昆明东　发局(昆)　托运人　　昆明卷烟厂　　　装车单位昆明东
到站呼和浩特到局(呼)收货人呼和浩特市烟草公司　卸车单位 呼和浩特
车种车型P 车号3123568 标重60 吨2010年7月4日第43012次列车到达
2010年7月4日19时30分开始卸车7月4日20时30分卸完
封印:施封单位昆明东/呼和浩特　　　　施封号码00001/00321

二、事故情况:

项目	货件名称	件数	包装	重量		托运人记载事项
				托运人	承运人	
票据原记载	香烟	1 200	纸箱	60 t		
						保价300万元
按照实际	香烟	1 150	纸箱		未检斤	
事故详细情况	昆明东发呼和浩特整车香烟,到检运行左侧为昆明东00001号施封锁,右侧无封,车门开启,我站已拍发站车交接电报并编制00132号普记补封00321号在案; 会同公安共同卸车,见运行右侧车门处内货表层凌乱,车容未满,全车实卸1 150件,较票据记载1 200件不足50件,空隙处可容少件。卸空无残。 上货车内码1~7个高。					

三、参加人签章:　　车站负责人 张××　编制人 李××　　　(章)
　　　　　　　　　公安人员　王××　收货人　　　　　其他人员

四、附件:　1. 普通记录……页　2. 封印……个　3. 其他……
五、交付货物时收货人意见:
　　　2010年7月4日编制　呼和浩特铁路局呼和浩特站(公章)(章)

(规格:270 mm×185 mm)

注:1. 收货人(或托运人)应在车站交给本记录的次日起180日内提出赔偿要求。
2. 如须同时送一个以上单位调查时,可作成不带号码的抄件。

(二)质量标准

1. 货运记录与编制的货运草记录内容相符。

2. 货运记录编制字迹清晰,用语用词准确、简练、明了,内容完整,实事求是,项目各栏填写齐全。

3. 参加检查货物(车)的有关人员姓名填写齐全,印章齐全。

4. 将已有资料收集归档,编号建卷,做到一案一卷。

5. 不应在记录中作事故责任认定的结论。

6. 事故分类认定准确,事故概况叙述清楚。

7. 逐项编写,简明扼要,要求明确。

8. 事故速报在 24 h 内拍发,内容符合《铁路货运事故处理规则》的格式要求。主、抄送单位齐全、正确。

十六、货运事故分析及责任划分

【例 10】 甲站发丙站混装货物一车 60 t,附物品清单见表 2。

表 2 混装货物物品清单

货物名称	包装	件数	重量(kg)	价格	保价费率
白糖	编织袋	600	30 000		4‰
橡胶	编织袋	400	10 000		3‰
板材	捆	200	10 000		2‰
干果	麻袋	200	10 000		6‰

全批保价 20 000.00 元,棚车装运,未施封,该车编挂于 22601 次列车机后第 16 位。2008 年 10 月 16 日 7 时 30 分通过乙站时发现车内冒烟,即甩车施救,会同公安检查,车体完好,门窗关闭,车门一侧无铁丝捆绑,一侧铁丝捆绑完好,9:00 将火扑灭。经清点,共有 100 件橡胶、80 件板材、70 件干果不同程度烧损,200 件白糖因救火被污染。乙站拍发了货运事故速报,甲站派人到乙站处理,经铁路公安消防部门勘查,起火原因不明,相关人员在乙站召开了事故分析会,形成会议纪要。完好货物与事故货物分装两棚车继运到站,到站会同收货人对事故货物鉴定,橡胶损失 12 000.00 元,白糖损失 20 000.00 元,板材损失 16 000.00 元,干果损失 10 000.00元,经核实全批货物价值 400 000.00 元。

(一)作业(操作)方法、步骤

1. 召开事故分析会

会议纪要:时间、地点、参加人员、事故概况、货物损失、起火原因、责任认定、事故货物的处理。

2. 划分事故责任

赔偿 58 000/400 000 × 20 000 = 2 900.00(元)

《铁路货运事故处理规则》附件二相关规定,装车站未施封,查不清原因时,由装车站和发生站共同负责,事故列发生站。

(二)质量标准

1. 认真分析,找出原因,妥善处理。

2. 定责公正、准确、合理。

3. 遵守定责程序,尊重定责意见。

(三)应急处理技能

立即向公安消防部门报警,并及时向铁路局行车调度员报告,及时采取列车隔离措施。

高级工

一、货物计算宽度及加固强度的计算

【例 11】 钢结构一件重 10 t,重心高 600 mm,长 15 000 mm,中心高 1 500 mm 处左右宽各 1 300 mm,侧高 800 mm,左右宽各 1 660 mm,使用 N_{17} 型木地板平车一辆负重,均衡突出,每端各加挂 N_{17} 型游车一辆,使用横垫木长 2 980 mm,高 180 mm,装载方法如图 5 所示。N_{17} 型平车数据:自重 19.1 t,l = 9 000 mm,$L_{车}$ = 13 000 mm,$h_{车地板}$ = 1 209 mm。确定货物的计算宽度、超限等级并计算加固强度。

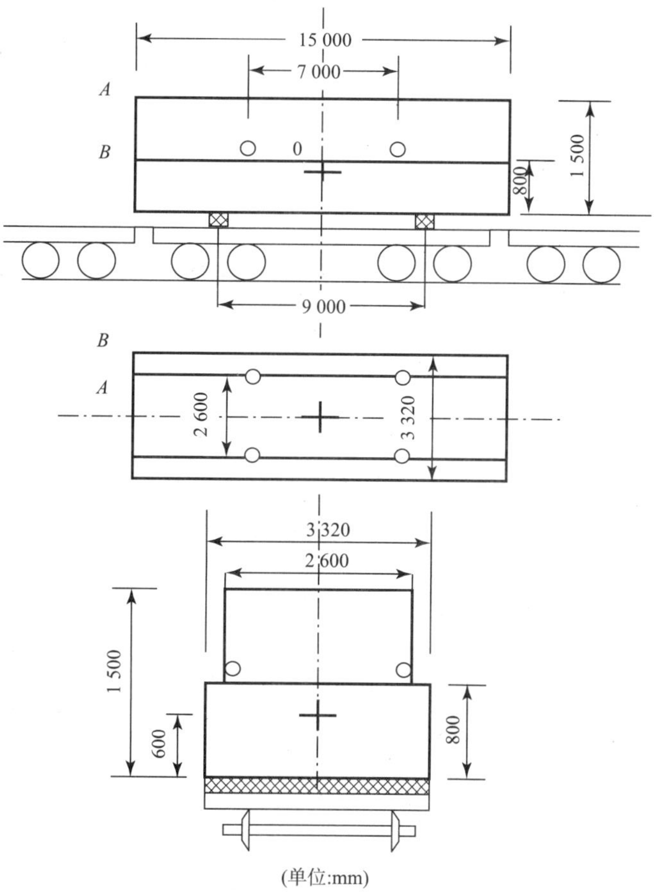

(单位:mm)

图 5

（一）作业（操作）方法、步骤

1. 超限等级的确定

（1）标出计算点：计算点标在 A 处、B 处。

（2）选择检定断面。

（3）计算偏差量和附加偏差量。

$$
\begin{aligned}
C_{外} &= \frac{(2x)^2 - l^2}{8R} \times 1\ 000 \\
&= \frac{(2 \times 7.5)^2 - 9^2}{8 \times 300} \times 1\ 000 \\
&= 60(\text{mm})
\end{aligned}
$$

$$
\begin{aligned}
K &= 75\left(\frac{2x}{l} - 1.4\right) \\
&= 75\left(\frac{2 \times 7.5}{9} - 1.4\right) \\
&= 20(\text{mm})
\end{aligned}
$$

（4）计算宽度和高度。

中心高处：

$$
\begin{aligned}
x_{A外} &= B + C_{外} + K - 36 \\
&= 1\ 300 + 60 + 20 - 36 \\
&= 1\ 344(\text{mm})
\end{aligned}
$$

$$
\begin{aligned}
h_{A计} &= h_{车地板} + h_{垫} + h_{货} \\
&= 1\ 209 + 180 + 1\ 500 \\
&= 2\ 889(\text{mm})
\end{aligned}
$$

查《铁路超限超重货物运输规则》附件四，不超限。

一侧高处：

$$
\begin{aligned}
x_{B外} &= B + C_{外} + K - 36 \\
&= 1\ 660 + 60 + 20 - 36 \\
&= 1\ 704(\text{mm})
\end{aligned}
$$

$$
\begin{aligned}
h_{B计} &= h_{车地板} + h_{垫} + h_{货} \\
&= 1\ 209 + 180 + 800 \\
&= 2\ 189(\text{mm})
\end{aligned}
$$

查《铁路超限超重货物运输规则》附件四，为一级超限。

2. 计算横垫木的高度

货物两端突出一致。

$$
\begin{aligned}
H_{垫} &= 0.031a + h_{车差} + f + 80 \\
&= 0.031 \times \left(\frac{L_{车} - l - l_{轴}}{2} + \frac{L_{货} - L_{车}}{2}\right) + 80 \\
&= 0.031 \times \left(\frac{13\ 000 - 9\ 000 - 1\ 750}{2} + \frac{15\ 000 - 13\ 000}{2}\right) + 80
\end{aligned}
$$

$$=0.031\times 2\ 125+80$$
$$=145(\text{mm})$$

横垫木高度 180 mm > 145 mm，符合要求。

3. 作用于货物上的各种力

(1)纵向惯性力。

$$T=t_0Q=(0.001\ 2Q_{总}^2-0.32Q_{总}+29.85)Q$$
$$=(0.001\ 2\times 29.1^2-0.32\times 29.1+29.85)\times 10=215.542(\text{kN})$$

式中：$Q_{总}=19.1+10=29.1(\text{t})$

(2)横向惯性力。

$$N=h_0Q=\left(2.82+2.2\frac{a}{l}\right)Q=2.82\times 10=28.2(\text{kN})$$

(3)垂直惯性力。

$$Q_{垂}=q_{垂}Q=\left(3.54+3.78\frac{a}{l}\right)Q=3.54\times 10=35.4(\text{kN})$$

(4)风力。

$$W=QF=0.49\times 22.5=11.025(\text{kN})$$

式中：$F=15\times 1.5=22.5(\text{m}^2)$

(5)摩擦力。

$$F_{纵摩}=9.8\mu Q=9.8\times 0.4\times 10=39.2(\text{kN})$$
$$F_{横摩}=\mu(9.8Q-Q_{垂})=0.4(9.8\times 10-35.4)=25.04(\text{kN})$$

4. 计算货物的稳定性

(1)货物倾覆的稳定性。

在纵向：$\eta=\dfrac{9.8Qa}{Th}=\dfrac{9.8\times 10\times 4\ 500}{215.542\times 600}=3.4>1.25$

在横向：$\eta=\dfrac{9.8Qb}{(Nh+Wh_{风})}=\dfrac{9.8\times 10\times 1\ 490}{(28.2\times 600+11.025\times 750)}=5.8>1.25$

货物不会发生纵、横向倾覆。

(2)货物水平移动的稳定性。

$$\Delta T=T-F_{纵摩}=215.542-39.2=176.342(\text{kN})$$
$$\Delta N=1.25(N+W)-F_{横摩}=1.25(28.2+11.025)-25.04=23.99=24(\text{kN})$$

5. 加固方法的加固强度计算

采用拉牵加固，同一方向有 4 道拉牵绳，每道 2 股，每股应承受的拉力：

$\Delta T=176.342$ kN　　$\Delta N=24$ kN

$AC=2\ 000$ mm　　$BO=1\ 000$ mm　　$BC=200$ mm　　$n=8$ 股

(1)防止纵向移动时：

$$S_{纵移}=\frac{\Delta T}{nAC}\sqrt{AC^2+BO^2+BC^2}$$
$$=\frac{176.342}{8\times 2\ 000}\sqrt{2\ 000^2+1\ 000^2+200^2}$$

$$=25(\text{kN})$$

(2)防止横向移动时:

$$S_{横移}=\frac{\Delta N}{nBC}\sqrt{AC^2+BO^2+BC^2}$$

$$=\frac{24}{8\times200}\sqrt{2\ 000^2+1\ 000^2+200^2}$$

$$=34(\text{kN})$$

(3)计算说明。

每股拉牵绳应承受的力:

$$S\geqslant\max\{S_{纵移},S_{横移},S_{纵倾},S_{横倾}\}$$

要选用公称抗拉强度 1 670 N/mm^2,规格 $6\times19\times\phi12$ mm 钢丝绳拉牵,每股钢丝绳的破断拉力为 73.8 kN $>2S=2\times34=68$(kN)

(二)质量标准

1. 查找车辆技术数据准确。

2. 规章运用正确。

3. 计算条理清晰、准确无误。

【例 12】 长方形均质钢结构货物一件长 10 000 mm,宽 2 000 mm,高 2 000 mm,重 30 t,使用 N_{17} 型平车装载,货物直接放置于车地板上,货物重心投影落于车辆纵横中心线上,使用钢丝绳加固,装载方式如图 6 所示。计算加固强度。N_{17} 型平车数据:自重 20.2 t,$l=9\ 000$ mm,$L_{车}=13\ 000$ mm,$h_{车地板}=1\ 209$ mm。

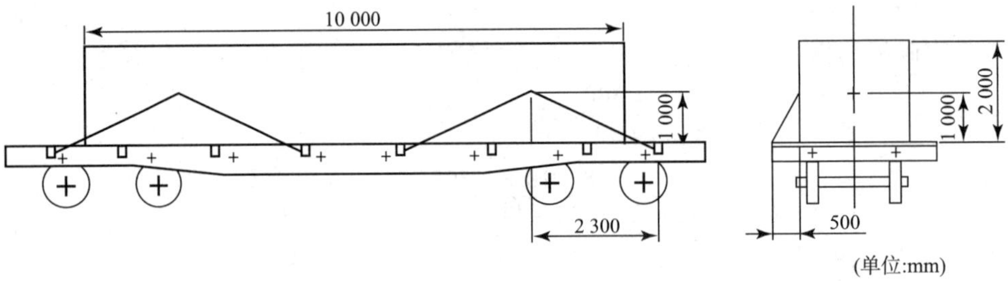

图 6

(一)作业(操作)方法、步骤

1. 货物受力分析

(1)纵向惯性力。

$$T=t_0\times Q=(0.001\ 2Q_{总}^2-0.32Q_{总}+29.85)\times Q$$

$$=(0.001\ 2\times50.2^2-0.32\times50.2+29.85)\times30$$

$$=504.3(\text{kN})$$

(2)横向惯性力。

$$N=n_0\times Q=\left(2.82+2.2\frac{a}{l}\right)Q=2.82\times30=84.6(\text{kN})$$

(3)垂直惯性力。

$$Q_{垂}=q_{垂}\times Q=\left(3.54+3.78\frac{a}{l}\right)Q=3.54\times30=106.2(\mathrm{kN})$$

(4)风力。

$$W=q\times F=0.49\times(10\times2)=9.8(\mathrm{kN})$$

(5)摩擦力。

$$F_{纵摩}=9.8\mu Q=9.8\times0.4\times30=117.6(\mathrm{kN})$$

$$F_{横摩}=\mu(9.8Q-Q_{垂})=0.4\times(9.8\times30-106.2)=75.12(\mathrm{kN})$$

2. 计算货物的稳定系数

(1)货物倾覆的稳定系数。

在纵向：$\eta=\frac{9.8Qa}{Th}=\frac{9.8\times30\times5\ 000}{504.3\times1\ 000}=2.91>1.25$

在横向：$\eta=\frac{9.8Qb}{(Nh+Wh_{风})}=\frac{9.8\times30\times1\ 000}{(84.6\times1\ 000+9.8\times1\ 000)}=3.11>1.25$

货物在纵横方向上倾覆稳定系数均大于1.25，不需要采取加固措施。

(2)货物水平移动的稳定性。

在纵方向上：$\Delta T=T-F_{摩}^{纵}=504.3-117.6=386.7(\mathrm{kN})$

在横方向上：$\Delta N=1.25(N+W)-F_{摩}^{横}=1.25(84.6+9.8)-75.12=42.88(\mathrm{kN})$

3. 货物加固强度计算

具体数据见图6所示。$AC=2\ 300\ \mathrm{mm}$；$BO=1\ 000\ \mathrm{mm}$；$BC=500\ \mathrm{mm}$；$n=4$股。

(1)防止纵向移动时：

$$\begin{aligned}S_{移}^{纵}&=\frac{\Delta T}{nAC}\sqrt{AC^2+BO^2+BC^2}\\&=\frac{386.7}{4\times2.3}\sqrt{2.3^2+1^2+0.5^2}\\&=42.04\times2.56\\&=107.62(\mathrm{kN})\end{aligned}$$

(2)防止横向移动时：

$$\begin{aligned}S_{移}^{横}&=\frac{\Delta N}{nBC}\sqrt{AC^2+BO^2+BC^2}\\&=\frac{42.88}{4\times0.5}\sqrt{2.3^2+1^2+0.5^2}\\&=21.44\times2.56\\&=54.9(\mathrm{kN})\end{aligned}$$

$$S\geqslant\max\{S_{纵移},S_{横移}\}\geqslant107.62\ \mathrm{kN}$$

查表应选用$\phi22$ mm，其破断拉力为248 kN大于2S，即248 kN>215.24 kN。

(二)质量标准

1. 查找车辆技术数据要准确。

2. 规章运用正确。

3. 计算条理清晰、准确无误。

二、配重货物的计算

【例 13】 现有 40 t 均重货物一件，货物长 10 m，宽 3 m，高 2.85 m，拟用 60 tN_{16}型平车一辆装运（车辆技术参数：自重 19.7 t，车长 13 m，销距 9.3 m，车地板自轨面起高 1 210 mm，车辆重心高 730 mm。毫米以下四舍五入）。预计装车后由轨面起重心高为 1 850 mm 的货物配重，试确定配重货物重量。

（一）作业（操作）方法、步骤

1. 计算重车重心高

$$h_{货} = h + h_{垫} + h_{车地板} = \frac{2\ 850}{2} + 0 + 1\ 210 = 2\ 635(\text{mm})$$

$$H = \frac{Q_{车}\ h_{车} + Q_{货}\ h_{货}}{Q_{车} + Q_{货}}$$

$$= \frac{19.7 \times 730 + 40 \times 2\ 635}{19.7 + 40}$$

$$= 2\ 006(\text{mm})$$

$$2\ 006\ \text{mm} > 2\ 000\ \text{mm}$$

2. 重车重心高超过规定高度

重车重心高超过规定高度，需采取配重措施。配重货物由轨面起重心高 1 850 mm。

$$Q_{配} = \frac{Q_{总}(H - 2\ 000)}{2\ 000 - h_{配}}$$

$$= \frac{(19.7 + 40) \times (2\ 006 - 2\ 000)}{2\ 000 - 1\ 850}$$

$$= 2.388(\text{t})$$

所以配重货物最小重量为 2.388 t，但最大不得超过 60 − 40 = 20(t)。

（二）质量标准

1. 查找车辆技术数据要准确。

2. 规章运用正确。

3. 计算条理清晰、准确无误。

【例 14】 箱装货物一件，重 45 t，长 6 m，宽 3.0 m，高 3.0 m，货物重心高 1.5 m，拟用 NX_{17AK}车直接装载。本站还有同一到站的钢锭数件可以配装，钢锭每件重 2 t，重心高 240 mm，试确定重车重心高及配重件数。附有关资料：NX_{17AK}车地板长 13 000 mm，宽 2 980 mm，高 1 212 mm，自重 22.4 t，空车重心高 730 mm。

（一）作业（操作）方法、步骤

货物可直接装载在 NX_{17AK}车中央位置，不超载、不集重、不偏载。则货物自轨面起的重心高为：$h = 1\ 212 + 1\ 500 = 2\ 712(\text{mm})$。

重车重心高为

$$H = \frac{Q_{车} h_{车} + Q_1\ h_1}{Q_{车} + Q_1}$$

$$= \frac{22.4 \times 730 + 45 \times 2\ 712}{22.4 + 45}$$

$$= 2\ 053 > 2\ 000(\text{mm})$$

需要限速运行。为了改善运行条件，可采取配重法降低重车重心高。

因为现车载重力有富余，货物本身尺寸不大，车地板面积富余，还有同一到站的钢锭数件，具有通过配重降低重车重心高的条件。

配重货物重心高：$h_{配} = 1\ 212 + 240 = 1\ 452(\text{mm})$。

$$Q_{配} = \frac{Q_{总}(H - 2\ 000)}{2\ 000 - h_{配}}$$

$$= \frac{(45 + 22.4)(2\ 053 - 2\ 000)}{2\ 000 - 1\ 452}$$

$$= 6.5(\text{t})$$

可见，至少应该配装钢锭4件，且只装一层。

（二）质量标准

1. 查找车辆技术数据要准确。

2. 规章运用正确。

3. 计算条理清晰、准确无误。

三、爆炸品的特性及装卸保管和撒漏处理

（一）作业（操作）方法、步骤

1. 特性

本类物质和物品系指受到高热、摩擦、撞击、震动或其他外界作用，能迅速发生剧烈化学反应，瞬间产生大量气体和热量，形成巨大的压力，发生爆炸，对周围环境造成破坏的物质和物品。

本类货物包括爆炸性物质、爆炸性物品以及为产生爆炸或烟火实际效果而制造的爆炸性物质和物品中未提及的物质和物品。但过分敏感或反应性很强以至可能产生自发反应的爆炸性物质禁止运输。

2. 装卸、保管及撒漏处理

（1）装卸作业时，开关车门、车窗不得使用铁撬棍、铁钩等铁质工具，必须使用时，应采取防火花涂层等防护措施。装卸搬运时，不准穿铁钉鞋，不能使用铁轮、铁铲头推车和叉车，应有防火花措施。禁止使用可能发生火花的机具设备。照明应使用防爆灯具。作业时应轻拿轻放，不得摔碰、撞击、拖拉、翻滚。第1.1项和1.2项爆炸品的装载和堆码高度不得超过1.8 m，其他各项超过1.8 m的，须经铁路局批准。车、库内不得残留酸、碱、油脂等物质。发现跌落破损的货件不得装车，应另行放置，妥善处理。

（2）爆炸品必须存放于专库内，库房应有避雷装置、防爆灯及低压防爆开关。仓库应由专人负责保管。库内应保持清洁，并隔绝热源与火源，在温度40 ℃以上时，要采取通风和降温措施。爆炸品的堆垛间及堆垛与库墙间应有0.5 m以上的间隔，要避免日光直晒。

(3)对撒漏的爆炸品应及时用水润湿,撒以松软物后轻轻收集,并通知公安和消防人员处理。禁止将收集的撒漏物品装入原包装件中。

(4)有火灾危险时,应尽可能将爆炸品转移或隔离,不能转移或隔离时,要立即组织人员疏散;扑救时,可用水或其他灭火器灭火,严禁用砂土。施救人员应配备防毒面具。

(二)质量标准

1. 熟知货物的特性及主要危害方式。

2. 消防器材和安全防护用品齐全,状态良好。

3. 安全作业注意事项及装载、卸车方案传达清楚。

4. 车内货物堆码及加固方法符合装载方案的要求,库内货物堆码及安全防护距离符合卸车方案的要求。

5. 撒漏处理及消防方法正确、无误。

四、气体的主要特性及装卸保管和撒漏处理

(一)作业(操作)方法、步骤

1. 特性

本类气体系指符合下述两种情况之一的物质:

(1)在 50 ℃时,蒸气压大于 300 kPa 的物质。

(2)在 20 ℃及 101.3 kPa 标准压力下完全是气态的物质。

本类包括压缩气体、液化气体、溶解气体、冷冻液化气体、气体与其他类别物质蒸气的混合物、充有气体的物品和烟雾剂。

2. 装卸、保管及撒漏处理

(1)装卸作业时,应使用抬架或搬运车,防止撞击、拖拉、摔落、滚动。防止气瓶安全帽脱落及损坏瓶嘴。装卸机械工具应有防止产生火花的措施。

气瓶装车时应平卧横放。装卸搬运时,气瓶阀不要对准人身。装卸搬运工具、工作服及手套不得沾有油脂。装卸有毒气体时,应配备防护用品,必要时使用供氧或防毒面具。

(2)应存放于阴凉通风场所,防止日晒、油污,隔绝热源与火种,当库内温度超过 40 ℃时,应采取通风降温措施。

气瓶平卧放置时,堆垛不得超过 5 层,瓶头朝向同一方,瓶身要填塞妥实,防止滚动,立放时要放置稳固,防止倒塌。

(3)阀门松动漏气应立即拧紧,如无法关闭时,可将气瓶浸入冷水或石灰水中(氨气瓶只能浸入水中);液化气体容器破裂时,应将裂口部位朝上。

气瓶着火时,应向钢瓶浇洒大量冷水或将气瓶投入水中使之冷却,同时将周围气瓶和可燃物搬离现场。

(二)质量标准

1. 熟知货物的特性及主要危害方式。

2. 消防器材和安全防护用品齐全,状态良好。

3. 安全作业注意事项及装载、卸车方案传达清楚。

4. 车内货物堆码及加固方法符合装载方案的要求，库内货物堆码及安全防护距离符合卸车方案的要求。

5. 撒漏处理及消防方法正确、无误。

五、易燃液体主要特性及装卸保管和撒漏处理

(一)作业(操作)方法、步骤

1. 特性

易燃液体系指闭杯闪点不高于60.5 ℃，或开杯闪点不高于65.6 ℃的液体或液体混合物，或在液体及悬浮液中含有固体的液体。

2. 装卸、保管及撒漏处理

(1)装卸前应先通风，开关车门、车窗时不要使用铁制工具猛力敲打，必须使用时应采取防止产生火花的防护措施。作业人员不准穿铁钉鞋。装卸搬运中，不能撞击、摩擦、拖拉、翻滚。装卸机具应有防止产生火花的措施。装载钢桶包装的易燃液体，要采取防磨措施，不得倒放和卧放。

(2)存放于阴凉通风场所，避免日晒，隔绝热源和火种。堆放要稳固，严禁倒置。库内温度超过40 ℃时，应采取通风降温措施。容器受热膨胀时，应浇洒冷水冷却，必要时应移至安全通风处放气处理。

(3)容器渗漏时，应及时移至安全通风处更换包装。渗出的液体用干沙土等物覆盖后扫除干净。

灭火时，一般不宜用水，对比重大于水或溶于水的易燃液体，可用雾状水或开花水灭火，但应注意液体被冲散而扩大着火范围。扑救有毒性液体的火灾，应戴防毒面具或站在上风处。发现中毒人员，应立即移至空气流通处，并送医诊治。

(二)质量标准

1. 熟知货物的特性及主要危害方式。

2. 消防器材和安全防护用品齐全，状态良好。

3. 安全作业注意事项及装载、卸车方案传达清楚。

4. 车内货物堆码及加固方法符合装载方案的要求，库内货物堆码及安全防护距离符合卸车方案的要求。

5. 撒漏处理及消防方法正确、无误。

六、易燃固体、易于自燃的物质、遇水放出易燃气体物质的主要特性及装卸保管和撒漏处理

(一)作业(操作)方法、步骤

1. 特性

(1)易燃固体：在运输环境和条件下容易燃烧或由于摩擦可能引燃或助燃的固体；可能发生强烈反应的自反应物质；不充分稀释可能发生爆炸的固体退敏爆炸品。这些物质燃点低，对

热、撞击、摩擦均较敏感，易被外部火源点燃，燃烧迅速，并可散发出有毒烟雾或气体。

(2)易于自燃的物质：发火物质和自燃物质。这些物质自燃点低，在空气中易于发生氧化反应，放出热量，自行燃烧。

(3)遇水放出易燃气体的物质：与水接触或受潮可能放出易燃气体，这种气体与空气混合能够形成爆炸性混合物。这种混合物极易被引燃，所产生的冲击波和火焰可能对人和环境造成危害。

2. 装卸、保管及撒漏处理

(1)作业时不得摔碰、撞击、拖拉、翻滚，防止容器破损。特别注意勿使黄磷脱水，引起自燃。装卸搬运机具应有防止产生火花的措施。雨雪天气无防雨设备时，不能装卸遇湿易燃物品。

(2)应存放于阴凉、通风、干燥场所，防止日晒，隔绝热源和火种，与酸类、氧化剂必须隔离存放。严禁露天存放遇水易燃物品。

(3)对撒漏的物品，应谨慎收集妥善处理。撒漏的黄磷应立即浸入水中，硝化纤维应用水润湿；金属钠、钾应浸入煤油或液体石蜡中，电石、保险粉等遇水易燃物品撒漏，收集后进行安全处理，不得并入原货件中。

对一些金属粉末、金属有机化合物、氨基化合物和遇水易燃物品着火时，禁用水和二氧化碳灭火剂。扑救浸油的棉、毛、麻类制品火灾时，要注意防止复燃。灭火时，应有防毒措施。

(二)质量标准

1. 熟知货物的特性及主要危害方式。

2. 消防器材和安全防护用品齐全，状态良好。

3. 安全作业注意事项及装载、卸车方案传达清楚。

4. 车内货物堆码及加固方法符合装载方案的要求，库内货物堆码及安全防护距离符合卸车方案的要求。

5. 撒漏处理及消防方法正确、无误。

七、氧化性物质和有机过氧化物主要特性及装卸保管和撒漏处理

(一)作业(操作)方法、步骤

1. 特性

氧化性物质和有机过氧化物具有强氧化性，易引起燃烧、爆炸。

(1)氧化性物质：本身不一定可燃，但通常因放出氧或发生氧化反应可能或促使其他物质燃烧的物质。

(2)有机过氧化物：分子组成中含有过氧基(—O—O—)的有机物质，属热不稳定物质可能发生放热自加速分解等。有机过氧化物主要有以下几种特性：可能发生爆炸性分解；迅速燃烧；对碰撞或摩擦敏感；与其他物质起危险反应；损害眼睛。有些有机过氧化物在运输时必须加入稳定剂。在常温下会自行加速分解的有机过氧化物，必须控温运输。

2. 装卸、保管及撒漏处理

(1)装车前,车内应打扫干净,保持干燥,不得残留有酸类和粉状可燃物。卸车前,应先通风后作业。装卸搬运中不能摔碰、拖拉、翻滚、摩擦和剧烈震动。搬运工具上不得残留或沾有杂质。托盘和手推车尽量专用,装卸机具应有防止产生火花的防护装置。

(2)本类物品应存放于阴凉通风场所,防止日晒、受潮,远离酸类和可燃物,特别要远离硫磺、硝化棉、金属粉等还原性物质。亚硝酸盐类与其他氧化性物质应分库或隔离存放。堆垛不宜过高过大,注意通风散热。库内货位应保持清洁,对搬出后的货位应清扫干净。

(3)氧化剂撒漏时,应扫除干净,再用水冲洗,收集的撒漏物品,不得倒入原货件内。

过氧化钠等着火时,不能用水扑救,其他氧化性物质用水灭火时,要防止水溶液流至易燃、易爆物品处。

(二)质量标准

1. 熟知货物的特性及主要危害方式。

2. 消防器材和安全防护用品齐全,状态良好。

3. 安全作业注意事项及装载、卸车方案传达清楚。

4. 车内货物堆码及加固方法符合装载方案的要求,库内货物堆码及安全防护距离符合卸车方案的要求。

5. 撒漏处理及消防方法正确、无误。

八、毒性物质和感染性物质主要特性及装卸保管和撒漏处理

(一)作业(操作)方法、步骤

1. 特性

(1)毒性物质在吞食、吸入或与皮肤接触后可能损害人类健康、造成严重损伤甚至死亡。

(2)感染性物质:含有病原体的物质,包括生物制品、诊断样品、基因突变的微生物、生物体和其他媒介,如病毒蛋白等。

2. 装卸、保管及撒漏处理

(1)装卸车前应先行通风。装卸搬运时严禁肩扛、背负,要轻拿轻放,不得撞击、摔碰、翻滚,防止包装破损。装卸易燃毒害品时,机具应有防止发生火花的措施。作业时必须穿戴防护用品,严防皮肤破损处接触毒物。作业完毕及时清洁身体后方可进食或吸烟。

(2)应存放在阴凉、通风、干燥的库内,不得露天存放。与酸类应隔离存放,严禁与食品同库存放,必须加强管理,严防丢失或发生误交付。

(3)固态毒品撒漏时,应谨慎收集处理,如氰化钠可用漂白粉或次氯酸钠处理;液态毒品渗漏时,可先用砂土、锯末等物吸收,妥善处理。被毒性物质污染的机具、车辆及仓库地面,应进行洗刷除污。

发生火灾时,对遇水能发生危险反应的毒性物质(如金属铊、锑粉、铍粉、磷化锌、磷化铝、氟化汞、氟化铅、四氰基乙烯等)不得用水灭火。

处理撒漏毒性物质和扑救毒性物质火灾时,必须穿戴防护服、口罩、手套及防护面具,施救人员要站在上风处。发现头晕、恶心、呕吐等现象,要立即转移至空气新鲜处。

(二)质量标准

1. 熟知货物的特性及主要危害方式。

2. 消防器材和安全防护用品齐全,状态良好。

3. 安全作业注意事项及装载、卸车方案传达清楚。

4. 车内货物堆码及加固方法符合装载方案的要求,库内货物堆码及安全防护距离符合卸车方案的要求。

5. 撒漏处理及消防方法正确、无误。

九、放射性物质主要特性及装卸保管和撒漏处理

(一)作业(操作)方法、步骤

1. 特性

单个放射性核素大于或等于《铁路危险货物运输管理规则》附录7中A1、A2相应限值或放射性核素混合物大于《铁路危险货物运输管理规则》附录8相应限制的属放射性物质。此类物质能自发地不断地放出α、β、γ射线或中子流,具有不同的穿透能力,过量的射线照射对人体细胞有杀伤作用。有些放射性物质还具有易燃、易爆、腐蚀和毒害等危险性。

2. 装卸、保管及撒漏处理

(1)装卸车前应先行通风,严禁肩扛、背负、撞击、翻滚。作业时间应按《铁路危险货物运输管理规则》中表8的要求控制。堆码时应将辐射水平低的放射性包装件放在辐射水平高的包装件周围。在搬运Ⅲ级放射性包装件时,应在搬运机械的适当位置上安放屏蔽物或穿防护围裙,减少人员受照剂量。

装卸、搬运放射性矿石、矿砂时,作业场所应喷水防止飞尘,作业人员应穿戴工作服、工作鞋,戴口罩和手套,作业完毕应全身清洗。

(2)放射性物质的存放必须专库专用,仓库应通风良好、干燥,地面平坦,应有专人管理,按规定码放。

遇到燃烧、爆炸可能危及放射性物质安全时,应迅速转移至安全处,并派专人看管。

(3)运输中包装件破裂,内容物撒漏时,应立即向有关部门报告。由安全防护人员测量并划出安全区域,悬挂明显标志。

当人体受污染时,应在防护人员指导下迅速除污。若人员受到过量照射时,应立即送医救治。放射性矿石、矿砂的包装件破损时不得运输。

(二)质量标准

1. 熟知货物的特性及主要危害方式。

2. 消防器材和安全防护用品齐全,状态良好。

3. 安全作业注意事项及装载、卸车方案传达清楚。

4. 车内货物堆码及加固方法符合装载方案的要求,库内货物堆码及安全防护距离符合卸车方案的要求。

5. 撒漏处理及消防方法正确、无误。

十、腐蚀性物质主要特性及装卸保管和撒漏处理

(一)作业(操作)方法、步骤

1. 特性

腐蚀性物质系指与完好皮肤组织接触不超过 4 h,在 14 天的观察期中发现引起皮肤全厚度损毁,或在 55 ℃时,对 S235JR + CR 型或类似型号钢或无覆盖层铝的表面均匀年腐蚀率超过 6.25 mm/年的物质。

本类物质可通过化学作用使生物组织接触时造成严重损伤,在渗透时会严重损害甚至毁坏其他货物和运载工具。有些腐蚀性物质挥发出的蒸气能刺激眼睛、黏膜,吸入后会中毒;有些腐蚀性物质受热或遇水会形成有毒烟雾;有些无机酸性腐蚀性物质具有较强氧化性,接触可燃物易引起燃烧;有些有机腐蚀性物质具有易燃性。

2. 装卸、保管及撒漏处理

(1)作业前应穿戴耐腐蚀的防护用品,对易散发有毒蒸气或烟雾的腐蚀性物质,必须通风作业,并使用防毒面具。货物堆码必须平稳牢固,严禁肩扛、背负、撞击、拖拉、翻滚。装车前卸车后必须清扫车辆,不得留有稻草、木屑、煤炭、油脂、纸屑、碎布等可燃物。

(2)应存放在清洁、通风、阴凉、干燥场所,防止日晒、雨淋。堆码应整齐稳固,不得与可燃物、氧化剂等混存。

(3)发现液体酸性腐蚀性物质撒漏应及时撒上干砂土,清除干净后,再用水冲洗污染处;大量酸液溢漏时,可用石灰水中和。

着火时,不可用柱状水,防止腐蚀液体飞溅伤人;对遇水能剧烈反应及引起燃烧、爆炸或放出有毒气体的腐蚀性物质,禁用水灭火。

(二)质量标准

1. 熟知货物的特性及主要危害方式。

2. 消防器材和安全防护用品齐全,状态良好。

3. 安全作业注意事项及装载、卸车方案传达清楚。

4. 车内货物堆码及加固方法符合装载方案的要求,库内货物堆码及安全防护距离符合卸车方案的要求。

5. 撒漏处理及消防方法正确、无误。

十一、杂项危险物质和物品主要特性及装卸保管和撒漏处理

(一)作业(操作)方法、步骤

1. 特性

本类物质和物品系指危险货物第 1 类至第 8 类未包括的物质和物品。主要包括:

(1)危害环境的物质;

(2)高温物质(如运输或要求运输的物质液态温度达到或超过 100 ℃,或固态温度达到或超过 240 ℃)。

(3)经过基因修改的微生物或组织,不属于感染性物质,但可以非正常地天然繁殖结果的方式改变动物、植物或微生物物质。

2. 装卸、保管及撒漏处理

严格按照产品说明书要求进行。

(二)质量标准

1. 熟知货物的特性及主要危害方式。

2. 消防器材和安全防护用品齐全,状态良好。

3. 安全作业注意事项及装载、卸车方案传达清楚。

4. 车内货物堆码及加固方法符合装载方案的要求,库内货物堆码及安全防护距离符合卸车方案的要求。

5. 撒漏处理及消防方法正确、无误。

十二、掌握货运事故救援及处理和有关知识

(一)作业(操作)方法、步骤

1. 发生火灾、爆炸、危险货物泄漏等货运事故时,现场铁路工作人员或者其他有关人员应当立即向邻近铁路车站、列车调度员、公安机关或者相关单位负责人报告。接到报告的单位、部门应当根据需要立即通知救援队和救援列车。遇有人员伤亡时,接到报告的单位、部门应当根据需要采取防护措施,并立即通知当地急救、医疗卫生部门或者公安消防、环境保护等部门。

2. 救援报告的主要内容:

(1)事故发生的时间、地点(站名)、区间(线名、公里、米)、线路条件、事故相关单位和人员。

(2)发生事故的列车种类、车次、机车型号、部位、牵引辆数、吨数、计长及运行速度。

(3)旅客人数,伤亡人数、性别、年龄以及救助情况,是否涉及境外人员伤亡。

(4)货物品名、装载情况,易燃、易爆等危险货物情况。

(5)机车车辆脱轨数量及型号、线路设备损坏程度等情况。

(6)对铁路行车的影响情况。

(7)事故原因的初步判断,事故发生后采取的措施及事故控制情况。

(8)需要应急救援的其他事项。

3. 发生列车火灾、爆炸、危险货物泄漏等事故时,现场铁路工作人员应当尽快组织疏散现场人员并采取必要的防护措施。

4. 事故遇有装载危险货物车辆时,现场指挥部应当在采取确保人身安全和作业安全措施后,开展救援。危险货物车辆需卸车、移动或者起复时,应当在专业人员指导下作业,及时清除有害残留物或者将其控制在安全范围内。必要时,由安全监管办协调环保监测部门及时检测有害物质的危害程度,采取防控措施。

(二)质量标准

1. 报告要及时、准确,反映情况要清楚。

2. 救援报告主要内容包括事故种类、货物品名、发现地点、时间、已采取施救措施等。

3. 查验事故货物(车),了解掌握事故现状。

4. 接受专业部门的指导，并按其要求妥善处理。

十三、事故应急预案的启动

【例 15】 现有一辆装运液氨的罐车在某站发生泄漏，押运人报告其无法处理。应当如何处置？

（一）作业（操作）方法、步骤

分析：液氨（23003，毒性气体）为危险货物罐车运输途中发生泄漏。根据《铁路危险货物运输管理规则》第一百零三条和《铁路危险品运输事故应急预案》应采取如下措施。

1. 立即向铁路局危险货物运输应急领导小组、货运处、调度、当地公安消防部门和铁路公安等有关部门报告。

报告的内容有：

（1）事故类型：液化气体罐车泄漏。

（2）事故发生的时间。

（3）事故发生的地点、线别、站名、（货场、专用线、专用铁路）。

（4）发生事故货物品名、编号、车种、车号、列车车次、机后位置、有无押运人。

（5）事故概况及初步分析：人员伤亡、液化气体罐车泄露部位、环境污染情况及对周围环境的威胁。

（6）事故地点的周边环境：桥隧、水源、地形、道路、厂矿、居民区、天气、风向等。

同时根据施救网络向附近熟悉货物性质及罐体构造的单位报告，请求前往帮助处理和施救。

2. 派人到路口引导施救人员。

3. 了解货物性质，以便采取防护措施。

液氨（23003，毒性气体）——无色，有刺激性气味，易液化，气体比重 0.6，液体比重 0.8，易溶于水。有毒，对眼睛和皮肤有灼伤的危险，吸入损伤呼吸道。$LC_{50}=7\ 650\ mg/m^3$。爆炸极限 15.7% ~27.4% 。

4. 在施救单位尚未到达事故现场时，应做到以下几点：

（1）立即做好自身的安全防护。

（2）对事故区的人员进行紧急疏散（向逆风方向）。

（3）与公安部门配合，对事故区实行封锁，严禁无关人员接近事故区。

（4）在押运人的指导下，进行必要的施救准备。

（5）防止污染水域，防止由于周围火源等危险的存在造成事故扩大。

5. 配合专业施救队伍进行施救工作。

6. 经抢险施救单位确认事故区域不具有危险性，由防疫部门对施救现场进行环境检测，确认无危险后，下达解除封锁命令，解除封锁。

7. 在 24 h 内向有关站、铁路局拍发“货运事故速报”，同时抄报铁道部、主管铁路局。

（二）质量标准

1. 事故分类认定准确，事故概况叙述清楚。

2. 逐项编写,简明扼要,要求明确。

3. 事故速报在24 h内拍发,内容符合《铁路货运事故处理规则》的格式要求。

4. 主、抄送单位齐全、正确。

十四、运输合同纠纷发生的原因

(一)作业(操作)方法、步骤

1. 逾期交付

逾期交付是指承运人在将承运的货物运到目的站后交付给收货人时,已超过合同约定或法律法规规定的期限。逾期交付又包括两种情况,一是货物没有按期运到目的站造成的逾期交付;二是货物按期运到目的站后又因其他原因造成的逾期交付。

2. 误交付

铁路运输合同纠纷中,误交付是指承运人没有按照合同约定或者承运人的后来指定将承运的货物交给收货人,而是将货物错误地交给了合同以外的第三人,致使收货人没有收到货物的情况。

3. 货物的毁损、灭失

货物经过长距离运输,运到目的地后,发生灭失、短少、变质、污染或者损坏等情况是比较常见的,这也是引起铁路货物运输合同纠纷最常见的原因之一,承运人应对运输过程中货物的毁损、灭失承担赔偿责任。

(二)质量标准

1. 及时查明有关情况,分析原因,落实责任。

2. 及时追查货物(车)或运输票据下落,继运或递送正确到站,交付收货人。

3. 做好宣传解释工作,化解运输合同纠纷。

十五、运输合同纠纷的证据收集

(一)作业(操作)方法、步骤

1. 合同及有关修改合同的文书、电报和图表。

2. 货物运单。

3. 运输管理部门的结算四联单。

4. 交付、收取运费凭证。

5. 货损情况记录。

6. 运费计算标准。

7. 其他证据。

(二)质量标准

1. 原始资料妥善保管,不应涂改、篡改。

2. 证据收集齐全、及时、有效。

十六、路企责任划分

(一)作业(操作)方法、步骤

1. 划分承运人与托运人和收货人间责任,要依据《中华人民共和国合同法》、《中华人民共和国铁路法》、《铁路货物运输规程》等有关规定。

2. 属于承运人责任时,应主动承担责任。

3. 事故涉及托运人、收货人责任和铁路局以外其他部门责任时,由到站(铁路局)处理,有关站(铁路局)积极配合。

(二)质量标准

在查明事故情况和原因基础上,按国家有关法律和《铁路货物运输规程》及其引申规则、办法的规定,划分承运人与托运人、收货人之间的责任。

十七、协商处理方法

(一)作业(操作)方法、步骤

货物运输合同属于经济合同,具有法律约束力。承运人和托运人、收货人都必须全面履行合同规定的义务与责任。如双方在履行合同中发生纠纷或对违约责任有争议时,应协商解决,协商不成时,任何一方均可通过法定程序申请调解、仲裁或提起诉讼。根据《中华人民共和国经济合同仲裁条例》规定,仲裁机关是国家工商行政管理局和地方各级工商行政管理局设立的经济合同仲裁委员会。

1. 调解、仲裁的时效。合同当事人申请调解或仲裁,应从其知道或者应当知道权利被侵害之日起一年内提出。

2. 仲裁申请。向仲裁机关申请仲裁,应递交申请书,并向被起诉人提交申请书副本。

当事人的法定代表人也可依法委托代理人,但须向仲裁机关递交授权委托书。证明委托事项和授权之限。

3. 答辩。铁路作为被告时,在收到申请书副本后15天内提出答辩状和有关证据,并由被告单位(赔偿案件处理单位)出庭答辩。涉及被告单位以外的铁路其他单位责任的案件,被告单位应通知有关单位,有关单位应及时参加。

4. 仲裁原则。经济合同纠纷应由仲裁机关先行调解,调解无效时再进行仲裁。当事人对仲裁不服的,可在收到仲裁决定书之日起15天内,向人民法院提起诉讼。期满不起诉,仲裁既产生法律效力。

(二)质量标准

1. 调解、仲裁时效符合法律法规。

2. 耐心做好协商解决工作,达成协商解决方案。

3. 仲裁后是否需要起诉,被告单位应与有关单位商定后决定。

十八、诉讼程序

(一)作业(操作)方法、步骤

双方当事人不愿意通过仲裁机关仲裁,可直接向铁路局范围内所在地的铁路运输法院起诉。

1. 起诉时效。货物赔偿案件,赔偿要求人应自收到铁路拒赔之日起或规定答复期满次日起180天内提起起诉。过期认为自动弃权。

2. 起诉。起诉人应向法院递交起诉状。起诉当事人的法定代表人也可依法委托代理人代理诉讼,但须向法院递交授权委托书。

3. 答辩。铁路作为被告时,在收到起诉状副本15天内提出答辩状有关证据,并由被告单位(赔偿案件处理单位)出庭答辩。涉及被告单位以外的铁路其他单位责任的案件,被告单位应通知有关单位,有关单位应及时参加。

4. 上诉。铁路作为被告时,在法院初审判决后,是否需要上诉,由被告单位与有关单位协商,最后由被告单位决定。被告单位需要补充答辩材料时,应迅速通知有关单位,有关单位应在法院规定的期限内将补充材料送到被告单位。

5. 法院终审判决后,按法院判决结果执行。并妥善保管案件资料、台账。

(二)质量标准

1. 诉讼时效符合法律规定。

2. 应诉单位代表承运人,依据法律,做好应诉。

3. 有关单位应积极配合,提供有关证据。

4. 法院一审判决后,是否需要上诉,被告单位应与有关单位商定后决定。

十九、受理赔偿

(一)作业(操作)方法、步骤

1. 审核资格

(1)审核赔偿要求人是否与货物运单记载的托运人或收货人一致,委托他人代理时应有委托书或委托证明。

(2)确定提出赔偿要求的时间是否在自车站交付货运记录货主页的次日起至提出赔偿要求时止的180天内。

(3)不属于承运人赔偿责任的,说明理由和依据,由处理站答复赔偿要求人。

2. 审核资料

(1)受理赔偿应审核以下资料。

①赔偿要求书。

②货物运单(原件)。

③货运记录货主页(原件)。

④与该事故有关的其他证明文件,包括以下几项:

a. 货票报销联(原件或加盖财务专用章的复印件)。

b. 证明货物价值的有关材料(保价金额和实际基本相符及未足额保价事故,铁路按保价比例赔偿时,可不提供)。

c. 物品清单(在发站没有填制的除外)。

d. 领货凭证(货物全批灭失时应提供)。

e. 事故货物鉴定书(无需鉴定的除外)。

(2)审核无误后,向赔偿要求人出具加盖货运事故处理专用章及经办人名章的"赔偿要求书收据"。

(3)按受理日期依次登记于"货运事故赔偿登记簿"内。

(二)质量标准

1. 认真审核,严格把关,拒赔理由充分,做好解释工作。

2. 赔偿要求书填记内容准确、清楚,发生涂改应在涂改处加盖赔偿要求人印章。

3. "提赔单位名称或姓名"、"提赔单位(公章)、姓名(名章)"栏的内容与货物运单记载的收货人或托运人相符。

4. 开户银行名称与账号填写完整,不允许涂改,领款地点、通信地址详细。

5. 赔偿材料齐全、完整。

二十、办理赔偿

(一)作业(操作)方法、步骤

1. 按照"货运事故赔款通知书"记载的赔偿要求人开户银行、账号,以及同意赔偿的金额,通过银行支付给赔偿要求人。除个人及无银行账号的个体经营者外,不应以现金支付。

2. 凡由处理站(铁路局)最后确定责任的事故,应尊重其处理意见,不允许退回"货运事故赔款通知书"。

3. 铁路对托运人或收货人办理赔偿后,事故赔款由处理单位按铁道部有关规定向责任单位清算。

(二)质量标准

1. 明确为承运人责任的保价事故可对外先赔付,然后划分铁路内部责任。

2. 办理保价运输的货物,全批货物损失时,按实际损失赔偿,但赔偿金额最高不超过保价金额;部分损失时,赔偿金额按损失货物占全批货物比例乘以保价金额。

3. 未办理保价运输的货物,按照实际损失赔偿,但最高不超过国务院铁路主管部门规定的赔偿限额。

二十一、绕路运输时的操作

(一)作业(操作)方法、步骤

1. 应立即电告铁路局,请示绕路运输。

2. 如有几条经路可以运至到站时,铁路局应根据线路通过能力组织绕路运输。

3. 如果绕路运输运到期限超过允许运到期限将使货物变质损坏,而短期内不可能通车,为保证畅通,减少损失,可将货物卸下,采取适当措施,保证待运。

4. 如果卸下再装,可能造成货物损失时,应联系发站托运人或联系到站请收货人在要求的时间内提出处理意见。

5. 按托运人或收货人提出的处理意见进行办理。

(二)质量标准

1. 在超过要求的时间未接到托运人、收货人的任何答复,货物将造成损失,可比照无法交付货物处理。

2. 按无法交付货物处理后,应将所得款项和除处理中产生的必要费用(装卸费)后,将剩余价款通知托运人领取。

3. 将处理结果通知发、到站,并抄知铁路局。

二十二、货车换装整理的要求

(一)作业(操作)方法、步骤

1. 应及时将重点货车送入换装整理线,按原运输条件进行换装整理,并在货票(丁联)记事栏记明有关事项。

2. 装有易腐货物的车辆,应及时向主管铁路局报告,尽量组织按原运输条件倒装。由于气温、技术条件等限制不能倒装又不宜在当地处理的货物,应及时联系托运人、收货人提出处理办法。

3. 装有剧毒品的车辆或集装箱无封、封印无效以及有异状时,必须立即甩车,并通知公安部门共同清点,按规定进行处理。

4. 按方案装车的货物,严格按照装载加固方案进行整理或倒装,如无定型方案的应联系发站,落实方案后再进行整理或倒装。

5. 军事运输的货车及时通知驻站军代表,并向铁路局特(军)调报告,按其指示办理。

(二)质量标准

1. 如两天内未换装整理完毕时,应以电报通知到站,以便收货人查询。

2. 装有易腐货物的车辆,超过要求时间未接到答复或因等候答复使货物造成损失时,由主管铁路局提出处理意见。

3. 装有剧毒品的车辆或集装箱无封、封印无效以及有异状时,如发生丢失被盗等问题,立即报告铁路局和铁道部调度、货运、公安管理部门。

二十三、掌握各类危险货物的应急处理方法

(一)作业(操作)方法、步骤

1. 危险货物罐车运输途中发生泄漏、火灾及其他行车事故时,车站应立即启动应急预案,迅速向铁路有关部门、地方政府、公安消防及环保、卫生防疫部门报告,并速请熟悉货物性质及

罐体构造的部门协助处置。要设立警戒区,组织人员向逆风方向疏散,防止危险货物流入水域。易燃、有毒液体发生泄漏时,应及时阻断火源。对标有“禁水”标记的罐车,严禁用水施救。对有毒气体施救时应站在上风方向,防止中毒事故发生。

2. 剧毒品车辆或集装箱在运输过程中没有押运员的必须及时通知发站派人处理,同时通知公安部门采取监护措施。在发现无封、封印无效以及有异状时,必须立即甩车,并通知公安部门共同清点,按规定进行处理。如发生丢失被盗等问题,立即报告铁路局和铁道部调度、货运、公安管理部门。同时按规定及时以电报形式,向发到站及所属铁路局和铁道部报告有关情况。

3. 放射性包装件破损时不得继续运输,放射性物质泄漏时,要立即启动应急预案,事故地点应按辐射水平 0.005 mSv/h 为依据划出警戒区并悬挂警告牌,派人看护。

4. 硝铵炸药撒漏时,用水湿润、撒以锯末或以棉絮等松软物轻轻收集后通知公安消防人员处理。禁止将收集的撒漏物品装入原包装中。

5. 氯气钢瓶因阀门松动漏气,应立即拧紧。若无法关闭时,可将气瓶浸入石灰水中,液化气体容器破裂时,应将裂口部位朝上。

以上情况发生人员轻度伤害时,应在专业防护人员指导下,迅速进行简单治疗,若受伤严重时,立即送医院救治。

(二)质量标准

1. 危险货物性质判断准确,信息上报及时、准确。

2. 消防方法及安全防范措施正确、无误。

技　　师

一、国际联运货物运单的受理

(一)作业(操作)方法、步骤

1. 运单和补充运行报单中记载的事项是否使用钢笔、圆珠笔填写清楚或用打字机打字、印刷并加盖戳记。加盖的戳记印文是否十分清晰,是否按规定在每行下附俄文译文。

2. 发货人在特殊情况下修改运单记载事项时,是否在“发货人的特别声明”栏内注明运单已作修改,并签字或加盖戳记证明。

3. 发货人应添附的文件是否牢固地附在运单上,如发货人未添附,是否在运单“发货人添附的文件”栏内注明无需添附文件。

4. 发货人托运应声明价格的货物是否按规定声明价格。

5. 货物运输条件是否符合《国际铁路货物联运协定》的有关规定。

(二)质量标准

1. 填写文字必须正确,不得自造简称或简化字。除对危险货物特定的以外,不应加盖红色戳记或用红色墨水、圆珠笔填写。

2. 填写不正确或不齐全的运单退给发货人重填或补齐。

3. 修改运单记载事项不得超过一栏或相互关联的两栏。

4. 实际添附文件与运单“发货人添附文件”栏记载内容一致。

5. 家庭用品可不声明价格,但发货人必须在运单“发货人的特别声明”栏内注明“不声明价格”,并签字证明。

二、国际联运货物的运输限制

(一)作业(操作)方法、步骤

1. 在国际铁路直通货物联运中不准运送的货物

(1)应当参加运送的铁路的任一国家禁止运送的物品。

(2)属于应当参加运送的铁路的任一国家邮政专运物品。

(3)《国际铁路货物联运协定》附件第2号对其运送未作规定的危险货物。

(4)一件重量不足10 kg的零担货物,但体积超过0.1 m^3的货物除外。

(5)在换装联运中使用不能揭盖的棚车运送的一件重量超过1.5 t的货物。

(6)在换装联运中使用敞车类货车运送的一件重量不足100 kg的零担货物,但不适用于《国际铁路货物联运协定》附件第2号中规定的一件最大重量不足100 kg的货物。

2. 不准在一辆车内托运和承运的货物

(1)数批整车货物。

(2)整车货物与其他办理种别货物。

(3)集装箱货物与其他种别货物。

(4)轮式集装箱货物与其他办理种别货物。

3. 不准按一份或数份运单在一辆车内混装运送的货物

(1)一种易腐货物同照管方法不同的另一种易腐货物。

(2)需要遵守保温制度或特殊照管的易腐货物同非易腐货物。

(3)危险货物禁止在一辆车内混装其他货物。

(4)由发货人装车的货物同由铁路装车的货物。

(5)根据发送路现行的国内规章不准许在一辆车内混装运送的货物。

(6)堆装运送的货物同其他货物。

4. 我国同邻国铁路间办理货物运送的特殊规定

严禁使用载重 70 t 及以上的敞车和棚车装运国际联运出口货物。

(1)与俄罗斯铁路之间

①整车货物重量不应超过 63 t。

②用机械冷藏车(车组)运送的货物,每车重量不应超过 44 t。

③袋装的成件包装货物(玉米、大米、土豆),每件重量不应超过 50 kg。

④棚车装运每件重量为 25 kg 的苹果时,每车不应超过 1 500 件。

⑤允许按一张运单运送的零担货物,每批重量不超过 20 t,其体积不需要单独车辆运送。

⑥运送砖、瓦、小口径管子、聚丙烯、聚氯乙烯、萘和其他小型制品时,按照《国际铁路货物联运协定》的规定使用能够保证将其从一车换装到另一车的容器或其他牢固的包装。

⑦运送易腐货物时,应对机械冷藏车组的每一车单独编制运送票据,在这种情况下,不得单个返回机械冷藏车组中的车辆。

⑧经满洲里、绥芬河发运小袋(如 50 kg)包装的水泥时,严禁使用敞车装运。

(2)与蒙古铁路之间

①每年的二、三季,中铁不接运蒙古到中国的皮毛。

②蒙古不接运由中国到蒙古的散装货物。

③经二连浩特发运小袋(如 50 kg)包装的水泥时,严禁使用敞车装运。

(3)与哈萨克斯坦铁路之间

①整车货物不应超过下列重量。

换装时不超过 63 t(球团矿和铁精粉除外,其重量为 70 t);危险货物不超过 60 t;换轮时不超过 70 t;罐装货物按标记载重。

②哈铁多斯特克国境站暂不办理下列货物:每件重量超过 50 t;零担货物;罐车、石油沥青车装运的货物换装。不接运下列易腐货物中的鲜水果、鲜蔬菜;肉类和肉制品;奶类和奶制品;蛋类和冰蛋;鱼类、鱼制品和虾类;鲜活植物;酵母。

③中国阿拉山口国境站暂不办理下列货物的换装:每件重量超过 63 t 的货物;零担货物;罐车装运危险货物。

④经阿拉山口口岸发运小袋(如 50 kg)包装的水泥时,严禁使用敞车装运。

(4)与朝鲜铁路之间

①零担货物每批不得超过 300 件。但到站、收货人、品名相同时除外。

②每件货物重量超过 2 t 时,应适用敞车、平车等装运,2 t 以下的货物,不受车种限制。

③易冻货物(矿粉)的停装日期由每年的 11 月 15 日至次年的 3 月 15 日。特殊情况经商定可改变该期限。

(5)与越南铁路之间

①暂不办理下列货物运送:需经昆明铁路局准、米轨换装的货物;经山腰—老街口岸的集装箱运输。

②运送易腐货物和危险货物,应于货物装车前由铁路间商定。

(二)质量标准

1. 货物性质判断准确,办理种别符合运输要求。

2. 货物基本运输条件符合运输限制和邻国间办理运送的特殊规定。

三、准许按特定条件运送的物品运输

(一)作业(操作)方法、步骤

1. 超限、超长、超重货物的运送组织

(1)运送超限、超长、超重货物时,对于不换装运送,发货人必须在办理货物托运的一个月以前,对于换装运送则在两个月以前,向发站提出关于每件货物容器或包装种类、重量和货物尺寸等有关资料,而在必要时,并应提出这些货物的装车示意图,对超限货物,在任何情况下,发货人均必须提出货物装车示意图。

(2)在过境路上绕路运送超限货物时,发货人应在运单"发货人特别声明"栏内,注明这一绕行的路径。

(3)对于超限的不对称货物,每件总重量超过 3 t 的货物、设备、机器,以及高度超过 1 m 的箱装的此类货物,发货人必须在每件货物横、纵方向的两侧,用洗不掉的颜料按"货件、车辆、集装箱和运单上的表示牌以及货件上的标记"的"重心"标记,标明货物的重心位置和每件货物的总重。

2. 危险货物的运输要求和运送组织

(1)车辆使用要求。

危险货物应视其性能和危险性质使用棚车、敞车、平车或罐车在铁路上运送。某些危险货物只应使用特制的车辆运送,在这些车辆上应作出适当的标记,注明这种车辆适于装运何种危险货物。

(2)运送条件。

危险货物运输时,应严格遵守《国际铁路货物联运协定》附件 2 的规定。如运送的化学物品名在《国际铁路货物联运协定》附件 2 未列载或包装、重量和数量限制、车种要求、混装限制等与《国际铁路货物联运协定》附件 2 的规定不符时,应同参加运送的各铁路预先商定方能办理。

按国际联运规定属于危险货物而国内规定不属于危险货物或国际联运和国内规定均属于危险货物的运送,按国际联运危险货物办理。按国际联运规定不属于危险货物而国内规定属于危险货物的运送,在国内段按国内危险货物规定办理;在国际货协运单“货物名称”栏内按国内危险货物运送规定记载,不附俄文译文。

3. 易腐货物的运送组织

(1)运送易腐货物时,应遵守《国际铁路货物联运协定》附件 4《易腐货物运送规则》的规定。

(2)发货人托运的易腐货物,必须符合发送国标准要求规定的应有的质量(包括温度)状态。

(3)采取防护措施(加冷、通风、加温)运送易腐货物的方法、车种或集装箱种类以及货物是否需要押运(特殊情况除外),均由发货人根据易腐货物的性质和运送全程的气候条件确定。

运送方法和车种选择不当以及未遵守《易腐货物运送规则》规定的其他要求时,后果由发货人负责。

(二)质量标准

1. 超限、超长、超重货物运送

(1)超限、超长、超重货物只在参加运送的各铁路间预先商定后才准运送。

(2)按时上报发货人提出的有关资料,必须在接到主管铁路局转达的国外铁路同意的通知后方能承运装车。

2. 危险货物运送

(1)货物性质判断准确,使用车辆符合货物特性。

(2)办理种别及运送条件符合《国际铁路货物联运协定》附件 2 的有关规定。

3. 易腐货物性质判断标准、办理种则及运送条件

易腐货物性质判断标准、办理种别及运送条件符合《国际铁路货物联运协定》附件 4 的有关规定。

四、国际联运货物运到期限的计算

(一)作业(操作)方法、步骤

1. 货物发送期为 1 昼夜,由发送路、到达路平分。

2. 运到期限按货物运送全程,按每一参加运送铁路的运价里程分别计算,不足 1 昼夜按 1 昼夜。快运货物中的零担货物或中吨位集装箱货物的运送期间,在每一参加运送的铁路管内每 200 运价公里为 1 昼夜;整车货物、轮式集装箱货物或大吨位集装箱货物的运送期间,在每一参加运送的铁路管内,每 320 运价公里为 1 昼夜;随旅客列车挂运的整车货物或集装箱货物(在不换装运送中)的运送期间,在每一参加运送的铁路管内,每 420 运价公里为 1 昼夜。慢运货物中的零担货物或中吨位集装箱货物的运送期间,在每一参加运送的铁路管内,每 150 运价公里为 1 昼夜;整车货物、轮式集装箱货物或大吨位集装箱货物的运送期间,在每一参加运送的铁路管内每 200 运价公里为 1 昼夜。

3. 货物运到期限,从接受运单承运货物的次日零时起开始计算。如承运的货物在发送前需预先保管,则运到期限应从货物指定装车的次日零时起开始计算。货物装车日期,应记入运单中。

4. 计算运到期限在下列情况下延长两昼夜:

(1)将货物换装到其他轨距的车辆时。

(2)车辆更换另一轨距的转向架时。

(3)用轮渡运送车辆时。

5. 运送超限货物时,按上述规定的运到期限和规定的延长期限均增加100%。

6. 计算运送期间时,应按发站至到站间货物的实际运送里程计算。对下列时间应延长运到期限。

(1)为履行海关和其他规章所需的滞留时间。

(2)非因铁路过失而造成的暂时影响发运或继续运送的运输中断时间。

(3)因变更运输合同发生的滞留时间。

(4)因检查而发生的滞留时间(即检查货物同运单记载是否相符或检查按特定条件运送的货物是否采取了预防措施,而在检查中确实发现不符事宜)。

(5)因牲畜饮水、遛放或兽医检查所造成的滞留时间。

(6)由于发货人或收货人的过失而造成其他滞留时间。

(7)铁路应将铁路有权据以延长运到期限的货物滞留原因及其滞留时间记在运单"运到期限延长"栏内。

(二)质量标准

1. 规章运用正确。

2. 计算条理清晰、运到期限计算准确无误。

五、国际联运车辆的选择

(一)作业(操作)方法、步骤

1. 车辆选用的规定

(1)对装运国际联运货物的车辆,必须拨配技术状态良好、车体完整、清扫干净的货车。

(2)出口和过境运往朝鲜、越南的货物,使用的货车应带有ⓂⒸ标记。车辆定检过期、车体端侧板、顶板、地板不良或车窗、车门及其配件不能自如开启或可能在途中脱落的车辆不能使用。

(3)装过鱼、肉的车辆应进行洗刷,装过活动物和恶臭货物或能引起传染病货物以及毒品的车辆,应彻底洗刷消毒。

2. 货物只能装到车辆最大载重量

(1)中、朝、越铁路货车以标记载重量加5%为最大载重量。

(2)俄罗斯等独联体国家和蒙古等国铁路以四轴车加2 t为最大载重量;如车辆上有两个载重量,则较大的数字为最大载重量。车辆上标有"ABC"符号,则"C"字下面所注的最大数值为最大载重量。

(二)质量标准

1. 棚车每侧胀出超过 50 mm、敞车每侧胀出超过 75 mm(包括车体倾斜)的车辆不能使用。

2. 车辆内外不能粘贴、涂写、残存与运输货物无关的字、画和报纸。

3. 发站装货不应超过标记载重量。由于货物包装、防护物的重量影响净重的成件货物,装车后减吨困难时,才允许装到最大载重量。标有“禁增”字样的车辆,只能装到标记载重量。

六、国际联运货物运输事故商务记录的编制

(一)作业(操作)方法、步骤

货物在铁路运输过程中发生货损、货差、有货无票、有票无货或其他情况,需要证明承运人同托运人或收货人之间责任和铁路内部之间责任时,发现车站需当日按批(车)编制商务记录。

1. 货物全部或部分灭失、重量不足、毁损、腐坏或其他原因降低质量。

2. 运单中所记载的货物名称、重量、件数、货件的记号(标记)和号码、收货人和到站名称与实际不符。

3. 有货无票、运单缺页或有票无货。

4. 运单中记载的发货人运送用具没有或短少。

5. 国境站将货物从一种轨距车辆换装到另一种轨距车辆时,发现货物容器或包装不良。

6. 遇有国内《铁路货运事故处理规则》规定的情况以及《国际货协办事细则》规定的所有情况。

7. 如在途中或到站检查由于货物本身特殊自然性质在运送中发生减量的货物重量时,确定其重量较运单记载的重量短少,则仅在此项短少超过规定的标准时,才应编制关于货物重量短少的商务记录。如在检查时确定的货物重量短少未超过规定的标准,则不应编制商务记录;此时,检查时所确定的货物重量应记入运单“铁路记载”栏内。

如在途中或到站检查由于货物本身特殊自然性质在运送中不发生减量的货物重量时,确定其重量较运单中记载的重量短少,则仅在重量短少超过运单中所记载的重量 0.2% 时,才编制货物重量短少的商务记录。如在检查时所确定的货物重量与运单中记载的重量相差不超过 0.2%,则认为运单中记载的重量是正确的。在检查货物重量时也以上述方法确定货物重量的多少。

8. 为了查明货物灭失、重量不足、毁损、腐坏或其他情况降低质量的原因及程度,以及确定损失程度,可根据货物到达路国内法令和规章进行鉴定。

(二)质量标准

1. 事故分类认定准确,事故概况叙述清楚。

2. 逐项编写,简明扼要,要求明确。

3. 各种印章齐全、印文清晰。

七、国际联运运输合同的变更

(一)作业(操作)方法、步骤

1. 运输合同的变更应根据发货人或收货人提出的申请书办理。到达路可以接受收货人按到达路现行国内规章规定的格式填写变更运输合同的申请书。

2. 发货人应译成铁组工作语,填写运输合同变更申请书。

3. 发货人应对于每批货物单独填写一份“运输合同变更申请书”,提交发站,而收货人则提交到达国进口国境站。发货人应将申请事项记入运单副本(运单第3张)的“货物名称”栏内,并将运单副本与申请书同时提交铁路。

4. 对于用成组车辆运送的数批货物,如这些货物的运输合同变更为同一到站和同一收货人,则收货人也可以只提出一份运输合同变更申请书。

5. 发站应在运单副本发货人申请事项下加盖日期戳记,并由受理申请书的车站工作人员签字,证明运输合同变更申请书已经收到,然后将运单副本退还发货人。

收货人提出运输合同变更申请时,也可以提出运单副本。

6. 发站或货物已通过的国境站,应将发货人关于变更运输合同的申请事项,用电报通知中途站及到站,电报费由发货人负担。运输合同变更申请书原件应寄往根据电报已将货物截留的车站,以确认这一电报。但该站应根据发站的电报通知,不等接到发货人的书面通知,即行变更运输合同。

在这种情况下,对于电报中发货人申请事项的一切谬误之处铁路概不负责。

7. 发货人的运输合同变更权,从收货人收到运单时起或从货物到达到达路进口国境站(如该站已接到收货人关于变更运输合同的申请书或到站关于收货人提出变更运输合同一事的电报通知)时起,即告终止。

8. 根据收货人的申请书或到站的电报通知,而变更运输合同时,发货人对由此产生的后果概不负责。

(二)质量标准

1. 变更运输合同时,不准将一批货物分开办理;发货人和收货人可以各自变更一次运输合同。

2. 变更要求人必须与运单记载的托运人或收货人一致,委托对外贸易机关的全权代理人代理时应有委托书或委托证明。

3. 发货人或收货人提出的运输合同变更申请书内容填写正确、完整,各种印章齐全、印文清晰。

八、货运管理细则的主要内容

(一)作业(操作)方法、步骤

《车站货运管理细则》应结合车站的实际情况进行编制,其基本内容应包括以下事项:

1. 车站货场概况。

(1)货场的位置,占地面积,作业性质,设计能力,实际运量(标明年度),大宗货物品类。

(2)各种货运设备、装卸机具、消防设施的数量、分布及能力(包括货场、专用线等平面图)。

(3)货区和货位的数量、面积、分布及分工。

2. 货运、装卸组织管理系统。

(1)组织机构、指挥系统及货装职责分工。

(2)人员配备及分工。

3. 货运计划管理。

(1)整车、集装箱运输计划的编制方法、步骤,计划的受理与审批制度。

(2)装卸车方案和日班计划的编制、审核与执行。

4. 各项基本作业制度。

5. 货场内各种单项管理办法。

单项办法包括安全、防火、设备、规章、文电、业务教育、计算机、篷布、军运、票据、施封用具、加冰上水、货车洗刷除污、专用线、竞赛奖励,以及其他需要单独明确的办法。

6. 岗位责任制。

7. 各项作业基本程序、内容和质量标准。

8. 检查及考核办法。

9. 附件。

(二)质量标准

1. 货运管理细则编制规范,按规定报批。

2. 内容齐全,更新及时。

九、货运设备履历簿填制内容

(一)作业(操作)方法、步骤

1. 仓库的使用面积为墙内面积扣除不能堆货的面积,雨棚使用面积为柱内面积扣除不能堆货的面积。

2. 建筑结构在框架和砖混中选择。

3. 名称及用途只能按规定选择其一,选取原则如下。

(1)明定的货物按其品类。

(2)怕湿货物:需进仓库或雨棚的货物和一吨箱。

(3)笨重货物:需用门式、桥式起重机装卸的大件货物。

(4)大型箱:集装箱总重在 20 t 及以上,即 20 英尺及以上集装箱。

(5)散杂货物:不能归属上述品类的货物。

(6)不同货物品类共用同一场地,选择低限。

4. 年运能:按设计运量填记。

5. 在统计运量时按两种方式分类。

(1)按承运方式分类:整车、零担、1 吨箱、大型箱。

(2)按货物性质分类:

怕湿类:危险货物、怕湿货物、1 吨箱。

笨重类:笨重货物、大型箱。

散杂类:不能列入以上两类的货物。

6. 计算机设备包括微机、服务器、打印机。在登记微机时应注明其用途,如发送、到达、集装箱、事故处理、管理、外勤。

(二)质量标准

1. 货运设备履历簿内容填写齐全、逐项填写正确。

2. 资料保管妥善、更新及时。

十、货运设备的使用范围

(一)作业(操作)方法、步骤

1. 基本设备。

(1)线路系指装卸货物用的线路或指明为货物服务的线路,如货场内的调车线、牵出线、留置线、加冰线、货车洗刷线、轨道衡线、换装线、危险品货车停留线等。

(2)货物仓库及雨棚。

(3)各种货物站台、低货位、高架线,各种滑坡仓、漏斗仓。

(4)货场照明设备。

(5)直接为货运职工和货主服务的房舍,如货运营业室、货运员办公室、门卫室、工人值班室、休息室、工具室、锅炉室、浴池、食堂、医务室、表格库、自行车棚、厕所等。

(6)货场硬面、道路、道口、货场围墙。

(7)上水管路及排水设备。

(8)消防及保安设备,如避雷、报警设备等。

(9)电力及通信、信号设备。

(10)通风采暖设备。

(11)货场内港池、码头。

(12)货场清扫设备。

2. 货运用具及衡器(台秤、地中衡、轨道衡)。

3. 特种用途设备。

(1)货车洗刷、消毒、污水处理设备。

(2)加温冷却设备包括加冰台、加冰机械、制冰设备、贮冰库(场)等。

(3)危险货物专用设备。

(4)牲畜专用设备(包括饮水栓)。

(5)军用装卸设备。

(6)罐车装卸设备。

(7)计量设备。

(8)篷布及维修设备。

4. 集装箱及其他集装用具。

5. 各种装卸机械。

6. 用于维修、制造、鉴定货运用具的有关设备。

(二)质量标准

1. 货运设备使用规范,技术状态良好。

2. 资料保管妥善、更新及时。

十一、技术总结的写作要点

(一)作业(操作)方法、步骤

1. 写作格式

(1)个人掌握的各种职业技能、特别是本工种职业技能的状况(等级、时间、熟练程度)。

(2)以个人技术工作经历为线索(背景),列举在所从事的技术工种中比较重要的业绩。

(3)对上述业绩,逐个叙述其在业务上对生产经营中的经济价值的提高及贡献。

(4)在上述业绩中,选一重点业绩(成果)进行应知理论、应会技能的分析,来集中反映自己所达到的技能水平。

2. 内容要点

(1)技术上的内容。

①技术革新、技术改造与技术攻关活动中的贡献。

②技术交流、技术培训与师带徒活动中的成效。

③吸收、消化、创新"四新(新技术、新工艺、新设备、新材料)"技术与开发、推广、应用高科技成果转化为生产力的活动中的业绩。

④因生产成绩优异、贡献突出而受到奖励与在操作比赛中获优胜名次或在报纸、刊物上发表专业文章的情况。

(2)内容应反映出以下几个要点:

①本人实际掌握的业务技术技能。

②本人已形成的创新能力。

③本人能体现的应变能力。

3. 材料证明

在个人技术工作小结中叙述的比较重要的业绩(成果),尽可能要有书面证明材料。选定的重点业绩(成果)分析材料,一定要有书面证明材料。

证明材料可以有以下几种形式:

(1)个人技术工作小结由申报人所在单位盖章或由两名同专业高级技师或高级工程师签名盖章。

(2)成果受益单位盖章。

(3)各种奖励、表彰的证件。

(4)发表专业文章的刊物。

（二）质量标准

1. 技术总结格式及内容填写齐全、正确。

2. 个人资料真实，证明材料完整。

十二、授课的基本技能

（一）作业（操作）方法、步骤

1. 讲授法属于传统模式的培训方式，指培训师通过语言表达，系统地向受训者传授知识，期望这些受训者能记住其中的重要观念与特定知识。

2. 工作轮换法。这是一种在职培训的方法，指让受训者在预定的时期内变换工作岗位，使其获得不同岗位的工作经验。

3. 工作指导法或教练（实习、现场学习）法。这种方法是由一位有经验的技术能手或直接主管人员在工作岗位上对受训者进行培训，如果是单个的一对一的现场个别培训则称师带徒培训。

4. 研讨法。按照费用与操作的程序又可分成一般研讨会与小组讨论两种方式。

5. 视听技术法就是利用现代视听技术（如投影仪、录像、电视、电影、电脑等工具）对员工进行培训。

6. 案例研究法指为参加培训的学员提供员工或组织如何处理棘手问题的书面描述，让学员分析和评价案例，提出解决问题的建议和方案。

7. 角色扮演法指在一个模拟的工作环境中，借助角色的演练来理解角色的内容，模拟性地处理工作事务，从而提高处理各种问题的能力。

8. 企业内部电脑网络培训法。这是一种新型的计算机网络信息培训方式，主要是指企业通过内部网络，将文字、图片及影音文件等培训资料放在网上共享，形成一个网上资料馆，网上课堂供员工进行课程的学习。

（二）质量标准

1. 方法切实可用，参加培训的学员易于理解、明白。

2. 在实际工作中能充分与理论结合起来。

职业技能

（通用部分）

一、法律法规和安全规章

1.《中华人民共和国劳动法》相关知识。
2.《中华人民共和国铁路法》相关知识。
3.《中华人民共和国合同法》相关知识。
4.《中华人民共和国保险法》相关知识。
5.《铁路货物运输规程》有关规定。
6.《铁路货物运输管理规则》有关规定。
7.《铁路货物运价规则》有关规定。
8.《铁路运输收入管理规程》有关规定。
9.《铁路运输收入票据管理工作规则》有关规定。
10.《铁路危险货物运输管理规则》有关规定。
11.《铁路鲜活货物运输规则》有关规定。
12.《铁路超限超重货物运输规则》有关规定。
13.《货车篷布管理规则》有关规定。
14.《铁路和水路货物联运规则》有关规定。
15.《铁路集装箱运输规则》有关规定。
16.《铁路集装箱运输管理规则》有关规定。
17.《国家铁路和地方铁路间运输规则》有关规定。
18.《国际铁路货物联运协定》有关规定。
19.《国际铁路货物联运协定办事细则》有关规定。
20.《国际铁路货物联运办法》有关规定。
21.《铁路货物（含包裹）运价下浮管理办法》有关规定。
22.《铁路货物班列包租办法》有关规定。
23.《铁路货物装卸作业计费办法》有关规定。
24.《铁路货物保价运输办法》有关规定。
25.《铁路货物保价运输管理办法》有关规定。
26.《铁路军事运输管理办法》有关规定。
27.《铁路军事运输计费付费办法》有关规定。
28.《铁路货车延期占用费核收暂行办法》有关规定。
29.《铁路货物运输杂费管理办法》有关规定。

二、典型案例分析

（一）“7.13”成都局达成线重大路外伤亡事故

1. 事故概况

2001年7月13日22时35分，29008次货物列车运行至达成线营山—小桥间，机后第11位N 5073122前端装载的钻井参数仪表司钻操作组合台的输入、输出传动箱向运行方向右侧转动倒下侵限，造成沿线坐卧乘凉及行走人员伤亡38人，其中死亡22人、重伤2人、轻伤14人。构成重大路外伤亡事故。成都铁路局成都东站对该起事故负主要责任，托运人成都爱普利物流有限责任公司对该起事故负重要责任。

2. 原因分析

(1)托运人所装载的钻井操作组合台输入、输出传动箱捆绑固定不能适应铁路运输的条件，列车在运行过程中产生冲击、振动和横向力等，致使左侧输入传动箱捆绑铁线受拉伸作用引起断裂，右侧输出传动箱捆绑铁线在绞合处松脱，导致输出传动箱向右侧转动倒下侵限，是造成该起事故的直接原因。当地村民缺乏铁路安全常识，自我保护意识不强，也是造成该起事故的原因。

(2)托运人（成都爱普利物流有限责任公司）申报货物品名不符，未按规定向承运人提报有关资料，未对货件的活动部件采取有效的加固措施，违反专用线（专用铁路）运输协议。

(3)承运人违章受理计划，未把好路企交接关。

（二）“7.3”北京局津山线90039次货物列车刮坏信号机险性事故

1. 事故概况

2007年7月3日9时25分，90039次货物列车运行至北京局津山线田庄—七道桥间K235+399处，机后7位平车NX_{17A} 5270552装载的59式100 mm高炮炮管发生转动，将线路旁的2377号信号机刮坏，经处理后于10时39分开车，构成行车险性事故。部队对该起事故负主要责任，北京局石家庄站负同等主要责任。

2. 原因分析

部队自装的59式100 mm高炮因固定炮管的固定螺栓老化，卡扣间隙过大，紧固作用不良，运输途中发生松动，致使卡扣开启，固定架倾倒，炮管失去锁定控制。

（三）“2.25”上海局萧甬线列车脱轨一般A类事故

1. 事故概况

2008年2月25日2时25分，31071次（杭州机务段DF_4型3755号）运行至上海铁路局萧甬线绍兴站—绍兴东站之间K40+500处，机后第10、11、12、13、14位脱轨，其中14位影响上行线。经救援，6时00分开通上行线，8时45分开通下行线，中断萧甬线下行正线行车6小时40分，上行正线行车3小时55分。构成列车脱轨一般A类事故。平南铁路有限责任公司对该起事故负主要责任，同时追究广铁集团公司和上海局对该起事故负重要责任。

2. 原因分析

(1)不按方案装车是发生事故的主要原因。一是加固材料不符合规定。用以加固的木板,截面应为 150 mm×40 mm,而实际使用的木板的截面为 135mm×30 mm。圆钢钉按《铁路货物装载加固规则》附件 5 的规定,直径不小于 5 mm、长度不小于 100 mm,而实际采用的钢钉直径为 3 mm、长度 60~80 mm。二是加固方法不符合方案的要求。按装载加固方案要求,加固用的木板应分上、中、下 3 处横向将对应斜靠侧墙的 2 组货物顶紧,并用圆柱钉钉牢。而实际只在每组货件各端的上、中、下部各用一块加固木板钉固。

(2)作业层的盲目乱干是酿成事故的祸根。一是受理作业盲目乱干。值班员受理货物运输时,对货物和加固材料与运单进行核对验收,但没有清点加固材料的数量和规格,违反了铁道部颁布的整车货物作业标准。二是装车作业过程的失控。当班货运员在整个装车过程中,对所装车辆 C_{62A}4516587 的货物及加固材料进行复检,没有确认核对装载加固方案,没有对装卸工组布置装载加固方案,违反铁道部颁布的整车货物作业标准。三是检查作业及质量签认流于形式。货运员在检查未能发现问题的情况下,盲目填写质量保证单,加固材料填写错误、数量没填,违反了《广铁(集团)公司装载加固规则实施细则》的规定。特别是值班员极不负责。在检查时发现了实际装载加固方法与方案不符的情况下,没有要求装车单位重新整装,仍将有严重安全隐患的车辆放行。

(3)规章制度上的漏洞是造成事故的重要原因。一是没有从源头上把握货运安全的准入条件。平南铁路公司货运管理部对蛇口站 2007 年 7 月 25 日颁布《车站货运管理细则》审批不严,没有审核出作业标准使用的是铁道部 1990 年失效的版本,该程序中没有明确对装车质量签认的要求,便给以审批。二是平南公司及蛇口站未建立新转岗职工的业务培训制度。事故车装车货运员没有经过新岗位培训,就从货 2 道转岗到站 1 道监装玻璃,该货运员不懂玻璃装载加固方案,不知如何填写装车质量签认单。三是蛇口站未建立问题库销号制度。对 2007 年集团公司各类检查发现的 14 个问题,没有按集团"五定"要求建立问题库,没有整改记录,也没有建立问题库销号制度。

(4)集团公司对合资铁路货运安全监管不利是造成事故的深层次原因。"2. 25"事故暴露了集团公司对合资公司的监管不到位。一是集团公司干部思想上不到位,在国有铁路和合资铁路的管理上存在厚此薄彼,重国有铁路、轻地方铁路的现象。甚至少数干部认为,只要保住国有铁路安全,地方铁路、合资铁路安全我们只负监管责任,没有大不了的事,由于这种思想作祟,造成了实际工作中存在对合资公司管理不到位的问题。二是专业管理上存在放任自流现象。集团直管站段改革后,货运处专业管理人员去平南公司检查指导工作次数明显减少,再加上合资铁路安全基础本来较国有铁路有较大差距,造成平南公司安全基础薄弱问题长期得不到改善。三是干部作风不深入,部分干部到合资公司检查,热衷于别人的迎来迎往,查出问题碍于情面,搞下不为例,没有跟踪督促落实整改。这些行为极大地助长了部分合资公司干部职工无所谓的思想,没有硬起手腕,严抓严管。

(5)TPDS 检测点发现偏载后,有关车站未及时按相关规定果断处理。

(四)"4. 20"广铁集团渝怀线 24406 次货物列车货物坠落损坏行车设备险性事故

1. 事故概况

2007 年 4 月 20 日 15 时 08 分,24406 次货物列车(怀化机务段机车 SS_{3B}型 5032 号机车牵引)运行至广铁集团渝怀线梅江至秀山站间 K440+550 处,机后第 21 位桥梁专用平板车(N_{15} 0311864,中铁三局线桥分公司自备车)上的桥梁转向架体坠落,将梅江至秀山站间回流线 9 号支柱打断,构成行车险性事故。列中铁三局主要责任,列广铁(集团)公司粤海铁路有限公司海口机辆段重要责任,海口南站、怀化南站次要责任。

2. 原因分析

(1)装车源头上规章制度不落实。铁道部《关于N_{15}型运梁专用平车管理办法的通知》(铁运字585号)明确规定:"N_{15}型运梁专用平车的运梁转向架是以车底板和转向架盘构成一体的,斜支撑排架随车携带,是配属车辆的上部设备,必须认真管理",但中铁三局线桥分公司严重违反规定,N_{15}型运梁专用平车上的转向架上架体和下架体未使用中心铁销固定,加固铁线与桥梁转向架上下架体棱角接触处未采取防磨措施,导致上、下架体在运行中发生纵、横向滑动,架体棱角磨断加固铁线,两个上架体分别在区间坠落。

(2)过轨把关上技检不严。在6辆N_{15}型专用平车上的运梁转向架未安装中心铁销、斜支撑排架捆绑加固有明显缺陷的情况下,广铁集团粤海铁路有限责任公司海口机辆段海口列检所没有严格执行《铁路货车运用维修规程》规定,未对专用平车技术状态进行认真检查,不负责任地做出符合国有铁路货车运用规定的结论,并出具了过轨技检合格证,使技术状态不良的企业自备车进入国有铁路。

(3)监控监护上执行不力。"4.20"险性事故中N_{15}型专用平车虽按空车托运,但车上明显装载着桥梁转向架等货物,并进行了捆绑加固,但承运站海口南站没有认真履行监控职责,导致有装载加固缺陷的车辆上线运行。同时,押运人员不了解货物特性,没有及时发现危及安全的隐患,反映出监控监护不力。

(4)货检卡控上作业不认真。"4.20"险性事故中的装载加固不良车辆,连续经过海安南、柳州南、怀化南三个货检站,但货检人员均未发现存在的严重隐患,失去了防止事故发生的最后机会。

(五)"5.18"京九线T107次客车机车排障器碰撞异物

1. 事故概况

2007年5月18日T107次客车2点36分运行至京九线K659+290处,司机汇报列车机车排障器碰撞异物,被迫停车,经封锁区间处理后,该列车于3点59分开车,构成行车险性事故。经查,发现有一异物(货物支架)坠落于列车运行方向右侧,核对该时段所经货物列车,确认88874次,运统一记载全列空平车,编组47辆,其中46辆有卸货后遗留的货物支架,经现场清查,机后第25位,车号NX_{17A}5279006,车上货物支架缺失1个,剩余3个,支架形状与事故脱落物吻合,该列车只有运统一,无特价运输证明书和货票。肇事货车原重车发站翼城东,到站合肥北站,装载货物品名为螺纹钢,在收货人专用线卸车,合肥北站(专用线)将螺纹钢卸完后,携带货物支架排空。

2. 原因分析

(1)合肥北站专用线当班货运员未执行铁道部和上海铁路局关于"车辆回空时,非车辆固定配件一律撤除"、"原车回送的装载加固装置应制定装载加固方案"和办理托运的要求,盲目听信卸车单位、押运人员对平车车地板上放置的4件货物支架是固定设施的说法,没有坚持要求卸车单位撤除,是构成这一事故发生的直接原因。

(2)货区值班员一方面在贯彻落实部、局文件精神时,向作业人员传达不彻底,要求不明确,未能引起作业人员的高度重视;另一方面,深入专用线检查力度不够,未能及时发现该车卸后存在的安全隐患。

(3)合肥南站管理干部及专业人员从思想认识上对铁道部的指示和铁路局的具体部署领会不深入,贯彻不彻底。安全“三查”没有真正从思想上、行动上去反思,在落实上不下功夫,不督促、不检查,负有不可推卸的管理责任。